...sty | Foreword by Roger Allen

Aswat Mu'asira

Short Stories
for Advanced Arabic

Georgetown University Press   Washington, DC

The publisher is not responsible for third-party websites or their content. URL links were active at time of publication.

Library of Congress Cataloging-in-Publication Data

Names: Elbousty, Jonas, editor.
Title: Aswat mu'asira : short stories for advanced arabic / edited by Jonas Elbousty.
Description: Washington, DC : Georgetown University Press, 2022.
Identifiers: LCCN 2021059399 (print) | LCCN 2021059400 (ebook) |
    ISBN 9781647122799 (paperback) | ISBN 9781647122782 (hardcover) |
    ISBN 9781647122805 (ebook)
Subjects: LCSH: Arabic language—Readers. | Short stories, Arabic. | LCGFT: Short stories.
Classification: LCC PJ6311 .A89 2022 (print) | LCC PJ6311 (ebook) |
    DDC 892.7—dc23/eng/20220809
LC record available at https://lccn.loc.gov/2021059399
LC ebook record available at https://lccn.loc.gov/2021059400

♾ This paper meets the requirements of ANSI/NISO Z39.48-1992 (Permanence of Paper).

24 23   9 8 7 6 5 4 3 2   First printing

Printed in the United States of America

Cover design by Martyn Schmoll
Interior design by click! Publishing Services

To the memory of my father, my first mentor and teacher.

Contents

Foreword

Humans have always enjoyed telling and listening to stories in a wide variety of styles and formats, some performed orally and others recorded in writing: legends, myths, fables, epistles, tales, novellas, novels, and, as in the present volume, short stories. In Arabic terms, there have been *khurafat, asatir, rasaʾil, maqamat, hikayat, qisas, riwayat*, and, closest to the focus of this book, *aqasis* (to use a single term) or *qisas qasira* (to use a translation into Arabic of the English term for the genre, "short story"). Unlike other European languages, English includes the designation "short" as part of the genre's defining term, even though, as many theoretical analyses of the genre have pointed out, lack of length is entirely relative and, in any case, only one of numerous characteristics associated with the modern genre.

Many of the historical precedents to the short story in Arabic are themselves comparatively short. One thinks, for example, of the famous *maqamat* of al-Hamadhani (d. 1007) and al-Hariri (d. 1122), and of many of the tales included in the collection of narratives *A Thousand and One Nights*. As is the case with any book devoted to the emergence of modern literary genres in Arabic, we must pay equal attention to both the cultural heritage of the past and the influence of imported genres and ideas resulting from the impact of Western colonialism on Arabic-speaking regions.

In these regions, the emergence of narrative genres associated with the concept of "fiction"—principally the serialized novel and the short story—is closely tied to another emerging cultural phenomenon, the press. The connection is true in both senses of the term: the advent and exploitation of printing, whose role in the development of fiction is strongly emphasized by Walter Ong in *Orality and Literacy*, and the beginnings of a newspaper and journal tradition. That said, however, the emergence of the short story genre in the Arabic-speaking world replicates its Western counterparts in the diversity and sources of its inspiration. The beginnings of the genre in the West are generally associated with the Ukrainian-born writer Nicolai Gogol (d. 1852). In a famous quotation, Dostoevsky claimed that "we all come out of Gogol's 'The Overcoat.'" The American writer Edgar Allan Poe (d. 1849) suggested that, in historical terms, the short story is the most recent of the recognized fictional genres to emerge. In the case of the Arabic-speaking world, the origins are similarly diverse, which is hardly surprising in view of the region's sheer size and the diversity of its peoples, religions, languages, and cultures. Another significant factor in tracing the short story's beginnings is that, following the disastrous civil war in the Ottoman province of Syria in the

1850s and 1860s, many Christian families in the district of Mount Lebanon left the country. Some moved to Egypt, others to various European countries, and a significant group moved to the Americas, both North and South, forming cultural and literary societies that became known as the Mahjar (emigré) community.

As in the Western world, the earliest fictional publications in the Arabic-speaking world took the form of serialized novels. Beginning in Lebanon in the 1870s and then following in Egypt, many examples of serialized novels are available, as Sabry Hafez explores in detail in *The Genesis of Arabic Narrative Discourse.* Both male and female authors published serialized novels in such publications as *al-Jinan*, established by Butrus al-Bustani (d. 1883) in 1870, and, most notably, *al-Hilal*, founded in Egypt in 1892 by another Lebanese writer, Jurji Zaydan (d. 1914)—a publication to which he himself contributed some twenty-one novels. While such prominent writers as Salim al-Bustani, son of Butrus (d. 1884), ʿAʾisha Taymuriyya (d. 1902), Mustafa Lutfi al-Manfaluti (d. 1924), Muhammad al-Muwaylihi (d. 1930), ʿAbdallah Nadim (d. 1896), Hafiz Ibrahim (d. 1932), and Labiba Hashim (d. 1947)—to name just a few—all composed examples of what might be called serialized narratives in the short form demanded by newspaper publication, it took more time for the specific genre of the short story to find its place in Arabic creativity within the region itself. In the Mahjar, on the other hand, particularly among the group of writers who called themselves *al-Rabita al-Qalamiyya* (The Bond of the Pen) and regularly assembled in New York to listen to each other's compositions, the cultural environment in which they now found themselves and the spirit of innovation that characterized their creative instincts led them to contribute to modern Arabic experimental writings in a number of literary genres, including the short story. It was the most renowned member of this New York group, Jubran Khalil Jubran (d. 1932), who published two collections of short stories in the first decade of the twentieth century: *al-Arwah al-mutamarrida* (1906; *Spirits Rebellious*, 1947) and *ʿAraʾis al-muruj* (1908; *Nymphs of the Valley* [sic], 1948; *Spirit Brides*, 1996). At this early stage in the short story's development, Jubran makes obvious use of an omniscient narrator to focus on two topics that are of major concern to him: the corrupt behavior of the Maronite clergy and the status of women. One might suggest that it is extremely easy to point to shortcomings in these pioneering narratives. He had a tendency to digress (which was also noted about some of Gogol's contributions to the genre) and a penchant for elaborately decorous prose, a reflection, no doubt, of Jubran's equal reputation as a poet. Even so, there can be little doubt that a seed had been sown, one that was to be developed by his Lebanese Mahjar colleague Mikhaʾil Nuʿayma (d. 1988) in his own short story collections, such as *Kan ma kan* (1932), *Akabir* (1953), and *Abu Batta* (1957).

During the second decade of the twentieth century a similar group of colleagues gathered in Cairo to share their interests in fiction and their experiments with the short story genre. Led initially by Muhammad Taymur, who died tragically young in 1918, the group called itself "al-Madrasa al-Jadida" (the New School) and embarked upon a careful study of the Western traditions of short story writing, most notably the Russian and French schools. Writers such as Mahmud Taymur, Muhammad's younger brother (d. 1973), Yahya Haqqi (d. 1992), and Husayn Fawzi (d. 1988) made major contributions to the development of the short story genre in Arabic, in the process inspiring many other writers, such as Ibrahim 'Abd al-Qadir al-Mazini (d. 1949), the young Naguib Mahfouz (d. 2006), and Suhayr al-Qalamawi (d. 1997), to replicate their pioneering efforts and move the genre in new directions.

In the mid-twentieth century, beginning with Yusuf Idris (d. 1981) and Zakariya Tamir (b. 1931), both of whom are acknowledged masters in the genre, the short story rapidly overtook the novel to become the most popular and widely-published fictional genre in the Arabic-speaking world. Many younger writers tried their hands at the genre, finding multiple outlets for their often youthful efforts in newspapers and literary journals. The Egyptian short story writer and critic Badr al-Dib even complained in the 1970s that "these days we're suffering from a glut of writers who simply record their feelings before writing literature. They . . . are incapable of producing a work of literature" (*al-Katib* Nov. 1975, 124). Yusuf Idris himself once complained to me that the short story, a genre which had by then developed and achieved its own sense of literary identity, had become somewhat downgraded in the public domain to such an extent that writers of the genre were being asked when they planned to write their first novel, which was suggested as the goal of every aspiring fiction writer. Yusuf Idris and Zakariya Tamir were among the major writers who were determined to ensure that the short story was by no means junior to the novel. In the words of the English author H. E. Bates from *The Modern Short Story*, "because a short story is short, it is not therefore easier to write than a novel, ten, twenty, or even thirty times its length—the exact reverse being in fact the truth."

In the latter half of the twentieth century, the nations of the Arabic-speaking world achieved independence from their colonial occupiers and instituted and witnessed profound political and social transformation. The spheres of culture and literature were inevitably involved in such movements, not least in the publication of books and journals. As the number of publishing houses and literary journals increased across the entire breadth of the Arabic-speaking world, the short story genre was able to maintain its place as a significant form of fictional writing alongside the novel. It was not hard to find a major figure, such as the Egyptian Nobel laureate Naguib Mahfouz, contributing to both genres. While the initial development of the short story genre may have been focused on what one might call the "central regions" of the broader Arabic-speaking world—Syro-Lebanon and Egypt—cultural movements, publication outlets, and calls for change and innovation now emerged in force "from the Ocean to the Gulf." They revealed by the beginning of the twenty-first century a remarkable level of literary creativity and experimentation. It is this moment that Jonas Elbousty's collection *Aswat Mu'asira: Short Stories for Advanced Arabic* so effectively illustrates.

In this book, readers can savor the modern Arabic short story in all its varieties—regional, topical, structural, and stylistic. Structure in particular is an interesting consideration. Scholars who have attempted to theorize on this particular fictional genre have noted that short stories tend to be read, and perhaps are intended to be read, in a single sitting, unlike the majority of novels. This feature of the short story particularly stresses the ways in which the narrative both begins and ends. Given the initial publication of short stories in newspapers and magazines (which continues in many countries of the Arabic-speaking world, as elsewhere), the role of the beginning is to attract the reader's attention as quickly as possible, lending it a particular immediacy. Endings seem more complicated. Frank Kermode, in his renowned work *The Sense of an Ending; Studies in the Theory of Fiction* (1967), points out that few things in life actually involve an ending— sleep and death being two. In a similar vein, Henry James in his *Art of Fiction* (1884) decries the ways in which the Victorian novel, which was often serialized, tends to end with the award of a series of prizes to the characters involved, such as an inheritance or a marriage. Considering this context from novels, the most plausibly "realistic" conclusion to narratives may well be one that is open-ended. The challenge to the writer of short stories thus becomes a case of imagining an "ending," of creating a process of closure that is artistically convincing. It is from that perspective that, as many other writers of short stories have made clear, the short story is a narrative genre that demands of its creator a very particular mode of artistry.

In a gesture of closure to this foreword, I now address the reader with the traditional Arabic phrase "*tafaddal*," which, in this context, I translate as, "Read on!"

Roger Allen
Sascha Jane Patterson Harvie Professor Emeritus of Social Thought and Comparative Ethics, School of Arts & Sciences; Professor Emeritus of Arabic & Comparative Literature. University of Pennsylvania.

Acknowledgments

The contents presented in this book are the outcome of numerous Arabic literature classes I taught at Yale. Some of the short stories included in this book were discussed in some of my courses, and I am thrilled to share this work with readers and scholars of Modern Arabic Literature. For many years, I had the intention of compiling short stories from the Arab World and developing materials for the classroom. Herein, you will see short stories from emerging and established short story writers. Diversity is key in this work, and I hope to have succeeded in exemplifying the literary diversity of the Arabic-speaking world through these selections.

I am very fortunate to have colleagues and close friends whose unwavering support and assistance was key to the completion of this project. So, I would like to express my thanks and gratitude to Afaf Tamim, Shady Qubaty, Nida Kiali, and Karima Belghiti. Special thanks go to Aidan Kaplan for reading this work at a later stage and offering substantive feedback and suggestions. His meticulous reading and rich suggestions have tremendously contributed to the shape of this work. I am equally grateful to the reviewers for their excellent feedback.

I am also grateful to Roger Allen for agreeing to author the foreword to this work. I indebted to him for his relentless support and guidance.

Hope LeGro offered invaluable support and guidance from start to finish, and I am immensely grateful to her. Her professional demeanor and amazing work ethic are outstanding. I'd also like to thank Rachel McCarthy and the editorial team at Georgetown University Press for bringing this project to life.

Introduction

Among the difficulties that Arabic language instructors encounter is the paucity of course materials for the advanced level and beyond. Overcoming this challenge can be a daunting task, leaving instructors no choice but to create their own materials. This task is very time-consuming, demanding numerous hours of preparation, from selecting appropriate texts to designing and developing activities to meet students' needs. Having faced this issue numerous times and to address this lacuna, I have now developed this reader, *Aswat Mu'asira: Short Stories for Advanced Arabic*, to ease the arduous task of searching for and developing materials.

Aswat Mu'asira is a great resource for learners and scholars interested in the genre of short stories written by both established and emerging Arab writers. The goal of this reader is to introduce students to a diverse body of literary work from across the Arab World. It is written for diverse learners seeking to improve their skills in Arabic; the exercises in this book proffer ample opportunities for learners to engage with Arabic short stories.

This reader, which is designed to be used in a year-long course, comprises twenty chapters, with each chapter including two or three stories from a single Arab nation. Instructors can decide if they should assign more than one short story per chapter. Each story is preceded by a brief introduction to the author and is followed by a list of special vocabulary, comprehension activities, discussion activities, and other activities designed to help learners engage with the stories and their main topics.

Objectives

This reader aims to enhance and foster critical thinking skills by introducing readers to numerous literary texts about a variety of sociocultural topics pertinent to the Arab world. Each story examines important cultural topics, pushing students to think critically about the issues discussed in the short stories. The activities in the book also encourage students to use technology to engage with their peers, synthesizing and communicating their ideas via discussion boards and other communicative activities. Learners thus have different venues to share and reflect on the topics under discussion, fostering multiple opportunities for engagement to suit a wide variety of learning styles. Activities such as expressing opinions, debating social issues, writing and reflecting on the readings, and engaging in online and in-class discussions form the core of the learning in this book.

Student Learning Outcomes

Upon completion of this reader, students should be able to:

- Demonstrate communicative strategies and competence at the advanced level in their oral expression and conversation.
- Have a basic sense of the short story genre in Arabic and the way Arab writers express their ideas in this literary genre.
- Employ a rich range of vocabulary in conversations on topics and issues pertinent to the Arab world and in literary contexts.
- Communicate using culturally appropriate vocabulary and correct grammatical structures.
- Comprehend and respond to a variety of literary questions about themes discussed in the short stories.
- Demonstrate comprehension of the culturally-specific idiomatic expressions and sayings introduced in the stories.
- Present arguments to either support or refute a particular point of view orally and/or in writing.
- Read and contextualize authentic literary materials intended for native speakers.
- Improve their critical thinking skills in Arabic so they can reflect on complex concepts and issues.

Methodology and Pedagogy

The key to success in a course that uses this textbook lies equally in the hands of students and instructors. *Aswat Mu'asira* follows the communicative approach to language learning and teaching. This means that classroom time is dedicated to active discussion in Arabic of the materials—in this case, the short stories and their larger themes. Without active participation from both students and teachers both before and during class, students may not achieve all of the stated goals.

Prior to each class, students should prepare by reading any assigned material and completing any assigned activities, and they should be ready to engage in each in-class activity. It is recommended that students read each story at home, examining the vocabulary presented after the story and reflecting on the topics discussed in each story. Students' preparation prior to class will enrich the classroom discussion and allow for deeper engagement with the larger topics in each story.

Discussion and Comprehension Activities

During class, instructors can assess students' comprehension by evaluating their answers to the comprehension and discussion questions. The instructions in these exercises call for small-group discussion. Instructors acts as facilitators, monitoring classroom activities. When this activity is over, instructors are encouraged to start a group discussion, addressing each question. Implementing in-class discussions increases students' interests in the material, enhances comprehension, fosters engagement, and assists students in developing their communication skills.

Mind Map Activities

In this activity, students are asked to identify main themes in each story and organize them in a mind map. Mind maps are great tools in language classrooms, allowing students to build their vocabulary, identify important central concepts and themes, create connections, visually organize information, create timelines, group sub-ideas and, most importantly, develop these ideas into more complex ones in different communicative contexts.

Vocabulary Activities

In addition to providing vocabulary lists with difficult or dialect-specific words from each story, I have developed three different exercises with a particular focus on vocabulary acquisition and expansion based on each story. The first exercise asks the students to fill in the blanks to test their application of vocabulary in context; this exercise should be assigned as homework. Instructors may wish to share the answers with students for self-assessment. The next vocabulary drill asks students to use vocabulary words in sentences of their own. Finally, they are asked to match vocabulary words with their synonyms. This exercise encourages and enhances students' vocabulary building, using Arabic–Arabic resources such as Arabic–Arabic dictionaries. Overall, these types of exercises seek to develop and expand the learners' vocabulary.

Discussion and Conversation Activities

In these group activities, students are asked to engage in a discussion pertinent to topics and issues in the Arab world. My intention behind including this activity is to invite students to think beyond the text. I recommend that instructors divide the students into three groups and assign each group a question. Within each group, students should select one person who will report to the whole class. After each presentation, members of the other groups, along with the instructor, should ask follow-up questions to enrich the discussion.

Translation Activities

Students are asked to translate a passage from the story from Arabic into English. The main objective of this exercise is to train students to experiment with the art of translation, conveying the meaning presented in the source passage to English readers. This process forces students to think about the complexity of translation, which can help foster their intercultural communication skills.

Writing

In this exercise, students are given the opportunity to respond to one of the two prompts provided in the composition section. Teachers can determine the appropriate length of these responses, depending on their students and the course objectives. Each prompt addresses an important theme and/or issue discussed in the preceding short story and aims to extend students' thinking beyond the story, while focusing on their writing skills. Students should apply the section's vocabulary, develop an argument, and learn how to signpost their argument in a short essay.

Discussion Board Activities

Online discussions have become an integral part of our lives, and students are accustomed to this type of communication. It also can be an essential pedagogical tool in second-language acquisition. Instructors are encouraged to use an online platform where the students can engage in rich conversations. This exercise asks the learners to read their classmates' posts and engage with them directly, reflecting on the posts' messages. Students should respond to at least one of the posts written by their classmates. By engaging in an online discussion, students are developing writing skills, using newly-acquired vocabulary, and collaborating with their classmates.

Proficiency through Reading

Aswat Mu'asira: Short Stories for Advanced Arabic is an avenue toward advanced language proficiency tied to literary Arabic short stories. This book promotes literary knowledge and exposes students to a new genre of literature. The reader will improve their Arabic linguistic competency and performance. Students will gain a better understanding of literary Arabic with its aesthetic forms, allowing students to examine topics that preoccupy Arab short story writers. Upon completion of *Aswat Mu'asira: Short Stories for Advanced Arabic*, students will have knowledge of content-related lexicon, which will enable them to talk about a variety of topics across different contexts, extending and connecting their learning beyond the classroom. Students will also gain in-depth knowledge of literary Arabic figurative devices and imagery, and their significance in the Arabic literary tradition.

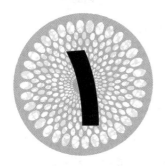

١

قصص من الأردن

القصة الأولى

تعريف الكاتب

وُلد نزار حسين راشد في مدينة المفرق عام ١٩٥٥. تنقّل بينها وبين بلده الأصلي القدس. أنهى دراسته الثانوية في مدينة الزرقاء عام ١٩٧٣. انتسب إلى نادي أسرة القلم الثقافي وكان له إسهامات وإلقاءات عديدة. حصل على ليسانس الأدب الإنجليزي من جامعة البنجاب في الهند، وعلى الماجستير في الاقتصاد من نفس الجامعة. التحق بكادر الجمارك الأردنية عام ١٩٨٦ وتقاعد منها برتبة عميد جمارك سنة ٢٠١٥. من مؤلفاته رواية بعنوان "طقوس الحريّة"، ديوان شعر بعنوان "صقيع وعشب" ودراسة نقدية بعنوان "مدخل إلى أزمة النقد الأدبي".

نافذة مضيئة

نزار حسين راشد

انتدبتني جهة معنية، لتتبّع قضية فساد مالي في أحد الفنادق، وتحت غطاء التعيين بوظيفة مدير مالي وإداري، وبحكم خبرتي السابقة شرعت في تدقيق كشف الحساب اليومي، كان كل شيء مطابقاً تماماً، وليس هناك أي شبهة في التلاعب.

ولأسبر غور هذا السرّ بدأت في استدعاء المسؤولين المعنيين، واستجوابهم بطريقة مواربة، بحجّة التعرّف إلى أوضاع العمل، لم يُفِدني أيٌّ منهم بشيء، واستحوذ عليّ الشك بأنهم جميعاً متواطئون على أمرٍ ما، ولكنه شكٌّ ليس هناك ما يسنده، وفكّرت أن الخطوة التالية هي أن أسائل المدير نفسه، ولكن هذه كانت مخاطرة عدلت عنها، حتى لا أطلق في أذنه جرس إنذار[1]، حيث تولّدت لديّ قناعة، أنه لا بد أن يكون له ضلع في الموضوع[2]، وعلى طريقة المخبر السرّي، بدأت في مراقبة تحرّكاته، ووجدت

[1] جَرَس إنذار = alarm bell
[2] له ضِلع في الموضوع = he has part in it (the subject)

أنه يتغيّب عن الحضور كثيراً، وانتابني الفضول في معرفة إلى أين يذهب، فتعقّبته مرّة دون أن يحسّ، ولشدّة دهشتي فقد توقّف أمام فندق آخر، ناول مفاتيح السيّارة للبوّاب ودلف إلى الداخل، انتظرت قليلاً، وتسلّلت إلى الداخل بمنتهى الحرص، ولمحته بطرف عيني[1] جالساً إلى فتاة في مقهى التراس، كانت جلسة رومانسية، وحتى أُغلّب حسن الظنّ، قلت في نفسي، لعلها خطيبته، كونه أعزب وربما ارتبط بها حديثاً، ولذا فهو متلهّف على لقاءها كل حين.

وحتى أقطع الشكّ باليقين[2]، دأبت على تعقّبه مرّاتٍ لاحقة، كان يأتي إلى نفس المكان، ولكن الذي اختلف في كل مرّة هو الفتاة، ففي كل مرة كانت هناك فتاة جديدة، مما دفعني إلى الانتظار لأرى ما الذي يحدث بعد ذلك، لم تكن النتيجة مفاجئة تماماً، كان يصطحب الفتيات في سيّارته بعد كل جلسة.

تعزّز لديّ الشكّ بأنه متورّط، وإلا فمن أين له بالمال لينفق على كل أولئك الفتيات. لم يكن لديّ الكثير لأفعله، كون السجلّات والقيود كلها سليمة، فجلست في قاعة الضيافة، قبالة مكتب الاستقبال أراقب الرائح والغادي[3]، ولفت نظري رجل أصلع ضخم توجّه إلى مكتب الاستقبال، وبعد حديث قصير تناهت إلى أطرافه، عرفت أنه زبون جديد، ولكن مسؤول الاستقبال لم يأخذ منه أية بيانات ولم يفتح له صفحة على جهاز الحاسوب، فقط ناوله المفتاح وتركه يمضي!

ووثبت[4] من مكاني متوجّهاً إلى موظّف الاستقبال كنمر ينقضّ على فريسة[5] لاحت له فجأة، ولمعت في ذهني فكرة أن هذا هو مصدر الفساد، زبائن بلا قيود، إشغال للغرف خارج القيود، حملقت في الموظّف بعينين مهدّدتين على وسعهما:

—هل هذا زبون جديد؟

—نعم!

—ولماذا لم تأخذ بياناته؟

—هذا ضيف الأستاذ جورج!

—إذا كان، هل يعني ذلك أن تدخله إلى الفندق هكذا؟

—ألا تعرف أن هذه مسؤولية كبيرة؟

ورأيت أن ألقي الرعب في قلب الموظّف، حتى يدلي لي بالحقيقة كاملة، فاستأنفت:

—ألا تعلم أننا مسؤولون أمام الجهات الأمنية، عمن يدخل وعمن يخرج، ربما يكون الرجل جاسوساً أو مجرماً هارباً، وأنا ملزم بكتابة تقرير وتسليمك للجهات الأمنية.

[1] طَرَف العين = the corner of one's eye

[2] قطع—يقطَع الشكّ باليقين = to clear up, to avoid suspicion

[3] الرائح والغادي = people coming in and out

[4] وَثَب—يَثِب = to leap

[5] كنمر ينقضّ على فريسة = like a tiger pouncing on its prey

أُمتُقِع[1] وجه الموظّف وبدأ بالتوسّل:

—أرجوك يا سيّدي! لقد هدّدني الأستاذ جورج بالفصل من عملي إذا لم أفعل، وأنا أعيل أمّي وإخوتي الأيتام!

—حسناً، تعال إلى مكتبي واحكِ لي الحكاية من أولها!

وحكى لي الموظّف الحكاية، ثلث غرف الفندق محجوزة باستمرار لزبائن الأستاذ جورج، منهم من يدفع أكثر ليقابل عشيقة أو بنت هوى، ومنهم من يدفع أقلّ مقابل أن يواظب على الإقامة في فندق الأستاذ جورج دون غيره، رجال أعمال وما شابه!

كنت بصدد إكمال تقريري لأرفعه للجهة المعنية حين رنّ التلفون الداخلي، كان موظّف الاستقبال الذي أبلغني وهو يتلجلج أنّ الأستاذ جورج توفي على إثر سكتة قلبية وأنه في مستشفى الحياة، وأن صاحبة الفندق مدام أليسا تريدني أن أصحبها إلى هناك لأنها فقدت أعصابها على إثر هذا الخبر، وأن عليها أن تهرع لتواسي صديقتها أمّ جورج والذي وظّفته إكراماً لخاطرها أصلاً!!

كان المستشفى يروج ويموج بعائلة جورج وأصدقائه ومريديه، ولكني لم أرَ أياً من وجوه خليلاته اللاتي كنت سأميّز وجوههن على الفور! ورأيت أنه من اللطف أن أسأل الطبيب عن سبب الوفاة إذ ربما أطيب خاطر أمّ جورج التي كانت منهارة تماماً، بأن ما حدث كان قضاء الله وقدره! ابتسم لي الطبيب ابتسامة غريبة، وكأنه يتكتّم على شيء ما، ثم سألني:

—هل أنت أخوه؟

—نعم!

وبمهنية مطلقة قال:

—لا شيء مريب في الوفاة، مجرّد منشّطات جنسية، يبدو أنه بالغ في تناولها قليلاً، على أية حال، التقرير سيظهر كل شيء وسنسلّمه للمركز الأمني لتتمكّنوا من استكمال إجراءات الدفن! خرجت من مكتب الطبيب لأتفاجأ براهبة مندفعة نحوي، ولا بد أن مدام أليسا أخبرتها أنني زميل جورج فاستوقفتُها قبل أن تندفع عبر باب المكتب وتصدمها الفضيحة:

—هل أنتِ من أقارب المرحوم جورج؟

—أنا أخته الوحيدة!

—لقد تحدّثتُ مع الطبيب للتوّ، لا توجد أي شبهة في الوفاة، مجرّد جلطة، قضاء الله وقدره!

جلست متهالكة على مقعد قريبٍ في الممرّ، رسمت على صدرها إشارة الصليب، واسترسلت في البكاء.

[1]أُمتُقِع—يُمتَقَع = to turn pale

في تلك الليلة لم يراودني النوم مطلقاً حتى أوشك الفجر أن يؤذن، وأخيراً حسمت أمري، ارتديت ملابسي وأسرعت إلى مكتبي في الفندق، وقلت محدّثاً نفسي:

لا داعي للتشهير برجل ميّت، تناولت التقرير وأطعمته لآلة التمزيق، وكتبت تقريراً بديلاً: بالاطّلاع على القيود ومتابعة الإجراءات، يتبيّن أن سبب تدنّي الدخل حسب الشكوى المقدّمة من مالكة الفندق هو تدنّي نسبة الإشغال واقبلوا الاحترام!

من خلف زجاج المكتب وقفت أراقب العالم، فجأة أضاءت نافذة بين زحام البنايات الغارقة في العتمة، وسقط الضوء على امرأة بملاءة الصلاة تنتظر نهاية الآذان لتشرع في صلاتها!

المفردات

prostitute	بنت هَوى
information	بَيانات
undercover	تحت غِطاء
I became curious	انتابَني الفُضول
clot	جَلطة
prudence, cautiousness	حِرص
to stare	حَملَق—يُحَملِق
I became suspicious	استَحوَذ—يَستَحوِذ عليّ الشكّ
secret detective	مُخبِر سرّي
experience	خِبرة
to get into	دأب—يَدأب على
summons, call	استدعاء
to explore something's depths	سَبَر—يَسبِر غور شيء
to proceed	شَرَع—يَشرَع
libel, slander	تَشهير
about to complete something	بصَدَد إكمال شيء
darkness	عَتَمة
to turn away from	عَدَل—يَعدِل عن
be consolidated	تَعَزَّز—يَتَعَزَّز

lover	عَشيق، عَشيقة
to follow	تَعَقَّب—يَتَعَقَّب
corruption	فَساد
scandal	فَضيحة
pounce, attack	انقَضّ—يَنقضّ
conviction, belief	قَناعة
restriction	قَيد—قُيود
to stutter	تَلَجلَج—يَتَلَجلَج
tearing, ripping	تَمزيق
to mandate, assign	انتَدَب—يَنتَدِب
to hurry, rush	هَرِع—يَهرَع
deceptive	مُوارِب
implicated, involved in	مُتَوَرِّط في
to comfort	واسى—يُواسي
accomplices	مُتواطِئون

محادثة

النشاط ١

بعد أن قرأتم القصّة في البيت، ناقشوا الأسئلة التالية في مجموعات لا تزيد عن ثلاثة طلّاب.

١. لماذا انتُدِب المُخبِر وما هي الخطوات التي اتّخذها لإتمام هذه المهمّة؟

٢. من صاحبة الفندق وما علاقتها بجورج؟

٣. ما السبب الذي جعل المدير يتغيّب عن عمله كثيراً؟

٤. كيف حلّ المُخبِر لغز تدنّي دخل الفندق؟

٥. ما علاقة وفاة المدير بعدم تقديم التقرير الصحيح لمالكة الفندق؟

المفردات

النشاط ٢

نسِّقوا أحداث أو مواضيع القصّة ضمن خريطة ذهنية.

النشاط ٣

أكملوا الفراغات التالية بالكلمة المناسبة.

جلطة　　استدعاء　　ينقض　　فضيحة　　قناعة　　تمزيق

١. ما زالت ______ الأغذية الفاسدة في لبنان تهز الرأي العام.
٢. أنا على ______ تامة بأن الحوار بين الأمم والمجتمعات يساعد في تنمية ثقافة السلام.
٣. أصيبت كارول بـ______ دماغية توفيت على أثرها.
٤. نحن بحاجة إلى ______ وحدة التحقيق الخاصة من المقر الرئيسي.
٥. هذه الوثائق سرية للغاية، ضعها من فضلك في آلة ______ الورق.
٦. قام الفوتوغرافي إيان شوفيلد بالتقاط صور نادرة لطائر وهو ______ على فريسته في نهر.

النشاط ٤

اختاروا عشر كلمات من قائمة المفردات واستعملوا كل كلمة في جملة مفيدة.

النشاط ٥

صلوا الكلمات التالية بمرادفتها.

١. ______	خبرة	أ.	صديق
٢. ______	استحوذ	ب.	ذم
٣. ______	قناعة	ت.	سيطر
٤. ______	زميل	ث.	تمرس
٥. ______	تشهير	ج.	اكتفاء

المحادثة والحوار

النشاط ٦

كل مجموعة ستأخذ سؤالاً واحداً، على أعضاء المجموعة قراءة السؤال ومناقشته.

١. تعتبر ظاهرة الفساد المالي ذات آثار مدمرة، وتختلف درجة شموليتها من مجتمع إلى آخر. ناقشوا هذه الفكرة واقترحوا بعض الاستراتيجيات لمحاربتها والحد منها.

٢. القانون يرغم الفنادق على وضع شروط معينة من أجل حجز غرفة، هل هذه القوانين في صالح الزبائن أم الفندق؟

٣. الشفافية مفهوم مرتبط أشد الارتباط بحقوق الإنسان الأساسية، فمن حق المواطن أن يحصل على معلومات كافية وافية حول المعاملات والإجراءات المرتبطة بمصالحه. ناقشوا أهمية ممارسة الشفافية الإدارية في إطار العمل.

الترجمة

النشاط ٧

في مجموعات تتكون من طالبين، اقرأوا النص التالي ثم ترجموه إلى اللغة الإنجليزية.

لا داعي للتشهير برجل ميّت، تناولت التقرير وأطعمته لآلة التمزيق، وكتبت تقريراً بديلاً: بالاطّلاع على القيود ومتابعة الاجراءات، يتبيّن أن سبب تدنّي الدخل حسب الشكوى المقدّمة من مالكة الفندق هو تدنّي نسبة الإشغال واقبلوا الاحترام!

من خلف زجاج المكتب وقفت أراقب العالم، فجأة أضاءت نافذة بين زحام البنايات الغارقة في العتمة، وسقط الضوء على امرأة بملاءة الصلاة تنتظر نهاية الآذان لتشرع في صلاتها!

الكتابة

النشاط ٨

اختاروا موضوعاً واحداً من المواضيع التالية واكتبوا حوالي ١٥٠-٢٠٠ كلمة:

١. ما هي مظاهر الفساد المالي في المجتمع؟ ما هي بعض الحلول في نظركم؟

٢. الانحلال الأخلاقي مشكلة تعاني منها معظم المجتمعات، ما هي أسباب هذا الانحلال وما دور المجتمع المدني في محاربته؟

اذهبوا الى صفحة النقاش الخاصة بالصف (discussion board) وتطرقوا إلى السؤال التالي، ثم علقوا على إجابة طالب آخر.

المحسوبية (nepotism, patronage) واحدة من صور الفساد، إذ يسند العمل لشخص لا يستحقه ولا يتناسب مع إمكانياته وخبراته وممارساته. كيف نحد من هذه الظاهرة؟

القصة الثانية

تعريف الكاتب

محمد الجالوس فنّان تشكيلي أردني—فلسطيني من مواليد عمّان ١٩٦٠. ينتمي لعائلة تمّ تهجيرها من قرية قزازة في قضاء الرملة بعد نكبة فلسطين عام ١٩٤٨. نظّم العديد من المعارض في الدول العربية والأوروبية، وقد فاز بذهبية بينالي طهران عام ٢٠٠٣. درس الفنّ في معهد الفنون الجميلة في عمّان عام ١٩٧٩، وفي عام ١٩٨٢ حصل على بكالوريوس في إدارة الأعمال من الجامعة الأردنية. كتب في مجال النقد الفنّي والقصّة القصيرة. وعمل في مجال إدارة المعارض والتصميم الفنّي وتعليم الفنّ للمرحلتين الابتدائية والثانوية، وتدريس الرسم لطلّاب الفنون والتصميم الجرافيكي في جامعة فيلادلفيا الأردن. عاش بين عامي ١٩٩٤ و١٩٩٥ في مدينة نيويورك وشارك في العشرات من ورش العمل الفنّية في مختلف دول العالم، ونظّم العديد من المعارض الشخصية ابتداء من ١٩٨١.

فاين جيب فاين

محمد الجالوس

فاين جيب فاين[1] فاين جيب فاين، ظلّ يردّدها لنفسه وهو الوحيد الذي يسمعها دون بقية المارّة، ومن باب الفضول المحض، أيقظت كل حواسّي، وحبست أنفاسي المتلاحقة لسماع ما يقول. كدت أمسك بالكلام، لكنه سرعان ما يتبعثر.

رجل قصير القامة بشاربين أشعثين، أنفه الدقيق المحاط بخدّين منتفخين بعض الشيء، رأسه الخالي من الشعر تماماً، تظهر في أعلى جبهته، ندوبٌ تبعثرت حتى حافّة الحاجبين، خلته خرج للتو من حكايا كافكا أو خوابي فيكتور هيجو.

يقف على حافّة الشارع الضيّق المفضي إلى مطعم "هاشم" في قاع مدينة عمّان، بقايا سيجارة مشتعلة تتدلّى من طرف فمه، قميص صوفي أصفر تحوّل بفعل الفوضى المتراكمة وغبار الشوارع إلى رمادي ملوّث بالطين، على أن الجاكيت البيج الذي يرتديه، تحوّل هو الآخر إلى قماشة بنّية، يتخلّلها الكثير من بقايا طعامه وسخام الموقد في بيته، بيته الذي يتّكئ على حافّة جبل القلعة كما قال لي.

اسمه عبد الرحيم، هكذا أسرّ لي بصوت خفيض، ثم اتّبع المقطع الأول بستّة مقاطع، بدت لي أسماء من أحشاء التاريخ، تنتهي باسم يوحي بالجمال، اسم ما، مزركش لم أعُد أتذكّره، وبما أن الشيء بالشيء يذكّر، بادرته بسؤال، بدا لي، اقتحام لعالمه المكتظّ بالتراجيديا، قلت: ما هذه البضاعة، كنت على يقين أن لا إجابة محدّدة لديه، تابعت: وهذا المذياع والمروحة القديمة وبقايا العلب الفارغة وأواني الطبخ القديمة ومقابض الحمّامات، تلك المقتلعة عنوة من البيوت، بدعوى التجديد. والمذياع، عدت للمذياع.

وبادرته: هل يعمل؟، تحفّز أول الأمر كمن يدفع تهمة ما عن نفسه، ثم همهم بكلمات تفيد أن مذياعه يعمل، اقتربت أكثر من جهاز الراديو لأكتشف الصوت، إنه محطّة غامضة بإشارات كهربائية وتردّدات منفعلة، متقطّعة، تنتهي بصفير ما.

سار كل شيء بهدوء، وأنا أصغي لهمهماته، كلمات يردّدها بسرعة، اعتقدت للوهلة الأولى أنها فرنسية: فاينجيبفاين. . . . فاين جيب فاين. . . . آه . . . ، إنه يقول فاين وجيب، إنها من الجيب، الجيب ما غيره، إنه يدرب صوته ويعدّه لأيام تجارية قادمة، ربما يحلم بها . . . بضاعته المتناثرة بعناية فائقة، تفترش عربة خشبية، مغطّاة بصندوق هو بقايا باب قديم، أكبر حجماً من العربة، ما علينا، المهمّ أنه استودعني سرّاً آخر. مفاده: أنام في بيت مهجور. وطلب مني أن أقدّم له خدمة، بعد أن سألني: هل تنتظر شخصاً ما هنا؟ قلت: نعم، تفضّل.

ثم أتبع: احرس لي هذه البسطة، سأعود بعد ثلاث دقائق، ابتسمت، وأومأت براسي بالقبول، فقد استأمنني على عربة تجارته، قلت وأنا أخطو قليلاً باتّجاه العربة: إلى أين تذهب؟

قال: أملأ قارورة الماء من مطعم هاشم وأعود، ثم أردف (بهمش بغلبك).

وقفت في ذات المكان الذي اعتاد أن يقف فيه، وصرت أهمس لنفسي . . . فاين جيب فاين. فاين جيب فاين. لم أكمل الدورة الثالثة، حتى جاء من أنتظره، وبمجرّد وقوف صديقي حسن إلى جانبي، بدأ يقلّب البضاعة، بعد أن تساءل عن سرّ وقوفي أمام العربة. بقايا قطع معدنية غامضة وعلبتا فاين جيب اكتست بالغبار وآثار لأصابع ملوّثة وبضع صفحات من مجلّة أزياء قديمة تحمل وجهاً لفتاة، بعيون زرقاء وجديلة شعر، شقراء.

وأمام دهشة صديقي حسن، أطلّ عبد الرحيم، وقبل أن تمرّ الدقائق الثلاث الأولى، يمسك في يده قارورة الماء ويبتسم، بما يشبه الاعتذار.

تأمّلت الرجل اللغز، ودقّقت في هيئته، مرّة أخرى، محاولاً قراءة تقاسيم وجهه. رجل أربعيني بملامح سمراء هادئة وأصابع من تعب، جرحها التطواف بلا هدف.

وقفت وحسن إلى جانبه وهاتفت زياد خداش. وأثناء مكالمتي، عاد الرجل اللغز إلى همسه: فاين جيب فاين . . . فاين جيب فاين، هو لا يرمي إلى شيء، هو يبيع ليديه، بضاعة لفظتها البيوت واستقرّت في سلال القمامة، يجمعها أول النهار، ثم يأتي بها يومياً، يعرضها أمام مطعم هاشم، بلا هدف مسبق للبيع، إنه يعرف هذا جيّداً، لكنه يصرّ على همسه، غير مكترث بالمارّة . . . فاين جيب فاين. فاين جيب فاين، لحظات وكنا ندخل المطعم صديقي إلى جانبي، يرحب بنا النادل، وأنا أهمس لنفسي فاين جيب فاين. فاين جيب فاين.

المفردات

تَبَعثَر—يَتَبَعثَر	to be scattered
جَديلة	braid
مُزَركَش	embellished
سُخام	soot
أَشعَث	shaggy, untrimmed
اعتذار	apology
عَنوَةً	by force
غامِض	obscure, mysterious
الفُضول المَحض	pure curiosity
مُفاد	general notion, meaning
تَقاسيم	proportions
قُماشة	cloth
قامة	stature
لُغز	riddle, puzzle
مُلَوَّث	polluted
نَدَب—نُدوب	scar
هَمهَم—يُهَمهِم	to speak indistinctly, mumble
أَومَأَ—يومِئ	to signal, beckon

محادثة

النشاط ١

بعد أن قرأتم القصة في البيت، ناقشوا الأسئلة التالية في مجموعات لا تزيد عن ثلاثة طلاب.

١. أين وقعت أحداث القصة؟
٢. كيف برّر الراوي اقترابه من الرجل؟
٣. ما هي الأفكار التي راودت الراوي عندما سمع البائع يردد "فاين جيب فاين"؟ هل يمكنكم تخمين معناها؟
٤. لماذا طلب الرجل من الكاتب الوقوف بجانب العربة؟
٥. ما سبب تواجد الرجل أمام ذلك المطعم؟

المفردات

النشاط ٢

نسِّقوا أحداث أو مواضيع القصة ضمن خريطة ذهنية.

النشاط ٣

أكملوا الفراغات التالية بالكلمة المناسبة.

الندوب ملوث مزركشاً عنوةً تقاسيم لغز

١. هذا النهر ______ جدّاً، من الخطر السباحة فيه.
٢. كثير من الناس ضد إرجاع اللاجئين إلى بلادهم ______.
٣. الشفاه المثالية هي التي تتناسب مع حجم الوجه والخدّين والأنف وباقي ______ الوجه.
٤. أفضل ما نفعله الآن هو إيجاد ______ جديد له كي يحلّه.
٥. ملأت ______ جسدها إثر ضرب متعدد.
٦. لقد لمحتها من بعيد، ترتدي فستاناً ______ بالخرز الملون.

النشاط ٤

اختاروا عشر كلمات من قائمة المفردات واستعملوا كل كلمة في جملة مفيدة.

النشاط ٥

صلوا الكلمات التالية بمرادفتها.

١. ـــــــ	تبعثر	أ.	أشار
٢. ـــــــ	القامة	ب	تشتت
٣. ـــــــ	غامضة	ت.	مبهمة
٤. ـــــــ	الاعتذار	ث.	الطول
٥. ـــــــ	أومأ	ج.	التأسف

المحادثة والحوار

النشاط ٦

كل مجموعة ستأخذ سؤالاً واحداً، على أعضاء المجموعة قراءة السؤال ومناقشته.

١. لكل انسان الحقّ في العيش ضمن شروط توفّر له، على الأقلّ، احتياجاته الأساسية. ناقشوا ذلك.
٢. البيع العشوائي ظاهرة منتشرة في معظم الدول العربية، عدّدوا أسبابها ومزاياها وسلبياتها على المجتمع.
٣. بحث المتسولين والفقراء عن لقمة عيشهم في القمامة ظاهرة تعاني منها كافة الدول. تطرقوا الى أخطارها على صحة الفرد والبيئة والمجتمع.

الترجمة

النشاط ٧

في مجموعات تتكون من طالبين، اقرأوا النص التالي ثم ترجموه إلى اللغة الانجليزية.

يقف على حافّة الشارع الضيّق المفضي إلى مطعم هاشم في قاع مدينة عمّان، بقايا سيجارة مشتعلة تتدلّى من طرف فمه، قميص صوفي أصفر تحوّل بفعل الفوضى المتراكمة وغبار الشوارع إلى رمادي ملوّث بالطين، على أن الجاكيت البيج الذي يرتديه، تحوّل هو الآخر إلى قماشة بنّية، يتخلّلها الكثير من بقايا طعامه وسخام الموقد في بيته، بيته الذي يتّكئ على حافّة جبل القلعة كما قال لي.

الكتابة

النشاط ٨

اختاروا موضوعاً واحداً من المواضيع التالية واكتبوا حوالي ١٥٠–٢٠٠ كلمة:

١. ما هو الفقر؟ وما آثاره على الفرد والمجتمع؟
٢. ما هي الإجراءات المتخذة من طرف الدولة لمساعدة الفئة المهمشة، وكيف بنظركم يمكن مواجهة مشكلة الفقر ومعالجتها والحد منها؟

النشاط ٩

اذهبوا الى صفحة النقاش الخاصة بالصف (discussion board) وتطرقوا الى السؤال التالي ثم علقوا على اجابة طالب آخر.

"الشغل ليس عيباً" من أهم العبارات في الثقافة العربية. مع أم ضد هذه المقولة؟ علّلوا إجابتكم.

القصة الثالثة

تعريف الكاتب

أيمن خالد دراوشة شاعر وقاصّ وناقد أدبي، وُلد في مدينة الزرقاء بالأردن بتاريخ ١٩٦٨/٢/١٢. يقطن حالياً بالدوحة عاصمة قطر. حصل على ماجيستير في اللغة العربية. تخرّج من الجامعة الأردنية سنة ١٩٩٧. من مؤلفاته قصّة بعنوان حين يهبط الليل، بالإضافة إلى إبداعات قصصية (مشتركة التأليف) وقصّة ومسرحيات للأطفال مشتركة التأليف.

مملكة الصمت

أيمن خالد دراوشة

ليس أهلها فقراء إلى هذا الحدّ! ومع ذلك تركوها دون شاهدة من حجر تربط إليها غصون الآس! كأنها عاشت دون اسم، دون وجه! ينكرونها! مَنْ غَرَسَ إذَنْ هذه العلبة من المعدن في الطين الهشّ لتوضع فيها أزهاراً لم يجرؤْ أحدٌ على وضعها؟ مَنْ؟

زَيَّنَ الأحياءُ المقبرة في صباح العيد بحزم الآس، وزهر الغريب. حمل بعضهم بزنبق أبيض وأحمر تفتّح مبكّراً هذه السنة. ثم خرجوا من زيارة الموتى إلى زيارة الأحياء، إلى الحلوى، حلوى العيد، وروائحِ الطعام وعبقِ السَّمن.

تَفرَّجَ الموتى من خلف ستائرهم الشفّافة على تلك الزيارات. وراقبوا الحزنَ الجافّ، ولاحظوا غيرة الأحياء من راحة الموتى الذين تركوا الهمَّ لمن بقي في الحياة. وتابعوا حواراً بين الأحياء وبين القبور، لا يستطيع الموتى أن يجيبوا فيه على كلمةٍ مما يقال. لو استطاعوا لقالوا لأولئك الأحياء: يومَ كنتم تستمتعون بالسَّمن وتأملون بالعسل لم تغبطونا على الموت! وَلَقالوا: تتمنّون عودتنا، فهل تركتم رقعة بقدر الكفّ لقدم، أو تركتم شجرة نستظلّ بها؟ ولقالوا: زوّرتم الحسابات فهل تُقَدِّرون الفوضى التي ستعصف بكم لو تحقّقت رغبتكم فعدنا إلى الحياة؟ وَلَقالوا: إياكم أن تغرونا بما تخلّصنا منه من عواطف الأحياء! ويجري كثير من العتاب، وكثير من الغضب والغمّ، ولكن الكلام والصمت كانا موزّعين بين جانبين يقول كل منهما لنفسه ما يشاء ويتوهّم ما أراد!

لم يكن الموتى يتجوّلون في مملكتهم في أيّام الأعياد إلا بعد أن ينصرف الزوّار، وتُغْلَق البوّابات. وكانوا يبكّرون جولتهم في المساء في تلك الأيّام كي يتأمّلوا مملكتهم المزيّنة بالآس والزهر والريحان. ويوزّعوا في عدل ما أخطأ في توزيعه الأحياء. فيفكُّون أغصان الآس المكتظّة على شاهدة ليحملوا بعضها إلى شاهدة أخرى قَلّ فيها. وينقلونَ الورد إلى قبور الشباب والفقراء، ويرشّونها بالماء. هي، لم تكنْ تعرفُ بعد تلك الواجبات. أحاطَ بها المساءُ فانصرفتْ إلى ما كانت تحبُّه في الحياة. آه، المساء!

بعد حرِّ النَّهار، تفتحُ بابَ القاعة وتخرجُ إلى أرض الدار. تغرف الماء بالسطل من البِركة وتسكبه على الحجارة البيضاء والسوداء. فتشعر بهواء ساخن يفور من الأرض. ثم تهبُّ الرطوبة، ويصبح الهواء منعشاً رخياً. ترفع ذراعيها وتسفحُ الماءَ على النباتات المصفوفة في طرف أرض الدار. ترفعُ ذراعَها وتنثرُ الماء على شجرة الليمون، على البنفسج في الأحواض، تفورُ النافورة في وسط البِركة، وتدور هي حولَ نفسها. ماذا تفعلين يا زهرة؟! هل ذهبَ بعقلك الحرُّ؟ أم المساءُ والماءُ؟!

تسمعُ كلماتِ أمِّها وهي تَرُشُّ الأشجار بالماء في فصلٍ ربيعي زاهٍ. تغسلُ روحَها من الغبار! تغسلُ ذراعيها إلى المرفقين بالرذاذ! ترفع رأسها. ازْرَقَّتْ السماء! انكسر الحرُّ فاستعادت الدنيا ألوانها! يا للمساء! يغسلُ المدينة ويعيدُ إليها الألوان فلماذا أخرجوها من هناك في تلك الساعة المحبوبة في المساء؟!

تسمعُ أمَّها يا زهرة، أعطِني القهوة! فتحمل الصينية، ويفوحُ رائحة البنّ والهيل الذي طحنته قُبَيْل لحظات. وتدخل إلى الزوَّار. نساء على رؤوسهن غطاء بمختلف الأعمار.

يا زهرةُ أعطِني القهوة!

تحملُ زهرةُ القهوة وتدخلُ إلى الضيوف. زهرةُ تعرفُ أنَّ الزائراتِ يبحثْنَ لابنهن عن كنز، آملات باكتشاف نادر الوجود.

تحملُ زهرةُ القهوةَ، وتدخلُ كي ترضيَ أمَّها.

لا أدري لماذا أقْدَمَ أخي على ذلك حيث جَرَفَـهُ الجنون؟! أنا سَبَبُ جنونِه، لماذا كان عصبياً؟ هل لأنه تَخَرَّجَ ولم يجدْ عَمَلاً؟! مَرَّتْ سنوات وهو ينتقلُ من عمل لآخر فيفشلُ هنا وهناك.

كان يحملُني ويدلِّلُني، ويشتري لي الحلوياتِ والملابس، ويجلسني في أرجوحة العيد، ويشتري لي دفاترَ المدرسة، وبخطِّه يكتبُ اسمي على المربّعات البيضاء.

وَصَلَتْ زهرةُ إلى مملكة الصَّمْتِ قُبَيْل العيد، وما زالتْ تَحُسُّ بالألم، وتلمسُ بكفّها رقبتها، وتحسُّ الجرح.

تتساءلُ زهرةُ مقهورةً مَنْ غَرَسَ تلك العلبةَ في الطين؟

كانت تتجوّلُ وحيدةً عندما اقتربَ منها شابّ، ارتعشتْ وابتعدتْ عنه لكنه قطعَ طريقها، فوقفا وجهاً لوجه. فقال: اغفري لي! فهل تُصْلِحُ المغفرةُ ما أفسده الدَّهْرُ؟ هل يعودُ إليها المساءُ في أرضِ الدار في آخر نهار حارّ، والماءُ يبلّل ذراعيها وهي ترشُّ به الأشجار؟

هل تُداوي المغفرةُ جُرحَها المتوهِّج!

—آه تنسينَ أنَّني عوقبتُ مثلك!

—فلتعاقبْ على حمقك، ولكنْ ما ذنبي أنا.

—لو عَرَفْتُ جنونَ أخيك لتقدَّمْتُ وطلبتُ يدك دون إبطاء أو تأجيل.

التفتتْ ما زالَ يتبعُها ماذا يريد؟ أن يواسيَها؟ وهل توجدُ في هذه مواساة؟ لكنها تساءلت فجأة: كيف وَصَلَ إلى هنا؟ ولماذا يلبسُ ملابسَ مملكةِ الصَّمْتِ البيضاء؟

كان في عُمْرِ أخيها وصاحبه المقرَّب. بلْ أقرب الأصحاب إلى القلب، وكانا متلازمين دوماً حتى افترقا ومضى كلٌّ منهما إلى غايته.

أخوها بدأ يبحث عن عمل، وهذا اشترى سيّارة متواضعة وكتب عليها زهرة، وزيّنها بالأزهار المختلفة.

بأي حقٍّ يكتبُ اسمَها على سيّارته؟!

وَلِمَ جُنَّ أخوها (صاحبه أيّام الطفولة) عندما كَتَبَ اسمَها على سيّارته، وزيَّنها بالأزهار التي أهيمُ بها؟

ماذا يقولُ؟ أحقّاً لم يقصد اسمها؟ هل تناوله في خِفَّةٍ ولم يُقَدِّرْ أنه سيسبّب قتلها! هل كان يتصوَّرُ أنَّ صاحبه الذي أمضى معه سنواتٍ في الحارات والشوارع، يمكنُ أنْ يقتلَ أختَه كالمتوحّش!

تتذكّرُ زهرةُ أنَّ البلدَ كلَّها تحدّثت عن شابٍّ ذَبَحَ أختَه في حديقة منزلها، وسالَ دَمُها متخضِّباً بالزهور لمجرّد أنَّ شخصاً كَتَبَ اسمَها على سيّارته.

ترفع كَفَّها، تلمسُ عنقَها المذبوح. ليس أخي متوحّشاً! الحياة هي المتوحّشة! تلتفتُ إلى الرجل، أنت أيضاً مذنب، كَتَبْتَ على السيّارة اسمي، وغطّيتها بالأزهار التي أعشقُها.

مَشَتْ وتبعها صامتاً. وتذكّرتْ أنَّهُ في مملكة الصَّمْت مثلها برداءٍ أبيض، أنت إذن مَنْ غَرَسَ العلبة في الطين الهشّ؟ يوم مقتلِها شَطَبَ بالدِّهان الأسود ما كتبه على سيّارته، وأزالَ الأزهار التي كانتْ تُزَيِّنُ سيّارتَه. قَطَفَ كلَّ الأزهار من أماكنها وربطها بشرائط حمراء. وسار إلى المقبرة. إذنْ هو مَنْ غَرَسَ العلبةَ في الطِّين! هو لم يجد شاهدة من الحجر يربطُ بها الآس، فتناول علبة وغرسها في الطين الهشّ!

قال: كُنْتُ راكعاً فضبطني أخوك ولم أجدْ الوقت لأضعَ في العلبة الزهور! مسحت عينيها وهي تستديرُ عنه: اسكتْ، اسكتْ.

المفردات

آس	myrtle tree
إبطاء	slowing down, tardiness
أَنَفسَج	violets
مُتخضِّب	painted, pigmented
الدَّهْر	time, fate
ذَنب—ذُنوب	sin, fault
رَذاذ	drizzle
رَيحان	sweet basil

lilies	زَنبَق
transparent	شَفّاف
gravestone, headstone	شاهدة
the smell of ghee	عَبَق السَّمن
to envy	غَبَط—يَغبِط
chrysanthemum	زَهر الغَريب
distress, sorrow	غمّ
poor	فَقير—فُقَراء
fountain	نافورة
fragile	هَشّ
cardamom	هيل
glowing, burning	مُتَوَهِّج

المحادثة والحوار

النشاط ١

بعد أن قرأتم القصة في البيت، ناقشوا الأسئلة التالية في مجموعات لا تزيد عن ثلاثة طلاب.

١. لماذا يغار الأحياء من الأموات؟
٢. ما سبب تواجد الضيوف في بيت زهرة؟
٣. ما رمزية مملكة الصمت؟
٤. كيف انتقلت زهرة الى مملكة الصمت؟
٥. من وضع العلبة المعدنية في قبر زهرة؟

المفردات

النشاط ٢

نسِّقوا أحداث أو مواضيع القصة ضمن خريطة ذهنية.

النشاط ٣

أكملوا الفراغات التالية بالكلمة المناسبة.

الهيل الزنبق الغمّ رذاذ النافورة متخضِّبة

١. بعد شهور من ______ والألم، تمكنت أخيراً من تجاوز مرحلة الاكتئاب.
٢. أحب البهارات بشكل عام، إلا أني لا أحب طعم ______.
٣. يقول ابن سرين في تفسيره للأحلام: "إن من رأت نفسها ______ بالحناء فسوف يحسن إليها زوجها."
٤. عندما كنت صغيراً، كنت دائماً أضع ساقي في هذه ______ وأتخيل نفسي في مكان ما وسط البحر.
٥. من المتوقّع أن يكون الطقس غائماً على الشريط الساحلي والجبال المجاورة، مع تساقط ______ متقطع.
٦. لقد تلقّيت باقة من ______ مساء أمس من زوجك أليس كذلك؟

النشاط ٤

اختاروا عشر كلمات من قائمة المفردات واستعملوا كل كلمة في جملة مفيدة.

النشاط ٥

صِلوا الكلمات التالية بمرادفتها.

١. ______ فقراء	أ. متلهب
٢. ______ شفافة	ب. الزمن
٣. ______ متوهِّج	ت. معوزون
٤. ______ ذنب	ث. مرئية
٥. ______ الدَّهْر	ج. إثم

المحادثة والحوار

النشاط ٦

كل مجموعة ستأخذ سؤالاً واحداً، على أعضاء المجموعة قراءة السؤال ومناقشته.

١. فشل الحياة المهنية قد يؤثر سلباً على الحياة الشخصية أيضاً. في نظركم، كيف يمكن تجاوز تلك المحنة؟
٢. زيارة المقابر من الأمور المقدّسة في بعض الأديان والثقافات، هل هناك علاقة بين الأحياء والأموات من حيث الإحساس بهم؟
٣. لماذا في رأيك تستهدف جرائم الشرف المرأة فقط؟

الترجمة

النشاط ٧

في مجموعات تتكون من طالبين، اقرأوا النص التالي ثم ترجموه إلى اللغة الإنجليزية.

مَشَتْ وتبعها صامتاً. وتذكّرتْ أنَّهُ في مملكة الصَّمْت مثلها برداءٍ أبيض، أنت إذن مَنْ غَرَسَ العلبة في الطين الهشّ؟ يوم مقتلِها شَطَبَ بالدِّهان الأسود ما كتبه على سيّارته، وأزالَ الأزهار التي كانتْ تُزَيِّنُ سيّارتَه. قَطَفَ كلَّ الأزهار من أماكنها وربطها بشرائط حمراء. وسار إلى المقبرة. إذنْ هو مَنْ غَرَسَ العلبةَ في الطِّين! هو لم يجد شاهدة من الحجر يربطُ بها الآس، فتناول علبة وغرسها في الطين الهشّ!

الكتابة

النشاط ٨

في البيت: اختاروا موضوعاً واحداً من المواضيع التالية واكتبوا حوالي ١٥٠–٢٠٠ كلمة.

١. تقع أحياناً حوادث قتل من بعض الأشخاص لقريباتهم بدافع الحفاظ على الشرف أو الانتقام له، فما حكم هذا الفعل من الناحية القانونية والدينية؟ وما حكم القاتل؟
٢. أشخاص من مختلف الأعمار والأماكن استيقظوا بعد أن كانوا على وشك الموت، فسردوا قصصاً غريبة، منها مغادرتهم لأجسادهم وصعودهم إلى السماء. ناقشوا ظاهرة الحياة بعد الموت من الناحية العلمية والدينية والثقافية.

النشاط ٩

اذهبوا الى صفحة النقاش الخاصة بالصف (discussion board) وتطرّقوا إلى السؤال التالي ثم علّقوا على اجابة طالب آخر.

هل تؤمنون بالحياة بعد الموت؟ هل تظنون أن الأموات يشعرون ويحسون بنا؟ وضحوا موقفكم.

٢

قصص من الإمارات العربية المتحدة

القصة الأولى

تعريف الكاتبة

شريفة الهنائي هي شريكة مؤسسة لمجموعة "سِكّة" الإعلامية، ومحرّرة إدارية فيها. تخرّجت من جامعة أوكسفورد، وكلّية الدراسات الشرقية والإفريقية (SOAS) بلندن، المملكة المتحدة. لديها ماجستير في دراسات الهجرة (٢٠٢٠)، وماجستير في العلوم السياسية الدولية (٢٠١٦)، وبكالوريوس في القانون (٢٠١٥). سبق أن نُشرت مقالاتها وكتاباتها في سكّة، والبي بي سي، ومجلّة انتريبانور (Entrepreneur).

القيظ

شريفة الهنائي

لطالما كنت الهشّة بين أفراد قبيلتي. لم أرث الصلابة، والتماسك، والقوّة التي عُرفوا بها عبر الأجيال، والتي حصلوا بفضلها على احترام خاصّ، وهيبة لا تُضاهى بين العشائر والقبائل. لذا عندما جاء خبر وفاة جدّتي المفاجئ، لم أنهَر كما كان يتوقّع الجميع مني، تعجّب إخوتي ووالداي؛ أنا التي كنت أتحطّم عند فناء أي من حيواناتي الأليفة في صغري، وكنت أخبّئ جثثهم عن الجميع في خزانة غرفتي حتى لا يغيّبهم عني الثرى، حتى منعني والدي من اقتناء المزيد من الحيوانات الأليفة خوفًا على صحّتي. تعجّبوا من تطوّعي للمشاركة في غسلها في فجر ذلك اليوم المظلم، وتماسكي عند استقبال حشود المعزّيات في بيتها ذلك الصباح، واللاتي غسلت سيول دموعهن كتفي. تراوحت مشاعرهم ما بين الفخر—لما كان يبدو لهم—بنضوجي وقوّة إيماني، والقلق لأنني لم أذرف حتى دمعة واحدة على رحيل مَن ساهمت في تربيتي، وكانت لي الخليلة والمنقذة، وكانت في مقدّمة أولئك القلقين أمّي.

لذا قبيل الغداء، طلبت مني أن أرجع إلى منزلنا الفارغ من النساء في كل زاوية ومنعطف وغرفة، وأن آخذ قسطًا من الراحة، لعلي أرجع لسجيّتي. لم تعلم والدتي حينها أنني كنت أدفن نفسي بمشاعرها الجيّاشة من سنين لأرتقي لتوقّعات عائلتي مني، حتى أصبحت لا أحسّ بشيء. لا شيء البتّة. ورغم

محاولاتي الفاشلة لافتعال ذلك، لم يحرّك منظر جسد جدّتي الهزيل وهو ملفوف بالكفن الأبيض أي شعور في داخلي، ولم أشعر بمرارة الوداع الحسمي الذي لطالما سمعت عنه عندما قبّلت جبينها، وألقيت عليها نظرة أخيرة من بعيد ورجال قبيلتي يوارونها الثرى، وكأن ستارًا شفّافًا غير مرئي كان يفصل بيني وبين محيطي. لا أستطيع أن ألمس الواقع ولا يستطيع هو كذلك أن يلمسني.

عندما خرجت من مجلس العزاء للعودة إلى المنزل، كانت شمس الظهيرة الحارقة تتوسّط السماء، وسرعان ما توغّلت في عباءتي السوداء حتى أحسست بلهيبها يغزو كل أنحاء جسمي. "لا مكان للبشر في صيف الخليج!" تمتمت تحت أنفاسي. أسرعت في الدخول إلى السيّارة، وتشغيل المكيّف. غمرتني رائحة الجلد الخانقة، ولسعني المقود الذي لم أقوى على إمساكه من شدّة حرارته.

اليوم الذي كدت أن ألاقي فيه خالقي كان يومًا يشبه هذا اليوم. كنت في الخامسة من العمر، وكانت مجموعة منا—٨ من نساء وصغار العائلة—عائدة من الغداء في مطعم جدّتي المفضّل. وبالرغم من الموسيقى، والأحاديث، وضحكات الأطفال التي ملئت السيّارة المكتظّة، غرقت في سبات في المقعد الخلفي من السيّارة، بين أكوام من الأغراض العشوائية التي كانت قد تجمّعت عبر الأشهر الماضية ولم يبالِ بها أحد. وعندما استيقظت تفاجأت بأن الجميع قد رحل إلى داخل المنزل، وأنهم نسوني في السيّارة! حاولت أن أفتح باب المركبة، ولكنني لم أستطِع أن أسحب المقبض الحديدي وأدفع الباب الثقيل نظرًا لصغر سنّي. حاولت أن أطرق على النافذة، ولكن لم يسمع طرقاتي الخافتة أحد. كانت سكك وشوارع الحيّ فارغة من الجيران والمارّة، الكل كان قد هرب من الحرّ ليستمتع بقيلولته المقدّسة تحت ضخّات المكيّف البارد، بما فيهم أفراد عائلتنا. لا أعلم إلى متى بقيت على هذا الحال، ولكنني أتذكّر بوضوح شعور التصاق ملابسي على جسدي من كثرة التعرّق، وجفاف عيني وذهاب صوتي في نهاية المطاف من كثرة البكاء والصياح، وشدّة عطشي، وفي اللحظات الأخيرة صعوبة في التنفّس . . . وفي الوقت ذاته، في داخل المنزل، كانت جدّتي الوحيدة التي لم يهنأ لها نوم وهي تبحث عني في جميع أرجاء المنزل، غير مقتنعة أنني فضّلت النوم عند أبي في غرفته على النوم عندها كالمعتاد كما خمّن الآخرون. وعندما لم تجدني داخل المنزل هرعت للسيّارة، لتجدني شبه جثّة هامدة ملقاة على الكرسي الخلفي. تذكّرتها وهي تكرّر بهستيريا بينما كانت تسكب على جسدي الهامد الماء وتضمّني لصدرها الدافئ وأنا كنت أصارع للبقاء على الحياة "آسفة حبيبتي خلّيناك[1] في الحرّ! ما عليك شرّ! ما عليك شرّ!".

حرّكت تلك الذكرى شيئًا بداخلي بينما هبّ هواء مكيّف السيّارة الثالج على وجنتي. غمرتني أمواج من المشاعر التي لم تزُرني منذ سنوات. لا أعلم كيف قدت سيارتي إلى هناك بدلاً من التوجّه إلى المنزل كما طلبت مني والدتي، ولكنني وجدت نفسي في المقبرة الذي شرّد القيظ منها الزوّار والقبّارين والحرّاس،

[1] خلّيناك = we left you

أجري نحو قبر جدّتي، أحدث قبر في مربّع خُصّص للمتوفّين حديثًا. ووجدت نفسي أنبش القبر بيديّ المجرّدتين حتى لمحت وجهها النائم وبقية جسدها الطاهر. ثم رفعتها من القبر وضممتها لصدري وقلت وأنا أنتحب من شدّة البكاء لأوّل مرّة اليوم: "آسفة حبيبتي خلّيناك في الحرّ! ما عليك شرّ! ما عليك شرّ!". ثم استجمعت كل قوّتي، وحملتها للسيّارة المبرّدة بعيدًا عن هذا القيظ.

المفردات

ثَرىً	soil
جَيّاش	passionate
خَليل	close friend
صَلابة	toughness
طاهِر	pure, clean
عَشوائيّة	randomness
فَخر	pride
فَناء	death, oblivion
قُدسيّة	holiness
قَيظ	extreme heat
كَوم—أكوام	pile
نَبَشَ—يَنبُش	to exhume
هَبَّ—يَهُبّ	to blow
هَزيل	slender or weak
هَشّ	fragile
هامِد	inactive, inert
هَيبة	prestige, veneration
وَرِثَ—يَرِث	to inherit

محادثة

النشاط ١

بعد أن قرأتم القصّة في البيت، ناقشوا الأسئلة التالية في مجموعات لا تزيد عن ثلاثة طلّاب.

١. بماذا كانت تُعرف عائلة الفتاة؟
٢. ما هو التصرّف التي قامت به والذي جعل أهلها يقلقون عليها؟
٣. ما هو الحادث الذي ترسّخ في ذهن الفتاة منذ صغر سنها؟
٤. أين اتّجهت بسيّارتها ولماذا غيّرت مسارها؟
٥. لماذا نبشت قبر جدتها؟

المفردات

النشاط ٢

نسِّقوا أحداث أو مواضيع القصة ضمن خريطة ذهنية.

النشاط ٣

أكملوا الفراغات التالية بالكلمة المناسبة.

الهشة فناء أكوام تهب قدسية طاهر

١. كثير من الناس على استعداد تام للدفاع عن ______ وتراب الوطن.
٢. لقد كنتُ خائفةً لأنك أكثر صدقاً وطيبةً، قد لا أستحق شخصاً مثلك ______ للغاية، ورائع، وأكثر عطفاً.
٣. عندما وصلنا إلى الوادي، بأدت الأرياح ______ بشدة.
٤. سلمت وزارة الصحة والسكان وإصلاح المستشفيات مجموعة من الكمامات للوقاية من فيروس الكورونا لجمعيات الفئات ______ والمصابين بأمراض مزمنة.
٥. أوشكنا على ______ ونحتاج إلى من ينقذنا.
٦. كان مكتب الأستاذة مليئاً بـ______ من الكتب والأوراق.

النشاط ٤

اختاروا عشر كلمات من قائمة المفردات واستعملوا كل كلمة في جملة مفيدة.

النشاط ٥

صلوا الكلمات التالية بمرادفتها.

١. ـــــ	صلابة	أ.	عزّ
٢. ـــــ	فخر	ب.	حَرّ
٣. ـــــ	هزيل	ت.	اعتباطية
٤. ـــــ	عشوائية	ث.	جلادة
٥. ـــــ	قيظ	ج.	نحيف

المحادثة والحوار

النشاط ٦

كل مجموعة ستأخذ سؤالاً واحداً، وعلى أعضاء المجموعة قراءة السؤال ومناقشته.

١. في جميع الأحوال يُعتبر الحزن على فراق قريب أو حبيب أمرًا طبيعيًّا. ناقشوا اختلاف أنواع الحزن وطرق التعبير عنه من شخص لآخر أو من ثقافة لأخرى.

٢. ما هي المشكلات الصحّية المرتبطة بالحرارة المفرطة ومن هم الأشخاص الأكثر عرضةً للخطر؟

٣. يُعدّ الموت حقيقة معقّدة يصعب قبولها، وقد تصبح أكثر تعقيداً عندما نحاول شرحها لأطفالنا. كيف نشرح مفهوم الموت لهذه الفئة العمرية؟

الترجمة

النشاط ٧

في مجموعات تتكون من طالبين، اقرأوا النص التالي ثم ترجموه إلى اللغة الإنجليزية.

وفي الوقت ذاته، في داخل المنزل، كانت جدّتي الوحيدة التي لم يهنأ لها نوم وهي تبحث عني في جميع أرجاء المنزل، غير مقتنعة أنني فضّلت النوم عند أبي في غرفته على النوم عندها كالمعتاد كما

خمّن الآخرون. وعندما لم تجدني داخل المنزل هرعت للسيّارة، لتجدني شبه جثّة هامدة ملقاة على الكرسي الخلفي. تذكّرتها وهي تكرّر بهستيريا بينما كانت تسكب على جسدي الهامد الماء وتضمّني لصدرها الدافئ وأنا كنت أصارع للبقاء على الحياة "آسفة حبيبتي خلّيناك في الحرّ! ما عليك شرّ! ما عليك شرّ!".

الكتابة

النشاط ٨

اختاروا موضوعاً واحداً من المواضيع التالية واكتبوا حوالي ١٥٠-٢٠٠ كلمة.

١. الأجداد والأحفاد . . . محبة رغم صراع الأجيال واختلاف الأفكار. حلّلوا وناقشوا.

٢. يُعتبر ترك الأطفال في السيّارات بمفردهم جريمة، فما هي الأخطار المتعلّقة بذلك وكيف يعاقب القانون عليها.

النشاط ٩

اذهبوا الى صفحة النقاش الخاصة بالصف (discussion board) وتطرقوا إلى السؤال التالي ثم علقوا على إجابة طالب آخر.

في الكثير من الثقافات، تعتبر المرأة أكثر أهلاً للبكاء بالمقارنة مع الرجل. هل هناك فرق بين مستويات البكاء بين الرجل والمرأة أم هي فقط صورة نمطية خاطئة فحسب؟

القصة الثانية

تعريف الكاتبة

منار الهنائي كاتبة وروائية ورائدة أعمال إماراتية ورئيسة تحرير مجموعة سِكّة الإعلامية. نُشرت لها مقالات في سكّة والبي بي سي بالإضافة إلى CNN و The National و Entrepreneur. كما نشرت روايتها الأولى The Man in The White Sandals عام ٢٠١٩. تهتمّ منار بمجالات الثقافة والفنّ وريادة الأعمال في العالم العربي وهي شريك مؤسس لمتحف الفن الخليجي الرقمي الذي أُطلق عام ٢٠٢٠. تخرّجت بدرجة ماجستير من جامعة ليدز في إنكلترا في إدارة التنوّع ونالت على جائزة المرأة العربية في عام ٢٠١١. أختها هي شريفة الهنائي التي قرأتم قصتها في الجزء السابق.

من الحبّ ما قتل خلفان

منار الهنائي

عندما تتنازل الشمس عن عرشها للقمر، يخرج خلفان متحزّمًا خنجره من منزله الطيني، الذي ورثه عن والدته، في حافّة الحارة عند حظيرة أغنام أبو سعيد. يدفع الباب الخشبي الثقيل لمدخل الحارة ويحكم إغلاقه، قبل أن يسير حافي القدمين في تلك الممرّات المتعرّجة التي تفصل بين البيوت الطينية، والتي تحدّى نفسه أن يسير بينها مغمضًا عينيه، دون أن يرتطم بجدرانها في إحدى الحيل التي ابتكرها لقتل ساعات الليل الطويلة، في أولى أيّام عمله.

أُطلق عليه منذ صغره بـ "سيّد الجنّ".[1] آمن أهل الحارة بأن الجنّ ستخضع لخلفان، ولن يصيبهم مكروه، وكيف لا تخضع له وهو أقبح منها؟!! التشوّهات التي تملأ وجهه إثر حادث حريق، وهو طفل صغير، جعلت أهل القرية يتّخذون قرارًا بأن حراسة الحارة في الليل هو العمل الأنسب له. كانوا يؤمنون بأنه لو اجتمعت القباحة، والتشوّهات في شخص كما اجتمعت فيه، فلن يستطيع الشرّ، وسوء الطالع أن يلحق بهم. في كل ليلة ينطلق خلفان ليحرس الحارة ليس من اللصوص فحسب، بل ليكون حرزًا متمثّلًا في شخص لا يريد أن يراه أهل حارته في وضح النهار ليذكّرهم بحادثة أودت بثلث أهلهم لم ينجُ منها غيره، شخص خُلق للّيل فقط.

لم تكُن لخلفان صاحبة أو زوجة. لم يعرفه أحد حقًّا، ولكنه كان يعرف الجميع. وكيف لا يعرفهم، وهو مُخاوي اللّيل، المُلمّ بأسرار حارته من خلال أحاديث أهلها التي كانت تتخلّل الجدران، وتحملها نسمات الليل لمسمعه. فمثلًا كان يعرف أن سعيد يعشق ابنة خاله شمسة قبل أن يتقدم لخطبتها بعدّة أعوام وأنه ينوي أن يهاجر معها غربًا وأن يباشر بالعمل في تجارة الأغنام هناك.

ولكن لم تكُن تلك الأحاديث والأخبار التي تطرب أذنيه، ولا تلك التي تجعله يراقب الشمس من خلف شقّ نافذته، وهي تصعد للسماء بخطوات متثاقلة كأن بينها وبينه ثأراً قديماً قبل أن تنهزم للقمر ويبدأ هو نوبته في الحراسة. هناك صوت في بيت السدرة المحاذي للمسجد، ذلك الصوت الذي يتسلّل إلى مسمعه من الغرفة العلوية لشمسة ابنة الوالي، شمسة الشخص الوحيد التي لم تكترث لجلد وجهه المتجعّد والتي كانت ترتقبه كل يوم بعد صلاة العصر لكي يعدّوا أشجار النخيل ويتسابقوا مع مياه الفلج التي كانت تجاريهم بسرعتها كسرعة سنوات طفولتهم قبل أن يهزمهم سن البلوغ ويحطّم قلب خلفان معه. شمسة التي آثرته على ابن عمتها سعيد وأهدته أعوام طفولتها.

[1] سيّد الجنّ = the demons' master

غذّى صوت شمسة روحه كل ليلة، يستند بجسده النحيل جدار المسجد الطيني البارد أسفل غرفتها ويسمعها وهي تشدو بأشعارها التي كتبتها في أمّها، كمعشوقة فرّق القدر بينها وبين معشوقها، أمّها التي طلّقها والدها حين خاض حربًا مع قبيلتها. الليل ساكن في عادته إلّا من صوت شمسة وعواء ذئاب في الجبال المترامية في المدى. يخيّم الصمت قبيل الفجر كل يوم حين تجفّ حنجرة شمسة وتفيض عينيها بالدموع وتعلن استسلامها لجنود النوم. يعيد له صوتها قلبه الذي اقتلعه سنّ البلوغ. في كل ليلة يغمض عينيه أسفل غرفتها ويخلق من ترانيمها مستقبلًا يجمعهما كما جمعتهم النخيل والأفلاج في طفولتهم. في تلك الليلة، وصوت شمسة يهيم به إلى مستقبل لم تشوّهه حرائق الظروف سمعها تناديه باسمه. وقع اسمه على لسانها فاق أشعارها جمالًا.

—خلفان؟

أيعقل أن يكون هو "سيّد الجنّ" كما لُقّب؟ هل سُخّرت له الجنّ والريح وأخذته لعالم يجمعه بشمسة لا تفرّقهم فيه أعمار، أو سعيد، أو جدران طينية، أو أعراف قبلية؟

—خلفان؟ هل أنت نائم؟

لا لا يمكن أن يكون هذا من عمل الجنّ. الجنّ لا تقوى أن تأتي بنفحات أنفاسها تداعب أذنيه. فتح جفنيه المثقلين، وارتعد حين لقاها. حاول أن يُحيّيها، أن يسألها إذا اشتاقت له كما اشتاق إليها، ولكن عقله أُفرغ من كل الكلمات، فاستسلم وهزّ رأسه بالنفي.

قبيل فجر تلك الليلة بدت السماء أقرب إلى الأرض، والقمر أقرب من الجبال التي تغلّف الحارة، واخضرار عيني شمسة يتحدّى بريق القمر في ليلته الرابعة عشر.

—افتح لي باب الحارة خلفان!

تسارعت دقّات قلبه. لا يُسمَح لأحد أن يفتح باب الحارة إلا إذا طلب الوالي ذلك بنفسه، ولكن شمسة كانت تترجّاه. توسّلت إليه أن يسرع قبل أن يصحى الناس لصلاة الفجر.

—خلفان أرجوك أمّي في حاجة إليّ ولا يمكن أن تفرّقنا هذه الحرب، ولا أريد أن أرتحل إلى بلاد بعيدة مع سعيد، وأُحرم من رؤية أمّي إلى الأبد. افتح لي الباب بسرعة!

لم يقبل، ولم يرفض. لم تكُن له أي ردّة فعل، ولكنه شعر بها تنتزع المفتاح الحديدي الذي كان معقودًا في محزمه قبل أن تمتزج عباءتها الحريرية السوداء بظلام الليل كسرابٍ لن يروي قلب العطشان أبدًا. صدمه حضورها، كما صدمه انتزاع سنوات البلوغ الاقتراب منها قبل سنوات مضت. بصق ثلاث مرات عن شماله، واستند على جدار المسجد وأغمض عينيه.

أيقظته أصوات أهل الحارة، وهم متجمهرون حوله. اختلطت أصواتهم بين موبّخ ومتأسّف على سنوات قضاها خلفان معهم، وها هو اليوم يخونهم ويساعد الأعداء بالدخول إلى حارتهم ليلًا واختطاف ابنة الوالي من منزلها.

—خلفان اعترف كم شخص دخل البارحة، ومن الذي أمرك بخيانتنا؟

استقام خلفان وجسده النحيل يرتعد من هول الموقف.

—لا مفرّ! نحن في حالة حرب، وأنت خائن! اعترف!

تراجع خلفان والتصق جسده بجدار المسجد، وهو يتذكّر أنه بصق ثلاث مرات عن شماله، ولكنه لم يكُن حلمًا. ينظر للأعلى إلى نافذة شمسة المغلقة. ينظر إلى أمامه، والحشد يقترب ويحجب نافذة شمسة عنه، وخنجره الذي كان متحزّما به أصبح في يد سعيد مصوّبًا نحوه. فجأة تزاحمت الكلمات في حنجرته وانطلقت تدافع عنه.

—الجنّ! خانني الجنّ وخطفوها!

المفردات

آثر—يؤثِر	to prefer
ثأر	revenge
حِرز	amulet, refuge
مَحزَم	sword belt
حَظيرة	barn
حيلة—حِيَل	trick
تَخَلَّلَ—يَتَخَلَّل	to intervene, come through
خَنجَر	dagger
مُخاوي	paramour
تَرانيم	hymns
سَراب	mirage
سوء الطالع	bad luck
مُنعَرَج	curve
عَرش	throne
مَفَرّ	way out

فلج	irrigation system
قَباحة	ugliness
نَحيل	thin, skinny
نَفحة—نَفَحات	whiff, fragrance
هَول	dreadful aspect, horror

محادثة

النشاط ١

بعد أن قرأتم القصة في البيت، ناقشوا الأسئلة التالية في مجموعات لا تزيد عن ثلاثة طلاب.

١. بِماذا لُقّب خلفان ولماذا؟
٢. من أَسَرَ قلب خلفان في صغره؟
٣. أين يستقرّ عندما يبدأ حراسته الليلية؟
٤. ما الذي جعل خلفان يخون أهل الحارة؟
٥. كيف استدرجت (lured) شمسة خلفان وماذا حدث له؟

المفردات

النشاط ٢

نسِّقوا أحداث أو مواضيع القصة ضمن خريطة ذهنية.

النشاط ٣

أكملوا الفراغات التالية بالكلمة المناسبة.

عرش الحرز تخلل الثأر محزم نحيل

١. يلجأ الكثير من الناس إلى المشعوذين لإبطال السحر والعين و________.
٢. تُعَدّ ظاهرة الأخذ بـ________ من أخطر الظواهر الاجتماعية التي تواجه المجتمع القبلي.
٣. "________ الخصر" هي أغنية مشهورة للمطرب الكويتي عبد الله الرويشد.

٤. _____ برنامج المدرسة العديد من الأنشطة الثقافية والاجتماعية والتي صقلت مهارات الفتيات العلمية والعملية.

٥. الجنبية: نوع من السلاح تحمل على جنب _____ الرجل، أشبه بالخنجر أو السيف الصغير.

٦. وصفت السلالة الحاكمة نفسها على أنها وريثة _____ الإمبراطورية البيزنطية.

النشاط ٤

اختاروا عشر كلمات من قائمة المفردات واستعملوا كل كلمة في جملة مفيدة.

النشاط ٥

صلوا الكلمات التالية بمرادفتها.

١. _____ قباحة		أ. خيال
٢. _____ منعرج		ب. بشاعة
٣. _____ سراب		ت. فجع
٤. _____ مفر		ث. ملجأ
٥. _____ هول		ج. مقوس

المحادثة والحوار

النشاط ٦

كل مجموعة ستأخذ سؤالاً واحداً، على أعضاء المجموعة قراءة السؤال ومناقشته.

١. التشوّه بسبب الحروق حادث يخلف ندوباً عميقة على الجسد وعلى النفسية، حلّلوا وناقشوا.

٢. عالم الجنّ والشياطين عالم غيبي، لا نراه ولا نسمعه، ومع غيبته عنا إلا أن الكثيرين قد أطلقوا مخيّلتهم في رسمه وتصويره. ناقشوا مختلف الآراء المتعلّقة بالموضوع.

٣. ناقشوا ظاهرة علاقات المصالح في المجتمع وكيف تؤثّر في قيمنا الأخلاقية وتهمّش الآخرين.

الترجمة

النشاط ٧

في مجموعات تتكون من طالبين، اقرأوا النص التالي ثم ترجموه إلى اللغة الإنجليزية.

التشوّهات التي تملأ وجهه إثر حادث حريق، وهو طفل صغير، جعلت أهل القرية يتّخذون قرارًا بأن حراسة الحارة في الليل هو العمل الأنسب له. كانوا يؤمنون بأنه لو اجتمعت القباحة، والتشوّهات في شخص كما اجتمعت فيه، فلن يستطيع الشرّ، وسوء الطالع أن يلحق بهم. في كل ليلة ينطلق خلفان ليحرس الحارة ليس من اللصوص فحسب، بل ليكون حرزًا متمثلًا في شخص لا يريد أن يراه أهل حارته في وضح النهار ليذكّرهم بحادثة أودت بثلث أهلهم لم ينجُ منها غيره، شخص خُلق للّيل فقط.

الكتابة

النشاط ٨

في البيت: اختاروا موضوعاً واحداً من المواضيع التالية واكتبوا حوالي ١٥٠-٢٠٠ كلمة.

١. ما الذي يدفع الناس لإجراء عمليات تجميلية، وما هي في نظركم فوائد ومخاطر وحدود هذه الجراحة التي تحسن من المظهر؟
٢. "الأوطان الكثيرة القبائل قلَّ أن تستحكم فيها دول، والسبب في ذلك اختلاف الآراء والأهواء وأن وراء كل رأي منها وهوى عصبيةٌ تمانع دونها فتكثر الحروب." حلّلوا وناقشوا.

النشاط ٩

اذهبوا الى صفحة النقاش الخاصة بالصف (discussion board) وتطرقوا إلى السؤال التالي ثم علقوا على إجابة طالب آخر.

يعد الأمن حاجة أساسية للمجتمع الإنساني. أبرزوا مفهوم الأمن وكيف يمكن تحقيقه.

القصة الثالثة

تعريف الكاتبة

سناء حسين المرزوقي كاتبة إماراتية حاصلة على ماجستير في الإدارة الحكومية من كلّية لندن الجامعية University College London في العلوم والهندسة والسياسة العامة. هي من مواليد دبي عام ١٩٩١. صدر لها كتاب "رسائل سين" في عام ٢٠١٤ عن الدار العربية للعلوم ناشرون، حيث كتبت فيه مجموعة من الخواطر والمقالات عن الحياة. تنشر كتاباتها بصورة دورية في مدوّنتها وفي مجلّة سكّة الالكترونية، كما تعمل على كتابة سيناريوهات لبعض المسلسلات العربية.

وجودكِ

سناء حسين المرزوقي

كانت لحظةً بهيّة جداً عندما قامت أمّكِ الطبيبة لمياء بخلقك. أليست هي من أدخلتك في أحشائي؟ هي أمّك إذاً بقدر ما أكون أمّك. ليتني أعرف اسم من دمَج نواتَيكِ لكي أعرف اسم والِدك، أو أمّك الثالثة ربما. هذا ما يميّزك أليس كذلك؟ فبينما تكوّن رفقاؤكِ في لحظة حبٍ ملتهبة، تكوّنتِ أنتِ في لحظة معدنية مؤلمة، والممرّضات على يمين الطبيبة ويسارها يقفن كملائكة تتأكّد من اكتمال الطقس بشكل متكامل.

لا تبالي بما أقول، ستكتشفين بأنني أقرأ الكثير من الشعر والكثير من الروايات، وصدّقتُ أنني أعيش رواية مسطّرة بالمثالية، ولكنني أتخلّى عن هذا مع كلّ يومٍ يمضي كما ستعرفين . . . ولم أقرأ يوماً رواية أو شعراً عما أمرُّ به، فلا أعلمُ تماماً كيف أتصرّف تجاهَ ما يحدث.

يقال أيضاً بأن الشعور بالإيجابية والسعادة يزيد من فرص نجاح وجودك في هذا العالم بشكل كبير، وحاولن كلهن جميعاً، أمّك الثانية (الطبيبة) والملائكة (الممرّضات): كل شيء يسير بصورة ممتازة ممتازة! ويكرّرنها ثم يستعذن من العين الحاسدة.

سامحيني. فأنا أفعل أقصى ما أستطيع، أملأ جوفي بالكثير من الطعام، وعقلي بالكثير من الكلمات، كلّها لأبقى سعيدة. ربما تكون مبالغة أن أسمّي ذلك سعادة، ولكنّه تطوّر كبير، فلا أبكي كلّ يومٍ كما كنت أفعل، وفي أسبوع كامل تعرّضت لنوبة هلع واحدة فقط! تطوّر كبير فعلاً.

سامحيني، أعلم أنك تريدين أمّاً سعيدة، أمّاً تعرف مكانها من العالم تماماً، أمّاً ليست تائهة. سأغفرُ لك إن قرّرتِ عدم المجيء هذه المرّة أيضاً. يحقّ لك أن تختاري، وأعلمُ أنني لست محظوظة كثيراً في هذا الجانب.

أعتذر جداً، وعدتُ نفسي بأن لا أكتب عندما تنتابني مشاعرٌ كهذه، ولكنني ولّدت عادة مؤخراً يصعب عليّ الخلاص منها. سأدعو الله مطوّلاً أن لا تكوني مثلي، هكذا سأضمن سعادتك.

أعتذر جداً. أعلمُ أنني أمارسُ أقصى درجات الأنانية عندما أطلب منكِ أن تسكُني جسداً وروحاً مرهقة لتسعة أشهر. أعلم أنني أمارس أقصى درجات التفاهة عندما توقظني فكرة في منتصف الليل، فكرة أنني بحملك في أحشائي سأقضي على وحدتي، وربما ستنجحين فيما لم ينجح أحدٌ من قبل، أن تنيري روحي، وأن تعيدي لعقلي الصواب بعد تشتّت طويل. أعلم أنك ذكية، وتعلمين بأن ما أقوله لا علاقة له بالمنطق أبداً. أعلم كل ذلك، ولكنني، كما استنتجت الآن، لا أستطيع أن أبرّر أسبابي تماماً.

أعتذر مجدّداً، لا أقصد أنك محاولة يائسة لإنقاذي. أنت أجملُ من ذلك، أنت أرفعُ من ذلك. أحبّك، اعلمي ذلك تماماً، أحبّك منذ زمن بعيد. أيشفع هذا لي لكي تجدي فيَّ موطناً؟ أعلم أنك تستحقّين أمّاً أفضل، ولكنني أعدك بأنني سأحاول. وعندما أفشل، سيقوم والدك بتولّي زمام الأمور، أو هكذا آمل. سعيد جداً هو بفكرة قدومك قريباً، سيشتري لك الكثير من الأطعمة لأنه يحبّها، ويشتري الكثير من الألعاب لأنه انتظر طويلاً حتى يكون طفلاً مجدّداً. سيدلّلك كثيراً. سيعوّض والدك عن تقلّباتي وعن ضعفي. هو قوي جداً كما ستعرفين، وسيجعلك تؤمنين بقوّتك وجمالك وروعتك، وستكونين أفضل مني، وستصدّقين كل ما يقوله عن كونك استثنائية.

إن كنتُ لا أستحقّ أن تأتي من أجلي، فمن أجله افعلي.

يقال إنني يجب أن أكون ممتنّة بشدّة لتطوّر العلم الذي سمح لي بأن أكون هنا، في هذا المكان بالذات. هناك حلّ لتأخّر وجودك، وهناك أدلّة قاطعة تثبت بأنني لست السبب، إلا أنني على الرغم من ذلك يجب أن أكون من يتحمّل كل شيء حتى تأتي. لست أمانع بالطبع، لا تسيئي فهمي. إنني أسرد الوقائع لكِ لا غير. ربما يتغيّر كل شيء في العالم عندما تنضجين ويأتي دورك لتحاولي أن تكوني أماً، إلا إنه اليوم، هناك حوار تلقائي يحدث: "متزوّجة؟ ألديك أبناء؟" نظرة شفقة مثيرة للغثيان. "كم مضى على زواجكما؟" ارتفاع الحاجب بدهشة يحاول صاحبها بشدّة أن يخفيها. "لا بأس لا بأس. أتعلمين؟ أختي/ ابنة عمّي/ ابنة جارة جدّتي كانت تحاول لسنوات، ثم ذهبت إلى الطبيب الفلاني، أو الداية، أو الشيخ الذي يرقيها، ثم رزقها الله! على أية حال أنت شابّة جداً، وهناك من أنجبن في عمر متأخّرة جداً! استمتعي بحياتك، سافري........"

حوار تكرّر عشرات المرّات، يعاد بصورة دورية على كل متزوّجة. يبدو وكأن الهدف الوحيد للزواج هو الإنجاب، ولأنني لم أنجب أكاد أرى السؤال الأعظم يكاد يفلت من ألسنتهم: لماذا لا تزالا متزوجين؟

انتهى الجزء الأعظم من حكاية خلقك. الكدمات التي تركتها عشرات الإبر على خاصرتي تبرهن ذلك. خلقوك ويعيدونك الآن إلى جسدي. وكل ما يجب عليك فعله هو أن تتقبّليني وطناً لك.

تقول لي الطبيبة بأنني سأعلم إن كنت ستأتين بعد أسبوعين تماماً، إلا أنني أكاد أتيقّن من اللحظة هذه بأنك ستأتين. يلعب القدر لعبة ما معي لا أفهم كنهها، وإن كنت فهمته، فهو يحبّ الاستهزاء بي بشكل أو بآخر، وإن كنت على حقّ، فستأتين قريباً ليتمّ لعبته التي بدأها منذ مدّة.

ستستمتعين كثيراً، سيدلّلك الكثيرون، فأنتِ قمرٌ غاب طويلاً. لديك الكثير من الأعمام والخالات، والكثير منهم ليسوا أعمامك وخالاتك بصلة دم! سيحبّونك، ويشهدون نموّك إلى امرأة جميلة وسعيدة.

انظري! يبدو أن هناك العديد من الأشياء التي يودّ المرء أن يحيا من أجلها، أن يأتي إلى الحياة من أجلها. لا أكذب، فهذا ما يقوله الجميع على أية حال.

حسناً. ها قد مضى أسبوعان تماماً. فحص الدم أكثر الفحوصات دقة في الكشف. إبرة إضافية لن تضرّ. أمضي في يومي. تتّصل الطبيبة، تتحدّث بنبرة حذرة: الهرمونات تدل على أنه من المحتمل أن تأتي، إلا أن المستويات منخفضة جداً! قد يكون حملاً خارج الرحم، أو أنه حمل ضعيف سيسقط. حسناً. ننتظر ونعيد الفحص بعد يومين. أعيد الفحص كل يومين لمدّة أسبوعين آخرين، لا أدري إن كنتِ ستأتين أم لا. ربما ستأتين إلا أنك تريدين أن تختبري مدى وجودك في قلبي. حسناً سأجاريكِ. سأنتظرك، سأدعو الله أن يبقيك، لأنك أملي الوحيد.

اتّصال آخر: حسناً يبدو أنه حملٌ خارج الرحم ويجب التخلّص منه فوراً! أتخلّص منك؟ يبدو أنك قررت المجيء وغيّرت رأيك في اللحظة الأخيرة. يبدو أنك لا تريديني أماً لك. أو ربما "ما قبل الحياة" أجمل بكثير من الحياة، لذلك ترفضين المجيء. ماذا يوجد هناك؟ أهو عالم مليء بالسكاكر الوردية والألعاب والسعادة؟ مع من تقضين يومك هناك؟ أتعيشين بالأيّام أم تعيشين فقط؟ ماذا يحدث عندما يقرّر أحدكم أن يأتي إلى الحياة؟ أتحتفلون؟ أم تبكون لأنكم تعرفون تماماً ما ينتظركم؟ أم أنكم لا تعرفون، ولذلك يقرّر بعضكم المجيء؟ أيعلم أحد في هذه الحياة عن مرحلة ما قبل الحياة أساساً؟ أم أنه سرّ من أسرار الكون التي لا يعرفها سواكِ، وسواي؟ على أية حال، لن أبكيك، ليس أمام أحد بالتأكيد. لن أفكّر فيك كشخص كاد أن يكون، أو كشيء فقدته وأصبح طيراً من طيور الجنّة. ستبقين حادثة علمية بحتة مجرّدة من جميع المشاعر.

كانت لحظة بهيّة جداً عندما قرّرتِ أن تتركيني أجد الطريق وحدي، وأتغلّب على الوحدة وحدي، وأن أجد مكاني في هذا العالم وحدي. أعدك الآن بأنني الأمّ التي تريدينها لنفسك. لا أبالي في أي لحظة تتكوّنين، في لحظة حبّ أم في مختبر مظلم وبارد، لأنني سأكون لك الدفء والنور، سنكبر معاً، ونحبّ الحياة معاً، لأن هناك الكثير مما يستحقّ الحياة من أجله، سأريك بنفسي عندما تأتين.

المفردات

أَمَلَ—يَأمُل	to hope
بَرهَنَ—يُبَرهِن	to prove
بهيّ	beautiful

استِثنائي	exceptional
جارى—يُجاري	keep up with
حَسَدَ—يَحسُد	to envy, covet
أَحشاء	intestines
خاصِرة	hip, waist
خَلاص	salvation
دِفء	warmth
دَمَجَ—يَدمُج	to combine
سَرَدَ—يَسرُد	to narrate, recount
مُسَطَّر	lined, barred
سكاكِر	candy
غَثَيان	disgust, nausea
فَحص	test, examination
كُنه	essence
نُموّ	growth, development
هَلَع	alarm, panic

محادثة

النشاط ١

بعد أن قرأتم القصة في البيت، ناقشوا الأسئلة التالية في مجموعات لا تزيد عن ثلاثة طلاب.

١. كيف وصفت الراوية الطبيبة والممرضات المشرفات على العملية؟
٢. كيف كان إحساس الراوية وهي تمر بتجربة مختلفة تماماً؟
٣. لماذا تطلب الراوية السماح من طفلتها التي لم تولد بعد؟
٤. كيف كان رد المقربين من الراوية عندما تأخر حملها؟
٥. كيف تتخيل الراوية الحياة التي تعيشها طفلتها والتي وصفتها "ما قبل الحياة"؟

المفردات

النشاط ٢

نسِّقوا أحداث أو مواضيع القصة ضمن خريطة ذهنية.

النشاط ٣

أكملوا الفراغات التالية بالكلمة المناسبة.

بهيّة هلع أسرد برهن فحص السكاكر

١. حلويات العيد تقليد شعبي يتميز بشراء الكعك و ________.
٢. لها طلعة ________ وحضور متألق.
٣. يجوز للمحكمة أن تأمر بإجراء ________ طبي نفسي لمشتبه قام بارتكاب مخالفة جنائية.
٤. ستصاب بنوبات ________ إذا أمضيت ساعات كثيرة في مكان مغلق.
٥. اسمحوا لي أن ________ مرة أخرى بعض الأرقام التي لا يمكن قبولها.
٦. لقد ________ الاتحاد الأفريقي أنه نقطة مركزية قوية من أجل ربط أفريقيا بالأمم المتحدة والمنظمات المالية الدولية.

النشاط ٤

اختاروا عشر كلمات من قائمة المفردات واستعملوا كل كلمة في جملة مفيدة.

النشاط ٥

صلوا الكلمات التالية بمرادفتها.

١. ______ أحشاء	أ. إدغام
٢. ______ دمج	ب. تبرعم
٣. ______ حسد	ت. أمعاء
٤. ______ نمو	ث. حرارة
٥. ______ دفء	ج. غيرة

المحادثة والحوار

النشاط ٦

كل مجموعة ستأخذ سؤالاً واحداً، على أعضاء المجموعة قراءة السؤال ومناقشته.

١. الأمومة تجربة فريدة من نوعها، تخوضها كل أمّ على طريقتها. هل هو شعور فطري أم ثقافي؟
٢. بعد تجربة الإجهاض (miscarriage or abortion)، كيف تتعافى المرأة نفسيًا؟ وما هو دور الأقرباء في تسريع عملية الشفاء؟
٣. هناك آباء وأمهات يتحدثون إلى الجنين في بطن الأم بشكل مستمر كأنهم يحملونه بين أيديهم. هل يمكنكم سرد بعض فوائد التكلم مع الجنين، وإسهام ذلك في تعزيز الترابط بين الجنين والأبوين؟

الترجمة

النشاط ٧

في مجموعات تتكون من طالبين، اقرأوا النص التالي ثم ترجموه إلى اللغة الإنجليزية.

كانت لحظة بهيّة جداً عندما قرّرتِ أن تتركيني أجد الطريق وحدي، وأتغلّب على الوحدة وحدي، وأن أجد مكاني في هذا العالم وحدي. أعدك الآن بأنني الأمّ التي تريدينها لنفسك. لا أبالي في أي لحظة تتكوّنين، في لحظة حبّ أم في مختبر مظلم وبارد، لأنني سأكون لك الدفء والنور، سنكبر معاً، ونحبّ الحياة معاً، لأن هناك الكثير مما يستحقّ الحياة من أجله، سأريك بنفسي عندما تأتين.

الكتابة

النشاط ٨

اختاروا موضوعاً واحداً من المواضيع التالية واكتبوا حوالي ١٥٠–٢٠٠ كلمة.

١. الإخصاب في المختبر (IVF) عبارة عن سلسلة معقّدة من الإجراءات المستخدَمة للمساعدة في الإخصاب، أو منع المشاكل الوراثية والمساعدة في حدوث الحَمْل. ما هو تأثير تطوّر هذه العملية على المجتمع؟
٢. فكرة الزواج المشروط بإنجاب الأطفال أصبحت من الأفكار التقليدية ورغم ذلك فالمجتمع لا زال متشبّثاً بها متجاهلاً مخلّفات الضغوطات النفسية التي يتعرض لها الأزواج جراء ذلك. وضّحوا تغيّر أفكار الجيل الجديد مبيّنين رأيكم الشخصي في الموضوع.

النشاط ٩

اذهبوا إلى صفحة النقاش الخاصة بالصف (discussion board) وتطرقوا إلى السؤال التالي ثم علقوا على إجابة طالب آخر.

هاجس الأمومة يطارد المرأة، حتى لو كانت غير متزوّجة. ورغم ما يقدّمه احتمال تبنّي الأطفال اليتامى من حلّ عملي للتغلّب على ذلك الشعور، إلا أنه يصطدم دائماً في المجتمعات العربية بعقبات ثقافية وفكرية. تطّرقوا إلى هذا الموضوع مبيّنين رأيكم الشخصي فيه.

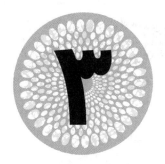

٣

قصص من البحرين

القصة الأولى

تعريف الكاتب

علي عبد الله خليفة شاعر وكاتب بحريني، من مواليد سنة ١٩٤٨. هو خريج المعهد العالي للمعلمين بمملكة البحرين في سنة ١٩٧٠، وقد عمل في سلك التدريس حتى سنة ١٩٧٥. أُعتُقِل من سنة ١٩٧٥ إلى ١٩٨١. عمل منذ سنة ١٩٨١ في الصحافة الاجتماعية والثقافية في الصحف البحرينية والخليجية، ونشر في العديد من الدوريات العربية. مارس عبد الله خليفة كتابة القصّة القصيرة بشكل مكثّف وواسع أكثر من بقية الأعمال الأدبية والفكرية التي كان يمازجها مع هذا الإنتاج، حيث ترابطت لديه الكتابة بشتى أنواعها: مقالة، ودراسة، وقصّة، ونقد.

وراء الجبال

علي عبد الله خليفة

القرية بيوت صغيرة كالحة تحت الجبال الشاهقة. نتوءات من الخشب والحجر واللحم ملقاة في قعر الصخور. نقطة من الخضرة والدم والضوء تتنفّس أمام المادّة والموت. معبر وحيد أخير للحياة في قبر الأحجار. حين يرمق يحيى ذلك الامتداد الشاهق لا يصغي إلا إلى عزف الأساطير والصقور.

ليس ثمة فرجة من سهل، ليس ثمة بوّابة للخروج، ليس ثمة نسر قادر على تجاوز هذه العمالقة الكبار من الحصار والرعب.

ليلاً ونهاراً يعمل في هذه الآلة الغريبة وسط عريشه المفتوح للعيون الشكّاكة والأيدي العابثة. لم يأتِ أحد منذ قرون إلى القرية. لا يوجد ساعي بريد. ليس ثمة قوافل تعبر إلى هذا المكان النائي المعزول عن العالم. لا يصدّق أهل القرية أن هناك بشراً غيرهم وراء الجبال. وعندما صنع ذلك الجهاز الحسّاس الذي التقط أصواتاً غريبة دهشوا، وتحدّثوا طويلاً عن معجزات السحرة الذين يشتغلون في كهوف الجبال.

هنا الأرض الخضراء الصغيرة المتشقّقة بين الأحجار، التي تنبتُ بدم، وتكتسحها السيولُ المدمّرة، هنا الرجال والنساء المغروزون بين خناجر الأرض والشوك ولحظات الحبّ الوامضة في الليل.

هنا الأطفال الذين يطلعون مع ثغاء الماعز وروث البقر وضحك النجوم والتماعات الأشباح في الصخور. ينغمس يحيى في المعدن المضيء. هذه الآلة التي تشكّلت من بقايا المحاريث والصفائح، تضجّ في الليل والنهار، تقذف الهواء الساخن، وتدير المراوح القوية. يقترب سامي ونورة منه، يحدّقان في الخرائط الغريبة، وأجهزة النداء والنبض والراديو، ويسمعان الأصوات، ويحرّكان الأضواء، وينبهران وفي كل مرّة تنفجر هذه الآلة، وتنغرز العجلات بين الصخور والوحل، كانا يساعدانه في حملها وإعادتها إلى هذا العريش المفتوح للفضاء. من الطمي، من الشوك، من الدفاتر الجلدية، من الكتب الصفراء المدفونة في المخازن والتراب، من أحلام الطفولة، من ذبذبات الضوء، من حفلات الأهالي الدموية جمع السطور والمعدن والضوء والأمل، سنوات وهو يجمع الفلّين والعظام والحديد والكلام. يرون ضوءاً غريباً يسطع في ذلك الكوخ، والورق يمتدّ، ويرسم الجبال، ويحلّق بعيداً. يثرثرون في مجالسهم، يغضبون، يأتون إليه بفؤوسهم.

—ماذا تريد أن تفعل. لماذا تكلّم الجن؟!

—إنني أصنع شيئاً لعبور هذه الجبال، أتعجبكم هذه العيشة الرهيبة كالضفادع والهوامّ؟ هناك وراء الجبال. الأرض الخضراء والمدن والسعادة!

يندفعون إلى آلته، يرفعون أدواتهم الحادّة. يضع جسده فوقها. يصرخون:

—منذ أن رحت تشتغل على هذا العفريت والأرض تبور، والمطر انقطع، والجواميس نفقت، أنت لعنة، وعملك سحر شيطاني! من أين طلعت لنا؟ كنا في هناء. كانت الأرض تمتلئ بالحبوب، والأطفال يملأون البراري، والآن أكواخ رثّة، عراك مستمرّ، جوع مضنٍ، يا لك من نحس!

كم من مرّة ركض إلى الكوخ وهو يشتعل! كم من مرّة ساعده الفتية ليجمع خردة الحديد وليخفيها آباؤهم! كم من مرّة سلّم أضلاعه وسنواته للنار! يحرق السحرةُ البخور في كهوف الجبال. يرسمون وجهه بخطوط الجمر والدخان. يكتشفون أسباب لعنات الماعز والنحل والخراف في معدنه الملعون! يصرخ السحرة في مغاراتهم العديدة المتعادية. تتكوّن خطوط من البارود والخناق، تمتلئ القرية بحريق رهيب.

تبدو أعواد الأكواخ، والأسياخ المنتصبة الحامية، وخطوط الدخان المترجرجة، وروائح الأرض والجلود المشوية، وأكوام الأشياء المُنقَذة، مثل آثار الزيارات الرهيبة للنيازك، مثل حفلات الزار وانفجارات الجليد. يصرخ يحيى في الليل. ويترنّح لشواء البشر، ولقوافل الموتى، وللرجال المجانين الذين يبحثون عن مسارب آمنة في الجبال المعادية فيتهاوون كطيور ميّتة ويغدون وجبات لذيذة للنسور. يصرخُ في العرائش المغلقة المفتوحة للدخان والهلوسة، ولا أحد يأتي إليه سوى نورة وسامي يتعكّز على قواهما الفتية

وضحكاتهما النقية. وهو يصبح عجوزاً تشتغل الآلة بقوّة. ويبدأ الجسد المعدني بالانفصام عن إرث الروث والسحرة، لكنه يهبط مقعقعاً على النتوءات، مهتزّاً، متألّماً، يكاد يصطدم بالنخلات المبعثرات.

سامي ونورة يشعلان له المصابيح، ويسهران طوال الليل، يقرآن له المفاتيح والكتب، ويرون الجليد يملأ رءوس الجبال مضيئاً، مغلقاً كل شقوق الأمل. البشر انكمشوا في بيوتهم، تدثّروا بألحفتهم الثقيلة العطنة، يحرقون البخور، ويبصقون في أفواه الأطفال، ويطعنون الخرز بالإبر، ويذبحون الديكة العوراء، ويختنون النساء، ويتبرّكون بالأحجار.

يصرخ: ثمة طوفان قادم. ثمة جليد عارم جبّار سيتدفّق. ستكتسح الصخور المنازل والزرع، هلمّوا إليّ!

لكن الأبواب والآذان تبقى مغلقة. الربيع يقترب، والجداول الوحشية تتكوّن، والصخور تتقلقل، والظهور محنية، والعيون محدّقة في النعال المقلوبة، والمزارات ممتلئة! راحت الجبال العملاقة تهتزّ. الكوفيات البيضاء المسالمة فوق رؤوسها تغدو ثعابين من الوحل والحصى والجذوع المندفعة. دمدمة رهيبة تكتسح كل شيء. ويهتزّ الرعاة والغنم في فلاتهم. تنغلق الكهوف على السحرة في الجبال. ويركض الناس للشرائط المعلّقة على القبور.

راحت العجلات ترتفع، وصمد الجناحان للريح، والشابّان جثما خلفه، يتطلّعون بأسى إلى أنهار المياه والأكواخ والرؤوس، وهي تتدفّق نحو أسنان الصخور، وجثث البشر والماعز والبقر تطفو، والأيدي القليلة ترتفع من اللجج، والصرخات تنفجر ثم تفور في الضجيج المدوّي. الطائر المعدني الضوئي يرتفع فوق قمم الفيضان والطوفان، وينفتح المدى اللانهائي للنور.

المفردات

bleating of sheep	ثُغَاء
beads	خَرَز
dagger	خَنجَر—خَنَاجِر
resounding	مُدَوّي
vibration	ذَبذَبة—ذَبذَبات
to look, glance	رَمَقَ—يَرمُق
towering	شاهِق
exhausting, hard to endure	مُضنٍ (المُضني)
alluvium, silt	طَمي

crossing, passage	مَعبَر—مَعابِر
arbor, trellis	عريش—عرائش
cork	فِلّين
bottom, depths	قَعر
kuffiyah (head scarf)	كوفية—كوفيات
extreme conditions	لَجَج
bulge, protrusion	نُتوء—نُتوءات
shoe, sandal	نَعل—نِعال
meteor	نَيزَك—نَيازِك
come on, let's	هَلُمَّ—هَلُمّي—هَلُمّوا
hallucination	هَلوَسة—هَلاوِس
vermin	هامّة—هوامّ
flashing	وامِض

محادثة

النشاط ١

بعد أن قرأتم القصة في البيت، ناقشوا الأسئلة التالية في مجموعات لا تزيد عن ثلاثة طلاب.

١. بماذا استعان يحيى ليصنع آلته الغريبة؟

٢. من كان يساعده في تجاربه؟

٣. لماذا أراد يحيى أن يخترق الجبال بآلته؟

٤. ما السبب وراء عدم تحمس أهل القرية لتجارب يحيى؟

٥. ماذا كان مضمون رؤية يحيى فيما يخص مال القرية وكيف فلت منها؟

المفردات

النشاط ٢

نسِّقوا أحداث أو مواضيع القصة ضمن خريطة ذهنية.

النشاط ٣

أكملوا الفراغات التالية بالكلمة المناسبة.

الشاهقة   النتوءات   الخناجر   النيازك   نعال   المدوي

١. طوّرت وكالة الفضاء الأمريكية "ناسا" تطبيقاً لمراقبة مواقع _____ في السماء.

٢. _____ الخوص هي أحذية تقليدية تُصنع من سعف النخيل، وغالباً ما تُلبس أثناء الوضوء لعدم تأثرها بالماء.

٣. هل تتذكرين صراخها _____ خلال جنازة ابنها الوحيد؟

٤. امتزجت الفنون الإسلامية بحرفة صناعة _____، والتي استقت نقوشها البديعة وتطريزاتها اللافتة من مختلف بقاع الأرض.

٥. بصرف النظر عن وجود بعض _____ والكدمات، فهو معافى ويحظى بصحة جيدة.

٦. تحتضن دولة الإمارات العربية أجمل البنايات في العالم، كما أنها موطنٌ للعديد من الأبراج _____ والمباني العالية.

النشاط ٤

اختاروا عشر كلمات من قائمة المفردات واستعملوا كل كلمة في جملة مفيدة.

النشاط ٥

صلوا الكلمات التالية بمرادفتها.

١. _____ قعر   أ. مشعّة
٢. _____ مَعبر   ب. توهّم
٣. _____ هلمّوا   ت. عمق
٤. _____ هلوسة   ث. ممرّ
٥. _____ وامضة   ج. تعالوا

المحادثة والحوار

النشاط ٦

كل مجموعة ستأخذ سؤالاً واحداً، على أعضاء المجموعة قراءة السؤال ومناقشته.

١. قديماً، كان الناس ينسبون التقدّم التكنولوجي إلى السحر وكان من يصفه بالمعجزة. لماذا عجز عقل بعض الناس على تقبّل ما هو جديد تماماً بالنسبة لهم، ما هو دور الوعي والتفتّح العلمي في تقدّم المجتمع؟

٢. الطموح هو الذي يحرّك العزيمة عند الانسان ويشدّها. كيف ذلك؟

٣. تتميّز الحياة الريفية في القرية بالبساطة والالتصاق بالأرض والطبيعة الخلّابة لكنها لا تخلو من الصعوبات. ناقشوا مشقّة الحياة في الريف.

الترجمة

النشاط ٧

في مجموعات تتكون من طالبين، اقرأوا النص التالي ثم ترجموه إلى اللغة الإنجليزية.

كم من مرّة ركض إلى الكوخ وهو يشتعل! كم من مرّة ساعده الفتية ليجمع خردة الحديد وليخفيها آباؤهم! كم من مرّة سلّم أضلاعه وسنواته للنار! يحرق السحرةُ البخور في كهوف الجبال. يرسمون وجهه بخطوط الجمر والدخان. يكتشفون أسباب لعنات الماعز والنحل والخراف في معدنه الملعون! يصرخ السحرة في مغاراتهم العديدة المتعادية. تتكوّن خطوط من البارود والخناق، تمتلئ القرية بحريق رهيب.

الكتابة

النشاط ٨

اختاروا موضوعاً واحداً من المواضيع التالية واكتبوا حوالي ١٥٠-٢٠٠ كلمة.

١. هل تؤمنون بنهاية العالم وهل تصوركم لذلك اليوم يتطابق مع الأحداث التي نراها في الأفلام؟

٢. لسنا بحاجة للكلام عن أهمّية التكنولوجيا في الحياة اليومية فالجميع يعلم ذلك، لكن ما قد يجهله الأغلبية هو مراحل تطوّر التكنولوجيا عبر تاريخها الطويل. كيف ساهمت التكنولوجيا بنقل البشرية من عصور الظلام والجهل، إلى ما نحن عليه الآن من ابتكارات واختراعات تجاوزت التوقّعات؟

النشاط ٩

اذهبوا الى صفحة النقاش الخاصة بالصف (discussion board) وتطرقوا إلى السؤال التالي ثم علقوا على إجابة طالب آخر.

التنمية المستدامة يجب ألا تركّز فقط على تطوير المدن الكبيرة أو العواصم، بل على القرى والمناطق الأكثر فقراً وبعداً. اطرحوا بعض المبادرات التي تسعى لتحقيق التنمية المستدامة ومراعاة الفجوات التنموية.

القصة الثانية

تعريف الكاتبة

حمدة خميس، شاعرة وكاتبة صحفية حرّة من مواليد الإمارات ١٩ أغسطس ١٩٤٨. هي حاصلة على بكالوريوس اقتصاد وعلوم سياسية من جامعة بغداد. ساهمت في الكتابة في العديد من الصحف والمجلات المحلّية والعربية، كما عملت مراسلة من البحرين لجريدة الفجر الإماراتية، ومحرّرة أولى في جريدة اليوم السعودية من البحرين. ونشرت قصائدها في أغلب الصحف العربية، وتُرجمت مختارات من قصائدها إلى عدد من اللغات العالمية. هي عضوة مؤسّسة في أسرة كتّاب وأدباء البحرين وعضوة في اتّحاد كتّاب وأدباء الإمارات وعضوة في الاتّحاد العام للأدباء والكتّاب العرب. من أعمالها الشعرية: "اعتذار للطفولة"، "الترانيم"، و"مسارات".

في رحاب العزلة

حمدة خميس

يا لنعمة الصمت! يا لبذخ العزلة وحرير الهدوء! ها أنتِ وحدكِ، خرج الجميع. القليلون في شخوصهم، الكثيرون في الضجيج. وحدكِ، ليس حولكِ إلاّ أنتِ. ليس معكِ غير نفسكِ تستريح إليكِ. غير روحكِ تستأنس بكِ. في العزلة، في التوحّد بالنفس، تتفتّح الحواسّ كلها. البصر والبصيرة. يتّحد المرئي واللامرئي في اللحظة ذاتها. السمع والإنصات. أي نأمة في الخفاء تصير عزفاً. رهافة الأصابع تستيقظ من بلادة المألوف، تصير عيناً ترى وأذناً تسمع ودماً يتدفّق بين اللمس والملموس حتى يملأ الجسد بلذّة النشوة أو رعشة الرهبة. حاسّة الشّمّ تسري حتى مروج الحلم. يقتحمك الوجود كله. الكائنات والكون. هسهسة العشب والذبول في جسد الخريف. طقطقة الغصون إذ تنحني للمهبّ. دقّات الزمن تسير برتابة الأيّام وسرعة النهايات. صدى بكاء طفل منسي في البعيد يوقظ الحزن. لغط أقاويل في المدى المجهول يتلاشى

بطيئاً. البحر البعيد، البعيد في شجوه الأبدي. وجوه اتّشحت بالنسيان وأوغلت في الغياب، تنهض من لجّة الذاكرة. مدن، محطّات، طرقات، زوايا وحجرات.

تسيرين متّئدة وحدكِ، ووحدكِ وددتِ لو تهتِ، لو أضعتِ الطريق إلى البيت. البيت الذي ليس بيتكِ ولم يكُن لكِ فيه خيط ولا إبرة. لماذا تسوقك خطىً غامضة إليه؟ تتوقّين الضياع كطفلة تاهت في الزحام والضجيج، فانفلتت شاردة في طرقات تجهل خطواتها، وضلّت السبيل إلى الذراعين. لكنكِ كبرتِ على الضياع. حين اهتديت إليكِ!

يا لفيض الوحدة وترف الأنس بالنفس!

لكأن وقع خطاك على الأرض، نهنهة الجذور إذ تنهض حين الهطول.

أي ماس يبرق في تنفّس العزلة. أي نهوض يتأهّب، وخيال يشبّ. أية سعة تمتدّ أمام البصيرة نحو المطلق واللانهائي. أي ميزان رهيف يزن البشر بالعدل: كل البشر واحد، وكل واحد هو البشر كلهم!

للكائنات نشيد عزلتها في تجلّي الوجود. للماء في الأنهار، للرياح في الجهات، للشجر في الفصول، للبحر في الأمواج. للزمن في تعاقب الليل والنهار. للطيور في الهجرات، وللإنسان في رهبة الحبّ!

حين تسكنين إليك وتستكينين إلى وحدتك. المكان أجمل ما يكون المكان، الضوء أبهى، والظلال رقّة. الأشياء صديقة، والجدران رأفة الرحم. الأبواب طمأنينة، والنوافذ أجنحة. وأنتِ أنتِ لا غيرك. لا أحد يأخذك منك. لا نجي لك سواك. لا رفقة سوى خفق القلب وبهاء الروح!

هل تستشعرين الوحشة وأنت وحدك؟ إذن لست وحدك. لست وحدك.

أنت مسكونة بغيرك، وغيرك إذ يغيب غبتِ، وإذ لم يحادثك صممت. وإذ لم يناديك طرشت!

هل تخافين التوحّد بنفسك؟ لماذا؟ ألأنك ولدت وحدك وتموتين وحدك، تخشين التوحّد في الطريق بين المسارين؟

سيّان. أخشيتِ وحشة الطريق أم آنستِ رفقة الرفيق في الطريق، فأنت وحدك. إن أرحت التعب فوق وسادة الليل فأنت وحدك. وإن نعمت بهمس الصبح فأنت وحدك. إن طعمت أو كسيت أو خرجت أو رجعت، إن غضبت أو رضيت، إن اجتاحك الجنون أو أسبغت عليك الحكمة وشاحها فأنت وحدك. إن كنت في حضن الأمومة أو كنت في حضن الحبيب فأنت وحدك. إن أمضّك الحزن. أو أوغل الألم في خلاياك فأنت وحدك.

المفردات

بَذَخ	opulence
بَصيرة	vision, discernment
بَلادة	stupidity, silliness
تاهَ—يَتوه	to get lost
ذُبول	wilting, fadedness
اللامرئي	the invisible
رَهافة	slimness, delicateness
رَهيف	slim, delicate
شَجو	grief
عُزلة	isolation, solitude
لَغط	clamor, noise
نأمة	noise, sound
نَشوة	ecstasy
نَهنَهة	sobbing
هَسهَسة	a hissing or murmuring sound
هُطول	precipitaion
هَمَسَ—يَهمِس	to whisper
أوغل—يوغِل	to go deeply, delve

محادثة

النشاط ١

بعد أن قرأتم القصة في البيت، ناقشوا الأسئلة التالية في مجموعات لا تزيد عن ثلاثة طلاب.

١. هل العزلة نعمة أم نقمة؟

٢. لماذا تريد الفتاة أن تتوه الطريق إلى البيت؟ ولماذا لا تنجح في ذلك؟

٣. كيف تعبّر الكائنات عن عزلتها؟

٤. ما الذي يوحي بأن الفتاة ليست وحيدة؟

٥. لماذا يخاف الناس من العزلة؟

المفردات

النشاط ٢

نسِّقوا أحداث أو مواضيع القصة ضمن خريطة ذهنية.

النشاط ٣

أكملوا الفراغات التالية بالكلمة المناسبة.

الذبول بصيرة لغط بذخ هطول رهيف

١. من المتوقع أن يتسبب تغير المناخ في تحولات في تيارات المحيطات وفي أنماط ________الأمطار.
٢. لديه ________ مذهلة اكتسبها من حياة طويلة مليئة بالتجارب.
٣. عندما أتأخر عن جني الثمار فإنني بالعادة أجد أن بعضها بدأت في ________.
٤. هل صرت ________ الحسّ فجأة؟
٥. يقول سيبويه: "________ اللسان أحياناً أمضى من حدّ السنان".
٦. بينما يعيش الملايين في كنف الفقر، تعيش مجموعة صغيرة في وفرة و ________.

المفردات

النشاط ٤

اختاروا عشر كلمات من قائمة المفردات واستعملوا كل كلمة في جملة مفيدة.

النشاط ٥

صلوا الكلمات التالية بمرادفتها.

١.	____ رهيف	أ.	انزواء
٢.	____ عزلة	ب.	وشوش
٣.	____ تاهت	ت.	أولج
٤.	____ أوغل	ث.	ضاعت
٥.	____ همس	ج.	رقيق

المحادثة والحوار

النشاط ٦

كل مجموعة ستأخذ سؤالاً واحداً، على أعضاء المجموعة قراءة السؤال ومناقشته.

١. ما تأثير العزلة على الصحّة العقلية والجسدية؟

٢. بنظركم ما هي العوامل التي تؤدّي الى العزلة؟

٣. أصبحت مظاهر عزلة الفرد والانطواء على الذات شيئاً اعتيادياً في المجتمعات الغربية. ناقشوا العلاقة بين التمدّن والتطوّر وبين زيادة الانعزال الاجتماعي.

الترجمة

النشاط ٧

في مجموعات تتكون من طالبين، اقرأوا النص التالي ثم ترجموه إلى اللغة الإنجليزية.

أخشيتِ وحشة الطريق أم آنستِ رفقة الرفيق في الطريق، فأنت وحدك. إن أرحت التعب فوق وسادة الليل فأنت وحدك. وإن نعمت بهمس الصبح فأنت وحدك. إن طعمت أو كسيت أو خرجت أو رجعت، إن غضبت أو رضيت، إن اجتاحك الجنون أو أسبغت عليك الحكمة وشاحها فأنت وحدك. إن كنت في حضن الأمومة أو كنت في حضن الحبيب فأنت وحدك. إن أمضّك الحزن. أو اوغل الألم في خلاياك فأنت وحدك.

الكتابة

النشاط ٨

في البيت: اختاروا موضوعاً واحداً من المواضيع التالية واكتبوا حوالي ١٥٠-٢٠٠ كلمة.

١. "كلما قضى الناس وخصوصاً الشباب الصغار وقتاً أكثر أمام الهاتف المحمول أو الجهاز اللوحي، كلما انفصل عن محيطه الاجتماعي وتعرض أكثر إلى العزلة." هل تتفقون مع هذه المقولة؟

٢. بالنسبة لمن يفضّل أن يكون لديه وقت كافٍ للوحدة، يقال إن هناك جوانب إيجابية للانعزال، سواء بالنسبة للحياة العملية أو بالنسبة للحالة النفسية. اذكروا بعضها.

النشاط ٩

اذهبوا الى صفحة النقاش الخاصة بالصف (discussion board) وتطرقوا إلى السؤال التالي ثم علقوا

على إجابة طالب آخر.

هل العزلة طريقة لاكتشاف الذات والهروب من فوضى المجتمع أم هي مرض نفسي يجب معالجته؟.

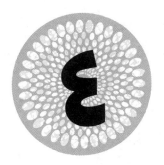

٤

قصص من الجزائر

القصة الأولى

تعريف الكاتب

عيسى بن محمود قاصّ وكاتب جزائري مهتمّ بالفنّ التشكيلي. وُلد في السابع من شباط \ فبراير عام ١٩٦٨ في بلدية أولاد دحمان في الجزائر. صدرت له عدّة مجموعات قصصية منها: "الشليطة تغمر"، مجموعة قصصية عنوانها "رحيل"، "حزيرانيات" وهي مجموعة إلكترونية عن دار الصداقة للنشر والتوزيع. حاز على جائزة الأدب الثوري عام ١٩٨٤ وجائزة عبد الحميد بن هدوقة للقصّة القصيرة سنة ١٩٨٤، وجائزة أحسن قصّة عن قناة البي بي سي عام ٢٠٠٩.

طقوس الغضب

عيسى بن محمود

لا داعي للنظر إلى موطئ القدم، فالذي أمام عينيك يشعرك بالغواية، يأخذ بك إلى ما بعد النظر، يأسرك تشكّل الأمواج، تقترب أكثر تجاه الشاطئ، تداعب الرمال رجليك في نعومة، علّمها البحر احتضان الوجود، لم تعُد تدري كم مرّ عليك بالمكان، العمر هنا امتداد أسطوري، لا فرق بينك وبين الإنسان الأوّل، عناق الطبيعة للجمال مسح من قلبك كل ضغينة وعن بصرك كل مشين، الشاطئ بكر يجعلك طينة أوّلية، إحساسها الوحيد التماهي مع المكان، أنت تلقي بالتحيّة على الجميع دون أن تحرّك شفتيك، والكل يردّون دون أن تتحرّك شفاههم أيضاً، يكفي فقط التقاء النظر ليشعرك بتبادل التحيّة.

لم تخلُ بطقوسك هذا المساء، نزولك إلى الشاطئ في نفس التوقيت الذي تودّع فيه الشمس صفيحة الماء، وترك العنان لرجليك ملامسة الرصيف بهدوء، الأضواء تشعرك أن شيئاً غريباً سيحدث، لونها مع هذا الغروب فاقع، الناس في عجلة لا أحد منهم يحدّث أحداً يتحرّكون بسرعة في اتّجاهات مختلفة، وكأنهم فقدوا وجهتهم المعتادة، حاولت إرسال التحيّة لا أحد منهم نظر في وجهك، لم تستطِع الاقتراب منهم، دبيب الحركة يشعرك بالخوف، تحاول قراءة الملامح، لكنك لا تستطيع تبيّنها.

خلوتك تحتضنك هذه الليلة في وحشة، طقوس جديدة لم تعهدها تحدث في كل مكان، كل الغوايات الهادئة غادرتك، تجعّدت ملامح هذا المكان الذي يهينك بصمت، لملمت رجليك الممدّدتين في تثاقل. . . .

قال الراوي إنك خرجت تبعد بكلتا يديك أسراب الناموس، أزبد البحر بحمرة وعلا صراخ عاهر مع الموج، مرّة أخرى تحاول تبيّن الملامح، الكل في ثياب مبلّلة تلتصق بأجساد مشوّهة، أخذت كل الأعين تشعّ بلون أحمر باهت، صخب الموج يعلوه تارة صوت تهاوي الأشجار، وأخرى تمتمات لم تتبيّنها. البحر، الموج، المدى، الأرصفة، الأصوات من كل مكان ومن كل الأشياء واللا أشياء، الأشجار، التلال الجبال، الوهاد الحب، البغض السأم، المتعة اللحظة انطبقت وتماهت الأشياء.

قـــال الراوي إنك لبست لون الصدأ لما اعتلى المكان معلناً طقوس الغضب، في خشوع التفّ حول عرشه الذين ابتلّت أجسادهم وأخذت الوفود في المرور أمام شموخه، تقدّم وفد الذين أصهروا أنوثة الصحراء للبحر:

—يا سيدي عكاشة[1]، يا من عتق مدّ الموج بصهوة الرمل، صفها لنا يا سيدي لنفتديها . . .

اجترت المسافات نفسها لما انتفخت أوداجه:

—كانت تمشي في سلام،

تقدّم وفد الذين أغرتهم طهارة الملاك فأطفأوا الأضواء، قالوا:

—يـــا سيدي عكاشة، أيها الشامخ شموخ "ايدوغ[2] أنت الذي وسمت زبد البحر بالبياض صفها لنا سيدي، ما لونها، أفارض هي أم بكر؟

مدّدت المسافات المجترّة نفسها:

—كانت تمشي في سلام

أحنوا رؤوسهم وانتحوا، تذكّرت صخب النغمات الفاجرة التي صدّتك عن حاضرك الآسر لما تقدّم وفد الذين تكرّشوا:

—جئنا نفتديــها يا سيـدي عكاشة مثلما افتدينا غيرها، ما كانت تثـير الأرض ولا تسقي الحرث، قُل لنا فقط كم ندفع مع ارتفاع كل موج؟

تململ في شموخه، استطالت اللحظة، قال:

—كانت تمشي في سلام تتالت الوفود، الذين نزعوا للنخلة خلخالها ثم استباحوها، الذين استعرشوا، الذين باعوا شبق النخل بمسوّق الرحيل. قال الراوي إن سيدي عكاشة أمر الذين ابتلّت ثيابهم والتصقت بأجساد مشوّهة أن يجمعوا كل القطيع إلى ثلّة الصخر، وإنه مدّد رجليه في الماء وتوزّعته الموجة التي

[1] شاطئ ببلدية شطايبي -عنابة -وبه ضريح [حاشية أصلية]

[2] أعالي السلسلة الجبلية عنابة [حاشية أصلية]

صدمت الشاطئ، وأنك من قام ببناء ضريحه، وأنك وحدك من رأيته يختفي في المدى متسربلاً موجة متوكّئاً على نورسة مدهمّة البياض، وأنك من يومها لم تعُد أنت.

المفردات

أَسَرَ—يأسِر	to take prisoner, to take captive
خَلخال	anklet
دَبيب	crawling/creeping
داعَبَ—يُداعِب	to play with, to tease
أَزبَدَ—يُزبِد	to foam, froth
أُسطوري	mythical, legendary
مُسوّق	one who sells
شَبَق	salaciousness, lust
مَشين	disgraceful
أصهر—يُصهِر	to fuse, to become related by marriage
ضَريح—أضرِحة	(saint's) tomb
ضَغينة	grudge
طُقوس	rituals
طَهارة	purity
عِنان	rein, bridle
عاهِر	adulterer, whoremonger
غَواية	temptation, seduction
لَملَمَ—يُلَملِم	to gather, collect
مَوطئ القَدَم	foothold
وَفد	delegation

محادثة

النشاط ١

بعد أن قرأتم القصة في البيت، ناقشوا الأسئلة التالية في مجموعات لا تزيد عن ثلاثة طلاب.

١. أين تدور أحداث القصة؟

٢. كيف تتم التحية بين المتواجدين في ذلك المكان؟

٣. ما الذي يوحي بأن شيئا غريبا سوف يقع؟

٤. ما اسم الصالح الذي يطلب الناس الرشد منه؟

٥. بماذا وصف الناس الرجل الصالح؟

المفردات

النشاط ٢

نسِّقوا أحداث أو مواضيع القصة ضمن خريطة ذهنية.

النشاط ٣

أكملوا الفراغات التالية بالكلمة المناسبة.

موطئ   الأسطوري   العنان   دبيب   الخلخال   ضريح

١. تتساءل الكثير من النساء عن حكم ارتداء _____ وإظهار جزء من القدم.

٢. رفض الملاكم _____ محمد علي المشاركة في الحرب الفيتنامية وقال "إن الفيتناميين لم يسيئوا له حتى يقاتلهم".

٣. أسفرت زيارة _____ صوفيّ في مدينة كراتشي إلى مقتل ستة أفراد وجرح العشرات.

٤. هيا، أطلقوا _____ لإبداعاتكم وثابروا.

٥. وتيق أهل رشيد، مغربيّ تمكن من إيجاد _____ قدمه بأكبر بازار في إسطنبول.

٦. في أفريقيا، نقول إنه إذا لمست أُذن المرء الأرض واستمع جيداً، فإنه سيسمع _____ النمل.

النشاط ٤

اختاروا عشر كلمات من قائمة المفردات واستعملوا كل كلمة في جملة مفيدة.

النشاط ٥

صلوا الكلمات التالية بمرادفتها.

١. ـــــــ أسر	أ. حقد
٢. ـــــــ داعب	ب. احتبس
٣. ـــــــ ضغينة	ت. بعثة
٤. ـــــــ طهارة	ث. لاعب
٥. ـــــــ وفد	ج. نقاوة

المحادثة والحوار

النشاط ٦

كل مجموعة ستأخذ سؤالاً واحداً، على أعضاء المجموعة قراءة السؤال ومناقشته.

١. مع مرور الزمن وتقدّم العلم والتكنلوجيا باتت العلاقة التي تجمع الإنسان بمحيطه البيئي تتضاءل وتتقلّص شيئاً فشيئاً. حلّلوا وناقشوا.
٢. ما الفرق بين الكوارث الطبيعية والكوارث من صنع الإنسان؟
٣. منذ نشأة الأدب العربي شعراً ونثراً، ولغة البيئة تظهر بوضوح كسمة أصيلة في شعر الشاعر أو نثر الكاتب. بيّنوا علاقة الكاتب ببيئته كما ظهرت بالقصّة.

الترجمة

النشاط ٧

في مجموعات تتكون من طالبين، اقرأوا النص التالي ثم ترجموه إلى اللغة الإنجليزية.

لم تخلُ بطقوسك هذا المساء، نزولك إلى الشاطئ في نفس التوقيت الذي تودّع فيه الشمس صفيحة الماء، وترك العنان لرجليك ملامسة الرصيف بهدوء، الأضواء تشعرك أن شيئاً غريباً سيحدث، لونها

مع هذا الغروب فاقع، الناس في عجلة لا أحد منهم يحدّث أحداً يتحرّكون بسرعة في اتّجاهات مختلفة، وكأنهم فقدوا وجهتهم المعتادة، حاولت إرسال التحيّة لا أحد منهم نظر في وجهك، لم تستطِع الاقتراب منهم، دبيب الحركة يشعرك بالخوف، تحاول قراءة الملامح، لكنك لا تستطيع تبيّنها.

الكتابة

النشاط ٨

في البيت: اختاروا موضوعاً واحداً من المواضيع التالية واكتبوا حوالي ١٥٠-٢٠٠ كلمة.

١. "علاقة الإنسان بالطبيعة كعلاقة الأمّ بطفلها في العطاء اللامحدود الذي لا يتوقّف على الرغم مما تلقاه من نكران وجحود." هل تتفقون مع هذه المقولة؟

٢. يقول البعض إن الاقتراب من الطبيعة يحقّق الاتّزان النفسي ويحسن أداء الدماغ. وضّحوا تأثير الطبيعة على صحّة الانسان بالنسبة لكم.

النشاط ٩

اذهبوا الى صفحة النقاش الخاصة بالصف (discussion board) وتطرقوا إلى السؤال التالي ثم علقوا على إجابة طالب آخر.

باتت خصخصة البحر سوقاً تجارياً للصناعة والرأسمالية المعولمة. مَن المستفيد ومَن المتضرّر من هذه الخصخصة؟

القصة الثانية

تعريف الكاتب

محمد الصالح قارف، قاصّ وكاتب درامي ومترجم جزائري من ولاية الجلفة. يعمل مهندساً كهربائياً. أصدر مجموعة قصصية، وفاز نصّ مسرحي له بالمرتبة الأولى من جائزة الدولة التشجيعية للكتّاب الشباب. صدرت له مجموعة قصصيّة بعنوان "سيزيف يتصنّع ابتسامة". وتُعدّ المجموعة آنفة الذكر الباكورة الأولى للكاتب، وقد سبقَ لها أن تُوّجت بجائزة محمد ديب نسخة ٢٠١٦. قد فاز محمد صالح قارف بجائزة رئيس الجمهوريّة "علي معاشي" للمبدعين الشباب، عن فئة المسرح سنة ٢٠١٥.

إحساس بالمكان

محمد الصالح قارف

القصّة حدثت معي بالفعل ذات صباح، حزنت كثيراً يومها ولكنني كتلك الشجرة اعتدت في كل زيارة إلى هذا المكان على رؤية هذا المشهد الخليع. أنظر إليها وأحسّ أنها تراني أيضاً . . . يتراءى لي ذلك الشوق الذي يجمعنا كل مساء . . . أضع يدي عليها على جذعها وأتحسّس تلك الخشونة الحزينة . . . أما هي فتعانقني بشغف، أغمض لها عيني فتنزل بي بهدوء إلى بحر الذكريات . . . أستسلم لها كعاشق ارتحل إلى جسد المحبوب . . . أحسّ بأنفاسها الحارّة تلفح وجداني . . . لا زالت تغوص بي في بحر عميق، لكن الأنوار كانت تتراقص بداخله كعذراوات بربرية . . . كانت تمدّني بأنفاسها الزكية . . . لم أخَف ولو للحظة . . . لم أبالِ للناس المارّة . . . لم أجرؤ على فتح عيني . . . لم أُرِد أن أفارق هذا المخيال الوردي، أحسست أن قدميّ ارتفعتا . . . ضيّعت الزمان والمكان ولم أكلّف نفسي عناء التفاتة نحوهما، كل شيء فقد قيمته عندما حلّت الدهشة، لم يعُد سوانا نتبادل الأحزان كأنفاس العشّاق المتكسّرة على تضاريس الوجهين المتقابلين . . .

نادتني بصوت ملائكي مترهّل . . . ممتلئ بشبق أنثوي أخّاذ . . . كنت ألتقطه كألواح الزجاج المنكسر . . . كان حادّاً وجميلاً . . . عطراً فوّاحاً كقطرة عطر باريسي تنساب في صمت على جسد مسمرّ ممشوق . . .

قالت لي: "صالح . . . أيها الشابّ الوسيم . . . لماذا كل هذه التفاصيل المتعبة؟ لماذا الحزن يتعشّق ملامحك بهذه القسوة؟" أشارت إلى الأنوار المنبعثة من بحر الذكريات المرهقة وأردفت: "غرسني شابّ أشقر أزرق العينين منذ أمد بعيد، لم أعُد أتذكّر متى! الأرقام تضيع وتنعدم فائدتها وسط تناحر الأيّام . . . اعتنى بي وسقاني وداوم على ذلك، كنت كصلاة مجيدة بالنسبة له . . . كان يحدّثني كل يوم . . . كنت أحسّ بيديه الدافئتين . . . وحقّ كل السنين التي مرّت لا زلت أحنّ إلى دفئها . . . بل كان يقبّلني أيضاً، لم أسقط تلك الأوراق التي احتضنت شفتيه . . . لكن ريح الجنوب الكئيب اغتصبها مني ذات مساء خائب . . . كان يغنّي لي . . . أغاني الجاز العذب . . . كان يرهق مشاعري بموسيقاه . . . كأنه يدعوني لرقصة الخلد . . . حيث تمتزج أرواحنا في هدوء ونشي لبعضنا أسراراً ونحاول الانتحار لتذوّق طعم الموت على صدر الحبيب . . .

"أوه . . . " تتنهّد . . . "أما اليوم يا صالح هه . . . لقد كبرت . . . تبدّلت أذواقي وأفكاري أو حتى لم يمهلها الزمن كذلك ليغيّرها عنوة وتكبّراً . . . أُغتُصبت المبادئ واحداً تلو الآخر . . . لم أبالِ لها، قد تسخر من كلامي ولكنني حزينة اليوم . . . طعم الحياة تبدّل . . . لم أعُد أستشعر نسمات الهواء اللذيذة . . . العصافير كرهتني أحسّت أنني فقدت سحري . . . لم أعُد أداعبها . . . "

—ولكن لماذا؟ قاطعتها بدهشة اعتلت ملامحي.

ابتسمت لي وقالت: "رغم أنك حللت بي يا صالح إلا أنني أخشى عليك . . . أخشى أن يتّهموني لتعاستك."

قهقهت بسخرية . . . "رغم أنني صغير سيّدة الجلالة . . . أوه كم يروق لك هذا الاسم . . . أحسّ أنه متلهّف لك . . . أراه يتذابح مع من يحملونه اليوم في حيرة . . . المهمّ سيّدة الجلالة . . . رغم أنني لم أخبر من الدنيا ولم ترَني إلا بعض أوجه لها كما فعلت بك . . . إلا أن الحزن معتقد يدين به كل البشر شأنه شأن الموت . . . أن تكون حزيناً . . . هذا ما لا يفوتني معناه أبداً . . . إنني سموك . . . حزين . . . حزين من أجل المدينة . . . حزين للصخب المخيف الذي يترصّد لها كل مساء . . . حزين لأنني لا زلت أنتظرها في يأس . . . معذّبتي السمراء . . . حزين لأن صباح الرحيل متباطئ الخطى . . . حزين لكل بؤساء العالم . . . أحسّ بصفعة المظلوم وهي تعوي كل ليل بهيم . . . صوتها مخيف يغزو المدينة بجموح ووقاحة . . . حزين . . . "

—يكفي . . . قاطعتني باستحياء . . . ضع يدك الثانية بجانب الأولى.

طبّقت أمرها دون تردّد، صباح مثل هذا لا يمكنني تضييعه بسبب عناد صبياني.

—إنني خائفة يا صالح . . .

—ما يخيفك سيّدة الجلالة . . . سيّدة الأشواق والمساءات البنفسجية . . .

—يخيفني أسياد الظلام . . . تلك الناس المنحسرة وجوههم عند خيط الفجر الأبيض . . . يقتاتون بقايا الصمت المظلم . . . ينعقون في المدينة كل مساء . . . يكسّرون رغبة الحياة في كل خطوة . . . يغتصبون لون الفرح مع كل إطلالة . . . منذ أن تركني ذلك الشابّ الجميل . . . أوه أتذكّر يوم رحل من هنا . . . رفع حاجياته وركب القطار . . . حزنت كثيراً لأنه لم يودّعني . . . لكنه تذكّرني ونزل منه . . . جاء نحوي والشوق يفرّ من عينيه . . . ضمّني بحنان وقال "Que Dieu te bénisse!"؛ رحل من هنا مخلّفاً وراءه أملاً جديداً في الحياة لمن فقدوها منذ زمن . . . استمرّت الحياة . . . الحياة لا تتوقّف برحيل أحدهم إلا من كان يعبد أحدهم . . . كنت فتيّة، كنت أتطلّع للغد المبتسم . . .

سكن بجوارنا أنا وأخواتي شيخ أنيق، لم يشبه أبداً أقرانه، لم يكُن يرتدي العمائم و "القنادر[1]" . . . كان يلبس كمن سكنوا هنا قبلاً . . . كان يداوم على أناقته . . . كان يضع العطر والنظّارات أيضاً . . . كان يسقينا ويقلمنا ويعتني بنا . . . ولكننا لم نسمع منه كلمة واحدة! كان يحبّنا ولم نسمع منه كلمة "أحبّكم"، كان متغزّلاً بنا ولم يغنِّ لنا . . . يبدو أن للحبّ طقوساً غريبة لهؤلاء الناس . . . كان يجاورنا كل مساء يجلس على كرسي خشبي ويتناول كتاباً . . . لا زلت أتذكّر صوت همساته . . . كان وهو يلتهم

[1] قندورة ج. قنادر = traditional Algerian dress

صفحات الكتاب ينظر إليّ وكنت أحسّ أنه يتذكّر بي شيئاً ما . . . مرّت الأيّام المتشابهة وذات صباح غادرنا الرجل الأبيض . . . حزنت كثيراً . . . انتظرت طويلاً كلمة "أحبّك" منه لكن تكبّراً ذكورياً كان يمنعها عني . . . رحل الرجل المتوحّد مع أحزانه وبدأت تتراءى لنا عذابات الغد المظلم . . . بدأت أشاهد تلك الوجوه المريضة وقد تكاثرت زياراتها . . . وحلّت الكارثة ذات صباح رمادي . . . أتى واحد منهم والشرّ يتطاير من عينيه . . . كان يحمل شيئاً لم أعتَد على رؤيته . . . كان يحمل فأساً! كأنما جاء ليشفي غليلاً . . . كأنما جاء ليطفئ نار شهوة بهيمية . . . ابن الكلب لم يكتفِ بهذا فقط . . . جاء وتبوّل عليّ . . . يا لله مال هذه العباد؟ هل سكن بفؤاد هؤلاء الحجر؟ بماذا حدّثك رسولك الكريم؟

أووه . . . تتأوّه بحسرة . . . لقد أُتعبت يا صالح . . . لم تعُد تؤثّر فيّ مشاهد اغتصاب الشجر . . . لم تزعجني رائحة البول . . . فقدت طعم الحياة . . . سقطت الكثير من أخواتي على هذه الأرض الطاهرة . . . دنّسها أسياد الظلام . . . اعتدت على هذا الرعب المتجدّد . . . أريد فقط أن أموت . . . أن أموت بهدوء وسط هذه الكآبة الجوفاء . . .

—كفى أرجوك، قاطعتها بمرارة . . . سيّدة الجلالة . . . مثلك لا يموت في هذا الجفاء . . . أمثالك يجب أن يعيشوا ليهبوا الحياة . . . أمثالك ينيرون دروب النجاح المتلوّنة . . . أمثالك يلهمون الفقراء في بؤسهم . . . أتوسّل إليك . . . انظري معي إلى تقاسيم الصباح الواعد . . . انظري . . .

—شررر، صوت ما قاطعني . . . فتحت عيني فإذا بأحدهم يتبوّل على شجرة قريبة . . . !

سحبت يديّ . . . طأطأت رأسي وهمست بخجل:

—لك الله يا شجرة الصنوبر . . . كان هذا ذات صباح غير واعد!

المفردات

تَأَوَّهَ—يَتَأَوَّه	to groan
بؤس	misery
بَهيمي	animal, brute
جَفاء	repugnance, repulsion
حَيرة	confusion
استحياء	shame, shyness
خَليع	licentious, obscene
دَنَس	filth, pollution
تراءى—يتراءى	to appear

شَغَف	passion
تضاريس	topography
طَأطَأَ—يُطأطِئ	to bend, bow
عَذراء—عذراوات	virgin (f.)
عاشِق	in love
عِمامة—عَمائِم	turban
عَوى—يَعوي	to howl
غَليل	rage, raging thirst
فُؤاد	heart, mind
التَهَمَ—يَلتَهِم	to devour
نَعَقَ—يَنعَق	to caw, croak
مُتَوَحِّد	solitary, lonely
واعِد	promising

محادثة

النشاط ١

بعد أن قرأتم القصة في البيت، ناقشوا الأسئلة التالية في مجموعات لا تزيد عن ثلاثة طلاب.

١. تكلموا عن المشهد الخليع الذي أحزن الكاتب.
٢. من أنبت الشجرة التي تحدّث إليها الكاتب؟
٣. ما الذي يخيف الشجرة؟
٤. ماذا كانت تنتظر الشجرة من الشيخ الأنيق؟
٥. ناقشوا السبب الذي جعل الكاتب يستيقظ من غفوته.

المفردات

النشاط ٢

نسِّقوا أحداث أو مواضيع القصة ضمن خريطة ذهنية.

النشاط ٣

أكملوا الفراغات التالية بالكلمة المناسبة.

الخليع الشغف استحياء عمائم غليل طأطأت

١. كلامه يشفي ______ الفؤاد.
٢. أكد الأمين العام لحركة الجهاد الإسلامي، زياد النخالة، أن أمريكا ______ رأسها وجرت أذيال الخيبة بعد فشلها في تمرير قرار في الأمم المتحدة لإدانة المقاومة.
٣. يقول الكاتب والروائي البرازيلي باولو كويلو "______هو الإثارة التي يحدثها ما هو غير متوقع، هو الرغبة في التصرف بورع، واليقين أننا سننجح".
٤. قام وقبّلها في جبينها فتبسمت هي على ______.
٥. كان عليك التفكير مسبقاً قبل القيام بذلك السلوك ______ في مكان عامّ، إنه منافي للقانون.
٦. لقد أوردت التقارير أن أفراد حركة العدل والمساواة سوف يرتدون ______ صفراء.

النشاط ٤

اختاروا عشر كلمات من قائمة المفردات واستعملوا كل كلمة في جملة مفيدة.

النشاط ٥

صلوا الكلمات التالية بمرادفتها :

١.	______ عاشق	أ.	عوز
٢.	______ حيرة	ب.	متيم
٣.	______ بؤس	ت.	ازدراد
٤.	______ التهام	ث.	عاهد
٥.	______ واعد	ج.	تردد

المحادثة والحوار

النشاط ٦

كل مجموعة ستأخذ سؤالاً واحداً، على أعضاء المجموعة قراءة السؤال ومناقشته.

١. الأشجار هي الحياة. حلّلوا وناقشوا.
٢. تتقلص مساحة غابات الأمازون وغيرها من الغابات المهمة بشكل كبير وسريع، من هم الأطراف المسؤولة بنظركم، وهل هناك حل لهذه الأزمة؟
٣. هل تؤيدون تفعيل قوانين حماية الاشجار أو سنّ قوانين صارمة تجرم قاطعيها؟ وضّحوا إجابتكم.

الترجمة

النشاط ٧

في مجموعات تتكون من طالبين، اقرأوا النص التالي ثم ترجموه إلى اللغة الإنجليزية.

بدأت أشاهد تلك الوجوه المريضة وقد تكاثرت زياراتها . . . وحلّت الكارثة ذات صباح رمادي . . . أتى واحد منهم والشرّ يتطاير من عينيه . . . كان يحمل شيئا لم اعتد على رؤيته . . . كان يحمل فأساً! كأنما جاء ليشفي غليلاً . . . كأنما جاء ليطفئ نار شهوة بهيمية . . . ابن الكلب لم يكتفِ بهذا فقط . . . جاء وتبوّل عليّ . . . يا لله مال هذه العباد؟ هل سكن بفؤاد هؤلاء الحجر؟ بماذا حدثك رسولك الكريم؟

الكتابة

النشاط ٨

في البيت: اختاروا موضوعا واحدا من المواضيع التالية واكتبوا حوالي ١٥٠–٢٠٠ كلمة.

١. يقول جبران خليل جبران: "الأشجار أشعار تكتبها الأرض في السماء نحن نقطعها ونحيلها ورقاً نضمنه حماقاتنا. حاول أن تقرأ هذه الأشعار الكونية تنفّس بعمق أصغِ جيداً . . . استعمل حاسّة الشم عندك . . . هل ترى الحياة الخفية للأشجار؟ هل تشمّ حواراتها؟" حلّلوا هذه المقولة.
٢. تُعدّ الغابات من أشكال التضاريس على سطح الأرض، فهي تغطّي مساحات شاسعة من اليابسة، ولكن مع تطوّر حياة الإنسان فإنه اعتدى على هذه الغابات لتلبية رغباته وأصبحت مشكلة عالمية تتزايد يوماً بعد يوم. أبرزوا مخلّفات هذه المعضلة.

النشاط ٩

اذهبوا الى صفحة النقاش الخاصة بالصف (discussion board) وتطرقوا إلى السؤال التالي ثم علقوا على إجابة طالب آخر.

أين يتمثل بنظركم دور أفراد المجتمع في المحافظة على البيئة ونشر التوعية البيئية؟

القصة الثالثة

تعريف الكاتبة

صبحة بغورة، شاعرة وقاصّة وكاتبة صحفية جزائرية، متزوّجة وأمّ لثلاثة أطفال. لاقت نجاحاً في العديد من الصحف والمجلّات الجزائرية. اتّجه ميولها لتولّي مسؤولية تحرير وإعداد صفحة يومية تعني بقضايا الأسرة والمرأة وعالم الطفل في صحف "الصباح الجديد" و"النهار" و"الشروق"، وأثرت صحيفة "الحقائق" الأسبوعية بعمود الرأي الشهير "فضفضة". كما اتّجهت إلى المجلّات العربية المتخصّصة حيث نشرت عشرات المقالات حول الثقافة السياسية. نشرت الكاتبة صبحة بغورة ديوانَي شعر، واحداً بعنوان "امرأة أنا" وآخر "لأني أحبّ" إلى جانب مجموعة قصصية بعنوان "وخزات على جراح مفتوحة".

دموع على خفقات القلب

صبحة بغورة

ما أعجب أن ينتهي بها المشهد تماماً كما بدأ مع تهالك لياليها المتعبة تحت وسادة وجعها، هكذا نشأت "بهية" في بيت كانت هي أكبر إخوتها وكلهن بنات، تنام وتقبع في زوايا حجرات قلبها الصغير أحلامها البعيدة ورغباتها البريئة، ويشاء العلي القدير أن يهب أسرتها الذكر بعد شوق كبير فكان المدلّل دائماً ثم كبر وهو المسيطر الذي يأمر وينهي ولا يردّ له مطلباً، تحمّلت بهية المسؤولية وهي لم تزَل طفلة صغيرة وكان عليها أن تتحمّل أيضاً تصرّفات أخيها العبثية والطائشة حتى كادت تفقد حقّ التنفّس أمامه.

عاد أخوها يوماً من المدرسة كعادته مسرعاً وطلب منها أن تحضّر له طبقه المفضّل البطاطس المقلية المقرمشة، ولكنها اعتذرت لأن موعد انصرافها إلى عملها قد حان وعليها أن تكون في الموعد، صرخ منادياً والده فأتاه مهرولاً وأجبر بهية أن تحضّر له ما طلبه قبل ذهابها إلى عملها بالرغم من أنها كانت قد أعدّت طعام الغداء وأتمّت تحضير المائدة ولكنه أصرّ على طلبه فاضطربت وأسرعت وبدأت في التحضير وبينما هي تهمّ بوضع البطاطس في الزيت المغلي انقلبت المقلاة بين يديها فأحرق الزيت يديها وشوّه جمالهما التي بهما كانت تساعد والدها وتعينه على توفير ما تحتاجه أخواتها والمنزل، التحدّي الذي يملأ

قلبها دفعها إلى الذهاب للعمل، كان إصرارها كبيراً على أن تواصل الوقوف إلى جانب والديها في تنشئة أخواتها وأن تكافح من أجل إسعادهم، ومرّت عليها الأيّام متشابهة، تراها دائماً مهتمّة بمحاولة تحقيق التوازن في معادلة إرضاء جميع أفراد العائلة، وعلى صعوبته كانت تقابل طلباتهم بابتسامة عريضة حيث كانت تجد في ذلك متعة، وكثيراً ما كانت مضطرّة تحت ضغوط جائرة أن تلتحف وشاح الصمت وتشرع بوّابة السمع ببلاهة وتدخل في شبه حالة تفقد فيها نبرات صوتها وتضيع ملامحها بين أصوات أخرى ولكنها تصبر على أمل أن تغمرها مياه الدهشة الباردة حينما تباغتها المفاجأة على مدرّج العمر، ثم أتى ذلك اليوم الذي التقت فيه فارس أحلامها، يعمل موظّفاً بإحدى الإدارات التابعة لجهة عملها، استلطفته لما احترمت فيه أخلاقه الطيّبة، ثم تمتّعت بأيّامها وهي تعيش أجمل الحكايات التي كتبها لها القدر بشذا ورود الدنيا، وكان يبادلها نفس الاحترام والإعجاب الشديد ببريق عينيها التي امتلأت فرحاً لا تخفيه نظراتها الآسرة، لقد رأت فيه حلمها الملوّن الذي زرع الأمل بين ضلوعها، عبّر لها عن رغبته في التقدّم لخطبتها مقتنعاً بأن سماحة شخصيتها تمكّنها من التعايش مع كل أفراد عائلته، وفي اليوم الموعود تأخّرت بهية في تحضير ملابسها وزينتها وبينما هي منهمكة وأفراد العائلتين يتبادلون أطراف الحديث الباسم طلبت أمّها أن تقوم أختها "نرجس" باستدراك الموقف سريعاً فقامت بتقديم المشروبات والحلوى للحاضرين، وما كادت تنتهي حتى حلّت "بهية" وكانت على مسمّى في أبهى حلّة وأزهى زينة، ولكن المفاجأة كانت كبيرة وأصبحت كابوساً بمليون مخلب وألف رأس وكل رأس بلسان يمتصّ لون أحلامها وتسقط كلماتها الشاعرية التي أجّلتها إلى موعد خطبتها في سراديب الصمت، واحترقت فراشاتها المحمّلة بالأماني المنتظرة، وتوقّفت شفتاها عن الشدو، إذ بعدما رأى الخاطب أختها "نرجس" انبهر بجمالها فهمس من توّه إلى أهله من حوله أنها هي من جاء لخطبتها ووافقت عائلتها وتظاهرت بهية بالانشراح قليلاً بعدما وجّهها أبوها إلى ضرورة الصمت والقبول بالأمر فلديه الكثير من البنات يريد لهن الستر العاجل، وبأصداء فرح أجّلته بعدما خاب أملها تراخت الظلمة على جسدها المستلقي في آخر الليل أغنية حزينة تبحر بها ألحانها الشجيّة إلى آتٍ مجهول، سعادة أختها تهمّها ولا يهمّها نفسها، ما تزال مستعدّة للتضحية في كل وقت من أجل أخواتها، مرّت السنون سريعة لفرط ما عرفته من مناسبات سعيدة ومسرّات فقد تزوّجت كل أخواتها البنات بينما بقت هي تجلدها السنون بسياط من جمر الحياة، كلام الناس لا يرحم، قاربت على الأربعين من عمرها وأصبح شبح العنوسة يلوّح لها في اليقظة والمنام كأقرب ما يكون.

لدى خروجها يوماً من عملها مهرولة نحو الصيدلية لشراء دواء السكّري لوالدها اضطرّت حتى لا تتأخّر بالدواء عن أبيها المريض إلى استئذان أحد الشباب كان ينتظر دوره للشراء، فسمح لها بالمرور قبله لما رآها على عجلة، راق له أدبها ولياقتها خاصّة عندما شكرته، لقد كانت الصدفة التي خلقت الفرصة

ليجري بينها التعارف سريعاً، ثم كان أن طلبها للزواج رغم فارق السنّ حيث كانت تكبره بعشر سنوات، كانت دخيلتها تحدّثها أن عليها أن تثبت لمن لم يرحمها بلسانه أنها لا تزال مرغوبة ولم يفُتها قطار الزواج، وتمّ كل شيء بسرعة وانتقلت للعيش معه في بيته المتواضع، أخلصت له وساعدته بمالها الخاصّ وباعت ما كان لديها من ذهب لتوفّر له معها الحياة الكريمة، ولكنها تصطدم بواقع مغاير لشخص أعمى الطمع والجشع بصيرته، وذاقت منه كل أنواع الذلّ والمهانة لكنها كانت تكتم سرّها عن أهلها، أدركت أنها عبثاً تقف أمام شلّال العمر وعبثاً ترسم بمفردها تضاريس جزيرة الحلم الجميل، قصدت يوماً الطبيب بعدما أحسّت توعّكاً بعد الشجارات اليومية بينهما، كان قد أنهكها حظّها التعيس والشؤم الذي لا يبارحها، أفاقت على صوت الطبيب يبارك لها حملها في توأمين، استبشرت بحملها وأقنعت نفسها بأن كل ما يحدث حولها ليست إلا مواجع مؤقّتة ولا شكّ أن الخبر سيفرح زوجها والأهمّ أنه لن يعيرها ثانية بأنها أصبحت عجوزاً لا تقدر على الإنجاب، أعدّت لهذه المناسبة السارّة مساءاً رومانسياً بعشاء فاخر، ولكن انهارت أحلامها التي زرعتها بطفليها اللذين لم يريا النور، إذ انهال عليها بالضرب المبرّح فور سماعه بحملها، أدخلها المستشفى وفيها أجهضت حملها، لقد أصبحت مجرّد امرأة مهزومة تغازل أطياف الشمس المرتحلة مخلّفة وراءها السنين التي ضاعت وانقضت معها صفحة من زمن العمر الحالم زرعتها لمستقبل ليس لها، لقد أنهكتها المسافات وأرهقها الركض وراء تفاصيل الأمل الذي انتظرته منذ أينعت أنثى، وبعدما خانتها أصوات النوارس المتلهّفة قرّرت في لحظة تجاوز واقعها المرير وحالها البليد، عادت إلى منزل أهلها خائبة، أضاعت مالها ولم يسعفها الوقت للإنجاب، إنه جنون اللحظة يخترق ذاكرتها الغارقة بهموم الحياة وتقلّبات الزمن، كل أشرعة أحلامها ممزّقة حيث أصبحت مسألة استمرارها مع حكيم مستحيلة بعدما تعاظمت نسبة النكران والجحود والألم الذي يفترسها ومضى قطار العمر بها وحيدة وفي إحدى محطّاته يتجدّد أملها مرّة أخرى إذ عبّر أحد معارف عائلتها رغبته في الزواج منها، قبلت به لأن لم يبقَ لها أحد يؤنس وحدتها بعدما فقدت والديها، كان "وحيـد" في مثل حالها، كان ثرياً وفّر لها كل أسباب السعادة والراحة والهناء، وكانت هي سعيدة به تعامل أهله بكل الحبّ والحنان ومن بينهم ابن شقيقة زوجها الذي حذّرها من طمعه خاصّة في سنّ المراهقة التي يمرّ بها ومن طلباته التي لا تنتهي ونصحها بأنه من الأفضل أن لا تعوّده على التقرّب منها أكثر، ولكن بهية أرادت أن تحتويه وأن يحبّها مثل أمّه وهي المحرومة من نعمة الأطفال، كانت تحاول جاهدة تغيير نظرات كل من حولها برسم صورة للغد أجمل تعيش فيه بأمان وسط عائلة جديدة دون عداوة.

وقفت تنظر من وراء شرفتها إلى حيث تشرق الشمس كعادتها في كل يوم جديد علّها تجد في أشعّتها الدافئة الطاقة المتجدّدة للصبر وفرجة الأمل حتى يختفي ذاك الإحساس الرهيب بالوحدة والفقدان، لا تزال تحاول تغيير زمنها القاتم والموحش، وفي منعرجات الأقدار التي قادتها لم تدرِ أن

معاملتها الطيّبة لم تشفع لها عند ابن شقيقة زوجها الذي استغلّ غياب زوجها عن البيت ليتوجّه إليها يطالبها بمبلغ مالي كبير، وجدت طلبه غريباً، وما كادت تستفسره عن حاجته له حتى صرخ في وجهها ووجّه لها ضربة قوية على رأسها بقضيب حديد أسقطها أرضاً وقام بسرقة ما تيسّر له ثم أحرق البيت كله بما فيه، لم يتبقَّ منها بعدما تمّ إخماد النار إلا آثار الحرق القديم على يديها، ماتت تاركة حياة سرق فيها كل من حولها ابتسامتها عنوة.

المفردات

باغَتَ—يُباغِت	to surprise
بَلاهة	foolishness
تَعيس	miserable
أَجْهَضَ—يُجهِض	to miscarry, to terminate (a pregnancy)
زاوية—زَوايا	angle, corner
مُسَيطِر	dominant
شَذى	scent
طَيف—أطياف	ghost, phantom
عَبَثية	absurdity
مُنعَرَج—مُنعَرَجات	twist, turn
عَنوةً	by force
فاخِر	luxury, excellent
قاتِم	dark
مُقَرمِش	crispy
كابوس—كَوابيس	nightmare
هَروَلَ—يُهَروِل	to run fast
تَهالَكَ—يَتَهالَك	to exert oneself
انهالَ—يَنهال (على)	to attack, fall upon
وِشاح	sash, scarf

محادثة

النشاط ١

بعد أن قرأتم القصة في البيت، ناقشوا الأسئلة التالية في مجموعات لا تزيد عن ثلاثة طلاب.

١. اذكروا الحدث الذي كان والدا بهية ينتظرانه باشتياق.
٢. ما هو سبب حرق بهية ليديها الجميلتين؟
٣. وضّحوا سبب إلغاء الشاب خطوبته لبهية.
٤. لماذا نقلت بهية الى المستشفى؟
٥. كيف توفّيت بهية وعلى يد من؟

المفردات

النشاط ٢

نسِّقوا أحداث أو مواضيع القصة ضمن خريطة ذهنية.

النشاط ٣

أكملوا الفراغات التالية بالكلمة المناسبة.

الزوايا المسيطر وشاح عنوة أجهضت قاتم

١. دعنا ندرس الموضوع من جميع ـــــــــــ.
٢. حذرت دراسة أمريكية حديثة من خطورة اعتماد ـــــــــــ الرقبة بديلاً عن الكمامة للوقاية من فيروس كورونا.
٣. التمييز العرقي هو مصدر اليأســــــــــ على بعض البلدان الأمريكية.
٤. هل تُأثم من ـــــــــــ جنينها عمداً؟
٥. كان بحالة سكر عندما دخل منزل جارته وحاول تقبيلها ـــــــــــ.
٦. قمت بشراء حذاءـــــــــــ اللون كحذاء جدي رحمه الله.

النشاط ٤

اختاروا عشر كلمات من قائمة المفردات واستعملوا كل كلمة في جملة مفيدة.

النشاط ٥

صلوا الكلمات التالية بمرادفتها.

١. ـــــــــ بلاهة	أ. داهم	
٢. ـــــــــ باغت	ب. إكراه	
٣. ـــــــــ هرولة	ت. حماقة	
٤. ـــــــــ فاخر	ث. فخم	
٥. ـــــــــ عنوة	ج. جري	

المحادثة والحوار

النشاط ٦

كل مجموعة ستأخذ سؤالاً واحداً، على أعضاء المجموعة قراءة السؤال ومناقشته.

١. "تفضيل الذكور على الإناث جهل وجاهلية." حلّلوا وناقشوا.

٢. الأخوّة من أقوى العلاقات وأقربها لكنها تتوتّر وتتنافر في بعض الحالات، ولهذه الحالة أسباب ومقدّمات، عدّدوا بعضها.

٣. "النساء والأعمال المنزلية رفيقان لا يفترقان." حلّلوا وناقشوا.

الترجمة

النشاط ٧

في مجموعات تتكون من طالبين، اقرأوا النص التالي ثم ترجموه إلى اللغة الإنجليزية.

لا تزال تحاول تغيير زمنها القاتم والموحش، وفي منعرجات الأقدار التي قادتها لم تدرِ أن معاملتها الطيّبة لم تشفع لها عند ابن شقيقة زوجها الذي استغلّ غياب زوجها عن البيت ليتوجّه إليها يطالبها بمبلغ مالي كبير، وجدت طلبه غريباً، وما كادت تستفسره عن حاجته له حتى صرخ في

وجهها ووجّه لها ضربة قوية على رأسها بقضيب حديد أسقطها أرضاً وقام بسرقة ما تيسّر له ثم أحرق البيت كله بما فيه، لم يتبقَّ منها بعدما تمّ إخماد النار إلا آثار الحرق القديم على يديها، ماتت تاركة حياة سرق فيها كل من حولها ابتسامتها عنـوة.

الكتابة

النشاط ٨

اختاروا موضوعاً واحداً من المواضيع التالية واكتبوا حوالي ١٥٠-٢٠٠ كلمة.

١. يُعدّ العنف الأسري تهديدًا خطيراً ضد الكثير من النساء. ينبغي معرفة علامات العلاقة المسيئة وكيفية الابتعاد عن المواقف الخطيرة. عرّفوا أنماط العنف المنزلي وضرورة تقديم المساعدة الفورية.

٢. ما الفرق بين السذاجة والطيبة وهل كل ساذج طيّب القلب؟

النشاط ٩

اذهبوا الى صفحة النقاش الخاصة بالصف (discussion board) وتطرقوا إلى السؤال التالي ثم علقوا على إجابة طالب آخر.

في رأيكم، لماذا يلجأ بعض الأزواج للإنجاب كوسيلة لحلّ خلافاتهم العاطفية وإنقاد زواجهم من التدهور؟

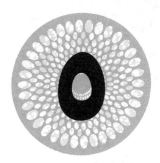

٥

قصص من المملكة العربية السعودية

القصة الأولى

تعريف الكاتبة

زينب أحمد حفني كاتبة وقاصّة وروائية سعودية من مواليد مدينة جدّة سنة ١٩٦٥. تخرّجت من كلّية الآداب في جامعة الملك عبد العزيز بجدّة عام ١٩٩٣ لتبدأ العمل في الصحافة عام ١٩٨٧. عملت في العديد من الصحف السعودية المحلّية مثل جريدة البلاد، ثم جريدة المدينة المنوّرة، ثم الرياض، ثم عكاظ، ثم انتقلت إلى جريدة الشرق الأوسط. تتميّز مقالاتها بأخذ منحى اجتماعي وإنساني، تُسلط الضوء من خلالها على أهمّ القضايا المطروحة على الساحة العربية والدولية. من كتبها: "نساء عند خط الاستواء" و"هناك أشياء تغيب".

امرأة على فوهة البركان

زينب أحمد حفني

وقفت المرأة أمام المرآة، نظرت بحسرة إلى معالم جسدها، وقع بصرها على حلمتَي ثدييها، لاحظت انتصابهما، لون شفتيها، أدارت رأسها ناحية زوجها، كان يغطُّ في النوم، رشقته بقرف، صوت شخيره ضاعف نفورها، أشاحت بوجهها عنه، حشرت ثدييها في حمّالة صدرها، أكملت ارتداء ملابسها، سحبت عباءتها من المشجب، دلفت إلى غرفة الجلوس، رمت عجيزتها على الأريكة، ألقت بصرها على التلفاز، أخذت تُقلب قنواته بالريموت كنترول وهي شاردة بذهنها بعيداً عن مشاهده، رنّ جرس الهاتف، أعادها لأرض واقعها، هرعت بلهفة نحوه، تحدّثت بصوت منخفض، ارتسمت الفرحة على معالم وجهها، شيء من الارتياح تسرّب لدواخلها المضطربة بعض الشيء، ارتدت عباءتها على عجل، صوت زوجها القادم من مخدع النوم اخترق سياج غبطتها، اتّجهت صوب الغرفة، سألته بجفاء: "ماذا تريد؟!"

سألها بنبرة ناعسة: "أين ذاهبة؟!"

—لشراء بعض الأغراض قبل حلول المساء، وسأمرّ في رجوعي على مروة صديقتي. (رمقها بطرف عينه، قائلاً بنبرة معاتبة: "لم تعودي تحبينني".)

أجابته بتأفّف: "عدنا إلى الموشّح نفسه. لندع العتاب جانباً."

أولته ظهرها متابعة القول بنبرة هازئة: "إذا رغبت في شيء ستجد الخادمة. هي دوماً رهن إشارتك."

شعرتْ بالاختناق من أجواء البيت الكئيبة، هرولت إلى الخارج، دلفت إلى داخل السيّارة، طلبت من السائق أن يذهب بها إلى الكورنيش، جلست على واحدة من الصخور الكبيرة، المستلقية بوداعة على شاطئ البحر، لفحت النسمات وجهها، انحسر الوشاح عن رأسها، تطاير شعرها الأسود الفاحم، لامس بحنو صدغيها، هدير أمواج البحر حرّك مجرى ذكرياتها، دفعها ناحية شطّ ماضيها، انخرطت في البكاء، لاحت لها صورة زوجها، وأحداث تلك الليلة القاتمة، لم تكُن قد أكملت عاماً على زواجها، أخبرته أنها مضطرّة للمبيت عند أهلها بمكّة، عدلت عن رأيها بعدما تشاجرت مع أختها الصغرى، أصرّت ليلتها العودة إلى جدّة، ما إن أدارت المفتاح في باب الشقّة ودلفت إلى الصالة حتى سمعت فحيحاً، يصدر من غرفة نومها، انقبض صدرها، مشت على أطراف أصابعها، شعرت بالأرض تدور بها وعيناها تقعان على زوجها وفي أحضانه ترقد خادمتها الآسيوية على سريرها. أصابها الوجوم، قام يجري كالفأر المذعور، قدّم بعدها اعتذارات وتبريرات واهية، طالباً الصفح والغفران، وعدها أنه لن يعود لمثل هذا التصرّف مرّة أخرى، لمحته في مرّات لاحقة وهو يداعب خادمتها الجديدة، يضربها على مؤخرتها بشهوة مكشوفة، وهي تتمايل أمامه بأنوثة مفضوحة. توالت الحوادث، تكرّر الأسف، أصابها تبلّد حسّي تجاهه، برود غريب تسرّب لأعماقها كلما حاول لمسها أو ممارسة الجنس معها، تكوّن بداخلها شعور مفرط لم تستطِع كبحه، إنه بؤرة نتنة، ماء ملوّث يصبّ في أي مجرى مهما كان منبعه.

أفاقت من شرودها على أبواق السيّارات المتزاحمة في الطريق، إحدى السيّارات لمح أصحابها الجسد المكوّم على الصخرة، تعالت أصواتهم بكلمات غزل جريئة، اضطربت، أعادت الوشاح على رأسها، تجاهلتهم، عندما يئسوا من المحاولة ابتعدوا. الأغاني المنبعثة من أجهزة التسجيل اختلط بعضها مع بعض، صوت محمّد عبده وأغنيته "أرفض المسافة" تداخل مع صوت عمرو دياب وأغنيته "ويلوموني" مع صوت أمّ كلثوم وأغنيتها "هجرتك"، تعبت أعصابها من هذا الضجيج، الذي لم يحترم خلوتها. دفنت رأسها بين ركبتيها، غاصت في بحر أحزانها، نجحت أمواج البحر المتلاطمة في إعادة السكينة لنفسها التائهة، التي كلّت من البحث عن مأوى آمن.

أقفلت عائدة، تذكّرت المغامرة التي تنتظرها في الغد. منذ أيّام وهي خارجة من السوبر ماركت، رمى لها رجل ورقة بها رقم هاتفه، راقت لها هيئته، جسارة نظراته، تجرّأت ودسّت الورقة في حقيبة

يدها، لم تعرف عنه سوى القليل، مجرّد مكالمات خاطفة عبر الهاتف: "يقولون في العلاقات العابرة لا تهمّ الظروف المحيطة بالشخص، المطلوب فقط أن يكون قادراً على تأدية الاحتياج المطلوب". ابتسمت لنفسها، مردّدة عبارة خدّرت أعصابها: "غداً سأدخل جنّتي الموعودة التي رسمتها في خيالي، وليذهب الجميع إلى الجحيم". قامت صباح اليوم التالي مضطربة بعض الشيء، أعادت تصفيف شعرها عدّة مرّات، الساعة دقّت العاشرة، لم تزَل هناك ساعة على الموعد المضروب، اختارت هذا التوقيت لتضمن وجود زوجها في العمل، رنّ جرس الهاتف، ردّت بلهفة: "سأنزل بعد نصف ساعة. نعم أعرف العنوان. لا سأفهّم السائق أنه مسكن صديقتي الجديد. مع السلامة". أقفلت الخطّ، عادت بسرعة لغرفتها لتكمل هندامها.

توقّفت السيّارة عند باب العمارة، تلفّتت يمنة ويسرة، طلبت من السائق الانتظار، فتحت باب المصعد، ضغطت على زرّ الطابق الذي تريده بعصبية، توقّف بها عند الطابق الثالث، قالت لنفسها: "لا. الشقّة في الدور الرابع. سأكمل على قدميّ". صوت حذائها كالسوط يلهب فؤادها، أحسّت كأن أزمة قلبية أطاحت بشجاعتها، وستؤدّي إلى مقتلها. وقفت أمام الشقّة، رقم عشرة تراقص أمام عينيها، توهّمت أن شللاً أصاب ذراعها، قواها خذلتها، لم تستطِع الضغط على زرّ الجرس، سمعت جلبة وضوضاء بالدور العلوي، ارتبكت، أسدلت الوشاح على وجهها، ضغطت على الزرّ بشدّة، لاح لها الرجل مبتسماً من خلف الباب الموارب، سحبها من ذراعها، العرق بدأ يتصبّب من مسامّات جلدها، طافت بعينيها في هيئته، وطاف هو بعينيه في مفاتنها، كان مرتدياً جلباباً مفتوحاً عند أعلى صدره، نظراتها تسمّرت في شعيرات صدره النافر، رائحة عطره الرجولي غطّى على عبق عطرها، كل شيء يشير إلى عمق فحولته الفتيّة، اقترب برفق منها، حاول إزاحة عباءتها عنها، تمسّكت بها، سألها بنبرة رخيمة: "هل أنت خائفة؟؟". لم تجِبه، كل آلام الماضي التحمت مناظرها في مشهد واحد في ذهنها، صوت مجلجل اخترق ذبذبات عقلها قائلاً لها: "ما زلت عند برّ الأمان. السفينة لم تقلع بعد". اقترب منها أكثر، أنفاسه لمست صفحة وجهها، استجمعت قوّتها، دفعته عنها، اتّجهت صوب الباب، خرجت متعثّرة في عباءتها، قفزت فوق درجات السلّم، نيران من الاحتجاج اندلعت فيها، طلقات من الندم اخترقت ضميرها، ركبت سيّارتها، أمرت السائق بالتحرّك مردّدة في عناد: "لا، لن يكون الثمن عمري".

المفردات

جَفاء	repugnance, repulsion
حَسرة	lamentation, sorrow
حَلَمة	nipple

مِخدَع	room, bedroom
اندَلَعَ—يَندَلَع	to erupt, break out
دَلَفَ—يَدلِف	to walk slowly
ذَبذَبة—ذَبذَبات	vibration
رَخيم	melodious
رَشَقَ—يَرشُق	to throw, toss
مِشجَب	clothes hook
شُرود	wandering, straying
صُدغ	temple (anatomy)
ضَوضاء	din, racket
غَزَل	flirtation
لَفَحَ—يَلفَح	to singe, burn
لَهفة	longing, yearning
انتِصاب	standing erect
هَدير	roar, thunder
هَرِعَ—يَهرَع	to hurry
هازئ	mocking, scoffing
هِندام	(neat) outfit, groomed appearance

محادثة

النشاط ١

بعد أن قرأتم القصة في البيت، ناقشوا الأسئلة التالية في مجموعات لا تزيد عن ثلاثة طلاب.

١. لماذا شعرت المرأة بقرف تجاه زوجها؟

٢. أي مكان قصدت على عجل دون علم زوجها؟

٣. كيف وأين حصل التعارف بينها وبين الرجل؟

٤. كيف كان شعورها وهي تطرق باب الرجل؟

٥. لماذا فرّت المرأة عائدة الى منزل زوجها؟

المفردات

النشاط ٢

نسِّقوا أحداث أو مواضيع القصة ضمن خريطة ذهنية.

النشاط ٣

أكملوا الفراغات التالية بالكلمة المناسبة.

ذبذبات   الهندام   الغزل   الهازئة   هرعت   الحسرة

١. لم تجلب معاهدات السلام الأخيرة للفلسطينيين إلا المزيد من _____ والمعاناة والآلام.

٢. سئمت من نظراتهم _____ ومن كلامهم اللاذع.

٣. عنترة بن شداد كان فارسًا وشاعرًا عربيًا مشهوراً بكتابة شعر _____ وحياة المغامرة.

٤. _____ سيارات الإطفاء والإسعاف إلى موقع الانفجار حيث تم نقل المصابين إلى المستشفى.

٥. نوع الخشب المستخدم في العود يساعد على جعل الصوت أكثر عذوبة وذو _____ طويلة.

٦. فرضت المؤسسات التربوية على التلاميذ الحفاظ على _____ المحترم بحظر الملابس غير اللائقة.

النشاط ٤

اختاروا عشر كلمات من قائمة المفردات واستعملوا كل كلمة في جملة مفيدة.

النشاط ٥

صلوا الكلمات التالية بمرادفتها.

١. ____ انتصاب   أ. صخب

٢. ____ ضوضاء   ب. اشتعال

٣. ____ شرود   ت. قيام

٤. ____ لهفة   ث. تيهان

٥. ____ اندلاع   ج. شوق

المحادثة والحوار

النشاط ٦

كل مجموعة ستأخذ سؤالاً واحداً، على أعضاء المجموعة قراءة السؤال ومناقشته.

١. يمكن تعريف الخيانة الزوجية بأنها علاقة غير شرعية يقيمها أحد الزوجين مع طرف ثالث. ما هي الأسباب التي تؤدي الى ارتكابها؟

٢. للتفسيرات المحلية للشريعة الإسلامية والعادات المجتمعية في السعودية تأثير سلبي على صحة وعافية النساء. بيّنوا أوجه عدم العدالة بين الجنسين.

٣. خيانة الزوج تتطلب المغفرة وخيانة الزوجة تكلفها حياتها في كثير من المجتمعات. حلّلوا وناقشوا.

الترجمة

النشاط ٧

في مجموعات تتكون من طالبين، اقرأوا النص التالي ثم ترجموه إلى اللغة الإنجليزية.

شعرتْ بالاختناق من أجواء البيت الكئيبة، هرولت إلى الخارج، دلفت إلى داخل السيّارة، طلبت من السائق أن يذهب بها إلى الكورنيش، جلست على واحدة من الصخور الكبيرة، المستلقية بوداعة على شاطئ البحر، لفحت النسمات وجهها، انحسر الوشاح عن رأسها، تطاير شعرها الأسود الفاحم، لامس بحنو صدغيها، هدير أمواج البحر حرّك مجرى ذكرياتها، دفعها ناحية شطّ ماضيها، انخرطت في البكاء، لاحت لها صورة زوجها، وأحداث تلك الليلة القاتمة، لم تكُن قد أكملت عاماً على زواجها.

الكتابة

النشاط ٨

اختاروا موضوعاً واحداً من المواضيع التالية واكتبوا حوالي ١٥٠-٢٠٠ كلمة.

١. الخادمة في البيت نعمة أم نقمة؟ ما هي نتائج وجودها داخل نسيج الأسرة؟

٢. هل هناك في نظركم حل للخيانة المتكررة من طرف أحد الزوجين؟ حلّلوا وناقشوا.

النشاط ٩

اذهبوا الى صفحة النقاش الخاصة بالصف (discussion board) وتطرقوا إلى السؤال التالي ثم علقوا على اجابة طالب آخر.

يُعد التحرش الجنسي ضد النساء والفتيات مشكلة عالمية، ما الذي يدفع الرجال إلى معاكسة النساء والتحرش بهن؟ كيف يمكننا مواجهة هذه المشكلة الاجتماعية؟

القصة الثانية

تعريف الكاتب

ماجد سليمان أديب سعودي استطاع في أعماله الأدبية أن يعكس الواقع السياسي والاجتماعي والثقافي العربي، وتنوّع أدبه بين الكتابة الشعرية، والقصصية، والمسرحية، والروائية. ساهم في إعداد مجلّة الفنون السعودية عام ٢٠١٢. قدّم موضوعاً عنوانه "ملوك الشعر وشعر الملوك"، نشرته مجلّة بروز السعودية على أربع صفحات في يناير ٢٠٠٦. ترشّحت روايته "عينٌ حمئة" للقائمة الطويلة لجائزة حائل للرواية السعودية عام ٢٠١٢. كما سُجّل اسمه ضمن أدباء البيبليوغرافيا التحليليّة عن الأدب للعام ٢٠١١.

طفولة منسوجة بنبوءة الجد

ماجد سليمان

وَلَدته أُمُّه في ساعة متأخِّرة من الليل، فالتقطته جدّته لأبيه وأودعته في لُفافةٍ قطنيّة بيضاء، وَهَمَست للأمّ المنهكة من ولادته:

—الطفل لا يبكي!!

—. . . ! ! ! ! !

—لا تقلقي سأهتمّ به.

دَلَفَت به مخدعاً صغيراً وشَرَعت بتجهيز مرقدٍ له، وعندما بَلَغ من العمر أربع جميلات، وفي باحة صغيرة من منزل جدّه لأمّه بمنطقة قرويَّة دفعته أمّه إلى جدّه وهي تقول:

—هذا ابني يا أبي.

يُدرجُ الجدُّ كفّيه الكبيرتين تحت إبطَي الطفل، ويرفعه مخاطباً الأمّ:

—كَبُرَ بسرعة!!

قَبَّله ثم أنزله أرضاً، ومسح رأسه ذا الشعر الأشقر الناعم القصير مُنادياً:

—منيرة.

—أمرك يا أبي.

ينظر إلى الطفل ويقول:

—أظنُّ أن طفلك هذا سيُكرِّرُ جَدَّه لأمّه . .

جَمَعَت الأمّ كفّيها مُتعجِّبة:

—أبي أنت تمزح.

انصرف من أمامه لتضع يدها خلف رقبة الطفل وتدخل به وهي تُكلِّم نفسها:

—أهذا ما تنبَّأت به يا أبي؟

كان سكّان القرية مؤمنين بنبوءات الجدّ التي لم تُخطئ نبالها يوماً، حيث تنبَّأ بوفاة حفيدته من الأمّ نفسها، وبعد أشهر منتوفة من تلك السنة وجدوها بعينين بيضاوين وقد انطفأت روحها.

وعندما عَلِمَت الأمّ بالخبر، هال مَن حولها منظرها وهي تدعك خدّها الطويل على حائط المنزل، وتسخط بإيمانٍ ضعيف. لم يُجِد لفيف جاراتها البتّة، بيد أنهنّ كُنّ أقلَّ إيماناً منها.

وانصهر عقدان من الزمن لتنبلج نبوءة الجدّ في الحفيد، فسحقته امرأة تصغره بسنواتٍ أربع هزيلات، وصيّرته عاشقاً لا يعي ما يهذي طوال يومه وليلته. وجدوا الأمّ بعدها تبكي على ظهر يد الجدّ وهو مغمض العينين:

—والآن يا أبي التسعينيّ. ألا تستطيع بنظرك القصير هذا أن تُعيد التأمُّل بابني، وتتنبَّأ بما سأرى فيه بقيّة عمره. هذا إن طال بي العمر؟

رَفَعَ جفنيه الرماديين الأشيبين مُجيباً:

—تقول النبوءة أن أخته تقف على رؤوس الموتى، ترقُبُ وصوله إليها محمولاً على نعشٍ مشطور.

المفردات

باحة	courtyard
أدرَجَ—يُدرِج	to bring under, include
رَقَبة	neck
مَرقَد	bed, couch
سُخط	indignation, discontent

to begin	شَرَع—يَشرَع (في)
halved, divided, cut	مَشطور
blond	أشقَر
amazed, astonished	مُتعجِّب
a wrapper or covering	لُفافة
crowd, gathering	لَفيف
to foretell, predict	تَنَبَّأ—يَتَنَبَّأ
arrow	نَبل—نِبال
snatched	مَنتوف
exhausted, worn out	مُنهَك
to be delirious, ramble	هَذى—يَهذي
to whisper	هَمَسَ—يَهمِس

محادثة

النشاط ١

بعد أن قرأتم القصة في البيت، ناقشوا الأسئلة التالية في مجموعات لا تزيد عن ثلاثة طلاب.

١. ماذا قالت الجدة لابنتها بعد حملها للطفل؟

٢. كم كان عمر الطفل عندما تنبأ الجد بمصيره؟

٣. ماذا حدث لأخت الطفل قبل ولادته؟

٤. كيف كانت ردة فعل الأم بعد سماعها بالنبوءة الأولى؟

٥. لماذا كانت أخت الحفيد تنتظره؟

المفردات

النشاط ٢

نسِّقوا أحداث أو مواضيع القصة ضمن خريطة ذهنية.

النشاط ٣

أكملوا الفراغات التالية بالكلمة المناسبة. قد تحتاجون إلى تغيير شكل الكلمة لتناسب السياق.

شرعت   منهكة   باحة   نتنبّأ   النبال   يهذي

١. ______ للتو في مشروع جديد في شركتي.
٢. إذا انتشر المرض في الجسم، لا يمكننا أن ______ بما سيحصل لاحقاً.
٣. في وقت فراغي، أحب أن ألعب الشطرنج وتعلم رمي السهام و
٤. أكون ______ من العمل عند عودتي الى البيت في المساء، أفضل النوم على الخروج.
٥. إنه يتألم كثيراً، الدواء يجعله ______، يستيقظ وينام.
٦. قبل أسبوعين، تمّ اختطافه من ______ منزله الأمامية.

النشاط ٤

اختاروا عشر كلمات من قائمة المفردات واستعملوا كل كلمة في جملة مفيدة.

النشاط ٥

صلوا الكلمات التالية بمرادفتها.

١. ____ شَرَع	أ. وسوس
٢. ____ هَمَس	ب. حنق
٣. ____ مرقد	ت. مقسوم
٤. ____ سخط	ث. سرير
٥. ____ مشطور	ج. راح

المحادثة والحوار

النشاط ٦

كل مجموعة ستأخذ سؤالاً واحداً، على أعضاء المجموعة قراءة السؤال ومناقشته.

١. لماذا تخاف الأم على أولادها؟ بيّنوا أوجه العلاقة الوطيدة بين الأم وأطفالها.
٢. السحر والشعوذة، بين الحقيقة والخيال. وضّحوا موقفك وكيفية الحد من هذه المعضلة.
٣. البكاء ظاهرة اجتماعية وهو أحد مظاهر الحداد والطقوس الجنائزية الجماعية. ناقشوا كيف تساعد المواساة الجماعية على تخفيف ألم الحزن والفقدان.

الترجمة

النشاط ٧

في مجموعات تتكون من طالبين، اقرأوا النص التالي ثم ترجموه إلى اللغة الإنجليزية.

كان سكّان القرية مؤمنين بنبوءات الجدّ التي لم تُخطئ نبالها يوماً، حيث تنبَّأ بوفاة حفيدته من الأمّ نفسها، وبعد أشهر منتوفة من تلك السنة وجدوها بعينين بيضاوين وقد انطفأت روحها. وعندما عَلِمَت الأمّ بالخبر، هال مَن حولها منظرها وهي تدعك خدّها الطويل على حائط المنزل، وتسخط بإيمانٍ ضعيف. لم يُجِد لفيف جاراتها البتّة، بيد أنهنّ كُنّ أقلَّ إيماناً منها.

الكتابة

النشاط ٨

اختاروا موضوعاً واحداً من المواضيع التالية واكتبوا حوالي ١٥٠-٢٠٠ كلمة.

١. التنبؤ بالمستقبل: كيف يستطيع بعض الأشخاص معرفة المستقبل؟ هل هي خرافة أم حقيقة؟
٢. وفاة ابن من أصعب الأشياء التي قد تواجه أيّاً من الوالدين، على الرغم من أنه لا يوجد أي شيء يمكنه أن يزيل مرارة الألم في القلب أو يملأ الفراغ جراء هذا الحادث إلا أن هناك وسائل علاجية تخفف من هول الفاجعة. اذكروا بعضها.

النشاط ٩

اذهبوا الى صفحة النقاش الخاصة بالصف (discussion board) وتطرقوا إلى السؤال التالي ثم علقوا على اجابة طالب آخر.

البكاء أو النياحة طقس قديم عند العرب، لكنه لم ينحصر في الموت فقط. ناقش فكرة البكاء كما أوردها الجاحظ في الأبيات الشعرية التالية.

إِذَا مَا ذَكَرْتُ الثَّغْرَ فَاضَتْ مَدَامِعِي وَأَضْحَى فُــؤَادِي نُهْبَــةً لِلهَمَاهِمِ
حَنِينَــا إِلَى أَرْضٍ بِهَا اخْضَرَّ شَــارِبِي وَحُلَّتْ بِهَــا عَنِّي عُقُــودُ التَّمَائِمِ

القصة الثالثة

تعريف الكاتب

محمد الراشدي، قاصّ وناقد صدر له عدد من المطبوعات منها "احتضاري"، " شهد على حد موس"، مقاربات في الثقافة والأدب، "أيقونة الرمل"، مقاربات نقدية في تجربة الشاعر محمد الثبيتي، "نكز"، نصوص ساخرة، ومجموعة قصصية بعنوان "العقرب". هو حائز على عدد من الجوائز منها جائزة أبها الثقافية في القصّة القصيرة عام ١٤٣٥ هـ جائزة سوق عكاظ الدولية للسرد العربي في القصّة، وجائزة أدبي حائل للقصّة القصيرة. كما كتب في عدد من الصحف الورقية.

رذاذ

محمد الراشدي

حين أوشكت الشمس أن تدلق ضوء النهار في عتمة غرفته كان يجلس في فراشه مغضّن الوجه بآثار النعاس، يغالب ثقل جفنيه، ونظره عالق فوق زجاج النافذة المقابلة له، يحاول أن يستبين على الضوء الحيي رذاذ الندى العالق فوق زجاج النافذة، وكلما تمطّى في عينيه النعاس رفع رأسه يمعن النظر ويأنس انشراحاً يعبر صدره ويملأ مسامّ رئتيه. كان ذلك الرذاذ الخجول أجمل ما يمكن أن يرى فوق جدران غرفته الباهتة وتفاصيلها التي نهب الشحوب بشاشتها. في يقظاته الصباحية كان أوّل ما يقوم به تفقّد النافذة وتحسّس بقايا الندى فوقها، ويضجر حين ينهض متأخّراً وقد تلاشت تلك الرطوبة الأثيرة إلى روحه.

في صبحه ذاك ظلّ يقاوم تهدّل جفنيه تحت سطوة النوم حتى غلّبه تراخي أطرافه فمدّ الدثار على جسده وأخمد النوم حركته. في الضحى ذهب ضجيج الشوارع المحيطة ببقية نومه، فاستيقظ، وارتدى

ملابسه وحين همّ بالخروج أدهشه أن الرذاذ ما يزال خاثراً فوق النافذة. هجس في نفسه أن وهج الشمس اليوم ربما ليس ساخناً بما يكفي. ثم أسلم خطوته للخروج.

في الظهيرة حين تعامدت الشمس فوق جباه البيوت كانت حبيبات الرذاذ تنبعج تحت ضغط منديله القماشي الذي يمسح به واجهة النافذة، بعد أن أحدق به الذهول لبقاء الرذاذ كما هو، رغم كل سطوة القيظ في ذلك اليوم، وكلما رفع منديله كانت القطرات تتكوّر مجدّداً ببطء، وتتلاصق وتعود تشكّل نفس ملامح الخارطة الشفّافة التي رآها في الصباح، والمنديل بين أصابعه ناشف تماماً.

أمضى بقية الظهيرة يهاتف أصدقاءه. يحدّثهم عن رذاذ لا يبرح النافذة، ولا يستطيع المحو. وكانوا جميعاً يسخرون منه، وأوصاه آخرهم أن يعتزل وحدته قبل أن تذيب بقية عقله!

قبيل الغروب أراد أن يتسلّى. وقف أمام النافذة من الخارج. مدّ أصبعه. همّ أن يرسم فوق الرذاذ شيئاً . . . تردّد. بزغت في بهو ذاكرته تلك اللوحة الطفولية المكرورة. ألصق أصبعه بالنافذة. أحسّ برودة كالثلج في طرف أصبعه. حرّك يده. رسم قلباً كبيراً بمساحة زجاج النافذة. رشق فيه سهماً. وكتب في وسط القلب (الحب عذاب). سحب كفّه بحذر حين رأى الرذاذ يتحرّك. تمتزج حبيباته. تتداخل حتى شكّلت معاً خطّاً واحداً يشبه دمعة كبيرة. انسابت فوق الزجاج. تخطّت إطار النافذة. مرّت فوق الجدار وئيدة. ثم ذابت في التراب!

المفردات

استَبانَ—يَستَبين	to be clear, to perceive
جَفن—جُفون	eyelid
خاثِر	coagulated, viscous
خَجول	shy
دِثار	blanket, cover
دَلَقَ—يَدلُق	to spill, pour
دَمعة—دُموع	tear
رَذاذ	drizzle
رَشَقَ—يَرشُق	to throw, toss
مَسامّ	pores
شُحوب	paleness
انشِراح	relief, ease
شَفّاف	transparent

ضَجَر	irritation
عَتَمة	darkness
مُغَضَّن	wrinkled
تَلاشى—يَتَلاشى	to fade away
نَهب	robbery
هاجِس	obsession, premonition
وَهج	blaze, radiance

محادثة

النشاط ١

بعد أن قرأتم القصة في البيت، ناقشوا الأسئلة التالية في مجموعات لا تزيد عن ثلاثة طلاب.

١. لماذا علق الشاب نظره فوق زجاج النافذة؟
٢. ماذا يعمل بعد أن يصحو من النوم؟
٣. يحس بالغضب إذا أفرط في النوم، لماذا؟
٤. ما الشيء الغريب الذي حصل له في ذلك اليوم؟
٥. صف اللوحات التي قام برسمها على الزجاج. كيف بدت بعد تداخلها؟

المفردات

النشاط ٢

نسِّقوا أحداث أو مواضيع القصة ضمن خريطة ذهنية.

النشاط ٣

أكملوا الفراغات التالية بالكلمة المناسبة.

رذاذ عتمة خجول هاجس شفاف دمعة

١. لا أستطيع أن أشرح له لماذا لدي ______ سيئ بشأن البعثة.
٢. أدركت للتو أن هذا القميص______ قليلا.

٣. كوسيلة للدفاع عن نفسها، قررت حليمة أن تشتري _____ الفلفل لتحمله في حقيبتها.

٤. "_____ وابتسامة" هو كتاب لجبران خليل جبران، يضم مجموعة من المقالات والقصص الوعظية والرمزية، وبعض القصائد النثرية.

٥. هو شخص _____ هادئ وغير عدائي، تشجعي على مقابلته!

٦. ستكون أعداد الجنود اللازمة للاستلاء على قلعتها جاهزة في _____ الليل.

النشاط ٤

اختاروا عشر كلمات من قائمة المفردات واستعملوا كل كلمة في جملة مفيدة.

النشاط ٥

صلوا الكلمات التالية بمرادفتها.

١. _____ تدلق   أ. منافذ

٢. _____ ضجر   ب. رمي

٣. _____ مسام   ت. انسكب

٤. _____ دثار   ث. سأم

٥. _____ رشق   ج. غطاء

المحادثة والحوار

النشاط ٦

كل مجموعة ستأخذ سؤالاً واحداً، على أعضاء المجموعة قراءة السؤال ومناقشته.

١. ما هي أحلام اليقظة وهل لها إيجابيات في تعزيز القدرات الإبداعية عند الأشخاص؟

٢. يقال إن الأشخاص مشتتي الذهن هم الأذكى فهل هناك علاقة وطيدة بين الخيال الواسع والذكاء؟

٣. هل يمكننا اللجوء إلى السخرية كأسلوب لمواجهة الواقع؟ علّلوا إجابتكم.

الترجمة

النشاط ٧

في مجموعات تتكون من طالبين، اقرأوا النص التالي ثم ترجموه إلى اللغة الإنجليزية.

في صبحه ذاك ظلّ يقاوم تهدّل جفنيه تحت سطوة النوم حتى غلّبه تراخي أطرافه فمدّ الدثار على جسده وأخمد النوم حركته. في الضحى ذهب ضجيج الشوارع المحيطة ببقية نومه، فاستيقظ، وارتدى ملابسه وحين همّ بالخروج أدهشه أن الرذاذ ما يزال خاثراً فوق النافذة. هجس في نفسه أن وهج الشمس اليوم ربما ليس ساخناً بما يكفي. ثم أسلم خطوته للخروج.

الكتابة

النشاط ٨

اختاروا موضوعاً واحداً من المواضيع التالية واكتبوا حوالي ١٥٠–٢٠٠ كلمة.

١. هل أنتم ممن يؤمنون بأن جمالية الأشياء تكمن في بساطتها أم ممن يؤمنون بأن الإبداع والفن يتطلب مزيداً من التعقيد والرقي؟
٢. العلاقات الاجتماعية والتكنولوجيا الحديثة . . العزلة أم التقارب؟ وضّحوا موقفكم مبينين الإيجابيات والسلبيات.

النشاط ٩

اذهبوا الى صفحة النقاش الخاصة بالصف (discussion board) وتطرقوا إلى السؤال التالي ثم علقوا على اجابة طالب آخر.

هناك دراسة تكشف أن الوحدة تساعد فى نمو أجزاء المخ المرتبطة بالخيال. ناقشوا.

٦

قصص من السودان

القصة الأولى

تعريف الكاتب

عبد العزيز بركة ساكن أديب وروائي سوداني. وُلِدَ بمدينة "كسلا" عام ١٩٦٣، ونشأ وترعرع في "خشم القربة" حيث درس المرحلة الابتدائية والمتوسّطة والثانوية، وتابع دراسته الجامعية في مصر، فدرس إدارة الأعمال بجامعة أسيوط. ويقيم حاليًّا في النمسا. عمِل مدرّسًا للغة الإنجليزية، وشغل عدّة مناصب، أبرزها: مستشارًا لحقوق الأطفال لدى اليونيسيف في دارفور، ومديرًا لمشروعات التنمية في صندوق تنمية المجتمع التابع للبنك الدولي بالنيل الأزرق. من مؤلفاته: رواية "الجنقو مسامير الأرض"، "امرأة من كمبو كديس"، "موسيقى العظام"، "فيزياء اللون"، و"مخيلة الخندريس".

أسنان لا تُغَنِّي

عبد العزيز بركة ساكن

تعادلنا ثلاث مرّات على طاولة التنس، هي سريعة الحركة، لها طاقة لا تحدُّ، ماهرة كالشيطان، ذات حِرفية مدهشة في تحويل كل كرات الردّ إلى كرات زوايا بعيدة، يصعب التعامل معها، وعندما انتهت اللعبة، مسحَتِ العرق عن وجهها ببطن كفّها، أطلقت شعرها الأشقر على ظهرها وكتفيها، ثم استدارت استدارة سريعة لتقف قربي، مادّة إليَّ كفًّا بيضاء معروقة، تبدو الدماء الساخنة القرمزية منفعلة تحت بشرتها الناعمة الندية بفعل العرق.

—استطعت أن تتعادل معي!

قلتُ لها وأنا أقبض على كفّها البيضاء الناعمة، بكفٍّ سوداء قوية بها جفاف متوارث من جدود عديدين: "طالما كنت ألعب مع الشيطان، فكيف أكسب؟!"

ضحكتْ إلى أن احمرّ وجهها الشاحب، ثم هزَّت رأسها مثل مُهرة تحتفي بجموح يخصّها استشعرته فجأة، قالت: "دعنا نتمشّى قليلًا على الجسر."

عندما خرجتُ من حجرة الملابس رأيتُها تقف على الجانب الآخر من الطريق، تلبس كالعادة بنطلون الجينز المحزَّق اللاصق على فخذيها وكأنه جزء منها، قالت إنها تستمتع برياضة المشي وخاصّة عبر الجسر، ثم سردت لي تاريخ بُناة الجسر، بينما كنا نهرول عبره.

ثم فجأة سألتني: "يقولون إنك من السودان!"

—نعم.

—يعني ذلك أنك عربي.

—في الحقيقة أنا سوداني، ومسألة عربي وغير عربي عندنا في السودان مسألة شائكة وتحتاج إلى تنظير لا أطيقه.

قالت في إلحاح: "لا ينتمي السودان للجامعة العربية؟!"

قلت متضايقًا: "نعم."

—وهو أيضًا ضمن الدول الإسلامية.

أنا عادة لا أحبّ الخوض في مثل هذا الحوار مع غير السودانيين؛ لأن ثقافاتهم ضحلة فيما يخصّ السودان ومرجعياتهم إن وُجدت غير دقيقة، ولكن يبدو أن المرأة تعرف شيئًا. قلت: "السودان دولة عربية إسلامية كما هو معلن، ولم يُستشَر أحدٌ في ذلك، المهمّ، المواطنون، فيهم العربي وفيهم المسلم، وفيهم غير العربي وغير المسلم."

—ماذا عن نفسك أنت؟

—أنا، لست عربيًا، ولكنني لست شيئًا آخر غير عربي، ولست مسلمًا، ولكنني لست شيئًا آخر غير مسلم، والأمر برمّته لا يعني لديَّ الكثير، فدائمًا ما أكتفي بأنني سوداني وحسب.

ضحكتْ، ربّتت على كتفي، أشارتْ نحو الأفق، أبراج وطائرات، قطارات، سيارات، دخان عوادم، ضباب، نجوم، بشر، ألعاب نارية، وطاويط، كباري طائرة، قالت: "نحن هنا أيضًا أمريكيون فقط."

سكتتْ قليلًا، قالت: "انظر . . . هنالك . . . نحو برج Leadsman هنالك يوجد نادٍ ليلي . . . غنّيت فيه قرابة العامين.

—هل أنتِ مغنّية؟

—الآن لا، ولكنني كنت مغنّية، كنت أشهر مغنّية في هذا النادي؛ بل كنت معروفة في أمريكا كلها، وغنّيت خارج أمريكا أيضًا.

—لماذا تركت الغناء؟

بدت متأثّرة وهي تقول: "حدث لي حادث وبعده أصبح من المستحيل أن أغنّي."

حملقت في وجهها، في هيئتها، علّني أجد أثرًا لهذا الحادث، لكن بدتْ كاملة متكاملة، لم تبدُ على وجهها أية آثار لعملية جراحية، المهمّ، بيني وبين نفسي عرفت أن الحادث كان عاطفيًا، نفسيًا أو جنائيًا، من الأحسن ألا أثير مثل هذه الشجون، وقرّرتُ تجنّب الخوض في الموضوع، كما أن اهتمامي بالغناء وخاصّة غير السوداني ضعيف، قالت: "أنا أجيد صنع القهوة."

فوافقتُ، ولو أنني ما كنت أظنّ أنّ المشوار سينتهي بشقّتها، لكن لا بأس، هؤلاء الناس لا يزعجون أنفسهم في محاولة التفرقة ما بين حياتهم الخاصّة والعامّة، اتّصلتْ بإحدى شركات التاكسي، في سبع دقائق كنا نمرّ بسرعةِ مائتي ميلٍ في الساعة عبر شوارع نيويورك، بعد عشرين دقيقة أخرى كنا في فيلّتها الرائعة، يا إلهي! المكان لا يوصف، لاحظتْ أنني مندهش، قالت: "بيت الأمريكي هو جنّته."

—أنتِ دائمًا تتحدّثين معي كأمريكية.

—أنا لا أقصد شيئًا سوى العموميات، فأنا أحبّ أمريكا، لكنني لا أفضّلها على كل بلدان العالم، الرجاء أن تفهم ذلك.

—ماذا تقصدين بكلمة عموميات؟

—إنها لا تعني شيئًا غير عموميات فحسب، ثم ابتسمت.

كانت داني جميلة ولبقة ومباشرة، لها عينان عميقتان تشعّان رغبة وغموضًا وغنجًا، جلستُ على كنبة مريحة، أشعل كل واحد منا سيجارة، من جهاز الكمبيوتر الشخصي انطلقتْ موسيقى جاز كلاسيكية صاخبة، قالت: "إنه لويس أرمسترونغ." تركتني في محاولة التكيّف مع المكان وأرمسترونغ وعطر، أحضرت لنا القهوة، جلستْ قربي، قالت: "هل تسمح؟"

وقبل أن أقول شيئًا، أخذت تمشّط شعري بأظافرها الشاحبة غير المطليّة، شعر رأسي الخشن المنكمش على نفسه في دوائر شبيهة بمنظومة من السلك، كنت في حاجة ماسّة لمن يداعب أسلاكي تلك والعبث بها، تمامًا كما تفعل داني الآن.

—شعرك مدهش.

ثم أضافت بسرعة: "هل أنت متزوّج؟"

—نعم.

—أين زوجتك؟

—في السودان.

—هل لديك أطفال؟

—طفلة واحدة اسمها سارة.

—كم عمرها الآن؟

في الحقيقة ما كنت أعرف كم عمرها الآن، عندما جئت إلى أمريكا تركتها تمشي خطواتها الأولى، لا؛ بل كانت تجري وتلعب؛ لأنني أذكر أنها جرت خلفي إلى الباب، نعم، كانت تتكلّم، سارة الآن قد تقارب الثامنة عشر، أهذا صحيح؟ أين هما الآن؛ بل أين هم؟

أمي، سارة، أمل، لقد قفلت هذه النافذة منذ زمن بعيد، ربما تزوّجتْ أمل، ربما لا تزال في عصمتي، الأمر برمّته لا يعني لديَّ الكثير، فعندما غادرتُ السودان غادرتُ كل شيء، ويجب أن أعي حقيقة ذلك، قلت لها: "داني؟"

—نعم.

—أنا لا أحبّ فتح هذه السيرة.

—حسنًا، كل إنسان في هذه الحياة لديه غرفة مظلمة مخيفة ممتلئة بالثعابين، لا يحبّ الولوج إليها ولا يرغب أن يدخلها أحد، أو يطرق بابها، مجرّد طارق.

كنت دائمًا ما أستطيع تمييز أصول الأمريكيات، الإسبانية، الإنجليزية، الآسيوية، الفرنسية، الإيطالية، العربية، الكاريبية أو الزنجية، باللون أو الاسم أو اللكنة أو حتى مجرّد مكان الإقامة، داني من أصل أيرلندي، وهي جميلة وبدينة بعض الشيء، كانت تتجلّى في حجرة نومها كربّة صغيرة من البلّور، مدلّلة، عندما عدتُ من دورة المياه وجدتها هنالك، جلستُ قربها، قبّلتها، قالت لي وهي تدلّك فروة رأسي: "أريد أن أستريح."

—وماذا يمنع؟

قالت وهي لا تزال تدلّك فروة رأسي، ويبدو أنها أُثيرت بصورة أو بأُخرى: "حرِّك تلك المنضدة قريبًا من هنا."

جذبتُ المنضدة ذات العجلات قريبًا، كانت الإضاءة خافتة ولكن الرؤية واضحة وجيّدة، على المنضدة قفّازان ناعمان ارتدتهما، عملت أناملها في عينيها، فأخرجت عدستين لاصقتين وضعتهما على صحن صغير أُعِدّ لذلك، عملت أناملها في فمها، فانتزعت صفّين من أسنانها البيضاء الجميلة والتي كانت تشعّ مستجيبة لغزل الضوء الخافت، طالما أعجبت بهما في صمت، وضعتهما في صحن أُعِدّ لذلك، قالت بفم خالٍ من الأسنان وقد بدا غريبًا: أترى؟ إن أسناني مستعارة.

وابتسمتْ ابتسامة في شكل فراغ كبير مظلم، ولكنها لم تُثِر اشمئزازي، فالمرأة—كما يقولون—في الظلام جسد ودفء.

وأنا بالفعل استجبت لأناملها في فروة رأسي، أكثر من أي شيء آخر.

قالت وهي تميل بكامل جسدها نحوي، حيث ملأ عطرها أنفي تمامًا: "ساعدني في إخراج البنطلون، أرجوك."

وكنت أظنّ أنني سأقوم بسحبه بالقوّة، وقد بدأت في ذلك، إلا أنها أوقفتني قائلة: "فقط حرّر زرّين في الخلف."

ثم بسهولة سقط البنطلون على فخذيها، ثم جذبته بأناملها الرقيقة الشاحبة وتحرّرت منه تمامًا، ولدهشتي عندما وضعت البنطلون جانبًا، كان ثقيلًا، وعندما انتبهتُ وجدت داني بغير ساقيها، قالت في برود ورباطة جأش: "أترى؟ إن ساقيَّ، هه."

وقبل أن أسأل أو أكمل دهشتي، تحدثتْ داني: "هي حكاية عادية، كنت أغنّي للجنود الأمريكان شمال العراق جنوب السليمانية في عاصفة الصحراء، طبعًا لرفع الروح المعنوية للجنود حتى يتمكّنوا من تحرير الكويت وهي بلدة عربية احتلّها صدّام، كنا وسط أصدقائنا من الأكراد والأتراك وبعض فعاليات المعارضة العراقية، ورغم ذلك كنا حذرين من المفاجآت، ولكن لسوء تقديرنا أن جنديًا من المعارضة العراقية، هو الذي نصب لنا لغمًا أودى بحياة ثلاثة جنود، وفعل بي ما فعل. هي الحرب! أنا لست غاضبة من أحد، النار لا تفرّق بين جندي أو مغنّية بوب."

انتزعتْ قميصها بنفسها، وكنت أنتظر مفاجأة أخرى، ولكن صدرها كان فتيًّا ونهداها معبّآن جيّدًا، ولا توجد تشوّهات في صدرها وبطنها وظهرها، بأناملها المحمومة أخذتْ تفكّ أزرار ملابسي، وأنا لا أدري فيمَ أفكّر، ولكني كنت أرغب بشدّة في الانفكاك من هذا المكان ومن هذه المرأة الصلدة، التي رغم كل ما رأيت من مآسيها تتعامل وكأنها تضع العالم كله في جيبها، قلت لها: "أريد أن أذهب."

قالت بثقة: "سوف لا تذهب، ستبقى معي للغد."

ابتسمتْ، بدا فمها هوّة عميقة غامضة، ثم أخذت تدلّك فروة رأسي بأناملها في صمت، وعن طريق نهايات أظافرها الحادّة، كانت تمشّط شعري الخشن، أستطيع أن أسمع خشيش احتكاك الأظافر بمنابت شعري، عاليًا مثل طرق صفيح فارغ.

المفردات

مَأساة—مآسٍ	tragedy
جُموح	defiance, obstinacy
تَحرير	liberation
مُحزَّق	narrow, tight
حَملَقَ—يُحَملِق	to gaze, stare
خَشيش	sound of hair brushing
مُدهِش	surprising, astonishing

composure	رَباطة جَأش
dark skinned person of African descent	زِنجي
topic, biography	سيرة—سِيَر
sadness	شُجون
paleness	شُحوب
trip, ride, itinerary	مِشوار
shallow	ضَحل
guardianship	عِصمة
scalp	فَروة الرأس
bright red, crimson	قَرمَزي
to adapt oneself (to)	تَكَيَّف—يَتَكَيَّف (مع)
young mare	مُهرة
fingertips	أنامِل
entry	وُلوج

محادثة

النشاط ١

بعد أن قرأتم القصة في البيت، ناقشوا الأسئلة التالية في مجموعات لا تزيد عن ثلاثة طلاب.

١. ما الرياضة التي كانت تستمتع بها داني؟

٢. لماذا لا يحب الكاتب خوض حوار عن بلده وخلفيتها؟

٣. مَن هم أفراد العائلة الذين تركهم خلفه في السودان؟

٤. ما سبب ترك داني للغناء؟

٥. كيف كانت ردة فعل الكاتب بعد رؤيته مخلفات الحادث على جسد داني؟

المفردات

النشاط ٢

نسِّقوا أحداث أو مواضيع القصة في خريطة ذهنية.

النشاط ٣

أكملوا الفراغات التالية بالكلمة المناسبة.

مدهشة   الضحلة   المشوار   فروة   أنامل   مآسي

١. المياه _____ والهادئة توفّر لطيور المستنقعات المكان المثالي لوضع بيضها.

٢. نحتاج لخصلة من شعره منزّع من _____ رأسه لاستخراج حمضه النووي.

٣. أنا مجرد دمية بين _____ يده.

٤. إذا ركزت على الإيجابيات، فستستطيعين فعل أشياء _____ في حياتك.

٥. شهدنا في السنوات الأخيرة _____ لا تُحصى سببتها الأعمال الإرهابية.

٦. نحن أقوى عندما نتواصل مع غيرنا بدلا من أن نقطع _____ لوحدنا.

النشاط ٤

اختاروا عشر كلمات من قائمة المفردات واستعملوا كل كلمة في جملة مفيدة.

النشاط ٥

صلوا الكلمات التالية بمرادفتها.

١. _____ مهرة	أ. فرس
٢. _____ شحوب	ب. عِتق
٣. _____ تكيف	ت. دخول
٤. _____ ولوج	ث. تعود
٥. _____ تحرير	ج. ذبول

المحادثة والحوار

النشاط ٦

كل مجموعة ستأخذ سؤالاً واحداً، على أعضاء المجموعة قراءة السؤال ومناقشته.

١. كيف نخفف من اضطرابات المعاقين النفسية خصوصاً إذا حصلت الإعاقة في سن النضج؟

٢. للحرب آثار عديدة تظهر على المدى القريب، إلا أنّ تأثيرها على المدى البعيد كارثي أيضاً. كيف تؤثر الحرب على صحة الأفراد في المجتمعات وعلى رفاهيتهم؟

٣. ناقشوا الأسباب التي تدفع أرباب الأسر إلى هجر عائلاتهم.

الترجمة

النشاط ٧

في مجموعات تتكون من طالبين، اقرأوا النص التالي ثم ترجموه إلى اللغة الإنجليزية.

تعادلنا ثلاث مرّات على طاولة التنس، هي سريعة الحركة، لها طاقة لا تحدُّ، ماهرة كالشيطان، ذات حِرفية مدهشة في تحويل كل كرات الردّ إلى كرات زوايا بعيدة، يصعب التعامل معها، وعندما انتهت اللعبة، مسحَتِ العرق عن وجهها ببطن كفّها، أطلقت شعرها الأشقر على ظهرها وكتفيها، ثم استدارت استدارة سريعة لتقف قربي، مادّة إليَّ كفًّا بيضاء معروقة، تبدو الدماء الساخنة القرمزية منفعلة تحت بشرتها الناعمة الندية بفعل العرق.

الكتابة

النشاط ٨

اختاروا موضوعاً واحداً من المواضيع التالية واكتبوا حوالي ١٥٠-٢٠٠ كلمة.

١. ازدواجية الجنسية، ما هي؟ وما هي التحديات التي تواجه مزدوجي الجنسية؟

٢. من المعروف أن الزواج المختلط يواجه تحديات أكبر لصعوبة التوفيق بين ثقافات أو ديانات مختلفة، ما رأيكم في الموضوع؟

النشاط ٩

اذهبوا الى صفحة النقاش الخاصة بالصف (discussion board) وتطرقوا إلى السؤال التالي ثم علقوا على اجابة طالب آخر.

كيف يمكن للأسرة أن تبقى على تماسكها وحبها وودها إذا رغمت ظروف الحياة أحد الوالدين على السفر والعيش في مكان آخر؟

القصة الثانية

تعريف الكاتب

عماد الدين عبد الله محمد البليك روائي سوداني، وُلد في مدينة بربر سنة ١٩٧٢ بولاية نهر النيل حيث درس مراحل التعليم الأولى. تخرّج من كلّية الهندسة بجامعة الخرطوم سنة ١٩٩٦. من مؤلفاته: "الأنهار العكرة"، "دنيا عدي"، و"دماء في الخرطوم".

القطّ المقدّس

عماد الدين عبد الله محمد البليك

لم تكُن لدى مايك الخبرة الكافية بالكيفية التي تمارس بها القطط الجنس، وقد ظلّ هذا السؤال يشغله طوال فترة العصر إلى قدوم المساء، وهو يحتسي القهوة التركية مع بالتوس في الحديقة، في حين كانت هارومي مع والدتها تجهّزان خبزاً فرنسياً.

فكّر مايك في توجيه السؤال لبالتوس غير أنه أحسّ في البداية بالحرج لأن بالتوس ذكي وقد يفهم شيئاً ما، لكنه قرّر أن يسأل، لأن والد هارومي رجل خبر الحياة بما يكفي ولن يكون متهوّراً على أية حال.

وبالفعل كان بالتوس قد تعامل مع السؤال بطيب خاطر، وأخبر مايك:

—دائما الأنثى هي التي تبادر . . . إنها كثيرة التودّد بخلاف الذكر الذي يكون عصبياً ويفقد شهيته بسرعة.

كان مايك يسمع هذه الكلمات ويتذكّر ما حدث في الظهيرة بملامح ضبابية، فقد عاش تلك اللحظات كما لو أنه قطّ يعاشر قطّة . . . وبصعوبة استرجع المشهد وهو يقول لنفسه: "في مثل هذه الأمور يستوي البشر مع القطط . . . الجنس هو الفعل الوحيد الذي يكون فيه الحيوان بشراً والعكس صحيح."

سمع بالتوس يواصل: "الذكور بطبعهم يهربون من المداعبات ويريدون أن يصلوا إلى الذروة مباشرة. بخلاف الأنثى التي تريد أن تعيش في قبلات متواصلة . . . إنها لا تملّ هذا الشيء . . . إنها تعشق الدغدغة والتمايل والتخنّث . . . ونحن البشر نكاد نفعل هذا الشيء تقريباً فالرجل بطبعه عندما يتعلّق الأمر بالجنس لا يرغب في التفاصيل الكثيرة . . . يريد أن يفرغ شحنته العاطفية في الزجّ بهذا العضو الزائد في مخبئه لكي ينتهي من المسألة وبسرعة."

فكّر مايك مع نفسه، من أين اكتسب بالتوس هذه الخبرات، هل قرأها في الكتب، ولماذا لم يخطر في باله ذات مرّة أن يقرأ أشياء كهذه إنها ممتعة على الأقلّ إن لم تكُن مفيدة. وقرّر أنه سيفعل ذلك عاجلاً، ووجّه سؤالاً لبالتوس:

—هل لديك كتب تروي أمور كهذه؟

—وماذا تريد من الكتب؟

—إنه لأمر مفيد . . . أن يقرأ المرء في أمور كهذه إنها مسلّية.

لم يكُن مايك صادقاً، ولم يكُن بالتوس يحتاج لأدنى ذكاء ليفهم ذلك، فردّ ضاحكاً:

—مفيدة أم مثيرة للغريزة؟!

وأردف:

—لديك قطّة جميلة اسمها هارومي . . . أعرف أن ابنتي شبقة. أعرف ذلك جيّداً.

كان بالتوس صريحاً. كانت هارومي قد أخبرت مايك بهذا، والآن تأكّد أنها كانت صادقة. ولم

يسترسل مع نفسه حيث قطع عليه بالتوس التفكير قائلاً:

—تعال لأريك شيئاً.

أخذه إلى حيث مخزن اللوحات، وهناك أراه لوحة صغيرة على شكل "سكتش" غير مكتمل، سأله:

—ماذا ترى هنا؟

تأمّل مايك اللوحة ولم يعرف ما الذي كان يقصده بالتوس بالضبط، لكنه قرّر ألا يكون محتالاً وأن

يجيب بما يراه فعلاً، قال:

—هناك امرأة. جميلة. لها شعر مسترسل. هي إلى حدّ ما وديعة وتشبه قطّة في شكل جسدها.

وهنا قطّ بجوارها. لا إنه آدمي.

ابتسم بالتوس، وأشار له بأن يخرجا من المخزن، بعد أن غطّى اللوحة ووضعها في مكانها في رفّ

صغير كان مقسّم لأجزاء رأسية في كل جزء وُضِعت لوحة بنفس حجم اللوحة السابقة.

فهم مايك أن المقصود قد تحقّق . . . وأدرك أن بالتوس يريد أن يخبره أن هذه اللوحة تصوّر

المساحة التي يتلاشى فيها تقريباً الفرق بين الإنسان والقطّ . . . فالأنثى هنا ممثّلة في القطّة في حين

يلعب الإنسان، دور الذكر.

كانت تلك الرسالة التي ينوي بالتوس إيصالها، وقد أدرك والد هارومي أن مايك سيفهمها ببساطة

فقد وثق في عقله.

وهما يتّخذان طريقهما إلى الحديقة للجلوس مرّة أخرى، قال بالتوس:

"لا أدري هل أفخر بك أم بابنتي؟!"

شعر مايك بالفرح، وكما لو أنه طفل في مدينة ملاهي . . . وفاتح بالتوس أنه يريد الزواج من ابنته

اليوم إن لم يكُن غداً. ولم يسمع ردّاً، فقط اكتفى بتأمّل وجه العجوز الذي رسمت فيه تفاصيل العقود

التسعة من حياته خرائط معقّدة يمكن للناظر إليها ولفترة محدودة أن يرى فيها أشكالاً لا نهائية، لما

يدور بذهنه من تصوّرات لأي أشياء كانت. كانت الخرائط قد أنبأته بالإيجاب، أن هارومي هي نصيبه هو، لا أحد غيره.

كانت هارومي قد وضعت طاولة صغيرة إلى جوارهما وكان الخبز الفرنسي جاهزاً مع الحليب الساخن، وبدا لمايك كما لو أنه يعيش أجمل لحظة في حياته.

المفردات

حَرَج	embarrassment
مُحتال	cheat, swindler
خَريطة—خَرائط	map
مَخزَن	storehouse
تَخَنُّث	effeminacy
مُداعبة	foreplay
دَغدَغة	tickling
ذُروة	climax
مُستَرسِل	flowing
زَجّ	shove, squeeze
شَبَق	salaciousness, lust
ضَبابي	foggy
الظَهيرة	midday, noon
غَريزة	instinct, desire
فَخر	pride
قُدوم	arrival
تلاشى—يَتَلاشى	to fade away
مدينة مَلاهي	amusement park
نَبَأ—أنباء	news, report
تَوَدُّد	courtship

محادثة

النشاط ١

بعد أن قرأتم القصة في البيت، ناقشوا الأسئلة التالية في مجموعات لا تزيد عن ثلاثة طلاب.

١. ما السؤال الذي شغل عقل مايك طوال العصر؟
٢. يُذكر في القصة أن هناك فعل يستوي به الحيوان والبشر. ناقشوا.
٣. لماذا اصطحب بالتوس مايك إلى المخزن؟
٤. ما هي الرسالة التي توصّل إليها مايك بعد رؤية اللوحة؟
٥. كم عمر بالتوس العجوز؟

المفردات

النشاط ٢

نسِّقوا أحداث أو مواضيع القصة في خريطة ذهنية.

النشاط ٣

أكملوا الفراغات التالية بالكلمة المناسبة.

الحرج   التودد   الظهيرة   محتال   يتلاشى   الخرائط

١. لقد اتفقنا على الذهاب في جولة الى المدينة القديمة في _____.
٢. سئمت من مشاهدة كل شيء حولي _____ ويموت بسبب مجموعة من الغرباء الأغنياء.
٣. أشعر بالسعادة لأنك تعتقدين بأني ما زلت قادراً على _____ لفتاة في هذا العمر.
٤. يمكنك الحصول على إمكانية التنقل في الوقت الفعلي والمزيد في تطبيق "_____".
٥. يقتضي هذا الوضع _____ أن نقوم بتقديم أفكار ابتكارية جديدة.
٦. هناك _____ يدعي نفسه كأنه أخوك لذلك يجب أن نوقفه.

النشاط ٤

اختاروا عشر كلمات من قائمة المفردات واستعملوا كل كلمة في جملة مفيدة.

النشاط ٥

صلوا الكلمات التالية بمرادفتها.

١. ____	قدوم	أ.	خبر
٢. ____	مخزن	ب.	مجيء
٣. ____	استرسال	ت.	مستودع
٤. ____	فخر	ث.	استمرار
٥. ____	نبأ	ج.	تباهٍ

المحادثة والحوار

النشاط ٦

كل مجموعة ستأخذ سؤالاً واحداً، على أعضاء المجموعة قراءة السؤال ومناقشته.

١. للكتاب والقراءة أهمية عظمى في حياة الأمم والشعوب، ويكفي أنّ أوّل آية نزلت من القرآن الكريم قوله تعالى: ﴿اقْرَأْ بِاسْمِ رَبِّكَ الَّذِي خَلَقَ﴾ ممّا يدلّ على فوائد القراءة للإنسان. وضّحوا مزايا الكتب في توعية الشعوب.

٢. لا بد أن ندرك أن الأطفال في فترة نموهم لديهم فضول عالٍ تجاه أجسادهم وتجاه الجنس عمومًا، هذا الفضول يشبعونه بالتساؤل والتجريب. بنظركم كيف يمكن التعامل مع الفضول الجنسي لدى الأطفال؟

٣. هل الزواج قسمة ونصيب أم قرار واختيار؟ ابدوا رأيكم.

الترجمة

النشاط ٧

في مجموعات تتكون من طالبين، اقرأوا النص التالي ثم ترجموه إلى اللغة الإنجليزية.

تأمّل مايك اللوحة ولم يعرف ما الذي كان يقصده بالتوس بالضبط، لكنه قرّر ألا يكون محتالاً وأن يجيب بما يراه فعلاً، قال:

"هناك امرأة. جميلة. لها شعر مسترسل. هي إلى حد ما وديعة وتشبه قطّة في شكل جسدها. وهنا قطّ بجوارها. لا إنه آدمي."

ابتسم بالتوس، وأشار له بأن يخرجا من المخزن، بعد أن غطّى اللوحة ووضعها في مكانها في رفّ صغير كان مقسّم لأجزاء رأسية في كل جزء وُضِعت لوحة بنفس حجم اللوحة السابقة.

الكتابة

النشاط ٨

اختاروا موضوعاً واحداً من المواضيع التالية واكتبوا حوالي ١٥٠-٢٠٠ كلمة.

١. يرى المختصون في القضايا الجنسية بأن على الأهل تعليم وتوعية أطفالهم في مرحلة مبكرة، ما هو موقف المجتمعات العربية فيما يخص التوعية الجنسية؟

٢. أظهرت دراسة جديدة أن كبار السن هم أكثر حكمة بخصوص اتخاذ القرارات الصحيحة. يبدو أن الذين يبلغون من العمر أكثر من ٥٥ سنة يستعملون دماغهم بشكل أنجع، بالمقارنة مع الشباب. هذا لأنهم أقل قلقاً من مغبّة الوقوع في الأخطاء. هل تتفقون مع هذه الدراسة؟ علّلوا جوابكم؟

النشاط ٩

اذهبوا الى صفحة النقاش الخاصة بالصف (discussion board) وتطرقوا إلى السؤال التالي ثم علقوا على إجابة طالب آخر.

تساهم العديد من العوامل على الزواج في سن المراهقة مثل الحب أو الحمل الغير المترقب. هل أنتم مع أم ضد الزواج المبكر مبرزين عيوبه ومميزاته؟

القصة الثالثة

تعريف الكاتب

عادل سعد يوسف أديب وشاعر سوداني وُلد في ولاية نهر النيل وعمل مدرّساً للغة العربية كما عمل بالجمهورية اليمنية. هو حاصل على ليسانس الآداب من جامعة القاهرة فرع الخرطوم، وحائز على دبلوم الدراسات الأدبية واللغوية في جامعة النيلين. وأيضاً على ديبلومين في التربية العامّة من جامعة السودان المفتوحة ومعهد التأهيل التربوي.

مخطوطة البصاص بعد كابوسه الأخير

عادل سعد يوسف

وَأَنْتَ تَنْظُرُ لِلْمُلْصَقِ الْحَائِطِيِّ تَأَكَّدْ أَنَّ الْبَصَّاصَ يَنْظُرُ مَعَكَ.

وَأَنْتَ تَأْكُلُ مُنْزَوِياً فِي الْمَطْعَمِ تَأَكَّدْ أَنَّ الْبَصَّاصَ يَأْكُلُ مَعَكَ.

وَأَنْتَ . . . تَأَكَّدْ أَنَّ الْبَصَّاصَ يُشَارِكُكَ بِمُنْتَهى اللَّذَّةِ.

قَدْ يَكُونُ فِي شَارِعِ الْقَصْرِ، فِي الأَزِقَّةِ، فِي الْحَمَّامَاتِ الْعَامَّةِ، لَكِنَّكَ لا تَرَاهُ مُطْلَقاً.

قَدْ تَحُسُّ بِهِ يَضَعُ يَدَهُ عَلَى كَتِفِكَ، يَمْشِي مَعَكَ جَنْباً لِجَنْبٍ، يَتْبَعُكَ كَظِلِّكَ، يُحَمْلِقُ فِيكَ عِنْدَ مَخْفَرِ الشُّرْطَةِ، لَكِنَّكَ لا تَرَاهُ مُطْلَقاً.

حَدَّثَنِي أَحَدُ الرُّوَاةِ: إِنَّهُ رَأَى ذَاتَ صَبَاحٍ الْبَصَّاصَ جَالِساً عَلَى بُرْجِ الاتِّصَالاتِ فِي حَالَةٍ اسْتِطْلاعِيَّةٍ لِكَوَامِنِ الْمَدِينَةِ، بَيْنَمَا قَالَ آخَرُ وَهْوَ يَبْسِطُ يَمِيناً مُغَلَّظَةً: لَقدْ رَآهُ فِي نَفْسِ اللَّحْظَةِ يَسُلُّ عُنْقَهُ كَرَافِعَةٍ قَلاَّبٍ هَيْدُرُولِيكِيَّةٍ. أَعْلَى حَائِطِ جَارِهِ، مُسْتَطْلِعاً مَا يَجْرِي فِي دَاخِلِ الْحَوشِ، ثُمَّ أَضَافَ: كَانَتْ سِمَايَة وَلَدِه الرَّابِعِ.

بَيْنَمَا زَعَمَ آخَرٌ أَنَّهُ رَآه بِأُمِّ عَيْنَيْهِ فِي غَرْبِيٍّ بِلادِ الْحَذَاقِنَةِ حَالَ مَعْرِكَةٍ، ثُمَّ أَضَافَ مُؤَكِّداً أَنَّ لَهُ عَلاقَةً مَتِينَةً وَمُعْتَبَرَةً بِالْعَالَمِ السُّفْلِي، وَأَنَّ لَهُ عَيْنَيْنِ حَادَّتَيْنِ تَتَّسِمَانِ بِمَجَالٍ بَصَرِيٍّ مُتَّسِعٍ جِدّاً كَائِنَتَانِ فِي مُؤَخِّرَةِ رَأْسِه.

بَيْنَمَا زَعَمَتْ إِحْدَى مُنَاصِرَاتِ الْجَنْدَرِ أَنَّ الْبَصَّاصَ مِنَ الْمُتَحَوِّلِينَ وَأَنَّهُ لَهُ عِدَّةُ صِيَغٍ يَتَمَظْهرُ فِيهَا، وَكَانَتْ مَوْتُورَ.

• • •

بِرَسْمِ الْعَادَةِ يَقْضِي الْبَصَّاصُ جُلَّ نَهَارِه فِي إِرْسَالِ عَيْنَيْهِ وَأُذْنَيهِ هُنَا وَهُنَاكَ، مُتَتَبِّعاً مَا يُقالُ وَمَا يُرَى، يَجسُّ الْهَمْسَ جَسًّا، وَكُلَّمَا زَادَ عَدَدُ الْوِشَايَاتِ كَبُرَ مَقَامُه لَدَى الْحَاكِمِ الْمُقْتَدِرِ وَتَنَاقَصَ عَدَدُ النَّاسِ فِي الْمَدِينَةِ، وَتَضَخَّمتْ رَأْسُ الْبَصَّاصِ بِالْحُظْوَةِ الفخمة وَظَلَّ يَخْتَلِقُ وِشَايَةً بَعْدَ وِشَايَة، وَيَلْقَى حَصِيدَةً بَعْدَ مَكِيدَة، حَتَّى تَرَكَ النَّاسُ أَعْمَالَهِمْ وَتَحَصَّنُوا بِالْبُيوتِ الَّتِي لَهَا آذَانٌ جَسِيمَةٌ، وَمَعَ جَوَاثِيمِ اللَّيْلِ تُطْلِقُ أَلسِنَتُهَا الدَّعَوَاتِ الْخَفِيضَةَ عَلَى مَنْ جَعَلَ نَهَارَهُمْ ظَلامًا.

مِمَّا جَاءَ فِي دِيبَاجَةِ الْمَخْطُوطَةِ:

أَوَيْتُ إِلى فِرَاشِي وَأَنَا مُطْمَئِنُّ الْبَالِ مُنْشَرِحُ الصَّدْرِ عَلَى مَا كَافَأَنِي بِهِ الْحَاكِمُ الْمُقْتَدِرُ بَعْدَ أَنْ أَعْلَمْتُهُ بِخَبَرِ الْخَارِجِينَ عَلَى سُلْطَانِه، وَالْمُدْبِرِينَ عَنْ رَجَاحَةِ عَقْلِهِ، السَّاعِينَ إِلى خَلْعِه، فَرَبَتَ عَلَى كَتِفِي مُسْتَحْسِناً وَمُشَجِّعاً، وَمِنْ شِدَّةِ تَعَلُّقِي بِخِدْمَتِه تَلَوْتُ عَلَيْهِ أَسْماءَ الْمَارِقِينَ وَالْخَوَنَةِ وَاحِداً وَاحِداً. الْقِيَادَاتِ ثُمَّ الْقِيَادَاتِ الْوَسِيطَةَ وَاحِداً وَاحِداً، وَعَدَداً غَيْرَ يَسِيرٍ مِمَّنْ اصْطَدَمَ بِي فِي الطَّرِيقِ وَاحِداً وَاحِداً، وَمَن رَفَعَ بَصَرَهُ فِي وَجْهِي مُتَنمِّراً وَلَهُ عِنْدِي سُبَّة، وَمَنْ خَفَضَهُ رَهْبَةً وَرَغْبَة، وَالنِّسَاءَ اللَّائِي يَرْتَدِيْنَ الْمَلابِسَ الضَّيِّقَةَ لِيُفْتِنَّ الْحَافِظِينَ، جَنْدَرِيَّاتِ الصِّفَاتِ، الرُّومَانْسِيينَ الْجُدُدَ الْمُشْتَغِلِينَ بِالـ (شَاتْ) مَعَ الحَبِيبَاتِ، وَالحَبِيبَاتِ الْمُشْتَغِلاتِ بِـ (الْوَاتْس آبْ) مِنْ أَهْلِ الْفِسْقِ وَالأَصْحَابِ.

وَاحِداً وَاحِدَةْ

أَمْسَيْتُ مُرْتَاحَ الْضَّمِيرِ لِلْخِدْمَةِ الْجَلِيلَةِ الَّتِي قَدَّمْتُهَا لِلْحَاكِمِ الْمُقْتَدِرِ الْمُفَدَّى.

فِي تِلْكَ اللَّيْلَةِ وَأَنَا فِي فِرَاشِي الَّذِي أَهْدَانِيهِ مَوْلَى نِعْمَتِي، وَصَائِنُ عِتْرَتِي، رَكِبَتْنِي الْكَوَابِيسُ، كَوَابِيسُ بِوُجُوهٍ مُخْتَلِفةٍ، قَضَتْ ثَلاثَةَ أَيَّامٍ حُسُومًا، نَفَضَتْ مَضْجَعِي وَأَسْلَمَتْنِي لِجُنُونِ التَّوْبَةِ وَطَلَبِي إِلى اللهِ الْمَثُوبَةَ، فَكَتَبْتُ رِسَالَتِي لِلْحَاكِمِ الْمُقْتَدِرِ بِأَمْرِه.

عَنْ كَابُوسِ الْبَصَّاصِ الأَوَّلِ:

رَأَيْتُني مُمَدَّداً فِي الْفَضَاءِ الْوَاقِعِ بَيْنَ النَّهْرِ وَمَبْنَى الْبَرْلَمَان، تَتحلَّقُ حَوْلِي أُمَّةٌ مِنَ الْحَذَاقِنة، لَهَا مِنَ الْمُسُوخِ هَيْلَمَان، تَلْفَحُهَا رِيحٌ حَارَّةٌ وَمِنْهَا يَنْسِلُونَ، كَالأَنْعَامِ يَهِيمُونَ، أَصْوَاتُهمْ مُنْكَرَةٌ، لَهُمْ زَفَرَاتٌ وَأَبْخِرَةٌ، أَفْوَاهُهُمْ كَالْخَرَاطِيمِ يَضَعُونَها فِي النِّيلِ فَيَشْفِطُونَه فِي غَيْرِ تَقَاسِيم، عِظَامُ الْبَلاعِيمِ، يَقِفُونَ أَعْلَى الْبُحَيْرَاتِ يَتبَوَّلُونَ، وَعَلَى بَوْلِهِمْ يَتَدَافَعُ النَّاسُ وَ يَكْرَعُونَ.

نَهَشُوا جِسْمِي بِأَظَافِرِهِمْ، ثُمَّ شَحَذُوا مَشافِرَهَم، تَقَدَّمَ مِنِّي أَحَدُهمْ وَجَثَا عَلَى صَدْرِي، فَجَّ وَاعْتَلَج لِيَسْتبِينَ أَمْرِي، وَلَمَّا وَجَدَ أَنَّ الرُّعْبَ أَخَذَ مِنِّي كُلَّ مَأْخَذٍ، وَنَبَذَنِي الْخَوْفُ أَلْفَ مَنْفَذٍ، قَالَ لِي: اِهْدَأ وَتَبَسَّطْ مَعِيَ بِقَوْلٍ عَمِيمٍ، ذَاكِراً لِي مُلُوكَهِمْ فِي الأَرْضِ بَعْدَ الانْفِجَارِ الْكَوْنِيِّ الْعَظِيم، وَهُمُ الْمُخْتَارُونَ لِحُكْمِ الْبَشَرِ حَتَّى قِيَامِ السَّاعَةِ وَعَلَيْنَا السَّمعُ وَالطَّاعَةُ، سَيُقَرْطِمُونَ الْبِلادَ، وَيَدْرَءُونَ الْفَسَادَ.

ثُمَّ تَرَكُونِي عَلَى حَالِي وَأَنَا أَسْمَعُ لِقَلْبِي نِيَاطاً.

عَنْ كَابُوس الْبَصَّاصِ الثَّانِي:

فِي اللَّيْلَةِ الثَّانِيةِ حَدَثَ مَا كُنْتُ أَخْشَاه.

وجَدْتُنِي فِي مُنْتَصَفِ مَقَابِرِ (الْبَكْرِيِّ) وَحَوْلِي سَحَالٍ ذَوَاتُ أَلْسِنَةٍ طِوَالٍ كُلُّ لِسَانٍ لاعِقٍ، يَمُرُّ عَلَى جَسَدِي حَتَّى يَذْرُوه فَتِيتَ (نَقَانِق)، وَأَنَا مُمَدَّدٌ عَلَى هَيْأَتِي طَلَلاً مَحِيلاً، رَفَعْتُ بَصَرِي إلى السَّمَاءِ فَرَأَيْتُ حَيَّةً عَظِيمَةً تَبْتَلِعُ فِيلاً، وَعَلَى رَأْسِهَا يَجْلِسُ الْحَاكِمُ الْمُقْتَدِرُ—(زولي الما بَغَباهُ) يُؤَشِّرُ لِجُمُوعِ السِّحَالِي فَتَأْتَمِرُ بِأَمْرِه، وَتَخْشَى مِنْ مَهَاوِي مَكْرِه.

وَأَنَا أَرْتَجِفُ كَقَشَّةٍ فِي رِيحٍ صَارَّة، أَزَاحَ الْهَوَاءَ بِيَدِه كَأَنَّه يُزِيحُ سِتَارَة، فَانْكَشَفَ أُفُقٌ فِيهِ قُصُورٌ بِيضٌ يَطُوفُ بِهِ دَهاقِنَة، وَقَالَ لِي: سَأُحَدِّثُك عَنْ أَسْلافِي الْحَذَاقِنَة:

هَذه هِيَ جَزِيرَتُنَا "تَلُوحُ وَتَتَزَّايَا لِلنَّاسِ فَيَطْمَعُونَ فِيهَا وَكُلَّمَا قَرُبُوا مِنْهَا تَبَاعَدَتْ عَنْهُمْ فَلا يَزَالُونَ كَذَلكَ حَتَّى يَيْأَسُوا مِنْها فَيَنْصَرِفُوا عَنْهَا وَيَتَّصِلُ هَذَا الْبَحْرُ بِالْوَاقِ لا يَعْرِفُ أَحَدٌ مُنْتَهَاه إِلاَّ نَحْنُ، وَفِي أَقْصَاه جِبَال تَتَوَقَّدُ نَاراً، لَيْلاً وَنَهاراً، يُسْمَعُ لَهَا قَوَاصِفُ مِثْلُ قَوَاصِفِ الرُّعُودِ مِن شِدَّةِ الْتِهَابِه، وَرُبَّمَا سَمِعُوا مِن تِلكَ النَّارِ صَوْتاً . . .

اِنْسَ هَذَا، قُلْتُ سَأُحَدِّثُكَ عَنْ أَسْلافِي، عَنْ شِدَّةِ أَسْلافِي الْحَذَاقِنَة

"كَانَ لَهُمْ نَهْرٌ آخَرُ، مِنْ سُنَّتِهم أنْ يَحضُرَه رِجَالٌ بِأَيْدِيهِمْ سُيوفٌ قَاطِعَة، فَإذا أَرَادَ الرَّجُلُ مِنْ عِبَادِهِمْ أنْ يَتَطَهَّرَ وَيتقَرَّبَ إلى الْبَارِي سُبْحانَه، أَتَى فِي جَمَاعَةٍ يَأْخُذُونَ مَا عَلَيْهِ مِنَ الْحَلْيِ وَاللِّبَاسِ وَأَطْوَاقِ الذَّهَبِ وَالأَسْوِرَةِ وَالْقَرَاطِقِ لأنّ أَبْنَاءَ الْمُلُوكِ كَثِيراً مَا يَخْرُجُونَ إلى هَذَا النَّهْرِ ثُمَّ يَطْرَحُونَه عَلى لَوْحٍ عَظِيمٍ وَيَأْخُذُونَ بِأَطْوَاقِهِ وَيَضْرِبُونَهُ بِسُيُوفِهِمْ وَيَقْطَعُونَهُ نِصْفَيْنِ فَيُلْقُونَ أَحَدَ النِّصْفَيْنِ فِي هَذَا النَّهْرِ وَالنِّصْفَ الآخَرَ فِي بَحْرِ كِنْدَ وَيَزْعُمُونَ أَنَّ هَذَيْنِ النَّهْرَيْنِ يَخْرُجَانِ مِنَ الْجَنَّةِ.*

قُلْتُ فِي سِرِّي: لأنّ أَبْنَاءَ الْمُلُوكِ كَثِيراً مَا يَخْرُجُون إلى هَذَا النَّهْرِ، عَجَباً لأمْرِهِم.

وَسَقَطْتُ مَغْشِياً عَليَّ.

عَنْ كَابُوسِ الْبَصَّاصِ الثَّالِث:

لَمَّا جَاءَتْ اللَّيْلَةُ الثَّالِثَةُ أَخَذَ مِنِّي الْفَزَعُ مَأْخَذاً كَبِيراً، وَأَصَابَنِي الْهَلَعُ كَثِيراً، فَجَافَيْتُ السَّرِيرَ، أَعْيَتْنِي التَّفَاسِيرُ، فَجَلَسْتُ عَلَى كُرْسِيٍّ مُتَهَالِكٍ، أَحْذَرُ الْمَهَالِكَ، جَفَيْتُ الإِغْمَاضَ، نَهَبَتْنِي الأَمْرَاضُ، رَأَيْتُهمْ يَخْرُجُون مِنْ حَائِطِ الْبَيْتِ، مِثْلَمَا يَنْسَلُ مِنَ الْعَجِينَةِ الْخَيْطُ، يَحْمِلُونَ أَطْبَاقَ رَوَائِحٍ وَأَطْعِمَةً، وَقُدُورَ كَأَنَّها أَسْنِمَةٌ، طِيباً وَنَارْجِيلاً وَطُيُوراً مَشْوِيَّةً تُشْبِهُ الْحَمَام، وَزُهُوراً مُفَتَّحَةَ الأَكْمَامِ، وَالنِّسَاءُ يَقُدْنَ امْرَأَةً شَاهِقَةَ الْحُسْنِ

وَالْجَمَالِ، فَأَصَابَنِي بَلْبَالٌ عَلَى الْبَلْبَالِ، وَأَنَا فِي حَيْرَتِي إِذا بِالسَّمَاءِ تتحوَّلُ لِشَاشةٍ ضَخْمَة، عَلَيْهَا رُسِمتْ جَرِيْرَتِي، رَأيتُ فِيهَا بِأمِّ عَيْنَيَّ (اللَّتَيْن سَيَأْكُلُهما الدُّودُ) وُجُوهَ مَنْ وَشَيْتُ بِهِمْ، وَمَنْ نكَّلَ بِهِمُ الْمُقْتَدِرُ بِاللهِ.

امْرَأَةً يَتِمُّ جَلْدُهَا فَتَصِيحُ وَاااااايْ يُمَّهْ[1]

وَالْجَلّادُ يَبْتَسِمُ

أَطْفَالاً يَسْبَحُونَ فِي دِمَائِهِمْ

والْقَنَّاصُ يُقَهْقِهُ

أَمْوَالاً تُنْهَبُ

وَالْفُقَهَاءُ يَدْعُونَ. . . .

وَوَوَ

بَدَأتُ أَصْرُخُ

وَأَصْرُخْ.

مِنْ رِسالةِ الْبَصَّاصِ لِلْحَاكِمِ الْمُقْتَدِرِ بَعْدَ الْكَابُوسِ الأخِيرِ:

سَيِّدِي ومَوْلاي صَاحِبُ الْجَلالَةِ والْمَهَابَةِ، أَدَامَ اللهُ لَكُمْ الْعِزَّ وَالنَّصْرَ وَحَفِظَكُمْ وأيَّدَكَمْ بِجُنْدِه وَحَشَرَكَمْ فِي زُمْرَةِ الصَّحَابَةِ.

أمَّا بَعْدُ:

بَعْدَ فرْضِ الْوَلاءِ وَالطَّاعَةِ أتقدَّمُ لَكُمْ بِرِسَالَتِي هَذِه بَعْدَ أَنْ أَفْنَيْتُ عُمْراً فِي خِدْمَتِكُم، واسْتَطْعَمْتُ أَفَاوِيقَ كَرْمَتِكمْ، وَأَنَا أَرْفُلُ فِي نَعْمَائِكم مُسْتظِلّاً بِظُلَّتِكم، وَأَنا ابْنُ سِرْحَتِكمْ، لَكِنَّ لِلأمُورِ خَوَاتِيمُ، فَأَرْجُو يَا مَوْلاي إِعْفَائِي مِنْ مِهْنَةِ الْبِصَاصَةِ، وَتَرْكِي لِحَالِي وَمُحْتَالِي، بَشَراً مُطِيعاً لأمْرِكُمْ، يَجُودُ بِالْخَصَاصَة.

• • •

[1] يُمَّه = mother

حَدِّثْني كَيْف تَحصَّلت عَلَى هَذِه الْمَخْطُوطَةِ؟
قَالَ الْمَشْكُوكُ فِي أَمْرِه:

"فِي تِلْكَ اللَّيْلَةِ الَّتي قَرَّرَ فِيهَا الْبَصَّاصُ أَنَ يَتَسَلَّلَ لِوَاذاً، مُغَافِلاً عُيُونَ كَبِيرِ البَصَّاصِينَ الْمُنْتَشِرَةَ عَلَى جُدْرَانِ الْمَدِينَةِ فجَعلَتْهَا كَذَيْلِ الطَّاوُوسِ، انْعطَفَ عَلَى دَارِي مُتَخَفِّياً، دَفَعَ لِي بِرُقْعَتِه وَهْوَ فِي رَجْفةٍ مِنْ أَمْرِه وَرَهْبَةٍ وَأَغْلَظَ تَأْكِيداً عَلَيَّ ألاَّ أُخْبِرَ أَحْداً، فَجَعلتُه فِي حِرزٍ مَكِينٍ".

قُلْتُ: كَانَ قَرَاراً صَائِباً أُؤَكِّدُ لَكَ ذَلِكَ.

وَأُؤَكِّدُ لَكَ أيُّهَا الْمَشْكُوكُ فِي أَمْرِه أَيْضَاً أَنَّ فِي كِتمَانِهِ مِنْ الشُّرورِ مَا لا يُسْتَطَاعُ تَحمُّلُهُ، فإنْفَاذُكَ لِي بِهِ هُو الْخَيْرُ نَفْسُهُ، وَأَنَّ هَذِه الأُمَمُ الَّتي حَبَّرَ الْبَصَّاصُ مَخْطُوطَةً فِيهَا، هِي أُمَمُ الْحَذَاقِنَةِ، سَيَكُونُ لَهُمْ فِي الأرْضِ سِيَادَة، وفِي الألْفِيَّةِ الثَّالِثَةِ رِيَادَة.

هَذَا مَا دَارَ بَيْنِي وَبَيْنَ الْمَشْكُوكِ فِي أمْرِهِ بَعْدَ شَهْرٍ كَامِلٍ مِنْ عُكُوفِي عَلَى قِرَاءَةِ مَا خَطَّهُ الْبَصَّاصُ، وَبَعْدَ كَثِيرِ تَأمُّلٍ أَدْرَكْتُ أَنَّ الْبَصَّاصَ مَقْتُولٌ لا مَحَالَةَ، لَكِنَّني لَمْ أَتَصَوَّرْ مُطْلَقاً وَلَمْ يَمُرَّ بِخَلَدِي ذَاتَ شَطْحٍ أَنْ يَكُونَ مَقْتَلُهُ بِهَذِه الصُّورَةِ الْمُخْتَلَفِ فِي رِوَايَتِهَا.

تَضَارُبٌ فِي الأَخْبَارِ الْوَارِدَةِ عَن مَوْتِ الْبَصَّاصِ:

قَالَ بَعْضُ سُكَّانِ الْمَدِينَةِ: إِنَّهم شَاهَدُوا الْبَصَّاصَ مشنوقاً وَمُعْلَّقاً عَلَى مِئْذَنَةِ الْمَسْجِدِ، بَيْنَما أَصَرَّ آخَرُونَ عَلَى رُؤْيَتِهِ مُعلَّقاً عَلَى خَازُوقٍ طَوِيلٍ جِدّاً يُشْبِهُ مِئْذَنَةً، الْمُؤكدُ أَنَّ الْبَصَّاصَ قَدْ مَاتَ، وَلا فَرْقَ بَيْنَ خَازُوقٍ يُشبْهُ مِئْذَنَةً، أوْ مِئْذَنَةٍ تُشْبِهُ خَازُوقاً.

أُؤَكِّدُ لَكُمْ ذَلِكَ.

المفردات

مِئْذَنة	minaret
بَصَّاص	spy
جَسيم	enormous, immense
حِرز	amulet, refuge
حَملَقَ—يُحَملِق	to gaze, stare
حُوش	yard, enclosure for horses and cattle

خاتِمة	conclusion
خُرطوم—خَراطيم	hose, trunk
خازوق	post, stake
مَخْفَر	police station
دِهقان—دَهاقِنة	important man, leading personality
ديباجة	preamble
رِيادة	exploration
زُقاق—أزِقّة	alley
زُمْرة	crowd, horde
مُنْزَوٍ (المُنزَوي)	isolated
شَفَطَ—يَشْفِط	to aspirate, suck
صيغة	shape, form
كِتمان	concealment, secrecy
كامِن—كَوامِن	hidden, latent, underlying
مَكيدة	plot, trick
مارِق	apostate, heretic
مُتَهالِك	rickety, wobbly

محادثة

النشاط ١

بعد أن قرأتم القصة في البيت، ناقشوا الأسئلة التالية في مجموعات لا تزيد عن ثلاثة طلاب.

١. ما عمل البصّاص وما علاقته بالحاكم؟
٢. كيف انعكست عواقب سلوك البصّاص على سكّان المدينة؟
٣. لماذا أرسل البصّاص رسالة للحاكم المقتدر؟
٤. ما هي الأمم التي ذُكرت في المخطوطة؟
٥. كيف كانت نهاية البصّاص؟

المفردات

النشاط ٢

نسِّقوا احداث او مواضيع القصة في خريطة ذهنية.

النشاط ٣

أكملوا الفراغات التالية بالكلمة المناسبة.

مَخْفَر   جَسِيمَةٌ   خَراطِيم   مُتَهَالِك   زُمْرَة   مِئْذَنَة

١. إن لم تستطع حمل الماء من صنبور الحمام يمكنك استعمال أحد ________ الحديقة.

٢. اقتيد المتّهم الرئيسي في الجريمة الى ________ شرطة البلدية حيث رفض الإدلاء بأقواله.

٣. لقد هُدمت ________ المسجد من قِبَل اليسوعيين في عام ١٧٦٦.

٤. الحفل مملّ، لا يوجد سوى ________ من الأشخاص المتعالين.

٥. عندما تصلين للنهر، اتجهي غرباً إلى جسر ________ يشبه ابتسامة ملتوية.

٦. الكوارث الطبيعية تسبّب للبلدان خسائر ________ بغض النظر عن مستوى تنميتها.

النشاط ٤

اختاروا عشر كلمات من قائمة المفردات واستعملوا كل كلمة في جملة مفيدة.

النشاط ٥

صلوا الكلمات التالية بمرادفتها.

١. _____ زقاق	أ. درب
٢. _____ صيغة	ب. خديعة
٣. _____ مكيدة	ت. نهاية
٤. _____ خاتمة	ث. إخفاء
٥. _____ كتمان	ج. تركيبة

المحادثة والحوار

النشاط ٦

كل مجموعة ستأخذ سؤالاً واحداً، على أعضاء المجموعة قراءة السؤال ومناقشته.

١. "تأنيب الضمير هو الذي يشعرك أنك أسوأ إنسان على وجه الأرض لكن تأكد ما دمت تشعر بذلك
التأنيب فأنت من أطهر الناس قلوباً". هل تتفقون مع هذا القول، وهل تأنيب الضمير دليل قاطع
على صفاء القلب؟

٢. الوشاية ... خلق ذميم وسلوك مشين يقطع الروابط العائلية وينشر الفساد ويفرّق بين الناس.
أبرزوا انعكاسات هذا السلوك على الفرد والمجتمع.

٣. "الحيطان ليها ودان" مثل شعبي (ومعناه بالفصحى "الحوائط لها آذان") يعكس استراتيجية الخوف
التي تزرعها السلطة في منتقديها. كيف يجسد هذا المثل واقع الخوف؟

الترجمة

النشاط ٧

في مجموعات تتكون من طالبين، اقرأوا النص التالي ثم ترجموه إلى اللغة الإنجليزية.

أَوَيْتُ إِلَى فِرَاشِي وَأَنَا مُطْمَئِنُّ الْبَالِ مُنْشَرِحُ الصَّدْرِ عَلَى مَا كَافَأَنِي بِهِ الْحَاكِمُ الْمُقْتَدِرُ بَعْدَ أَنْ أَعْلَمْتُهُ
بِخَبَرِ الْخَارِجِينَ عَلَى سُلْطَانِهِ، وَالْمُدْبِرِينَ عَنْ رَجَاحَةِ عَقْلِهِ، السَّاعِينَ إِلَى خَلْعِهِ، فَرَبَتَ عَلَى كَتِفِي
مُسْتَحْسِناً وَمُشَجِّعاً، وَمِنْ شِدَّةِ تَعَلُّقِي بِخِدْمَتِهِ تَلَوْتُ عَلَيْهِ أَسْمَاءَ الْمَارِقِينَ وَالْخَوَنَةِ وَاحِداً وَاحِداً.
الْقِيَادَاتِ ثُمَّ الْقِيَادَاتِ الْوَسِيطَةَ وَاحِداً وَاحِداً، وَعَدَداً غَيْرَ يَسِيرٍ مِمَّنْ اصْطَدَمَ بِي فِي الطَّرِيقِ وَاحِداً
وَاحِداً، وَمَنْ رَفَعَ بَصَرَهُ فِي وَجْهِي مُتَنَمِّراً وَلَهُ عِنْدِي سُبَّة، وَمَنْ خَفَضَهُ رَهْبَةً وَرَغْبَة، وَالنِّسَاءَ اللَّائِي
يَرْتَدَيْنَ الْمَلَابِسَ الضَّيِّقَةَ لِيُفْتِنَّ الْحَافِظِينَ، جَنْدَرِيَّاتِ الصِّفَاتِ، الرُّومَانْسِيينَ الْجُدُدَ الْمُشْتَغِلِينَ بِـالـ
(شَاتْ) مَعَ الحَبِيبَاتِ، وَالحَبِيبَاتِ الْمُشْتَغِلَاتِ بِـ (الْوَاتْس آبْ) مِنْ أَهْلِ الْفِسْقِ وَالأَصْحَابِ.

الكتابة

النشاط ٨

اختاروا موضوعاً واحداً من المواضيع التالية واكتبوا حوالي ١٥٠-٢٠٠ كلمة.

١. إن الأحلام هي عبارة عن تنفيس لمكبوتات داخلية لم يتم تفريغها في اليقظة وأحياناً قد تنفجر المشاعر على صورة كابوس، ما هي أسباب الكوابيس وكيف يتم العلاج منها؟

٢. يقول محمد المختار الشنقيطي: "أسوأ آثار الاستبداد على الشعوب هو قتل حاستها الأخلاقية، وتطبيع علاقتها مع الظلم السياسي. لذلك تجد في تلك الشعوب أصنافا من البشر المشوهين نفسيا وأخلاقيا: من فقير الضمير الداعم للمستبد، إلى البليد المنشغل بأخطاء المظلوم عن خطايا الظالم، إلى الجبان المتستر وراء التفلسف وطول اللسان" حلّلوا هذه المقولة.

النشاط ٩

اذهبوا الى صفحة النقاش الخاصة بالصف (discussion board) وتطرقوا إلى السؤال التالي ثم علقوا على إجابة طالب آخر.

ما هي أساليب وتقنيات الوشاية والتلصص المعتمدة من قبل الأنظمة لمحاصرة المعارضين والخصوم.

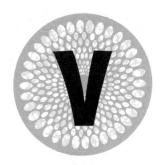

٧

قصص من الصومال

القصة الأولى

تعريف الكاتبة

رحمة خديجة شكري كاتبة ومدوّنة صومالية تقيم في نيروبي. قضت فترة كبيرة من حياتها في الحجاز وسوريا واعتمدت العربية في كتاباتها. ترى شكري أن العربية في الصومال مرتبطة بالمنظومة الدينية التي لا تحتكّ كثيراً بالثقافة الأدبية للمجتمع، وتقول إن موجة النشر بالعربية تعود لنشوء جيل كامل في الخليج العربي خارج إطار هذه المنظومة. وتتابع قائلة إن أهمّ المشكلات التي تواجه الكاتب الصومالي الذي يكتب بالعربية تكمن في محدودية الجمهور الذي يتواصل معه أو يتفاعل مع ما يكتب.

لنبقِ الباب مواربًا بعد كل فكرة . . . فهناك درجات من الألوان . . .

رحمة خديجة شكري

"أفريقيا قدّمتْ ليَ الكثير جعلتْ منّي امرأة حقيقية / ناضجة. لا يسْتهلكها حُبّ. ولا حزنٌ مخمليّ!"

البارحة غفوتُ على لحْن شهيّ. حشد بداخلي قبائل من الشعور. كنتُ أتماهى بيْن سماء الأمْنية. وأرض ثامنة لمْ أصلها بعد. كأسي هي الأغنيات كما أقول دائماً—لكنْ في بعض المسَاءات يحدثُ أنْ تُثقب الرّوح وتسيل. أنْ تلقي عنْها ثيابها وتهرْول عارية حافية على درْب حارق . . . !

ليس ما يُشقينا دائماً هو التذكّر. الأمنيات المُعلّقة على تقاويم الغد تفعل أكثر. الانتظارات لأشياء بلا لوْن ولا رائحة . . .

المُبهم هو اللعْنة الأكبر.

كنتُ أمسك بقلبي وألهج: إلهي عافِ قلبي. إلهي عافِ قلبي.

تذكّرتُ بأنّي لمْ أعُد أرتكب ذنوب القلب . . . لكنّ ذنوب عقلي جاوزتْ هذا المدى . . .

ربّما عليّ أنْ أغير قبْلة الدّعاء في المرّة القادمة.!

اليوم صحوتُ متأخّراً. هاتفي يعْلن عنْ إيميلات عدّة ورسالة نصّية واحدة.

الرسالة تقول:

—لا زلتِ تحبّين المطر كما عهدتك . . .

—لكن شو رأيك جمالية أفريقيا كونك خرجتِ من ثوب المرأة الضيق

مممم حدّثتُ نفسي بأنّ المطر هُنا بات يعني حذاءً متّسخاً وجرياً خلف مظلّة. وزحاماً يوصّلني للمنزل في ساعة مُتأخّرة.

ابتسمتُ لأنّ هُناك منْ يتذكّرُ تفاصيل قديمة لي.

أفريقيا قدّمتْ ليَ الكثير. جعلتْ منّي امرأة حقيقية / ناضجة. لا يسْتهلكها حُبّ. ولا حزنٌ مخمليّ!

فوجئتُ بأنّ الماء مقطوعٌ من الشقّة. انتابني هلعٌ كارثي وأخذتُ أتنقل بين الحنفيات إلى أنْ أقنعتُ حالي بالتصالح مع هذا النّهار دون دش صباحي.

في خزانة ملابسي صفٌّ كاملٌ للأحْذية الرياضيّة، بدُونها لا أنْجح في اجتياز الزّحام والقفز بيْن الأرْصفة وهشيم "إيسْلي".

عددٌ لا بأس به من الكنزات وشال الرّقبة يحميني من قرْصة البرد صباحات نيْروبي.

ما يُدهشني أنّ النساء في هذه المدينة يعشقن الأحْذية ذات الكعْب العالي جداً (إبرة). الأحْذية التي أقول عنها بأنّها لا تُنتعل، بل يُصْعد إليها!

وأيضاً الثياب القصيرة حدّ أنّ الواحدة منهن تُضطر لوضع حقيبة على ساقها وقت الجُلوس.

صباحاً بينما أنا أرْتعش بين كومة ثيابي الطويلة (كنزتي / شال) الصّوف. جواربي وحذائي المُغلق تماماً. أجدُني أتأمّلهن يتهاديْن بثقة ودلال ولا يعنيهنّ منْ أمر الرّيح والبرد شيْء!

في الباص: يصعدُ رجلٌ ضخم برفقة امْرأة . . . يختارُ هو المقعد بجانبي ويخنقُ كتفيَ الأيْسر بيْنما تجلس هيَ على المقعد المُنفرد.!

في المقعد الأخير (خلفي): اثنان يُغنّيان بثمَل . . . وبطريقة تمزّق وجْه اللحن بسكّين صَدئة!

أمامي زوْجان: تُقرّر هي فجْأة التغلّب على انْتظار الطريق الطويل وتبْدأ بقصّ أظافر زوْجها . . .

أنا: أبحْلق بكليْهما وأفكّرُ بأنّه عليّ في المرّة القادمة التأكّد منْ خلو المقعد منْ آثار جُنون كهذا.

هُو يتأمّل الطريق بوداعة ثم يعود لمُراقبة تقنية زوجته مع أصابعه!

في العَمل: لديّ حسّاسية من الأوْراق النقديّة . . . وبعْد كل لحْظة شراء أسْكب قدراً من المعقّم على راحة كفّي.

زميلي يعتقد بأنّ هذا تنبّؤ بعلاقة سيّئة مع المال في الغدْ!

"مُحمّد" التنْزاني يحْكي عن بلده بحمَاس بالغ . . . تشعُّ عيْناه ببريق حادْ . . .

ابتدأ هو و"فرتون" بالغناء. أغاني وطنيّة لتنزانيا . . . سألتُها عنْ المُفردات. سردتها لي باعتداد بالغ:

—غداً سيموتُ أيدي أمين.

—لنْ نبكي أبداً.

—سنلقي جثّته في البحْر.

—لنْ نحزن أبداً.

—ستأكلُ الأسْماك قلبه.

—كنت أتأمّل ملامحهُما التي تنْشد شيئاً كهذا بحُبّ!

لمْ أفهم في حياتي أبداً كيف يكون الانتماء.

للحظة شعرتُ بأني أفهمُ كيف تقوم حُروب العالم . . . كيف أنّ وهم الانتماء يغسُل الدماغ. يعمّقُ حبّاً بقطب واحد وينْأى بالإنْسان عن الإنسان.

قريبتي التي تعْمل في مبْنى مُجاور أتتْ لزيارتي قبل يومين. شعرتُ بأنّها تودّ أنْ تقول شيئاً. سألتُها. أجابتني بتودّد وتردّد: "أردتُ أنْ أنصحك بتغيير حجابك وارتداء آخر مثل هذا". أشارتْ لجلبابها الكبير.

أخبرتُها بأنّ ثيابي تُناسبني وأجدُني في حالة ألفة معها.

صمتتْ على مضض. غادرتني بودّ أقل!

ساعة الغداء أخرجُ علبة تونة منْ حقيبتي وملعقة صغيرة. عصيرُ فواكه مُشكّلة.

زملائي يتساءلون: هل هذا غداء؟ يُعلّقون بضحك بأنه لا بُد وترْبطني صلة قرابة مع القطّة!

في الثالثة ظهراً؛ دخلتْ إلى المحلّ سيّدة في الخمسينات من العُمر. تربط وسَطها بقُماشة سميكة من القطن. وترْتدي ثوباً مُنسدلاً. قطعة صغيرة تلمّ شعْرها—نُسمّيها نحن (ملخباد)—عاقدة يديْها خلف ظهْرها بطريقة مُعلّمي الكتاتيب!

في البدْء هاجمتْ مُوظّفاً كبيراً بالسّن—من الأقلّية البيضاء في العاصمة (رير حمر/ مقديشو)—قاذفة إيّاه بسباب مُفرط البذاءة. نعتته بأنه شاذّ!

ثم ابتدأتْ تسألنا عنْ قبائلنا واحداً واحداً. مع سيل من الشّتائم الإيطالية من نوع (وافانكولو—فارابوتو—ماليدوكاتو—فيليذيكانو—فيليذيبوتانو.)

"أنت يا هذا. لألتقِكَ في حمر ويني. سأقطعكَ إرباً. وأنْت هُناك. أنتَ أشدّهم عليّ، سألقي بك في جُبّ إلى أنْ تمُوت. أمّا أنت فسأنفيك إلى بُروندي. سأنظّف منكم بلدتي."

أنا مُنكمشة في زاوية بعيدة. المشهدُ لا يبْدو لي طبيعياً.

برفقة السّيدة رجلٌ ضخْم. يبتسم في وجُوهنا بيْنما تُواصل هيَ قذائفها.

بدأ الزملاء يتهامسُون بأنّها لا بد وقدْ قضتْ البارحة تُطارح كؤوساً ولمْ تستفِقْ بعد أو أنّها تعاطت شيئاً آخر لكنْ بالتأكيد ليستْ بكامل وعيها.

لديّ قناعة بأنّ الثمِل لا ينطقُ إلا بحقيقة دواخله. لذا كنتُ مندهشة منْ كمّية العُدوان الذي يسْكن جوف هذه المرأة!

اتّجهتْ نحو مكتبي. كنتُ قد أوصدتُ الباب قبلها وأخذتُ أستعدّ لهذا الهُجوم الغريب من نوعه. أسمعتني كلاماً مفاده أنّ تكبّري يغيظها!

كنتُ على شفا أنْ أطلب منها مُغادرة المكان. إلى أنْ أتى أحد الزّملاء وشاغبها بكلمات ضاحكة. استمرّتْ هي في سبابه. ابتاعتْ أشياءَ وغادرتْ.

نثرت بالأجواء وجوماً غريباً.

بعْد دقائق انفجرنا ضاحكين. بطريقة تُشبه الهستريا الجماعيّة.

في المساء: لمْ يُرافقني "آدم". أنا أستأنسُ به وأداعبه دائماً بقولي "أنتَ تحمل تعويذة يا رجُل. صارحْني. منْ غير المعقول أنْ تتراكم الأحْداث الشرّيرة في اليوم الذي لا ترافقني فيه". يجيبُ هو: "هم يخافون من الأسْمر الطويل".

في المحطّة صعدتُ إلى إحدى الحافلاتْ. لم يتحرّك إلا بعْد ساعة. طبعاً يوم الاثنين اسْتثنائي. فالطرق مغلقة بسبب الزّحام. وأملتُ أنْ أصل باكراً بعض الشيْء إلى "Downtown" حتّى أستقلّ الآخر المؤدّي إلى "South C" وأطرق باب المنزل في وقت جيّد.

كنتُ مسْتاءة. لاحظ الكمسري هذا فابتدأ بمشاكستي. الفتاة الخجولة بداخلي لمْ تعرف كيف تتعاطى مع الأمر. أكلني الحرج منْ هذه المُغازلة العلنية والمُباغتة. أخذ الرّكاب يضْحكون ويشاركون في التعليق!

حين اقتربنا من المحطّة أردتُ اسْتغلال فرْصة توقّف عارض للباص وغادرتُ مقعدي على عُجالة هرباً من الحصار الذي أنا فيه فإذا به يعاود التحرّك. وقعتُ بوضعيّة الجلوس—على أحدهم. لمْ أستطِع النظر إليه. أخذتُ أصيح "أنتم مجانين" وأحاول النهوض لكنّي لمْ أفلح.

انْتهى الكابوس بأنْ نزلتُ مطأطأة الرّأس.

هُناك أيّام يروق لها أنْ تحشونا بالمواقف التي تورّطنا بحكّة في الرّأس وسؤال عن السّبب الخارق الذي أخْرجنا من البيْت هذا الصّباح.

في الليْل هاتفتُ آدم:

"This is official now" لا بد أن تقاسمني تميمتك تلك."

يضحكُ هو.

في مرْحلة ما نُصبح أكثر مُسائلة. بمذاق مُختلف. ليس حارقاً. ولا يأكل الروح. لكنّه يقلّل من مساحة الحتميات في الداخل.

تتزاحمُ إصدارات الحقائق على منافذ الرّؤية.

ندركُ بأنّ هُناك درجات من اللون لا نراها بالعين المُجرّدة . . . وأنّه من الأجْدى تركُ الباب موارباً بعْد كل فكرة.

الحياة، ذاك الطريقُ الطويل / القصير. التّجربة هي ما يجعلنا نفتخرُ في النّهاية. نغمضُ أعيننا قبل أنْ نسلّم الرّوح بثانية. نقول " قدْ عشنا كفاية". ونرحل!

الربّ هُناك في الأعْلى رحيمٌ رحيمْ. ما الذي قدْ يجنيه من احْتراق فتاة مثلي جلّ ذنوبها أمْنيات. وقلبُها هشٌ هشّ. تعرضُه في الصّباح على حكايات المارّة. وتدعُو لكلّ أعرج تراهُ في الطّريق!

المفردات

بَحْلَقَ—يُبَحلِق	glance at
بَذاءة	indecency, nastiness
مُباغِت	sudden, abrupt
مُبهَم	ambiguous
أجْدى	more beneficial, profitable
جِلباب	jilbab (a long, loose garment)
خارِق	unusual, extraordinary
مُخمَليّ	velvety
تَرَدَّدَ—يَتَرَدَّد	to hesitate
مُنسَدِل	hanging down
مُشَاكَسة	pestering, irritability
صَدئ	rusty
طأطأة	bowing, bending
اعتَدَّ—يَعتَدّ	to regard as, consider
أعرَج	lame, crippled

قَذيفة—قَذائف	bomb, missile, projectile
مَضَض	extreme mental or physical suffering
تَماهى—يَتَماهى (مع)	to be congruent, identify oneself with
تَنَبُّؤ	prediction
هَروَلَ—يُهَروِل	to run fast
هَشيم	fragile, falling into ruin
استِهلاك	consumption

محادثة

النشاط ١

بعد أن قرأتم القصة في البيت، ناقشوا الأسئلة التالية في مجموعات لا تزيد عن ثلاثة طلاب.

١. ما هو سبب الشقاء بنظر الراوية؟
٢. على ماذا شجعتها قريبتها؟
٣. تستأنس الراوية برفقة شخص ما، من هو ولماذا؟
٤. ماذا حدث للراوية في الحافلة؟
٥. "لا بد أن تقاسمني تميمتك تلك"، ماذا قصدت الراوية بقولها؟

المفردات

النشاط ٢

نسِّقوا أحداث أو مواضيع القصة في خريطة ذهنية.

النشاط ٣

أكملوا الفراغات التالية بالكلمة المناسبة.

يتماهى   صَدئة   الجلباب   قذائف   خارق   أعرج

١. هل يجوز خلع________ بعد ارتدائه؟
٢. كنتُ هناك ________ في شوارع بغداد ممسكاً بساقي المكسورة.

٣. تذكر بعض القصص وجود رجل ______ القوى يكمن سر قوته في شعره الطويل، لكنه مع ذلك شديد السذاجة، ما يدفع أعداءه إلى أن يسلطوا عليه امرأة داهية.

٤. يقول إدوارد سعيد "إن خطاب رحّالة الغرب في الشرق الاوسط جاء ______ مع الخطاب الكولونياليّ."

٥. كان يوماً عادياً كغيره حتى جاء شخص ما وأسقط ______ الغاز في الميدان.

٦. في مقال لها على موقعها الإلكتروني، أوردت صحيفة ميرور البريطانية، قصة سيارة قديمة ______ أصبحت معلماً من معالم مقاطعة ويلز البريطانية.

النشاط ٤

اختاروا عشر كلمات من قائمة المفردات واستعملوا كل كلمة في جملة مفيدة.

النشاط ٥

صلوا الكلمات التالية بمرادفتها.

١.	____ استهلاك	أ.	ترجّع
٢.	____ تردّد	ب.	خَفض
٣.	____ مُباغتة	ت.	استخدام
٤.	____ طأطأة	ث.	مُشَاغَبَةٌ
٥.	____ مُشَاكَسَة	ج.	مُفَاجَأَة

المحادثة والحوار

النشاط ٦

كل مجموعة ستأخذ سؤالاً واحداً، على أعضاء المجموعة قراءة السؤال ومناقشته.

١. هناك اعتقاد راسخ لدى الكثير من أفراد المجتمع اليوم بوجود الحظ. هل الحظ حقيقة أم خرافة؟

٢. "الكأس يتكلم عني" . . . هل تفضح الكحول أسرارنا وتكشفنا على حقيقتنا؟

٣. أزمة النقل العام معاناة يومية تستوجب الحل. اقترحوا بعض الحلول للحد من هذه الأزمة.

الترجمة

النشاط ٧

في مجموعات تتكون من طالبين، اقرأوا النص التالي ثم ترجموه إلى اللغة الإنجليزية.

في المساء: لمْ يُرافقني "آدم". أنا أستأنسُ به وأداعبه دائماً بقولي "أنتَ تحمل تعويذة يا رجُل صارخني. منْ غير المعقول أنْ تتراكم الأحْداث الشرّيرة في اليوم الذي لا ترافقني فيه". يجيبُ هو: "هم يخافون من الأسْمر الطويل".

في المحطّة صعدتُ إلى إحدى الحافلاتْ. لم يتحرّك إلا بعْد ساعة. طبعاً يوم الاثنين اسْتثنائي. فالطرق مغلقة بسبب الزّحام. وأملتُ أنْ أصل باكراً بعض الشيْء إلى "Downtown" حتّى أستقلّ الآخر المؤدّي إلى "South C" وأطرق باب المنزل في وقت جيّد.

الكتابة

النشاط ٨

اختاروا موضوعاً واحداً من المواضيع التالية واكتبوا حوالي ١٥٠–٢٠٠ كلمة.

١. المرأة الإفريقية تواجه تحديات أكثر من المرأة الأوربية أو الأمريكية والتي من بينها تحقيق المساواة بينها وبين الرجل في مجال العمل. في نظركم، ما هو السبب في هذا الاختلاف؟

٢. تجارب الحياة هي العامل الأهم في صقل شخصية الفرد ومعاونته على حل الصعاب والخروج من الأزمات وهي التي تخلق الحكمة. وضّحوا آثار التجارب على الإنسان ودورها في تحديد شخصيته.

النشاط ٩

اذهبوا الى صفحة النقاش الخاصة بالصف (discussion board) وتطرقوا إلى السؤال التالي ثم علقوا على إجابة طالب آخر.

تعاني المرأة العربية في مجتمعاتها من محاولات فرض لباس معين عليها منذ سن الطفولة، خاصة من قبل الأسرة والفئة الاجتماعية التي تنتمي إليها. وإن غابت المعاناة من فرض لباس معين، فإن الفتاة تجد نفسها في سياق ثقافي واجتماعي يجعلها تتبع دون تفكير أو اختيار اللباس السائد. هل لباس المرأة حرية شخصية أم أن للمجتمع حصة فيه؟

القصة الثانية

تعريف الكاتبة

نورا محمد إبراهيم قاصّة صومالية شابّة مقيمة في دمشق، أنهت دراستها الثانوية في اللغة الإنجليزية وعلّقت الدراسة لظروف خارجية. لديها العديد من المقالات والقصص العربية القصيرة منها القصة القصيرة "أكره تلك المرأة".

أكره تلك المرأة

نورا محمد إبراهيم

تقول:

في الحارة الشعبية التي نقيم بها من أحياء برزة الدمشقية، في منطقة مكتظّة بالبيوت والأبنية العشوائية، كنت وشقيقتي داخل بيتنا إحدى شققها البائسة لوحدنا نتذمّر من ضجيج الجيران وصخب مئات الأطفال في الخارج بينما كنا نتابع إحدى البرامج على التلفاز، قبيل آذان المغرب بقليل حسب التوقيت الصيفي لمدينة دمشق.

ففي ذلك الحين، عادت أمّي إلى البيت عابسة واجمة و كأنها تتجنّب الحديث عن ما يزعجها حتى لا تُظْهِرَ لنا أننا كنا محقّتين، لكنها—والحق يُقال—من النوع الذي لا يقوى على البقاء صامتاً عن أي أمرٍ يستدعي الحديث سواءٌ أكان مزعجاً أم لا، وبسؤالٍ واحد مني عن ما يزعجها أسهبت بالكلام عن امرأة من بلدنا معروفة في الوسط الصومالي بنفاقها الشديد ورداءة أخلاقها، ناهيك عن لسانها الذي لا يتورّع عن الشتم والنميمة أو التفنّن في إطلاق الشائعات والأخبار الكاذبة عن شؤون الناس وحيواتهم الخاصّة، بل قل وعن كل وأي شيء يمرّ بخاطرها المنحرف.

فهي بالنسبة لي ولشقيقتي، منذ أن تشرّفنا بمعرفتها عن طريق أمّي، إنسانة بغيضة لا يجب التعامل معها أو اتّخاذها صديقة أو حتى معرفة ولا يجوز استضافتها في أي بيت من بيوت الناس، جلّابة للمشاكل والاضطرابات لأصحابها من خلال لسانها الآثم وبذاءتها وشخصيتها المريبة جملة تفصيلًا.

فأصبح حتميًا أنها قد تغدو منبوذة في الوسط الصومالي، بل تعدّى الأمر ذلك فأصبحت تُعامل معاملة كائن منحوس أو قل وجه نحس وسوء من قِبل الجميع، ما عدا "أمّنا" لأنها كانت تعتقد بأنها إنسانة مظلومة لا تستحقّ أن يُقال عنها أنها غير صالحة، كانت—أمّنا—جدّ متعاطفة معها ومع أولادها ومشاكلها، بل واعتبرتها صديقة وفرد من العائلة ولم تتردّد يوماً من استضافتها في بيتنا أو إجباري وشقيقتي على خدمتها وإعداد الطعام لها ومجالسة طفلها بلا مقابل رغم معرفتها بمدى الكره الذي نكنّه لها أنا وشقيقتي.

لكن في ذلك اليوم الذي عادت فيه أمي إلى البيت عابسة أدركت أنها كانت مخطئة تماماً بشأن تلك المرأة وقالت إن يا ليتها استمعت إليّ وشقيقتي حين كنا نطلب منها الابتعاد عنها قبل أن تمرّ من تحت رأس تلك المرأة بتجربة مؤسفة.

وللحقِّ فقد كنت وشقيقتي نستمع إلى ما كانت ترويه لنا أمّنا الرؤوم عن المشكلة التي وقعت فيها بسبب تلك المرأة، مفَضِّلتيْن التزام الصمت أنا وشقيقتي وعدم التعليق—بتاتًا—حتى لا نزيد من حدّة انزعاجها وهي تتحدّث بحنق عما فعلته تلك المرأة بنا جميعاً.

ففي ذلك اليوم اكتشفت أمّنا أمراً يتعلّق بتلك المرأة والتي هكذا، بين ليلةٍ وضُحاها، قرّرت أن تصبح تاجرة كالكثيرات من النسوة الصوماليات المقيمات في مدينة دمشق، حتى أنها كانت تطلب من أمّي مرافقتها إلى أسواق الحميدية والصالحية والحريقة وغيرها لشراء بعض البضائع لتتاجر بها مستغلّةً صداقتها وصدق نيتها في مساعدتها، أمّا أمّنا فلم ترفض لها ذاك الطلب لأنها لم ترفض لها طلباً يوماً.

بدأت تلك المرأة ببيع بضائعها إما في بيتها أو بالتجوال بين بيوت الصوماليين لكنها لم تُوفَّق إلا ببيع القليل لأن بضائعها كانت إما تافهة إما رديئة أو قديمة الطراز أو متوفّرة في كل المحلّات والأسواق وبأسعار أرخص من أسعارها، و من خُبثها لجأت إلى طريقة لئيمة لبيع بضائعها، كانت تلك الطريقة نافعة لبعض الوقت، حيث أصبحت تتجوّل في بيوت الصوماليات حاملةً بضائعها وكذبة أخرى من أكاذيبها، كانت تقول أن تلك البضائع تعود لأمي الفقيرة والمحتاجة إلى ما يسدّ رمق بناتها، أي أنا وشقيقتي، وكانت تحلف متباكية أن أمّي في حاجةٍ ماسّة إلى المال لدفع أجرة البيت وإلا انتهى بنا الأمر مشرّدين!

مسهبة في أحاديثها عن كيف أن أمّي ليس لها من يعيلها أو يعينها مادياً وأقوالها الكاذبة المحبوكة جيّدًا تلك باتت داعياً إلى الشراء منها بالنسبة لبعض النسوة اللواتي لم يعرفن من تكون أمّي، والتي كانت فقط بالنسبة إليهن أمًّا صومالية مُحتاجة ويجب مدّ يد العون إليها دون تردّد كما هي عاداتنا.

لكن أمّي ليست كذلك ولم تكُن كذلك يوماً، بل هي امرأة قادرة على العمل باجتهاد لتأمين لقمة العيش وتبغض فكرة الاضطرار إلى طلب المساعدة أو حتى مجرّد الاستدانة، ولم تكُن تمرّ فترة بين فينة والأخرى إلا وبعض النسوة من الجيران يلجأن إليها لاستدانة بعض المال، فأحوالنا بالتأكيد ميسورة والحمد لله.

حقيقة لقد كانت أمّنا تشعر بخيبة أمل كبيرة في تلك المرأة، لكن الرائع في الأمر أنها استطاعت أن تضع حدّاً لكذبها وأساليبها الملتوية، منهية لصداقتها بعد أن تعمّدت الذهاب إليها وتوبيخها في عقر دارها أمام أولادها، لكن تلك المرأة اللئيمة لم تتوانَ عن تحويل الأمر إلى ما يشبه الشجار، بما أثارته من صخب وجلبة، شأن عادتها الخبيثة، التي أبدعت في سبيلها افتعال حالة هستيرية من التفجّع تضاهي تراجيديا المسارح، حين انفجرت ببكاء مبالغ فيه ونواح شديد ومدهش، راثية نفسها "المسكينة" ومتشكّية من معاناتها الكاذبة بالطبع من أعراض ارتفاع ضغط الدم والسكّر، لاطمة نفسها كأنها ثكلى تمامًا، دافعة بجيرانها السيّئي الحظ للخروج وحضّها على الكفّ عن ما تسبّبه من ضجيج مخيف، ذلك

أن مالك العقار نفسه كان قد حذَّرها مرارًا مما تقوم به دائماً كلما أتت إحدى النساء لتوبيخها على أعمالها السيّئة التي لا تستطيع أن تمتنع عن ارتكابها.

المفردات

آذان	call to prayer
بَتاتاً	absolutely, completely
جلّاب	one who brings
جَلَبَة	long, loud, deep sound
تَجوال	traveling, wandering
محبوك	woven, tightened
حَنَق	irritation, rage
استدانة	borrowing
تَذَمَّرَ—يَتَذَمَّر	to complain, grumble
رَؤوم	loving, tender
رَداءة	badness, poorness
أَسهَبَ—يُسهِب	to discuss at length
عَشوائية	randomness
مُستَغِلّ	taking advantage
تَفَجَّعَ—يَتَفَجَّع	to be tormented, agonized
اكتظاظ	overcrowding
لَطَمَ—يَلطِم	to hit, beat, strike
مَنبوذ	castaway, lung, hurled
مَنحوس	unfortunate, unlucky
نِفاق	hypocrisy
واجِم	silent, speechless
تَوَرَّعَ—يَتَوَرَّع	to abstain, refrain
آذان	call to prayer
بَتاتاً	absolutely, completely

محادثة

النشاط ١

بعد أن قرأتم القصة في البيت، ناقشوا الأسئلة التالية في مجموعات لا تزيد عن ثلاثة طلاب.

١. اين تدور أحداث القصة؟
٢. ما سبب انزعاج الأم؟
٣. لماذا يكره الجميع تلك المرأة؟ ولماذا أصرّت الأم على صداقتها بها؟
٤. ما هو الحدث الذي جعل الأم تقطع علاقتها بها؟
٥. كيف كانت ردة فعل المرأة عندما واجهتها الأم؟

المفردات

النشاط ٢

نسِّقوا أحداث أو مواضيع القصة ضمن خريطة ذهنية.

النشاط ٣

أكملوا الفراغات التالية بالكلمة المناسبة.

العشوائية آذان نفاق مستغلة استدانة محبوكة

١. لدي أعين و ________ في جميع أنحاء هذه الجزيرة.
٢. يجب بذل مزيد من الجهود من أجل حل أزمة الديون للبلدان أشد فقراً وأكثر ________.
٣. عبد العزيز الحشاش، كاتب كويتي، تتميز أعماله بمزج الجانب البوليسي والاجتماعي في قصص ________ تشد المشاهد إلى النهاية.
٤. ماذا تشعرين بشأن الموارد الطبيعية الغير ________ في الدول النامية؟
٥. لقد أدت هذه الترتيبات ________ إلى بقاء عدد كبير من الموظفين، فترات مطولة، معينين بعقود محددة المدة.
٦. تشهد ازدواجية المعايير بوجود ________ سياسي وعجز خلقي وقِصَر نظر.

النشاط ٤

اختاروا عشر كلمات من قائمة المفردات واستعملوا كل كلمة في جملة مفيدة.

النشاط ٥

صلوا الكلمات التالية بمرادفتها.

١. ـــــــ اكتظاظ	أ.	مشؤوم
٢. ـــــــ منحوس	ب.	طواف
٣. ـــــــ بتاتاً	ت.	ضرب
٤. ـــــــ تجوال	ث.	اِزْدِحَام
٥. ـــــــ لطم	ج.	قطعاً

المحادثة والحوار

النشاط ٦

كل مجموعة ستأخذ سؤالاً واحداً، على أعضاء المجموعة قراءة السؤال ومناقشته.

١. التسوّل بالاستعطاف والإحراج، أبرز بعض مظاهره في المجتمع.
٢. النميمة مرض اجتماعي. ما هي مخلفاتها على العلاقات بين الأفراد؟
٣. هل برأيكم سمعة الأهل مقياس للزواج؟

الترجمة

النشاط ٧

في مجموعات تتكون من طالبين، اقرأوا النص التالي ثم ترجموه إلى اللغة الإنجليزية.

ففي ذلك الحين، عادت أمّي إلى البيت عابسة واجمة و كأنها تتجنّب الحديث عن ما يزعجها حتى لا تُظْهِرَ لنا أننا كنا محقّتين، لكنها والحقّ يُقال من النوع الذي لا يقوى على البقاء صامتاً عن أي أمرٍ يستدعي الحديث سواءٌ أكان مزعجاً أم لا، وبسؤالٍ واحد مني عن ما يزعجها أسهبت بالكلام عن امرأة من بلدنا معروفة في الوسط الصومالي بنفاقها الشديد ورداءة أخلاقها، ناهيك عن لسانها

الذي لا يتورّع عن الشتم والنميمة أو التفنّن في إطلاق الشائعات والأخبار الكاذبة عن شؤون الناس وحيواتهم الخاصّة، بل قل وعن كل وأي شيء يمرّ بخاطرها المنحرف.

الكتابة

النشاط ٨

اختاروا موضوعا واحدا من المواضيع التالية واكتبوا حوالي ١٥٠-٢٠٠ كلمة.

١. ما مدى صحة مقولة "اتّقِ شرّ مَن أحسنت إليه"؟ هل تتفقون معها؟
٢. هناك أناس بشخصيات قوية، وهناك من يسهل التلاعب بهم وجعلهم ضحية سهلة للاستغلال. أعطوا بعض الحلول عن كيفية التعامل مع الشخص الاستغلالي.

النشاط ٩

اذهبوا الى صفحة النقاش الخاصة بالصف (discussion board) وتطرقوا إلى السؤال التالي ثم علقوا على إجابة طالب آخر.

يحتاج المهاجرون إلى مختلف أنواع الدعم للتمكن من الصمود والانخراط في المجتمع الجديد. ناقشوا دور الدول في تأمين المستلزمات المعيشية الرئيسية من أكل وشرب ودواء وغيرها لكل مهاجر محتاج.

القصة الثالثة

تعريف الكاتبة

مريم حسين عبده هي كاتبة وأديبة صومالية، وطالبة جامعية من مواليد اليمن، واسم الشهرة: هيفاء حسين.

رسالة كراهية مؤجلة

هيفاء حسين عبده

في ذكرى زواجنا الأربعين قرّرت أن أخرج من نطاق الصمت الذي ظلّت فيه روحي لسنوات عدّة، قرّرت كسره وأن أنطق أخيراً ولكن بخفية وخلسة بيني وبين ورقتي، رفيقة دربي التي لطالما حدّثتها عن حياة أبنائي وعن أحلامهم ولكني لم أحدّثها قط عن زوجي العاقّ، والذي كفر بحقوقي الزوجية وتجرّد من

إنسانيته تركني ضعيفة هشّة غير قادرة على تربية فلذة أكبادي الأربعة. زوجي الذي اختفى ولم يسمع له خبر ولم يرَه أحد، أجهل سبب اختفائه المفاجئ. أعدت حساباتي وعاتبت نفسي وأغرقتها بالأسئلة، ولكن الإجابة تظلّ كما هي أنا بريئة، أنا لم أرتكب أي ذنب. أعطيته الحبّ والاهتمام الكافي، لم أجرحه ولم أسِئ إليه قط، فلِمَ تركني؟!

بحثت وبحثت وكدت أن أفقد عقلي من هول الصدمة والأسئلة المتراكمة في ذهني، وأحبّه فهو الحبيب الأوّل لقلبي والذي شعرت معه بالحبّ ومعه أصبح لعالمي طعم خاصّ. نكهة لذيذة فتحت أبوابي للكتابة وصرت كاتبة بروح حبّه . . وقعت في غرامه لحظة لقائنا الأوّل فهو نسخة طبق الأصل عن رجل أحلامي، وسيم وعنده تعليم أكاديمي من المستوى الرفيع، له حضور طاغٍ وجميل ولديه وظيفة راقية، تعرّفت عليه عن طريق صديقة لي فهو صديق قديم تكرّر لقاؤنا وتواعدنا كثيراً، أصبحت أعشقه بجنون وأفتقد رؤيته في كل لحظة وثانية، كانت فرحتي لا توصف.

عندما تقدّم لخطبتي رفضه والدي في البداية ولكنه بعد إلحاح طويل من أمّي ومني وافق على مضض، كنت أتقفّز وأتمايل طرباً من السعادة وخرجت أحلامي من إطارها الليلي لتشاركني فرحتي في وضح النهار، بعد أسبوع والذي مرّ عليّ وكأنه سنة تم زفافنا ودخلنا عشّ الزوجية، عشت أجمل أيّامي والتي أصبحت ذكريات أحملها بين ثنايا قلبي أقتات منها عندما أصاب بجفاف عاطفي، حملت ووضعت طفلتي الأولى أسميتها "فرح" نسبة للسعادة والفرح الذي غمر حياتي، أدخلتْ فرح البهجة والسرور إلى عشّنا فمهما كنا سعداء تظلّ ضحكة وبهجة الأطفال تنقصنا، مرّت السنوات وكبرت فرح وأنجبت بعدها أحمد وليلى وعمر.

عمر . . . آه يا طفلي الصغير وشبه اليتيم! لم ترَ أباك ولم تسمع صوته، اعتبرت نفسك يتيماً مقارنة بإخوتك الذين لديهم مخزون قليل من الذكريات مع أبيهم، سامحني يا صغيري أعلم بأنك في داخلك تحمل غضباً جماً، لأنك يا حبيبي تعتقد بأنني السبب في ابتعاد والدكم، ولكني أقسم بخالق الكون بأنني بريئة مما تعتقد. كيف أكون السبب في رحيله وأنا التي كنت أسهر على راحته، آه يا صغيري ويا أسفي عليك، كبرت دون أن يتقن لسانك أحرف "بابا".

انسابت دموعي حارقة خدودي، حاولت حبسها، ولكني ضعيفة انهمرت بغزارة وكأنها نهر أصابه الفيضان، امتلأت الورقة التي كنت أكتب بها، قلبتها وواصلت الكتابة على الصفحة التي تليها، لم أفرغ بعد مكنونات صدري الذي اختنق من كثرة الكبت، لا أزال في البداية، أريد أن أنفّس عن مشاعر كتمتها لأربعين سنة، لا أدري لِمَ اخترت الكتابة في مثل هذا اليوم، ولكن هناك صوت ما في داخلي يقول لي: اكتبي ولا تتوقّفي إلى أن يجفّ الدم في عروقك، إلى أن تتغيّر الأزمان، إلى أن تعود الأمور إلى مجاريها، إلى أن يتحقّق العدل الإلهي، إلى أن توافيك المنية. اكتبي ليحفظ التاريخ قصّتك عن ظهر قلب وتصبح

خنجراً في قلب كل زوج ظالم، إلى أن يعرف آدم مدى قوّة كلمات حواء على تغيير قوانين العالم. اكتبي وكوني جسداً على الأوراق لكسر قانون الممنوعات، قاتلي بالقلم وأفرغي ذخيرة حبرك لقمع الظلم، كوني ثورة النساء البائسات. أنا بائسة؟!

لا.

ربما تعيسة تناسبني أكثر، مرّت الساعات على بدئي الكتابة والليل يكاد أن ينجلي، صمت غريب يلفّ حولي ولا يتخلّله سوى صوت رقصة قلمي على الورق وصرير كرسي المهترئ الذي لطالما تشاجرت معي ابنتي البكر فرح بسببه، كانت دائماً تقول: "أمّي هذه الخردة التي تسمّينها كرسياً يفسد علينا جمال أثاث منزلنا، قبيح المنظر وقديم لِمَ لا تلقينه في مكبّ في النفايات، مكانه الأصلي هناك". ولكن بعنادي وإصراري استطعت الاحتفاظ به.

صغيري عمر أخلد إلى النوم باكراً، عليه أن ينام لكي ينهض في الصباح الباكر فغداً هو يومه الأوّل في الجامعة، ياااه. مرّ الوقت سريعاً، أتذكّر لحظة ولادته وكأنها البارحة، واليوم غدا طفلي شابّاً وسيماً في المرحلة الجامعية. فعلاً الوقت لا ينتظر أحداً يمرّ مرّ السحاب ولا يعود. أخذ الصمت من عمري الكثير وامتصّني الحزن ولم يبقَ لي من نفسي شيء، وفقدت روحي، وتخلّى عني قلبي ورحل مع الحبيب. عشت حياتي فاقدة معنى العيش بسلام، في داخلي صراعات وضياع، غمرتني البرودة، وتجمّد قلبي إلى الأبد، لولا الإيمان الذي يصدّني عن الانتحار لربما انتحرت منذ زمن طويل ولحرّرت روحي من قيد الكابوس الذي أعيش فيه، لقد ربّيت أطفالي أحسن تربية وعلّمتهم وشهدت على كل لحظات نجاحهم وسعادتهم، شاركتهم أحزانهم وأفراحهم لا أعلم حقّاً كيف استطعت أن أغدقهم بالحبّ، وأن أعطيهم حنان الأمّ، ألا يقولون: " فاقد الشيء لا يعطي" أي فاقد الحبّ لا يعطي؟

الأمومة هي جزء من كيان حواء أوجده الله فيها منذ الخليقة، هل يا ترى كنت أمّاً لهم؟ هل أنا جديرة بحمل وسام الأمومة؟ فمنذ رحيل زوجي انقلبت دنياي رأساً على عقب، وضاعت وجهتي، واختفى بريق شخصيتي وفقدت هويتي، لم أعُد أعرفني، أصابني التوتّر وسرق الأرق مني النوم، لم أذُق طعم الراحة، لليالٍ عدّة أهملت منزلي، وأطفالي باتوا شبه مشرّدين، ولولا رحمة ربّي وبقاء أمّي إلى جانبي لأصبح صغاري في الشوارع والطرقات.

بعد سنة من التقوقع والهزال وسوء الصحّة، استعدت عافيتي وصببت كل اهتمامي وتفكيري على النجاح في حياتي الجديدة فأنا الآن أم عازبة لا تعلم مكان زوجها والسبب وراء اختفائه، وعليها رعاية صغارها، ابنتي فرح بدلاً أن أهتمّ بها هي التي تهتمّ بي وتراقب مؤشّرات ضغط دمي، صارت تطبّب روحي وتحاول إسعادي بشتى الطرق، صغيرتي لا تعلم أن جرح الحبيب لا شفاء منه ولكني أسايرها لكي لا تتعب أكثر، أحاول الابتسام بصعوبة والضحك بمشقّة أكثر، مرّت السنوات، تخرّج كل من فرح وأحمد

وليلى، أصبحت فرح طبيبة ماهرة، وأحمد الذي لا يكفّ عن تسريح شعره مهندساً بارعاً، وصارت ليلى موظّفة في القطاع الحكومي مستشارة لوزارة الصحّة والذي كان منصبي سابقاً، كبروا وتزوّجوا وتركوني، آمل أن ينصف القدر بناتي ولا يعشن معاناتي، أنا وعمر والخادمة ثلاثتنا فقط نعيش في هذا المنزل الكبير، أفتقد شقاوتهم وصراخ ليلى التي كانت تشكو من مزاح أحمد وفرح طبيبتي أفتقد لمستها الحنونة، وعناق أحمد الذي كان يعانقني في كل مرّة يعود فيها من عمله، كان يقول: "لن أتركك أبداً يا منى عمري"، لقد تركتني وذهبت بعيداً عن أمّك يا أحمد، لا يمكننا التحكّم بالقدر! تفقّدت كم من الصفحات قد كتبت فوجدت أني أنهيت للتو الصفحة السابعة، ولكن هناك ساعة بينها وبين السادسة، أين ذهبت تلك الساعة ربما أهدرتها بالبكاء وبسرحان بالي الذي ذهب ليبحث عن ذكرى جميلة تنبض بالحياة في أزقّة ذاكرتي المسنّة فمثيلاتها قد ذبلن وطرن مع أوراق الخريف. لسنوات قاتلت النسيان ببسالة، وكنت المنتصرة دائماً على ساحة الذكريات، هل تعلم يا حبيبي أنك لم تفارق ذهني للحظة، ولم أخُنك قط، لم أفكّر في غيرك ولم يزُر أحلامي سواك، امتنعت عن الزواج إخلاصاً لك. ما ذنب أبنائك صلب ظهرك حين تركتهم وهم في حاجة إليك، اعتنقت حبّك وعكفت على محرابك أمارس طقوساً تحميني من كيد الإنس ومن تحريضهم لي عليّ أكتب إليك هذه الكلمات يا زوجي ويا خيبة أملي يا جرحي ويا ألمي يا دائي، ويا شقائي. أين أنت من دموعي التي لم تحتملها وسادتي، أين أنت من حزني الذي كادت أن تبيض عيناي بسببه؟ أين أنت من سهري وهجراني للنوم؟ أين أنت من اتّصالي برقمك المغلق علّك تفتحه يوماً ما؟ أين أنت من شكواي وظمأي؟ أعطيتك كل عمري دون أن أنتظر منك أي مردود، ظانّة أن الحبّ لا يؤدّي إلى طريق مسدود.

أكتب إليك كلماتي التي تحمل لوعتي وحرقتي، حبّي وكرهي، انتظرتك دهراً فلِمَ كفرت بالوصال؟ لِمَ كفرت بحبّي وعشقي؟ تمنّيت لو يصلني خبر موتك لأرتاح. موتك خير لي من أن أجهل مكانك. أعي جيّداً بأن كلماتي هذه لن تصلك أبداً. ولكني أتمنى أن تأتي ريح لتأخذها إليك أربعين سنة وأنت لا تزال مختفياً، هل متّ؟ هل أنت على قيد الحياة وتقبع في زنزانة ما؟ بحقّ ربّك قُل لي أين أنت؟

هل أتوقّف عن كل شيء؟ هل أفعل مثلك وأنساك وأكفر بحبّك، أهجر ذكرياتك وأرميها في صقيع ذاكرتي؟ هل أجهضك من رحم قلبي وأحرق جثمانك؟ هل أختبئ في أغوار نفسي وأغلق مسامي وأطفئ روحي؟ هل أفسخ علاقتك وأقطع رباطنا المقدّس؟ لقد تعبت وبهت جمالي وضاعت أنوثتي وصار الحزن متمثّلاً وكأني الحزن نفسه. صرت كالماء شفّافة، وعيناي الغائرتان أصبحتا كالكتاب المفتوح يقرأني كل من ينظر إليّ، يقرأ قصّتي وتعاستي، حتى وإن حاولت أن أستعيد حقوقي فلقد فات الأوان على ذلك، من يريدني ومن سيجازف بالزواج مني بعد هذا العمر؟ فأنا عجوز شمطاء تتمتم باسم حبيبها وتهذي وتحلم به. بربّ الحياة والكون أخبرني أين ستكون من عقابه؟ أين ستكون من عقوقك لزوجتك؟ أين ستكون من سخط الربّ؟ أتمنّى لو تختنق بكلماتي هذه وتموت على إثر سمّ الكراهية التي تتغلغل بداخلها، بل أتمنّى لو أقتلك بيديّ هاتين. ليتني قتلتك على فراشك قبل أن تقتلني.

أتمنّى لو أعاقبك وأجعلك عبرة وعظة لكل من حاول أن يسير على خطاك، وأصنع منك وشماً أوشمه على جبين كل زوج طاغية، وجائر كافر بحقّ زوجته وأطفاله وتصبح درساً لكل بني جنسك، ليتني أصلبك على ساحة عامّة، ويشهد التاريخ على موتك وتكتبها الكتب وتمتلئ به الصفحات لِكَيْلا يفكّر آدم آخر أن يرتكب جرمك، ولكيلا تصبح زوجة أخرى ضحية ظلم الزوج.

أكتب إليك كلماتي وكوصية لحواء أخرى تقع في حبّها لتصبح أفعى تلدغك بسمّها وتنفثه عليك وتذيقك من الكأس التي أشربتني منها، فالجزاء من جنس العمل، عش ذليلاً مقهوراً. عش بتعاستك! هنيئاً لك بؤسك وشقائك ولا سلاماً على روحك إن متّ وسأظلّ أدعو عليك إلى أن ألفظ أنفاسي الأخيرة.

من: قاتلتك وكابوسك

وصل الأذان إلى مسامعي. عذباً كالعادة إنه أذان صلاة الفجر، انسكبت الطمأنينة في روحي وشعرت بالراحة تغمرني، واستيقظ الأمل في قلبي وعاد ينبض بشكل طبيعي، لقد أزاح عنه هموماً وغيظاً بثقل الجبال، شعرت بالراحة أخيراً، أفرغت كل شيء وعدت خفيفة كزهر الياسمين وعادت الابتسامة تعلو ثغري من جديد، نهضت لأتوضّأ وأغسل من جسمي بقايا الحقد وتفاصيله. صلّيت راجية الربّ أن يساعدني على نسيانه وتخطّي المحنة فهو الغفور الرحيم، دعوت الله كثيراً وتضرّعت إليه ليمدّني بالقوّة وأن يثبّت إيماني وأن يقوّي من صبري وعزيمتي.

وبينما لا أزال جالسة على سجادتي، دخل وابتسم بسعادة، فنظرت إلى النافذة أشارك زهور حديقتي فرحتها بالصباح الجديد، مشى نحوي بأطراف أصابعه بهدوء وطوّقني بذراعيه، طبع قبلة على خدّي وقال: "لم أرَكِ سعيدة هكذا يا أمّي الجميلة من قبل، ترى من الذي أعاد إليك سعادتك التي يئسنا من إعادتها إليك؟ هل هناك من طلب يدك؟"

لكزته في بطنه وقلت: "ما هذا الذي تتفوّه به يا عمري، لا . . أبداً. وإنما الحياة عادت لتدبّ في أوصالي، وهذا بفضل ربّي وعطفه عليّ"، ضحكنا وأدركت أنني إذا لم أكُن سعيدة فلن أستطيع إسعاد أحد . . .

المفردات

بَسالة	bravery, valiance
ثَغر	mouth
خُلسةً	furtively, surreptitiously
دَبَّ—يَدُبّ	to crawl, creep
ذَبَلَ—يَذبُل	to wilt

ذَنب—ذُنوب	sin, fault
سَجّادة	carpet, rug
مَشَقّة	effort, exertion
أشمَط، شَمطاء	having gray hair
طاغٍ	tyrannical
عاقّ	disrespectful, disobedient
عُقوق	disobedience, disrespect
تَغلغَل—يَتَغَلغَل	to penetrate, pervade
غائر	deep-set, hollow
غَيظ	fury, wrath
تَقَفُّز	jumpiness
كَبْت	repression
كابوس—كَوابيس	nightmare
مَكنونات	hidden things
لَدَغَ—يَلدُغ	to bite, sting
مَضَض	extreme mental or physical suffering
المَنيّة	death
هَول	terror, horror

محادثة

النشاط ١

بعد أن قرأتم القصة في البيت، ناقشوا الأسئلة التالية في مجموعات لا تزيد عن ثلاثة طلاب.

١. ما الذي قررت الكاتبة فعله في ذكرى زواجها الأربعين؟
٢. من كان يعتني بالكاتبة عندما كانت فاقدة لطعم الحياة؟
٣. لماذا وصفت الكاتبة ابنها عمر بأنه بشبه اليتيم؟
٤. ما هو إحساس الكاتبة تجاه زوجها المختفي؟
٥. متى استعادت الكاتبة سعادتها؟

المفردات

النشاط ٢

نسّقوا أحداث أو مواضيع القصة ضمن خريطة ذهنية.

النشاط ٣

أكملوا الفراغات التالية بالكلمة المناسبة.

خلسة طاغٍ كابوس مشقّة تغلغل سجادتي

١. في ليلة عيد ميلادي الخامس راودني ________ مروع.
٢. قال الرئيس اللبناني، إن "الشعب اللبناني فقد ثقته بدولته" بسبب ________ الفساد فيها.
٣. الخصوم القدماء يراقبون بشكل دائم وينتظرون ________ في الليل.
٤. لا أحبّ أن يدوس الناس بأحذيتهم على ________.
٥. لذلك الممثل حضور مسرحي ________.
٦. ما زالت ظروف العمل والمعيشة في الريف أكثر ________ من ظروف العمل في المدن.

النشاط ٤

اختاروا عشر كلمات من قائمة المفردات واستعملوا كل كلمة في جملة مفيدة.

النشاط ٥

صلوا الكلمات التالية بمرادفتها.

١.	______ ذنب	أ.	عِصْيَان
٢.	______ عقوق	ب.	لَسع
٣.	______ ذبل	ت.	غضب
٤.	______ لدغ	ث.	إثم
٥.	______ غيظ	ج.	هُزال

المحادثة والحوار

| النشاط ٦ |

كل مجموعة ستأخذ سؤالاً واحداً، على أعضاء المجموعة قراءة السؤال ومناقشته.

١. يترك غياب الأب عن الأسرة لأسباب مختلفة تأثيراً مباشراً وسلبياً على جميع أفراد العائلة، خاصة إذا كان الأبناء صغاراً. كيف يدفع الأطفال ضريبة غياب الأب عن المنزل؟

٢. هل الأم بالفطرة أقرب إلى الأبناء أم التعامل هو ما يحدد ميل الأبناء العاطفي إلى أحد الأبوين؟

٣. لماذا ترفض بعض النساء في المجتمعات العربية فكرة الزواج مرة ثانية؟

الترجمة

| النشاط ٧ |

في مجموعات تتكون من طالبين، اقرأوا النص التالي ثم ترجموه إلى اللغة الإنجليزية.

أكتب إليك كلماتي وكوصية لحواء أخرى تقع في حبّها لتصبح أفعى تلدغك بسمّها وتنفثه عليك وتذيقك من الكأس التي أشربتني منها، فالجزاء من جنس العمل، عش ذليلاً مقهوراً. عش بتعاستك! هنيئاً لك بؤسك وشقائك ولا سلاماً على روحك إن متّ وسأظلّ أدعو عليك إلى أن ألفظ أنفاسي الأخيرة.

الكتابة

| النشاط ٨ |

اختاروا موضوعاً واحداً من المواضيع التالية واكتبوا حوالي ١٥٠-٢٠٠ كلمة.

١. يبحث كل شخص عن علاقة زوجية يتخلّلها الحبّ والمودّة بينما يفضّل الأهل الزواج الذي يرون فيه الأمان والاستقرار. فأيهما أنجح وأكثر استقراراً: الزواج التقليدي أم العاطفي؟

٢. هل من حقّ الزوج أن يهجر زوجته ويهملها ويحرمها من حقوقها الشرعية؟ ما هي الأسباب التي تؤدي الى هجران الزوج لعشّ الزوجية في العالم العربي؟

النشاط ٩

اذهبوا الى صفحة النقاش الخاصة بالصف (discussion board) وتطرقوا إلى السؤال التالي ثم علقوا على إجابة طالب آخر.

ما هي التحديات التي تواجه الأسر التي تفتقد وجود أحد الآباء. هل بإمكان الزوج أو الزوجة أن يقوموا بالدورين معاً على أكمل وجه؟

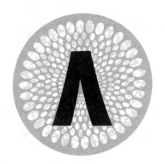

٨

قصص من العراق

القصة الأولى

تعريف الكاتب

محمد علوان جبر وُلد سنة ١٩٥٢ في كركوك ويكتب في الصحف العراقية والعربية منذ سبعينات القرن الماضي. هو عضو اتّحاد الأدباء والكتّاب في العراق ورئيس نادي السرد في الاتّحاد العامّ للأدباء والكتّاب في العراق للفترة من ٢٠١١ إلى ٢٠١٦. كما أنه كان مسؤول القسم الثقافي في مجلّة السينما والمسرح من ٢٠٠٥ إلى ٢٠٠٨. له عمود أدبي أسبوعي ثابت في ثقافية جريدة طريق الشعب وعمود أدبي أسبوعي ثابت في ثقافية البينة الجديدة. من إصداراته: "تماثيل تمضي، تماثيل تعود"، "تفاحة سقراط"، "شرق بعيد" و"ذاكرة أرانجا".

تاريخ عربة

محمد علوان جبر

في أغلب الأحداث الكبيرة التي مرّ بها الوطن، ومنها تظاهرات ساحة التحرير ٢٠١١، كان للعربة الخشبية بعجلاتها الثلاث التي تُدفع باليد دورها الهامّ والفاعل في نقل الجرحى والشهداء وهم يتساقطون قرب الجسر . . . ذات الجسر الذي شهد انتفاضة شباب أكتوبر. آنذاك كتبت عن العربة نصّاً حاولت فيه أنسنتها واستنطاقها وهي تصف مشاهد التظاهرات. اليوم وفي انتفاضة الشعب التشرينية حلّت بديلاً عنها—التكتك—العربية التي تركت أثرها في ثورة تشرين، ولكن وكجزء من الوفاء للعربة أضع النصّ أمامكم علّه ينصف (العربانة) طيبة الذكر.

لست سوى "عربة" أو كما يسمّيني العامّة "عربانة"، صُنعت من أخشاب مختلفة، الزان، أو التوت أو البلّوط، أو خليطاً من أخشاب مغسولة بالشمس والمطر. أما عن تاريخي فقد كنت فيما مضى شجرة صغيرة وهبتني الأرض الحياة، فتحوّلت إلى جزء من غابة انتميت لها وأصبحت وطني وبيتي. كنت أكبر كل يوم وكلما أكبر يشتدّ عودي في الغابة وأنا أمتصّ ضوء الشمس وأسمع موسيقى العصافير وتغريد

البلابل على أغصاني، حتى اللحظة التي توغّل منشار بدائي أخرس في جسدي وقطعني من جذوري، ثم عملت مناشير أخرى على جسدي وحوّلتني إلى ألواح صغيرة وكبيرة ورُكنت مع آلاف الأشجار المقطّعة في مخازن وخانات معتمة ورطبة، وفيما بعد اخترقت جسدي المسامير الكبيرة المعزّزة بأساور من حديد مسطّح شدّت به أجزائي لبعضها البعض. ثم بدأت أسير على ثلاث عجلات من حديد ومطّاط . . . يومها كان لوني أبيض كقلوب الأشجار، لكن سرعان ما حوّلته الشمس والرطوبة واحتكاك الأشياء التي أحملها على سطحي المصقول إلى لون آخر يشبه سمرة رجال لوّحتهم الشمس طويلاً.

لست سوى عربة أو "عربانة" أسير في الشوارع يدفعني من يملكني وأنجح دائماً في نقل الحمولات، لم أتقهقر يوماً أو أفشل. ولم أرتجف يوماً وأنا أقتحم الشوارع والأسواق والمخازن. أتذكّر أغلب المهرجانات البشرية وأرى بوضوح تدافع مرتاديها في أيّام يسمّونها "الفرهود"! كنت أمضي في الطريق، الذي أُقاد إليه بيسر وسهولة، أنقل ما يُسرق من البيوت، والمخازن والدوائر والبنوك. حمولات كثيرة يتنافس في وضعها على ظهري المسطح، الملوّث ببقايا الأشياء المتروكة عليه، بشر هلعون خائفون غاضبون، يسلّمني واحد للآخر . . . لم يحدث إطلاقاً أن أُصِبت بالقنوط، كنت أطلق الصرير المعروف لاحتكاك عجلاتي بالأسفلت أو بعض صوت مكتوم ينبعث من أجزاء جسدي الخشبية وهي تعصر نفسها وتتلوّى إلى الحدّ الذي يجعلها تكاد تتكسّر، لم أرتجف ولم أحزن إلا حينما بدأ البعض باستخدامي كواسطة لنقل الجثث البشرية، أو نقل الجرحى، حيث يختلط الدم بالصراخ، يسيح الدم البشري على الشجرة التي كنتها، دم يصاحبه الكثير من الصراخ والهلع. كنت أنتفض من قسوة الموت الذي أحمله على ظهري وأرتجف من هول ما أسمعه من لغة الخوف والقلق وأحياناً يغطّيني الكثير من دخان الانفجارات القريبة مني حيث تخترق جسدي الخشبي شظايا حديدية ساخنة تترك آثارها عليه، وأصاب بالاختناق من الدخان الأسود المغبرّ الملوّث بالدم، الاختناق يصيبني بما يشبه الإغماء وبالكاد أتمكّن من السير رغم إصرار من يدفعني بقوّة. تحوّلت مهمّتي بسرعة إلى منقذة.

أنا العربة أو "العربانة" كما يسمّيني العامّة. وسط الانفجارات ولعلعة الرصاص حاولت أن أعوض كل هذه الفوضى باستعادة صور قديمة من صفاء الريح في الغابة وزقزقة العصافير، أن أستعيد شكل ملامسة حفيف أجنحة الفراشات وتغريد البلابل وهي تقف على أغصاني، وسط بشر يهزجون ويغنّون بكلمات أصبحت بفعل شيخوختي، التي بدأت واضحة على تفاصيل جسدي الخشبية، كلمات تشبه الصراخ وهم يشيرون إلى كتل إسمنتية ينطلق منها رصاص وقنابل وكثير من الدخان النتن. لم أشهد طوال عمري الخشبي دخاناً أكثر نتانة منه، بدأ سطحي الخشبي يحمل جرحى وقتلى سال دم كثير على خشباتي التي لم تعُد بيضاء. خشباتي التي استحال لونها إلى أسود محمرّ بفعل الدم.

أنا عربة، أو "عربانة" كما يسمّيني العامّة من الناس، بدأت بعد أن شممت رائحة الدم أتحوّل إلى شيء آخر لا حول له ولا قوّة، شيء أصمّ تماماً ومتعب تماماً، أجرّ خطوات عجلاتي الثلاث وسط معركة دخان نتن يفزعني أكثر من أصوات الانفجارات في الأسواقِ.

المفردات

مَخزَن—مَخازِن	storehouse
شَظيّة—شَظايا	fragment, shrapnel
شَهيد—شُهَداء	martyr
شَيخوخة	old age
صَفاء	purity
مَصقول	polished, burnished
تَظاهُرات	demonstrations
مُعتِم	dark, gloomy
مُعَزَّز	consolidated, supported
قُنوط	despair, despondency
تَقهقَرَ—يَتَقَهقَر	to degenerate, to retreat
لَعلَعة	rumble, boom
مَطّاط	rubber, caoutchouc
نَتِن	stinking, putrid
نَتانة	stench
استِنطاق	questioning, interrogation
انتِفاضة	uprising
هَزِجَ—يَهزَج	to hum, sing
هَلَع	alarm, panic
هَول	terror, horror
تَوَغَّلَ—يَتَوَغَّل	to go deeply into

محادثة

النشاط ١

بعد أن قرأتم القصة في البيت، ناقشوا الأسئلة التالية في مجموعات لا تزيد عن ثلاثة طلاب.

١. من ماذا تصنع العربانة؟
٢. ما سبب تحوّل لونها؟
٣. ما الدور الذي لعبته العربانة في المظاهرات والانتفاضات؟
٤. صِف مراحل تحوّل العربانة من استعمالها الأصلي إلى دورها في الانتفاضة.
٥. إلى ماذا اشتاقت عندما استفحلت الفوضى حولها؟

المفردات

النشاط ٢

نسِّقوا أحداث أو مواضيع القصة ضمن خريطة ذهنية.

النشاط ٣

أكملوا الفراغات التالية بالكلمة المناسبة.

تظاهرات الشهداء المطّاط المخازن الصفاء شيخوخة

١. أطلق الجنود، مساء يوم السبت، رصاصاً مغلّفاً بـ ________، على مجموعة من المحتجين.
٢. السماء كانت شديدة ________ بشكل يجعل النجوم تبدو و كأنها مصابيح صغيرة.
٣. الأرامل واليتامى وأسر ________، لهم الحق في مساعدات مختلفة.
٤. كنت المسؤول الوحيد عن ________ والمبيعات.
٥. في بعض الحالات تأخذ هذه الاجتماعات شكل تجمعات عامة أو مسيرات أو________ احتجاجية.
٦. تعد ________ المجتمع اتجاهاً ثابتاً في معظم البلدان المتقدّمة النمو وإحدى سماتها البارزة.

النشاط ٤

اختاروا عشر كلمات من قائمة المفردات واستعملوا كل كلمة في جملة مفيدة.

النشاط ٥

صلوا الكلمات التالية بمرادفتها.

١. ــــــ انتفاضة أ. عفن

٢. ــــــ استنطاق ب. ولوج

٣. ــــــ توغل ت. ثورة

٤. ــــــ هلع ث. استجواب

٥. ــــــ نتانة ج. خوف

المحادثة والحوار

النشاط ٦

كل مجموعة ستأخذ سؤالاً واحداً، على أعضاء المجموعة قراءة السؤال ومناقشته.

١. يُشار إلى مدى الاستقرار الداخلي في دولة معينة بأنه مدى تماسك فئات المجتمع داخل هذه الدولة، وترابطهم فيما بينهم من جهة، وفيما بينهم وبين السلطة من جهة أخرى، وبين مؤسسات هذه السلطة من جهة ثالثة. حلّلوا وناقشوا.

٢. تشكّل مخلّفات الحرب والآثار النفسية الناجمة عنها هاجساً لدى كثير من الشعوب، وخاصة فيما يتعلق بانعكاساتها على الأطفال المولودين في المناطق التي تعرّضت للحصار أو القصف. أبرزوا هذه الانعكاسات على الجوانب الجسدية، النفسية، الاجتماعية والاقتصادية.

٣. ساهمت اكتشافات الإنسان لما حوله من ثروات وموادّ في تطور حضارته وتوسيعها. اشرحوا دور صناعة الخشب في تنوّع وتقدّم الحضارات على مرّ العصور.

الترجمة

النشاط ٧

في مجموعات تتكون من طالبين، اقرأوا النص التالي ثم ترجموه إلى اللغة الإنجليزية.

لم أرتجف ولم أحزن إلا حينما بدأ البعض باستخدامي كواسطة لنقل الجثث البشرية، أو نقل الجرحى، حيث يختلط الدم بالصراخ، يسيح الدم البشري على الشجرة التي كنتها، دم يصاحبه

الكثير من الصراخ والهلع. كنت أنتفض من قسوة الموت الذي أحمله على ظهري وأرتجف من هول ما أسمعه من لغة الخوف والقلق وأحياناً يغطّيني الكثير من دخان الانفجارات القريبة مني حيث تخترق جسدي الخشبي شظايا حديدية ساخنة تترك آثارها عليه، وأُصاب بالاختناق من الدخان الأسود المغبرّ الملوّث بالدم، الاختناق يصيبني بما يشبه الإغماء وبالكاد أتمكّن من السير رغم إصرار من يدفعني بقوّة ... .

الكتابة

النشاط ٨

اختاروا موضوعاً واحداً من المواضيع التالية واكتبوا حوالي ١٥٠-٢٠٠ كلمة.

١. الحقوق الاقتصادية والاجتماعية والثقافية، شأنها شأن حقوق الإنسان الأخرى، تشكّل حقّاً يكتسبه كل فرد من أفراد البشر عند مولده. هل يستطيع كل شخص أن يطالب بها في المجتمعات العربية؟

٢. شهد العراق حملة احتجاجات شعبية بدأت منذ مطلع شهر فبراير عام ٢٠١١ متأثرة بموجة الاحتجاجات العارمة التي اندلعت في الوطن العربي. أبرزوا مظاهر هذه الاحتجاجات، والأوضاع المحلية في جميع القطاعات ومطالب الشعب.

النشاط ٩

اذهبوا إلى صفحة النقاش الخاصة بالصف (discussion board) وتطرقوا إلى السؤال التالي ثم علقوا على إجابة طالب آخر.

لا يقتصر تأثير الحروب على الإنسان فقط. اشرح خطورة الحرب على البيئة.

القصة الثانية

تعريف الكاتب

عبد الجبّار الحمدي قاصّ وكاتب عراقي من مواليد محافظة ذي قار، الناصرية، سنة ١٩٦٠. هو حاصل على شهادات عديدة من ضمنها: شهادة إعلامية من إيطاليا خلال دورة أقيمت هناك حول كتابة المقال والخبر الصحفي، شهادة في تطوير الكوادر الإدارية في جميع دوائر الدولة، وشهادة في تطوير الحركة الفكرية في المجتمع بعد الحرب. خاض تجربة الشعر في شبابه ونُشرت أعماله في جريدة الأنباء الكويتية

وبعض الدول العربية، كما تمّ نشر مجموعة من قصصه القصيرة في الجرائد "هواجس عراقية". سيصدر قريبا مجموعة قصصية هي الاولى باسم "كرسون بهلوان".

هل لي بكأس من الويسكي

عبد الجبار الحمدي

تأتزر حزنها وهي تدفع باب الحانة التي ما أن دخلتها حتى تسارعت إليها رائحة الدخان والويسكي والجعة . . . تنشّقته لكأنها تريد أن تُشعر براعم أنفها قائلة لها: ها أنا أعود بك محاولتي الإقلاع بشتى الوسائل لكن يبدو أني فشلت فعالمي بائس مليء بالترّهات، إني بلا عمل وكثرت ديوني، أكاد ألقى إلى قارعة الطريق بعد أن تأخّرت عن دفع إيجار مسكني التعس والمتعهّد عليها الحقير الذي لا ينفكّ يترصّدني يريد أن يمارس الجنس معي على أن يتريّث في إلقائي إلى الشارع. فصديقي هرب مع عاهرة غيري لم يكتفِ بي، هذا ما قاله بعد أن أدمنت الشرب وتعاطيت المخدّرات، بتّ باردة كالثلج حتى أثناء ممارسة الجنس معه، يفتقد هو إلى أنوثتي التي شعرت بالحقارة من جسد مهنته ممارسة الرذيلة . . . الرذيلة!؟ يا لها من كلمة تلذع كالسوط على كل ما ظننته في الحياة وحسبته نقياً، خاصّة بعد أن انتقلت للعيش بمفردي . . . كارثة عالم التسكّع في بناء الأحلام، لم أتخيّل يوماً أن تيّار التعاطي سيجذبني حيث أبيع جسدي من أجل غرام من المخدّرات إلى أن التقيت بمارك الذي شعر بما كان باقياً من أمل في إصلاحي. حاول جاهداً وطويلاً إبعادي عن العالم الأسود، تحمّل الضرب والشتيمة وحتى التهديد بالقتل. لكنه كان عنيداً جسوراً، أخذ بيدي وساعدني وأجّر لي المسكن الذي أنا فيه الآن، عاش معي لفترة حتى شعرت بأني أستعيد أنفاسي . . . شاركني في كل شيء حتى حضور جلسات التأهيل وإعادة بناء نفسي وجسمي. شعرت بالتغيير يدخل حياتي فطالما تردّدت سؤاله، لِمَ تفعل ذلك معي؟ هل هناك معرفة من قبل؟ أم هل شعور بالعاطفة تجاهي؟ أم أنك تفعل ذلك معي ومع غيري . . . أم تراك أُعجبت بي؟

كان جوابه مخيّب لآمالي لكنه صادق فقد قال: إني أشبه أخته التي توفّيت نتيجة تعاطيها جرعة زائدة من المخدّرات، محاولته لإنقاذي ربما اعتبرها واجب عليه إكراماً لذكراها، فهو لم يكُن حاضراً لها لمدّ يده إليها، قد لا يكون يستطيع تقديم الخدمة للعديد ممن هن في حالتي لكن هذه إمكانيته.

شعرت بغصّة من ردّه، فقد كان لي أمل بأن يكون معجباً بي، إنه شابّ وسيم وخلوق، حين أراه أحسّ أن الطمأنينة تجذبني إليه وشعوري بالراحة في التحدّث إليه فوجوده لا يملّ. كان ذلك منذ شهرين ونصف تقريباً، قال لي وقتها إنه سيسافر إلى بلدته، فوالده مريض جدّاً ويحتضر، يحتاج أن يكون إلى جانبه ليرعاه ووالدته، قد يتأخّر في العودة لذا عليَّ أن ألتزم بجدول الجلسات ومراعاة نفسي، ترك لي مبلغاً يسيراً وأشار أنه سيرسل لي الإيجار في بداية كل شهر. لكنه لم يفي بما وعد. أعني بما قال.

الجميع ينظر إليها، فأغلب روّاد الحانات يعرفونها مسبقاً من عملها، جلست إلى البار وقالت للعامل خلفه: "هل لي بكأس من الويسكي؟" رمقها عجالة. سارع بوضع الكأس أمامها معلّقاً أتراك عدت لمقارعة الخمر كلوديا، وقد حرّك إصبعه بإشارة لا كالبندول عدّة مرّات ثم أدار نفسه ليتابع عمله. أما كلوديا فقد أمسكت بالكأس أخذت تحلّق بإصبعها على حوافّه كأنها تريد أن تهيّئ نفسها لتلك المحاولة التي لم تقتنع بها، حتمت الحياة عليها أن تعود عنوة هكذا، أقنعت نفسها بعد أن تركها مارك، لم يحاول الاتّصال بها بعد رحيله، اقترب منها أحدهم في محاولة لاستمالتها وقد وضع يده على مؤخّرتها، "هاي، كلوديا كيف هو حالك؟ ما رأيك تشاركيني الفراش، سأدعوك إلى ما لم تشاهديه من قبل إنه هذا." أمسك بقضيبه يهزّه دون أن يخرجه "إنه يدعوك لملاطفته بشفاهك، هلا قبلت؟ سأدفع ثمن شرابك وأزيد عليه حتى تكتفي، ماذا قلتِ؟" لم تتعب نفسها كلوديا نظرت إليه بشزر، كان جوابها يدها التي تسارعت إلى الزجاجة القريبة منها أسقطتها على رأسه فرمته أرضاً وهي تقول: "أعطيه لعاهرتك وأمّك أيها الحقير، أنصتوا جميعاً لست كلوديا التي تعرفون وأقسم كل من يحاول أن يقترب مني أو يضع يده عليّ سأقتله أسمعتم يا أولاد العاهرات". كان شرر الغضب بخرج من عينيها، علم من رآها أنها تعني ما تقول، أما ذلك المخمور حمله بعض صحبه وأجلسوه مغمّاً عليه بينهم. عادت حيث كانت، لا زال كأس الويسكي أمامها لم تشربه فعاد عامل البار وقال لها: "بات الآن عليك حساب الزجاجة التي كسرتِها والكأس الذي لم تشربيه، ترى كيف ستدفعين حسابهما كلوديا؟ قلت لك إن هذا العالم الذي خبرتِه موبوء وفاسد لقد عملت في هذا المجال دهراً طويلاً حتى عَلّمت نفسي أن أبتعد كل البعد عن مقارعة الخمر إلا في مناسبات خاصّة وضيّقة جداً. هيا اتركي شرابك واذهبي، قومي بالبحث عن عمل ما، ربما ستجدين فرصة لإعادة بناء حياتك، أظن مارك في مرّة قال لي أنك تغيّرت إلى الأحسن وطلب مني في حال طلبتِ المساعدة أمدّ يدي إليك وأظنّك فعلت، ها أنا أمدّها دون أن تطلبي خُذي هذه القصاصة فيها عنوان شخص يدين لي بصنيع، قولي له إنك من طرف رأس المطرقة، هو سيقوم على ترتيب حاجتك لا تطمحي بالكثير لكنها بداية ورد صنيع لمارك أيضاً هيا اذهبي من هنا".

شعرت بشيء من الراحة ها هو مارك يرعاها حتى في غيابه وإن لم يكُن كما وعد، لكنه ربما أحسّ أني سأسقط من جديد في الوحل الذي كنت مقبعة فيه، يا لك من رجل مارك شكراً لك أين ما كنت.

عملت في مكتبة كبيرة مباشرة بعد أن سلّمت تلك القصاصة إلى صاحب المكتبة الذي بدوره أجابها: "حسناً، ولكن من أين تعرفين المدعو المطرقة؟ أعني رأس المطرقة".

كلوديا: "الواقع صديق لي كان يعرفه وأنا كذلك لكن ليس كمعرفة صديقي له".

بلاك: "إني أدعى بلاك واسمي كلوني هذه هو الواقع وأرجو أن تكوني عند حسن ظنّ رأس المطرقة فهو لا يعرف سوى الطيّبين من الناس ربما في فترة ما حادوا عن الطريق لكنهم بالتأكيد لن يعودوا إليه أليس كذلك يا."

—كلوديا أدعى كلوديا يا سيّد بلاك.

بلاك: "حسناً إن شئت ابدئي العمل الآن ما دمنا في وسط النهار أو إن رغبت في الغد باكراً. قد تكون أسبوعيتك ليست عالية لكنها تفي بمقتضيات حاجتك وسأزيدها مع زيادة ساعات العمل أو الإضافي إن رغبت سأحسب لك أربع دولارات في الساعة، ما رأيك؟"

كلوديا: "أوه سيّد بلاك إني ممتنّة لك وقبلها إلى السيّد المطرقة أعني هانز، إن الذي يحدث غير متوقّع أبداً، لقد كنت على حافّة الانهيار لولا هانز وبالطبع أنت. شكراً لكما سيدي."

دحضت كلوديا تعاستها وقد استأذنت السيد بلاك بأن يعطيها مبلغ إيجار شهر على الأقلّ على أن يستقطعه منها كما يراه مناسباً له، ستعتبره فضلاً أو صنيعاً سترجّعه في يومٍ ما للإيفاء به. تغيّرت حياة كلوديا ولم تنسَ يوماً موقف المطرقة معها والذي كان بمثابة طود أنقذها من الغرق في بحر الضياع. غالباً ما تمرّ عليه تسلّم وتترك له وردة تعبيراً عن شكرها له، وفي مرّة رغبت دعوته بعد أن أعدّت العشاء كما دعت السيّد بلاك للمشاركة أيضاً. استعادت حياتها قليلاً . . . قليلاً. زادت من وعيها من خلال القراءة كما نصحها بلاك خاصّة أنها كانت قد أنهت دراسة مرحلة الثانوية، شجّع هانز وبلاك كلوديا على دخول الكلّية التي ترغب ووعدا أنهما سيساعدانها ايضاً في تحمّل عبء المصاريف.

كم كانت سعيدة كلوديا وهي تستنشق الحياة دون دخان ملوّث أو رائحة خمر وجعة مغشوشة . . . وفي يوم كانت قد حملت معها بشارة قبولها في أحد الكلّيات هرولت مسرعة حيث الحانة لتطلع هانز على الأمر كانت الإضاءة خافتة كالعادة لم تستعِد رؤيتها إلا بعد لحظات فغرت فاها، إنه مارك بالتأكيد واقف قرب البار يتحدّث مع هانز، وضعت يدها تخفي صوت المفاجأة لكنها صاحت: "مارك. هانز إنه مارك أليس كذلك؟"

هانز: "هههههههههه لا بل شبحه هههههههه هيا تعالي لقد جاء يسأل عنك بعد أن ذهب إلى مسكنك ولم يجدك فقد أخبره المتعهّد بتركك المكان وانتقالك إلى مكان لا يعرفه."

قال مارك: "كلوديا عزيزتي كيف هو حالك؟ لقد اشتقت إليك."

لم يردعها ردّة فعله سارعت إلى حضنه وقد ضمّته بشدّة وهي تقول: "يا لك من مارك لا شكّ أنك افتقدتني لذلك عدت أليس كذلك؟"

مارك: "بالتأكيد كلوديا خاصّة بعد أن سمعت عنك كل خير من صديقي العزيز هانز."

كلوديا: "لا تعلمان كم أنا مسرورة ولا أدري بأيهما أكثر بعودة مارك أم بقبول طلبي في الكلية."

صاح الاثنان: "يا للبهجة" وقد ضمّها مارك إليه، أما هانز فقال: "شراب هذه الجولة على حساب الحانة."

هلّل جميع روّاد الحانة بصخب دون معرفة السبب، فعالمهم مليء بدخان السجائر ورائحة الخمر المغشوش.

المفردات

بُرعُم—بَراعِم	bud, rosebud
تُرَّهة—تُرَّهات	nonsense, drivel
خافِت	faint, soft
رَذيلة—رَذائل	vice, depravity
رَمَق	(last, dying) breath
تَرَيَّث—يَتَرَيَّث	to tarry, linger
سَوط—سِياط	whip, lash
شَتيمة—شَتائم	insult, curse word
شَزَرَ—يَشزِر	to look down upon, look askance at
صَنيع	favor, good deed
ضَياع	loss, ruin
عِبء—أعباء	load, burden
عُجالة	hurriedness
مُتَعَهِّد	contractor, organizer
مَغشوش	deceived, forged
غُصّة	suffocation, choking
قارِعة الطريق	middle of road
مُقارَعة	fight, struggle
لَدَغَ—يَلدُغ	to bite, sting
مَوبوء	infested, plague-stricken

محادثة

النشاط ١

بعد أن قرأتم القصة في البيت، ناقشوا الأسئلة التالية في مجموعات لا تزيد عن ثلاثة طلاب.

١. ما هي انعكاسات تعاطي المخدّرات السلبية على حياة كلوديا؟
٢. لماذا ساعد مارك كلوديا في التغلّب على إدمانها؟
٣. ما السبب الذي جعل كلوديا توشك على الانهيار ثانية؟
٤. كيف تغيّرت حياة كلوديا إلى الأحسن وبمساعدة مَن؟
٥. تكلّموا عن مستوى كلوديا الدراسي وعن طموحها المستقبلي.

المفردات

النشاط ٢

نسِّقوا أحداث أو مواضيع القصة ضمن خريطة ذهنية.

النشاط ٣

أكملوا الفراغات التالية بالكلمة المناسبة.

براعم　　التّرّهات　　السوط　　الضياع　　خافتة　　مغشوش

١. قامت معلمة بممارسة أبشع أنواع التعذيب في حق تلميذ مستخدمة الماء الساخن والضرب بـ ________.
٢. لماذا الأضواء ليست ________ لتعطي تأثيراً رومانسياً؟
٣. الأطفال ________ الحياة.
٤. أيدت محكمة العدل الاتحادية الألمانية حكماً على شركة فولكسفاغن بتقديم تعويض جزئي لزبون اشترى سيارة مجهّزة بمحرّك ________.
٥. ناقشت كتابات ألبير كامو فقدان الإحساس بجدوى الحياة والشعور بـ ________ أمام الحرب.
٦. توقّف عن إقناع نفسك بهذه ________ إن أردت النجاح.

النشاط ٤

اختاروا عشر كلمات من قائمة المفردات واستعملوا كل كلمة في جملة مفيدة.

النشاط ٥

صلوا الكلمات التالية بمرادفتها.

١.	ـــــــ تريّث	أ.	خزر
٢.	ـــــــ شتيمة	ب.	تأنٍّ
٣.	ـــــــ شزر	ت.	ملتزم
٤.	ـــــــ عبء	ث.	ثقل
٥.	ـــــــ متعهّد	ج.	مسبّة

المحادثة والحوار

النشاط ٦

كل مجموعة ستأخذ سؤالاً واحداً، على أعضاء المجموعة قراءة السؤال ومناقشته.

١. إدمان المخدرات والكحول من المشكلات الاجتماعية المدمّرة التي ينبغي مكافحتها. ما هي أسباب الإدمان وما دور المجتمع في الحدّ من هذه المشكلة؟

٢. هناك فرق بين التعاطي والإدمان، والفاصل بينهما خيط رفيع. حللوا وناقشوا.

٣. المدمن مجرم يجب عقابه أم مريض تجب معالجته؟ أبدوا رأيكم.

الترجمة

النشاط ٧

في مجموعات تتكون من طالبين، اقرأوا النص التالي ثم ترجموه إلى اللغة الإنجليزية.

كم كانت سعيدة كلوديا وهي تستنشق الحياة دون دخان ملوّث أو رائحة خمر وجعة مغشوشة. وفي يوم كانت قد حملت معها بشارة قبولها في أحد الكلّيات هرولت مسرعة حيث الحانة لتطلع هانز على الأمر كانت الإضاءة خافتة كالعادة لم تستعِد رؤيتها إلا بعد لحظات فغرت فاها، إنه

مارك بالتأكيد واقف قرب البار يتحدّث مع هانز وضعت يدها تخفي صوت المفاجأة لكنها صاحت: "مارك. هانز إنه مارك أليس كذلك؟"

الكتابة

النشاط ٨

اختاروا موضوعاً واحداً من المواضيع التالية واكتبوا حوالي ١٥٠-٢٠٠ كلمة.

١. مصطلح "مدمن" يُطلَق على شريحة من الناس لا تقتصر على مدمني المخدرات والكحول أو السجائر، فثمة من يدمن الإنترنت أو التسوق، أو حتى العمل! أبرزوا مختلف انعكاسات الإدمان على الفرد والمجتمع.

٢. يستوجب الإدمان على أنواعه علاجاً يحقّق للمدمن الاستقرار النفسي والتوازن ويسهّل إعادة دمجه في المجتمع. ما هي التدابير المتّخذة لإعادة تأهيل هذه الفئة؟

النشاط ٩

اذهبوا إلى صفحة النقاش الخاصة بالصف (discussion board) وتطرقوا إلى السؤال التالي ثم علقوا على إجابة طالب آخر.

ناقشوا أهمية تعزيز التعاون الدولي في مكافحة مشكلة المخدرات.

٩

قصص من الكويت

القصة الأولى

تعريف الكاتبة

تسنيم يحيى الحبيب كاتبة كويتية من مواليد سنة ١٩٨٣. لها إصدارات جمّة في العديد من المجالات ففي مجال الرواية ألّفت: "لحظات الغروب"، "العودة"، "إشراق ليتني أدركت"، و"سيعود الفجر".

رائحة الذكرى

تسنيم يحي الحبيب

في هذا اليوم الغائم

وأنا أراه يصعد إلى الطائرة التي غُرست في مقلتي. لا أدري لماذا طاف بي طائف من ظنّةٍ تكاد تغزو لبّي وكأنها مارد من يقين.

حينها. أحسست أن أشواقي لن تتعلّق بتارة بينٍ أو تارات. إنما سترحّب آفاقها.

لوّحت له بكفٍّ أدركت أنه لن يراها. وأنا ألصق وجنتي ببلّور النافذة البارد. أستميت في محاولة اشتمام ما تبقى لي من رائحة الذكريات الشتيتة.

رائحة الرغام المطير. الذي مسّدته خطواتي المرقلة. وأنا أدفن كفّي في راحة أبيه. وهو يهمس لي:

"تريّثي. ففي أحشائك الأمل."

وأبتسم . . . جذلاً . . . شوقاً . . . أملاً . . .

رائحة الياسمين التي عبقت في غرفة المشفى. حيث رأيت وجهه أوّل مرّة. وتلمّست جسده الغضّ . . . ولثمت مبسمه الجميل. والأخلّاء يدلفون للغرفة عازفين أحلى ترنيم:

"مبارك. جعله الله من مواليد السعادة."

ويطرب قلبي. وينتشى. وأخال السعادة ودقاً يروي الأيّام الجدباء.

رائحة القهوة . . . أقدّمها لأخي. وأنا متدثّرة بأبراد الحداد المترمّلة. وثمة جعجعة نشيج في صدري لا أتجشّم إخفاءها. وهو يختلس النظر لمقلتي الذبيحة. سامعاً كلماتي الثابتة:

"الرفض وليس سواه سأربّي ولدي."

ورائحة الورق. والبحر. وليالي الشتاء المديدة. والأفانين العابلة التي تتوق لزهور العرفان. والقدّ الأهيف الذي احدودب أمضاً. والذماء التي تتشبّث بالبقاء.

واليوم أراه ورائحة الذكريات لا تريد أن تبارحني. وأنا أودّعه وأتجرّع الصابة. وأردّد:

"لن أيأس من الجنى."

المفردات

horizon	أُفُق—آفاق
crystal, glass	بِلَّور
infertile, sterile	أجدَب، جَدباء
to undergo, endure	تَجَشَّمَ—يَتَجَشَّم
clamor, shout	جَعجَعة
to be curved, vaulted	احدَودَبَ—يَحدَودِب
intestines, guts	أحشاء
to walk slowly	دَلَفَ—يَدلِف
last gasp of life	ذَماء
fast	مُرقِل
chanting, singing, hymn	تَرينم—تَرانيم
scattered	شَتيت
trauma	صابة
distrust	ظِنّة
invasion	غَزو
soft, tender	غَضّ
cloudy	غائم
intertwining twigs	أفانين
certainty	يَقين
core, heart	لُبّ
to kiss	لَثَمَ—يَلثِم

long, extended	مَديد
giant	مارِد
eyeball	مُقلة
weeping	نَشيج
skinny, slender	أَهيَف

محادثة

النشاط ١

بعد أن قرأتم القصة في البيت، ناقشوا الأسئلة التالية في مجموعات لا تزيد عن ثلاثة طلاب.

١. كيف كان إحساسها عندما صعد إلى الطائرة؟
٢. ما معنى "ففي أحشائك الأمل"؟
٣. لماذا تواجدت في المستشفى؟
٤. ماذا قدّمت لأخيها وكيف كان الحديث بينهما؟
٥. من ركب الطائرة راحلاً عنها؟

المفردات

النشاط ٢

نسِّقوا أحداث أو مواضيع القصة ضمن خريطة ذهنية.

النشاط ٣

أكملوا الفراغات التالية بالكلمة المناسبة.

غائم   يقين   بِلّور   الجدباء   نشيج   يدلف

١. الطقس ________ وممطر غداً على منتصف الجزء الشمالي للبلاد.
٢. هذا ________ ثمين، يجب أن تحذر عندما تلمسه!
٣. من الأحاديث النبوية: عن عبد الله بن شداد قال "سمعت ________ عمر وأنا في آخر الصفوف وهو يقرأ: إنما أشكو بثّي وحزني إلى الله".

٤. ثمة حالات عدم ______ كبيرة تحيط بخصائص المخاطر التي يتعرض لها العمال.
٥. كان البائع ______ في الحارة، حاملاً هموم الدهر لاعناً حياته والظروف التي أحوجته إلى ترك البلد جرياً وراء لقمة العيش.
٦. سنصلّي صلاة الاستسقاء آملين نزول الغيث على هذه الأرض ______.

النشاط ٤

اختاروا عشر كلمات من قائمة المفردات واستعملوا كل كلمة في جملة مفيدة.

النشاط ٥

صلوا الكلمات التالية بمرادفتها.

١. ______ غزو	أ. مدى
٢. ______ أفق	ب. أمعاء
٣. ______ شتيت	ت. اجتياح
٤. ______ أحشاء	ث. طويل
٥. ______ مديد	ج. مبعثر

المحادثة والحوار

النشاط ٦

كل مجموعة ستأخذ سؤالاً واحداً، على أعضاء المجموعة قراءة السؤال ومناقشته.

١. لوعة الحزن على فراق الحبيب تؤدي بالبعض إلى الاكتئاب، اطرحوا حلولاً حول كيفية التغلّب على الألم العاطفي.
٢. الاكتئاب يعاني منه مئات الملايين، لا يستثني كبيراً ولا صغيراً، رجلاً ولا امرأة، حتى الأطفال يمكن أن يصيبهم. لماذا سُمّي بمرض العصر وكيف تتمّ عملية العلاج منه؟
٣. هناك عادات وتقاليد اجتماعية كثيرة منها زيارة الأمّ حديثة الولادة في المستشفى. هل أنتم مع أو ضد هذه العادات؟ ما هي آداب زيارة المريض؟

الترجمة

النشاط ٧

في مجموعات تتكون من طالبين، اقرأوا النص التالي ثم ترجموه إلى اللغة الإنجليزية.

في هذا اليوم الغائم.

وأنا أراه يصعد إلى الطائرة التي غُرست في مقلتي . . . لا أدري لماذا طاف بي طائف من ظنّةٍ تكاد تغزو لبّي وكأنها مارد من يقين.

حينها. أحسست أن أشواقي لن تتعلّق بتارة بينٍ أو تارات. إنما سترحّب آفاقها.

لوّحت له بكفٍّ أدركت أنه لن يراها. وأنا ألصق وجنتي ببلّور النافذة البارد. أستميت في محاولة اشتمام ما تبقى لي من رائحة الذكريات الشتيتة.

الكتابة

النشاط ٨

اختاروا موضوعاً واحداً من المواضيع التالية واكتبوا حوالي ١٥٠–٢٠٠ كلمة.

١. يا ليتهمْ أخذوا الذكرى إذِ ارتحلوا، زالــوا ومــازالَ في أعماقنـــا الأثَرُ
إنـــا لنوجـــعُ إن غابوا وســـلوتُنَا أصداءَ ضحكتهم والطيفُ والصورُ
حللوا هذين البيتين من تأليف الشاعر محمد المقرن مبرزين خصائصه ونفسية الشاعر.

٢. هل الأمومة رحم؟ هل الأبوة شهادة ميلاد؟ الأمومة والأبوة بين الحالة والفعل، أبرزوا مظاهر الاختلاف بينهما.

النشاط ٩

اذهبوا الى صفحة النقاش الخاصة بالصف (discussion board) وتطرقوا إلى السؤال التالي ثم علقوا على إجابة طالب آخر.

الذكريات هل هي نعمة أم نقمة؟ عللوا إجابتكم.

القصة الثانية

تعريف الكاتبة

ليلى عبد الله العثمان من مواليد ١٧ أكتوبر ١٩٤٣ وهي روائية وشاعرة كويتية. وُلدت في مدينة الكويت ودَرَست فيها. بدأت حياتها الأدبية كشاعرة، ثم تحوّل ميولها إلى القصّة القصيرة والرواية. عملت في الصحافة منذ عام ١٩٦٤. هي عضو رابطة الأدباء في الكويت، وجمعيّة الصحفيين الكويتيين. لها ديوان شعر بعنوان "شعر وخواطر" (١٩٧٢) ومجموعات قصصية عديدة وروايات.

للعباءة وجه آخر

ليلى عبد الله العثمان

يدي المرتعشة كقلبي تفتح الخزائن المهجورة، تبعثر الأشياء، تبحث عن بقشة قديمة ترقد فيها تلك التي بيني وبينها عداوة شديدة. منذ أن حملها أبي بلونها الأسود الكريه. كنت في أوّل فرحي بتفتّح الورد ورؤوس الرمّان. كزّ على أسنانه حين لاحظ امتعاض وجهي وحزنه، وخرج صوته خشناً:

—كبرت. ويجب أن ترتديها!

ليلتها بكيت. ظللت أرمقها مكوّمة فوق الأريكة بجانب حقيبتي المدرسية تنازعني الرغبة أن أمزّقها بأسناني، أو أقرضها كما يقرض الفار الليلي بابنا الخشبي. لكن وجه أبي يقفز بالأمر الأسود. فألجم نفسي، أتوسّد وأنام، وأحلم أنني تحوّلت خفّاشاً أسود.

في الصباح ارتديتها وكأنها كفن يعلن موتي. تعثّرت فيها ألف مرّة قبل أن أصل باب المدرسة، فوجئت بي زميلاتي وهزئن لمنظري الجديد.

أكثر من عشرين سنة قاطعتها، تحرّرت من أسرها، واليوم أبحث عنها بكراهية تتضاعف. بين الأشياء وجدتها مكرمشة تفوح منها رائحة طفولتي وصباي الجميل المفروم تحت سطوة العصا، استللتها. لففت بها جسدي وكأنني ما زلت تلك "الغنمة" التي يجب أن تحرس أثداءها عن أعين الرجال. هرولت إلى الباب، ما كدت أفتحه حتى انتصب بيني وبين الفضاء الحزين:

—إلى أين؟؟

—سأخرج.

أغلق الباب. فأحسست قبراً يوصد فوق جثّتي:

—ليس اليوم.

صرخت:

—ثلاثة أيام مضت. لا بد أن أخرج.

حاول منعي، وأتتني قوّة، دفعته، شدّني محاولاً أن يلمّ نثار غضبي وإصراري، فكرّرت صرختي:

—سأخرج.

سدّ الباب بطوله وصدره الذي نسيت أنه يخصّني. قذفت برفضه، دككت صدره وزاد صراخي، زفر ضعفه أمام قوّتي وتنحّى عن الباب:

—أنت مسؤولة عن جنونك.

فتحت الباب وانطلقت، تعثّرت بالعباءة قبل أن أصل السيّارة وأجلس خلف المقود، كببت رأسي عليه وقد فاجأني إحساس باليتم الكبير، التحفني حتى عظمي: هل مات وطني؟ هل مات كل شيء؟ حلم عروستي التي لأجلها أفرغنا البيت من المؤونة وملأناه بحقائب السفر. لم يبقَ سوى المجهول الذي سنجترّ بدروبه ذكريات حلوة قديمة لمدينة الحبّ.

ما أن خرجت إلى الشارع العامّ حتى صدمني المنظر. سيّارات متصادمة، وأخرى تطير مجنونة لا تلتزم بإشارات المرور التي انحنى بعضها وسقط بعضها الآخر. هرج غريب. ووجه مدينتي شاحب كوجه أرملة وحيدة. كل شيء أسود. كل الوجوه ارتدت حواجز سوداء. أطلق الرجال لحاهم وارتدت النساء "بوشيات" تلتصق بالأنوف المبلّلة كأنفي بالدموع. عباءات توحّد فيها الحزن. وجوه سوداء لغرباء يتوزّعون محمّلين بسلاحهم الأكثر سواداً. حواجز. غير مألوفة، حاجز يقذفني إلى جحيم حاجز. وجوه لا أجرؤ أن أرفع نحوها بصري خشية أن ينتصر حقدي، وأبصق عليها فأموت. عبارات كانت بالأمس تمسّ المشاعر بحنان، واليوم تخرق الأذن وتخدش غشاء القلب. أسئلة غريبة، وامتهان للكرامة، وشجب للدموع وطيوف الحزن الرابضة في الوجه.

ليس هو وجه مدينتي، وجه غريب عني. يتحوّل أمامي عيناً واحدة تبكي فأتمنّى لو أشرب دمعها وألقّحها بالفرح. لكن الفرح فرّ. وحده الموت قد يأتي في أي لحظة، وصوته بغضب يأتيني: "ستموتين يا مجنونة".

بشهية انتفضت رغبتي للموت. أنا التي أكره مجرّد سماعه، اليأس هو المنتصر الوحيد في اللحظة. لو أموت الآن لأنسى الواقع المرّ!!

الطريق الأسود يواصل قذفي نحو الحواجز والأسئلة والتفتيش. تلوح الجمعية التعاونية، الطريق إليها مغلق، أركن سيّارتي عند الدوّار. أمشي وعباءتي التي لم تتآلف وجسدي تتطاير. أحسّها تتمزّق، تصرخ، تصنع الروائح الغريبة. أصوات طلقات تأتي من البعيد. أتوقّع الموت . . . ظهري مكشوف للمجهول، ووجهي نحو مبنى الجمعية. وصلت الساحة. مشهد غريب رجّ ذاكرتي باتّجاه ساحة في مدينتي القديمة أيّام عاشوراء المكللة بالحزن وبالسواد. حشد النساء المنتظرات مفجع. أطفال زرع

الرعب أشواكه الصفراء على براءة وجوههم. أسئلة في العيون تخشى أن تترجم أو تتنفّس فتموت. حداد. صلوات صامتة تصبّ في طوابير الصبر إلى أن يفتح باب الجنّة الذي تصلب أمامه جنود اشرأبّت رشّاشاتهم كوجه عزرائيل. قلوب صابرة. أقدام صابرة. محاصرة بالقهر. ألف "حسن وحسين[1]" مقتولون بلا ذنب. ولا أحد يصرخ ويرفع السيف. فقط بكاء صامت، وبركان حزني يتفجّر. خرج نشيجي عالياً مثل العواء. صوت عجوز بقربي:

—يا بنتي ما يفيد البكاء. الشكوى لله.

لون عينيها المقهور يضاعف شجني، هسيس اليباس في شفتيها يذيقني طعم العلقم. ارتجاف الأطفال يعيدني طفلة مرتعشة أمام أبي وعصاه الثخينة وصوته الغاضب:

—الضرب يوجعكم ويبرى، وبعد الضرب تلقون الصلاح.

ما أحلاه يسقط ورداً على جسدي، وينبت أدباً حسدتني عليه كل زميلات الفصول. من الذي يؤدّبنا اليوم؟ وهذا القصاص تحت شمس آب اللاهبة ينضح عرق الأجساد فتفوح رائحة مقابر وأكفان وأنفاس أموات فزعين.

—ماذا ننتظر؟؟

صوت امرأة يتملل. وإجابة تكسر حواجز القلب:

جنودهم في الداخل ينهبون، ونحن كلاب الأسياد بانتظار الفتات.

فتات؟؟ ماذا سأجلب إلى البيت؟ اعتدت أكتب لائحة بالأشياء الضرورية.

اليوم لا تفيد اللوائح. وأي "فتات" ألقاه سيكون ضرورياً. البيت خالٍ تماماً من الموادّ الغذائية. هو الجوع قادم.

اشتعل أمامي حريق بيروت بأعنف مشاهده. فزع تحت قصف الرصاص. سيقان الأطفال المتراكضة نحو مأوى حائط متهتّك أو ربما برميل ماء صدئ. موت. دم مرشوش فوق الحوائط المليئة بالشعارات. أكوام القمامات يتراكم فوقها الذباب وأيدي العجائز هاج بها الجوع تبحث عن فتات يسكت العراك.

صوتها من عمق ذاكرتي ينبّهني: "كل شيء قابل للتلف. المعلّبات أفضل الأشياء".

استعرضت الضروريات، "ماء، معلّبات، سكّر، حليب، أوّل الأشياء حليب الأطفال. أطفال بيروت ناموا بلا حليب. أنّت حنجرتي بشهيق لافت. امتدّ عنقه يبحث عن مصدر الصوت، ترك مكانه، أقبل نحوي، صرخ بلا رحمة:

—بنت الكلب. ليش[2] الصراخ؟

[1] Important figures for Shiʿi Muslims, Hasan and Husayn are the grandsons of the Prophet Muhammad, sons of ʾAli and Fatima.

[2] ليش = لماذا (عامية)

انتفض حبّي لأبي الذي أدّبني:

—لا تشتم أبي!

—وأشتم أمّك بعد.

شدّ على زندي الهشيم.

—عندك اعتراض؟ قولي.

تلاشت قوّتي. استدرت بوجهي الجهش عنه، بوقاحة مدّ كفّه ذات الأظافر الطويلة، سحب وجهي ناحيته، لمحت شرار عينيه:

—مو[1] عاجبك الطابور؟؟

وأتتني بعض شجاعة رغم ارتجاف أوصالي كلها:

—لم نعتَد على الطوابير.

بغرور لا يليق به فتح شدقين أصفرين:

—جئنا لنعلّمكم النظام.

قبل أن يبادر فمي بانبلاجة صغيرة كانت يد العجوز تقرصني فأبتلع لساني. حين تأكّد من خرسي غادرني وهمس العجوز يصلني:

—يا بنتي هذول[2] ما يعرفون الرحمة.

كانت النسوة قد انتهزن فرصة ابتعاده عن الباب وتدافعن نحوه. اقتحم زحامهن. رفع رشّاشة، أطلق منه صرختين في الهواء. تبعثرت الخطوات والوجوه. تساقط من تساقط واهتزت الرموش المبلّلة بالوجع.

—نظام. وإلا لن تدخل واحدة.

أذلاّء وقفنا، وصوت الرصاص مازال يصخب المكان.

جنود يخرجون محمّلين بالأكياس. عيوننا ترمق السرقات. أصواتهم تتداخل وهم يقلبون بعض الأشياء يتساءلون عن كيفية استعمالها. أشياء لا يعرفونها. لم يروها من قبل. سيأكلون ما لا يؤكل. الجوع فتّاك. سيفتك بنا لو ظلّوا ينهبون كل شيء. ببطء شديد يتحرّك الطابور. كل خطوة تترك أثرها ذلاًّ ودمعاً، وصلاة، وأدعية.

انفتح الباب، تدافعنا والمشهد قاسٍ لا يرحم. مثل الفئران توزّعنا بين الرفف التي فرغ أغلبها وبين الأشياء المتناثرة المدلوقة بسوائلها. أيدينا تتخاطف أي شيء تبقى لم يعُد للذي فكّرت به أية أهمّية. يدي تأخذ ما يواجهها. أخضر ويابس كل شيء سيفيد. الحليب فقط يذكّرني بنفسه معتمراً أصوات الطفلتين. أبحث بلهفة. أجد علبة مبعوجة. لا يهمّ وثانية. و. يد تلكزني:

[1] مو = لا، ليس (عامية)

[2] هَذول = هؤلاء (عامية)

—خُذي أكثر.

أهمس:

—أطفال آخرون يحتاجون.

—معك حقّ. خذي طحين.

—ما أفعل به؟؟!

—قد نضطرّ نخبز في البيوت.

عطر الماضي. "التاوه" السوداء يشتعل لهب السعف تحتها ويد زوجة أخي تفرش دائرة العجين. تبقبق وتستوي، ترفع القرص. تدهن وجه التاوه بقطعة الشحم وتأمرني:

—اخبزي!

أرتجف وصوتي:

—لا أعرف.

تفلع رأسي بطاسة الماء المتعكّرة ببعض الطحين:

—تعلّمي. ستخبزين ذات يوم.

خبزت. أحرقت التاوه المشتعلة كفّي وانتفخت أورام الماء فيها. تعلّمت. آه يا زوجة أخي القاسية، لكن الضرب يوجعكم. . . . وبعد الضرب. . . .

ألتفت نحو المرأة:

—أين أجد الطحين؟

تنكش أغراضها. تشدّ كيساً:

—لن تجدي. خذي هذا.

رأفة تبكيني. أقبل كرمها بعيني. والممرّ يضيق بالعباءة والأطفال وعربات الأغراض الفقيرة. كانت تلك الجمعية تشكو تكدّس الأشياء، واليوم شبه عارية إلا من بقايا أيديهم الجشعة.

طابور آخر بانتظار المحاسبة. نظرات شامتة تصدر من عيون الجنود الموزّعين يحرسون المكان—وحاميها حراميها—همهمات. بكاء مخنوق وتوسّل أطفال:

—أريد " كاكا وحلاوة، علك."

تدحر الأمنيات. لا أولوية للحلوى. الشاي. السكّر. الحليب. الغد يوم مجهول. تقع عيني على العربة التي أمامي. بعض ألواح " الكت كات" الذائبة. أجرؤ أسألها بحزن:

—أين وجدت الكاكاو؟؟

مدفوعة بحنان رقيق. مدّت كفّها، سحبت لو حين، قدّمتها:

—خذي هذا.

أبيت رغم اشتهائي أن أسقطه في ثغر الصغيرتين:

—شكراً. هذا حقّك. أين أجده؟

ترقرق صوتها: "لن تجدي. خذي. عليهم بالعافية."

أشدّ على الذي أحلم أن أدسّه في الثغور التي عرفت طعم المرّ مبكّراً. أتابع أيدي الرجال، والنساء تتبادل الأشياء. دغدغتني إيثارية الناس رغم حزني. كل يحتاج لأي شيء لكنه بيسر ومحبّة يقدّمها للآخر. رائحة الحبّ شهية تبدّد خوفي. تزفّ إلي بشرى روح الأسرة الواحدة التي كانت مجرّد كلمات جوفاء. الروح تتجسّد ونحن في أيّامنا الأولى من احتلالهم البغيض، أشعر أني قوية. أسحق ذلّي، أتباهى بناسي ومشاعرهم. تلوح ابتسامات واعدة بالتواصل، نخرج أفواجاً، نتساعد بأحمالنا حتى نصل موقع السيّارات، تبادلنا أرقام الهواتف، وعناوين البيوت والدعوات المفتوحة:

—لو احتجتم شيئاً.

—نحتاج نسفك دمهم.

الخوف:

—هس. لهم آذان كلاب.

وجوه الشباب رغم المحنة والحداد تنطق بتعابير لا تخطئها العين. ألوان أمل جديد تلوح. أتلفّع ألوانهم المرفوفة كالرايات قبل أن تدوسها الأقدام. أنسى زمن الساعات الأربع في طابور الانتظار الموحش.

حين دسست الأشياء في صندوق السيّارة، عزلت الكيس الذي يرقد بداخله لوحا الكت كات—ووجها الصغيرتين يلوحان أمامي فرحين رغم الفزع بما سأجلب لهما. أدسّ نفسي داخل الفرن الحديد. وأنطلق.

حاجزان. ثلاثة. احتملت سماجة الأسئلة. أرغب الفكاك لأصل، لكن سيّارة عسكرية تقطع الطريق. توقّفت. نزل اثنان. صوت أحدهم آمراً:

—افتحي الصندوق.

هلع قلبي. الأمر لا يردّ. المجهول بانتظاري. ضغطت الزرّ الأمامي. انفتح الصندوق وصوت خشن يطرق سمعي حاقداً:

—إعيال[1] الكلب. "كل شي عدهم بالزراير".[2]

رأساهما داخل الصندوق. هتافات فرح، وضحكات، في المرآة الجانبية لمحتهم ينقلون الأكياس. استفزّني الفعل. خلعت اتّزاني. فتحت الباب لكن أحدهم قفز من السيّارة شاهراً رشّاشه، رفس الباب كاد يكسر قدمي:

[1]إعيال = أولاد (عامية)

[2]الزراير = الأزرار (عامية) ("They like pushing buttons.")

—وين¹؟

تنوء قوّتي. يتقاطر ذلّي:

—لو سمحت، هذي أغراض البيت.

أتى أمره مشحوناً بالعنف:

—"أكلي تبن ولا تتحركين!!"².

تجمّدت مرغمة، والنار تشبّ بضلوعي، ولهيبها ينضح من عيني. صفق غطاء الصندوق. وقلبي: "يا رب ما يشوف³ الكت كات". طرق على ظهر السيّارة:

—يالله روحي.

حرّكت السيّارة بخيبة. عيني تنظرهم في المرآة. كفّ أحدهم تلوّح بلوح "الكت كات" وتقذفه إلى فمه. أقضم حسرتي. أحمل عمري الجديد. أصبّ الغضب على الدوّاسة. أمرّ على خمسة حواجز حجبت وجوهها دموعي المتجمّدة قبل أن أصل البيت. أطرق الباب. تواجهني العيون التي ابتلعت فزعها المتراكم فرحة بعودتي، نحوي انهمرت الصغيرتان:

—هل أحضرت لنا -كاكاو-؟؟

—أخذوا كل شيء.

أجهشت.

التفّوا جميعهم حولي. احتضنوا حزني بهتاف قلوبهم. في لحظة تحوّلت بين أحضانهم طفلة يحتفلون بمولدها الجديد بحلوى الفرح.

المفردات

bag	بقشة
shining, dawn	انبِلاج
breast	ثَدي—أثداء
mouth	ثَغر
greed	جَشَع
to be on the verge of tears	أجهَش—يُجهِش
to flatten, beat down	دَكّ—يَدُكّ

---

¹وين = أينَ (عامية)
²تبن = hay؛ أكلي تبن = shut up!
³يشوف = يرى (عامية)

lying, waiting, lurking	رابِض
to convulse, quake, shake	رَجَّ—يَرُجّ
to exhale, pant, sigh	زَفَرَ—يَزفِر
sorrow, grief, worry, distress	شَجَب
colocynth (metaphor for bitterness)	عَلقَم
howling	عُواء
minced	مَفروم
to gnaw	قَرَضَ—يَقرِض
steering wheel	مِقوَد
wrinkled	مُكرمش
to bridle, restrain	ألجَمَ—يُلجِم
burning, blaze	لَهيب
trial, ordeal, hardship	مِحنة
anger, resentment	امتِعاض
to misuse, degrade	امتَهَنَ—يَمتَهِن
dust	نُثار
cry, shout, call	هُتاف

محادثة

النشاط ١

بعد أن قرأتم القصة في البيت، ناقشوا الأسئلة التالية في مجموعات لا تزيد عن ثلاثة طلاب.

١. ما سبب امتعاض وجه الراوية وعلى ماذا أجبرها والدها؟

٢. إلى أين توجهت بسيارتها؟

٣. فسّروا سبب تواجد طوابير الناس أمام الجمعية.

٤. لماذا عادت الكاتبة الى منزلها بدون شيء؟

٥. عن ماذا سألت الصغيرتان الكاتبة؟

المفردات

النشاط ٢

نسِّقوا أحداث أو مواضيع القصة ضمن خريطة ذهنية.

النشاط ٣

أكملوا الفراغات التالية بالكلمة المناسبة.

امتعاض   المقود   عواء   الجشع   المحنة   هتاف

١. يعتبر _____ الذئاب شكل من أشكال التواصل بينهم، حيث يتم استخدامه لإخبار باقي القطيع أو الجماعة بشيء معين أو لتحذيرهم واستدعائهم.

٢. يُعَدّ _____ من أعلى مستويات الطمع وأخطرها.

٣. واجب على المجتمع الدولي أن يتخذ التدابير الوقائية اللازمة لتجنب هذه _____.

٤. عليك إبقاء يديك الاثنتين على _____ طوال الوقت.

٥. تمرد الطفولة استيقظ حين بدأت بنشر أول مقال في الجريدة وسط _____ والدي واعتراضه الصامت.

٦. أشعر بالاطمئنان لحظة سماعي عزف الموسيقى و _____ الجماهير.

النشاط ٤

اختاروا عشر كلمات من قائمة المفردات واستعملوا كل كلمة في جملة مفيدة.

النشاط ٥

صلوا الكلمات التالية بمرادفتها.

١. _____ قرض   أ. فجوة

٢. _____ انبلاج   ب. همّ

٣. _____ ثغر   ت. نار

٤. _____ لهيب   ث. طُلوع

٥. _____ أجهش   ج. قضم

المحادثة والحوار

النشاط ٦

كل مجموعة ستأخذ سؤالاً واحداً، على أعضاء المجموعة قراءة السؤال ومناقشته.

١. المرأة القوية الشخصية، هل يكرهها الرجل؟ ما رأيكم الشخصي في الموضوع.
٢. قال السيد ماورير في كلمته: "إن المجاعة هي أحد أعراض الحروب الممتدة. فعندما تظهر، فإنها نادرًا ما تظهر لوحدها، بل يصاحبها تدهور في المنظومة الصحية والبنية التحتية والأوضاع الاقتصادية". ناقشوا هذه المقولة.
٣. ضرب الأبناء، عنف بدني أم تربية؟

الترجمة

النشاط ٧

في مجموعات تتكون من طالبين، اقرأوا النص التالي ثم ترجموه إلى اللغة الإنجليزية.

فتحت الباب وانطلقت، تعثّرت بالعباءة قبل أن أصل السيّارة وأجلس خلف المقود، كببت رأسي عليه وقد فاجأني إحساس باليتم الكبير، التحفني حتى عظمي: هل مات وطني؟ هل مات كل شيء؟ حلم عروستي التي لأجلها أفرغنا البيت من المؤونة وملأناه بحقائب السفر. لم يبقَ سوى المجهول الذي سنجترّ بدروبه ذكريات حلوة قديمة لمدينة الحبّ.

الكتابة

النشاط ٨

اختاروا موضوعاً واحداً من المواضيع التالية واكتبوا حوالي ١٥٠–٢٠٠ كلمة.

١. العباءة ما بين الماضي والحاضر، حيث كانت رمز الحشمة والمحافظة وأصبحت رمزاً من رموز الموضة العصرية، اختلفت تصاميمها ونقوشها. هل واكب التغيير العصري للعباءة التفتّح الفكري الحالي للمجتمعات أم ما زالت رمزاً للرجعية الفكرية والتطرّف الديني؟
٢. الدكتاتورية العسكرية تعنى السيطرة المطلقة للسلطة العسكرية في الدولة على كل شيء سواء كان في الناحية السياسية أو الاقتصادية والاجتماعية. أبرزوا أشكال هذا الاستبداد مبينين عواقبه على المجتمع.

النشاط ٩

اذهبوا الى صفحة النقاش الخاصة بالصف (discussion board) وتطرقوا إلى السؤال التالي ثم علقوا على إجابة طالب آخر.

لا يُخفى على أحد خطورة عدم توفير لقمة العيش للناس في الظروف العادية، فكيف تكون الحال في ظروف الحصار والحرب. اشرحوا العلاقة بين الغذاء والأمن.

القصة الثالثة

تعريف الكاتبة

رحاب الهندي كاتبة وصحفية حاصلة على شهادة بكالوريوس أدب مسرح ونقد من الكويت. عملت مشرفة في قسم إعداد النصوص في إدارة النشاط المدرسي. كتبت عدّة مسرحيات للطلبة وحازت معظمها على جوائز. عملت في مجال الصحافة في الكويت حيث كانت تكتب كلمة العدد لملحق الأسرة وحوارات ومقالات نقدية في مجال الفنون. كما عملت في جريدة الرأي الأردنية. الآن تكتب في جريدة الصباح ولها عمود ثابت في ملحق الأسرة والمجتمع وتكتب في ملحق الفنون. وأيضاً لها عمود ثابت في مجلّة الشبكة العراقية بعنوان "إذا حكت شهرزاد".

هذيان امرأة نصف عاقلة

رحاب الهندي

لا أعرف لماذا يتخيّل البعض أن المرأة التي تحاول أن تشير بأصابع الاتّهام إلى موبقات مجتمعنا، وتتحدّث بجرأة عن مشاكل الرجل والمرأة، ينظر إليها البعض كلقمة سائغة، أو أنها قد تبيح لنفسها ما هو محظور ضمن الأخلاقيات العامّة، ما جعلني أبدأ بهذا المدخل حديث مع أحد الزملاء وهو يناقش قضية حرّية المرأة وبأحقّيتها تماماً أن تفعل ما يفعله الرجل. وحين رفضت هذا الحديث استنكر رفضي متسائلاً: "إذن هل أنت ضد ما تكتبين، أنا أقرأ لك دوماً وأعتبرك امرأة متحرّرة وتنادين بحرّية المرأة".

وحين سألته: "ماذا تعني حرّية المرأة لديك؟" أجاب: "كل شيء. شكلها، ملبسها، علاقاتها، هي حرّة تفعل ما تريد". لكنني بدأت أشاكسه قائلة: "وهل الرجل حرّ يفعل ما يريد؟ وهل يحقّ له أن يفعل ما يريد ضمن منظومة مجتمع له قيمه وأخلاقه وعاداته وتقاليده؟"

ضحك قائلاً: "كلنا نفعل ذلك عزيزتي". لكني أجبته بصراحة: "أجل تفعلون لكن بالسرّ. أو تحت العباءة كما أحبّ أن أسميها. وهذا ما أرفضه تماماً". وأحبّ أن أنوّه لزميلي العزيز ولكثير من القرّاء أن

حرّية المرأة لا تعني انسلاخها من المجتمع بعاداته وتقاليده التي يجب أن تُحترَم من جهة وتُحارَب من جهة أخرى. نحترم ما يؤكّد إنسانيتنا وحقوقنا، ونحارب ما يضطهدنا ويخنق حرّياتنا واحترام كينونتنا. نعم أنا امرأة متحرّرة العقل كما يبدو لي فأنا أرفض رفضاً قاطعاً أن تُجبَر امرأة على الزواج ممن لا تريده. أو تُجبَر على ترك الدراسة. أو تُحارَب في رزقها وعملها لمجرّد أنها امرأة. وأرفض أيضاً الوجه الآخر لما يفهمه البعض عن حرّية المرأة في طريقة لبسها أو عريها. وإن كانت معظم هؤلاء النساء يرضخن لمشيئة الرجل في تخفيف ملابسهن أو حتى لبس الحجاب!! لكن المهمّ ماذا تريد المرأة ذاتها وماذا تعرف عن شخصيتها وثقافتها وحرّيتها في الاختيار والدراسة والتعرّف على عوالم أخرى تفيدها وتصقل ثقافتها وحياتها.

ليس صحيحاً أن كل متحرّرة العقل مباحة الجسد كما يظنّ من في قلبه مرض أو يفكّر تفكيراً غير سوي بالمرأة لأنه أصلاً يفكّر بها جسداً لا عقلاً!

إذن هناك إشكالية تسكن عقل بعض الرجال حين ينظرون للمرأة التي تبدو متحرّرة وتتحدّث بجرأة في مشاكل المرأة وتطالب بحرّيتها وأحقيتها في حياة حرّة كريمة بعيدة عن التعقيدات والقيود. من كونها قد تكون سهلة الاصطياد في خانة تفكيرهم المغرق بشهوات الجسد لا غير.

المرأة التي استطاعت أن تصل إلى مراكز مرموقة وبشخصية معتدّة بنفسها واجهت مشاكل وصعوبات لكنها وجدت من حولها من الرجال من يحملون أفقاً واسعاً وفهماً مشتركاً لأحقّيتها في الحياة كونها لا تختلف عن الرجل بالأهمّية أو المكانة.

المفردات

أُفُق—آفاق	horizon
جُرأة	boldness
أحقّية	preference, priority
رَضَخَ—يَرضِخ	to yield, give in
مَرموق	prestigious
سَوَّغَ—يُسَوِّغ	to justify, warrant
انسِلاخ	sloughing off, coming loose
لُقمة سائغة	easy prey
شاكَسَ—يُشاكِس	pick a quarrel with, pester
صَقَلَ—يَصقُل	to polish, burnish

قَيد—قُيود	restriction
كَينونة	being
مَكانة	importance, prestige
مَنظومة	system
تَنويه	mention, hint
موبِقة—موبِقات	noxious things, grave sins

محادثة

النشاط ١

بعد أن قرأتم القصة في البيت، ناقشوا الأسئلة التالية في مجموعات لا تزيد عن ثلاثة طلاب.

١. ما هي نظرة المجتمع الى المرأة المتحرّرة العقل؟
٢. كيف تجسّد الكاتبة حرّية المرأة؟
٣. هل الرجل والمرأة متساويان فيما يخصّ الحرية في المجتمع؟
٤. تطالب المرأة المتحرّرة بتغييرات في عادات وتقاليد المجتمع، أين يمكن ذلك؟
٥. لماذا ينظر الرجل إلى المرأة المتحرّرة كفريسة سهلة المنال؟

المفردات

النشاط ٢

نسِّقوا أحداث أو مواضيع القصة ضمن خريطة ذهنية.

النشاط ٣

أكملوا الفراغات التالية بالكلمة المناسبة.

سائغة منظومة انسلاخ يرضخ صقل مرموقة

١. عملية الإصلاح في هذه الشركة تبدأ بـ ________ معارف جميع الموظفين ومهاراتهم وقيمهم ومواقفهم على جميع المستويات.
٢. افعل ما تشاء، ولكن لا يمكنني أن أتركك لقمة ________ لأشباح الموت.

٣. تتجلى الفوارق بوضوح أكبر في المناطق الحضرية التي تشتد فيها وطأة ________ الشعوب الأصلية عن تقاليدها الثقافية.

٤. بذلت أفريقيا جهوداً ________ من أجل تحقيق أهداف البرنامج الجديد وفقاً لالتزاماتها ومسؤولياتها المختلفة.

٥. يتضمن القرار عدة عناصر سوف تساعد على النهوض بمصداقية ________ حقوق الإنسان وفعاليتها.

٦. يلزمنا أن نربي جيلاً جديداً كاملاً مشبعاً بالثقة المتبادلة ولا ________ إلى الكراهية ولا يتقبل الرسائل المتطرفة.

النشاط ٤

اختاروا عشر كلمات من قائمة المفردات واستعملوا كل كلمة في جملة مفيدة.

النشاط ٥

صلوا الكلمات التالية بمرادفتها.

١. ______	جرأة	أ.	إشارة
٢. ______	سَوَّغَ	ب.	مدى
٣. ______	تنويه	ت.	بَرَّرَ
٤. ______	قيود	ث.	شجاعة
٥. ______	أفق	ج.	كبول

المحادثة والحوار

النشاط ٦

كل مجموعة ستأخذ سؤالاً واحداً، على أعضاء المجموعة قراءة السؤال ومناقشته.

١. كيف يمكن تحقيق المساواة بين الجنسين في الدول العربية بشكل أفضل؟ أعطوا حلولاً.

٢. عدم وعي المرأة بحقوقها كاملةً في المجتمع يؤدي إلى جعلها فريسة سهلة للاستغلال. هل يتحمل المجتمع جانبا من مسؤولية التوعية أم أنه يقتصر على الأسرة الصغيرة؟

٣. ما هو مفهوم الحرية بالنسبة لكم؟

الترجمة

النشاط ٧

في مجموعات تتكون من طالبين، اقرأوا النص التالي ثم ترجموه إلى اللغة الإنجليزية.

إذن هناك إشكالية تسكن عقل بعض الرجال حين ينظرون للمرأة التي تبدو متحرّرة وتتحدّث بجرأة في مشاكل المرأة وتطالب بحرّيتها وأحقيتها في حياة حرّة كريمة بعيدة عن التعقيدات والقيود. من كونها قد تكون سهلة الاصطياد في خانة تفكيرهم المغرق بشهوات الجسد لا غير.

المرأة التي استطاعت أن تصل إلى مراكز مرموقة وبشخصية معتدّة بنفسها واجهت مشاكل وصعوبات لكنها وجدت من حولها من الرجال من يحملون أفقاً واسعاً وفهماً مشتركاً لأحقّيتها في الحياة كونها لا تختلف عن الرجل بالأهمّية أو المكانة.

الكتابة

النشاط ٨

اختاروا موضوعاً واحداً من المواضيع التالية واكتبوا حوالي ١٥٠-٢٠٠ كلمة.

١. تُعدُّ المرأة جزءاً لا ينفصلُ بأيّ حال من الأحوال عن كيان المُجتمع الكُلّي، فهي مُكوّنٌ رئيسي له، بل تتعدّى ذلك لتكون الأهمّ بين كلّ مكوّناته. أبرزوا دور المرأة في المجتمع.

٢. هل المتحررة امرأة واعية ومسؤولة تعرف هدفها في الحياة وتسعى له، أم أنها امرأة "منحرفة" لا هم لها سوى الخروج عن العادات والتقاليد وتنفيذ رغباتها؟ من هي المرأة المتحررة في نظركم؟

النشاط ٩

اذهبوا الى صفحة النقاش الخاصة بالصف (discussion board) وتطرقوا إلى السؤال التالي ثم علقوا على إجابة طالب آخر.

تناقش ليلى أبو لغد في كتابها "هل المسلمات بحاجة للإنقاذ؟" الاستخدام الأمريكي الحديث لصور النساء الأفغانيات المنقبات في حملة تهدف إلى بناء حركة داعمة ومؤيدة للحرب. وتوضح الباحثة أن الصورة العادية للمرأة، أو بالأحرى المرأة المسلمة المحجبة، تروج لافتراضية المستشرقين حول تعرض المسلمات للقهر وبالتالي ضرورة إنقاذهن وتحريرهن. ما هو تقييمكم لهذا الموقف مبرزين رأيكم الشخصي في هذا الموضوع؟

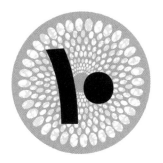

١٠

قصص من المغرب

القصة الأولى

تعريف الكاتب

محمد البالي أستاذ متفرّغ للغة العربية، وزائر بالتعليم الثانوية، درّس العربية للناطقين بغيرها في كلّية الآداب والعلوم الإنسانية بتطوان صيفي ٢٠١٤ و٢٠١٥ ودرّس بجامعة عبد المالك السعدي خلال الموسمين الجامعيين ٢٠١٥–٢٠١٦ و٢٠١٦–٢٠١٧. هو باحث بسلك الدكتوراه بمركز الدكتوراه في الآداب والعلوم الإنسانية والترجمة في كلّية الآداب والعلوم الإنسانية بتطوان.

خانت حياته

محمد البالي

لم يتناول وجبة الغذاء، لم يكلّم أصدقاءه في الشامبري[1]، مذ **وشوش** في أذنه الكابران عن علاقة زوجته بصديق طفولته.

انزوى في ركن من المرحاض يدخّن معجون سجائر. التفّ بسحاب من سجائره المزيّتة. عينان حمراوان يغشاهما دخان من أنفه حين يجذب بشدّة من فمه نصف جوان[2] في شفطة واحدة. لم يقوَ على النهوض حين نهره البيخيلانطي[3] المكلّف بإعادة المساجين إلى غرفهم. اتّكأ على الحائط بيمناه فانزلقت يسرى رجله المرتعشة.

—نُض آ لمْريض[4].

قال الحارس، ولكزه بعصاه على ظهره، وهو يستند بيديه، وجهه صوب الحائط الملوّن المخدوش.

مدّ الحارس عصاه فأمسكها يتسلقها بيديه ليدفع بكلتا رجليه المضطربتين. أعانه صاحبه بجذب العصا حتى إذا التقى الوجهان ثبّته بغُمرة يمناه فوق صدره وألصق فمه بأذنه اليسرى:

[1]الشامبري = prison cell

[2]جوان = joint (for smoking)

[3]بيخيلانطي = guard (from Spanish *vigilante*)

[4]نُض آلمْريض = Get up, you pervert!

—خاصّاكْ شي حاجة[1]؟؟

طنّت كلمات الحارس وانسابت إلى كبرياء ميدو تثير مجد عنفوانه المسلوب.

—دّابَ دّاب[2].

قالها بين ثقل النطق وقوّة اللهجة، وأفرغ الجيب الأيسر من سرواله الجيني من أتاوي هذا الصباح ومستحقّاته في خدمة النزلاء الجدد.

دقّ الحارس باباً كان مغلقاً داخل المرحاض، أطلّت يد موشومة فتحت قبضتها على علبة مارلبورو. انتزعها صاحبنا وفتحها ليُخرج من بين السجائر حَبّتين.

—افتح فمَك.

أغلق بيسراه أنف محبوسه ودسّ الحبتين في فمه وأتبعهما بماء قارورة أخرجها من جيب بذلته الزرقاء، وأفرغ ما تبقى في القارورة على رأسه الأشعث. هزهز ميدو رأسه هزّات ليتسلّل الماء وليحسّ برشّات خفيفة منعشة. استنشق ولهث ثم استنشق وأعاد.

—زيدْ جوجْ[3].

—باراكا[4].

قال الحارس المراقب لتحوّل ملامح وجه السجين.

—قوولتك زيدْ[5]. أرى السّيّو.

وشدّ قبضتيه ولهث عميقاً وعيناه إلى السقف المُقشّر المبلول.

—هاكْ[6].

ومدّ يده خلفه.

رمى الحارس علبة المارلبورو على صوت غليظ ممن خلف الباب. وأقفل خارجاً مسرعاً في الإنذار:

—طلْقونا[7]. بالزربة[8]. يا الله.

دخل المتأخّرون زنزانتهم الجماعية على أسئلة السابقين:

—فاين[9] ميدو؟؟؟

[1] خاصّاكْ شي حاجة؟؟ = Do you need anything?
[2] دّابَ دّاب = now
[3] زيدْ جوجْ = add two more
[4] باراكا = enough
[5] قوولتك زيدْ = I asked you to add more.
[6] هاكْ = Here you are.
[7] طلْقونا = Hurry up!
[8] بالزربة = quickly, hastily
[9] فاين = where

وما كاد الباب يُغلق حتى تسارعت الأرجل وتعاركت الأيادي وتزاحمت الأوجه لتفسح الهواء للآذان تسترق ضجيجاً وعويلاً:

—والله حتى نقتل الدين ديمّاها وديمّاه[1].

اشرأبّت الأعين تلاحق مطاردة الحرّاس ليُلبسوا الهستيري ما ينتزع ويمزق من ملابسه. تنهمر الدماء من وجهه ويقفز برأسه صوب الباب الحديد، ينطحه والحائط الذي تلطّخه يداه.

صفّارات تجري وبذلات أخرجت أحزمتها وطارت القبّعات في الممرّات المحمرّة. تباعد الصراخ وخفّت الشخير. وطاف الحرّاس بالزنازين يطقطقون بزراويطهم ويطفئون الأضواء ليرغموا المقيمين على النوم.

وكانت ليلة وشوشات ونقاشات بين الأسرّة المتلاصقة ومفترشي الأرض. يتخابرون في أحداث السجن ووقائعه وأنواع التجارات الرائجة والخدمات المربحة. ويتساءلون عن مصير عشيرهم بين العلاج أو الكاشو.

وبقليل قبل الفجر اصطكّت أحذية الحرّاس وعلت طقطقاتها وتسارعت ترافقها أوامر راكضة.

أطلّت الآذان لاقتناص الكلام المتسارع بين الممرّات:

—الوكيل العامّ. . . المدير . . . مات . . . مينورا[2] . . . شْكون[3] . . . القرقوبي[4] . . .

المفردات

أتاوي	rewards
جَذَبَ—يَجذِب	to attract, pull
زراويط	batons
انزَوى—يَنزَوي	to retreat, seclude oneself
شامبري	prison cell
اشرَأَبَّ—يَشرَئِبّ	to stretch one's neck
أشعث	untidy, tousled, uncombed
شَفطة	sip
صَوبَ	toward
طَنَّ—يَطِنّ	to ring, buzz, resonate
غَليظ	thick, coarse

[1] والله حتى نقتل الدين ديمّاها وديمّاه = damning his mother and father's religion

[2] مينورا = a brand of shaver

[3] شْكون = who

[4] قرقوبي = karkoubi, a mixture of psychotropic drugs, cannabis, alcohol, and sometimes glue

غُمرة	depths, hazard
اقتِناص	hunting, seizing
كابران	a military rank
مُذ	since
إنذار	warning
نَزوة	whim, fancy
مَوشوم	tattooed

محادثة

النشاط ١

بعد أن قرأتم القصة في البيت، ناقشوا الأسئلة التالية في مجموعات لا تزيد عن ثلاثة طلاب.

١. ماذا فعل ميدو المحبوس في المرحاض؟
٢. ما سبب تعاسته؟
٣. كيف قرر ميدو التخفيف من ألمه، وبمساعدة مَن؟
٤. بماذا زوّد السجّان ميدو؟ كيف تم ذلك؟
٥. ماذا كان مصير ميدو؟

المفردات

النشاط ٢

نسِّقوا أحداث أو مواضيع القصة ضمن خريطة ذهنية.

النشاط ٣

أكملوا الفراغات التالية بالكلمة المناسبة.

أنزوي   شفطه   وشم   غليظ   صوب   اقتناص

١. المشتبه هو رجل على ذراعه الأيسر ________ أفعى الكوبرا.
٢. لا تكن فظاً ________ القلب واللسان.

٣. لا بد من ــــــــــــ هذه الفرصة قبل أن تفوتنا.

٤. قد يُستخدم سحب الهواء أو ــــــــــــ من المكان للتهوية وإزالة الملوثات بالهواء ليكون حلاً أخيراً بعد استنفاذ طرق التهوية الأخرى المتاحة.

٥. اتخذت الحكومة عدداً من التدابير ــــــــــــ تنفيذ خطة العمل.

٦. كل ما أردت فعله هو أن ــــــــــــ في ركن البيت وأبكي.

النشاط ٤

اختاروا عشر كلمات من قائمة المفردات واستعملوا كل كلمة في جملة مفيدة.

النشاط ٥

صلوا الكلمات التالية بمرادفتها.

١. ــــــ	نزوة	أ.	مُغْبَرّ
٢. ــــــ	جذب	ب.	تقلب
٣. ــــــ	أشعث	ت.	سميك
٤. ــــــ	إنذار	ث.	تنبيه
٥. ــــــ	غليظ	ج.	سحر

المحادثة والحوار

النشاط ٦

كل مجموعة ستأخذ سؤالاً واحداً، على أعضاء المجموعة قراءة السؤال ومناقشته.

١. فساد الشرطة جائحة خطيرة تهدد استقرار المجتمع. أبرزوا مظاهر هذا الفساد.

٢. أصبحت الخيانة الزوجية في يومنا هذا سهلة جداً باستخدام مواقع التواصل الاجتماعي، حيث يدخل الشخص للـ"تْشات" من خلال فيسبوك، فيتعرف على شخص افتراضي في البداية، ثم يتحول لحقيقة لاحقاً. هل مواقع التواصل الاجتماعي تهدّد فعلاً استقرار الحياة الزوجية؟

٣. لماذا تلجأ بعض الأنظمة إلى تعذيب المعتقلين في السّجون؟

الترجمة

النشاط ٧

في مجموعات تتكون من طالبين، اقرأوا النص التالي ثم ترجموه إلى اللغة الإنجليزية.

دقّ الحارس باباً كان مغلقاً داخل المرحاض، أطلّت يد موشومة فتحت قبضتها على علبة مارلبورو. انتزعها صاحبنا وفتحها ليُخرج من بين السجائر حَبّتين.

—افتح فمَك.

أغلق بيسراه أنف محبوسه ودسّ الحبّتين في فمه وأتبعهما بماء قارورة أخرجها من جيب بذلته الزرقاء، وأفرغ ما تبقى في القارورة على رأسه الأشعث. هزهز ميدو رأسه هزّات ليتسلّل الماء وليحسّ برشّات خفيفة منعشة. استنشق ولهث ثم استنشق وأعاد.

الكتابة

النشاط ٨

اختاروا موضوعاً واحداً من المواضيع التالية واكتبوا حوالي ١٥٠–٢٠٠ كلمة.

١. يمر الوقت داخل السجن ثقيلاً، فالانعزال عن العالم الخارجي، عن الحياة خارج أسوار السجن، عن الأصدقاء والأهل، والمكوث داخل هذا المكان المغلق، يُساهم في ثقل الزمن وتوقّف التفكير. ما هي الحلول التي يجب اتّخادها والتي من شأنها أن تُكوِّن شخصية السجين وأفكاره عن نفسه والمجتمع والدور أو الحلم الذي يسعى لأجله.

٢. هل هناك برأيكم علاقة بين تعاطي المخدّرات والإصابة بمرض الاكتئاب؟

النشاط ٩

اذهبوا الى صفحة النقاش الخاصة بالصف (discussion board) وتطرقوا إلى السؤال التالي ثم علقوا على إجابة طالب آخر.

قال الرسول صلى الله عليه وسلم: "إن الراشي والمرتشي في النار". متى يلتجأ الناس للرشوة ولماذا؟

القصة الثانية

تعريف الكاتب

الدكتور عبد الجبار العلمي كاتب مغربي من مواليد ١٩٤٧. حصل على دبلوم المدرسة العليا للأساتذة سنة ١٩٧٠، وعلى الإجازة في اللغة العربية وآدابها سنة ١٩٧٦. نال دبلوم الدراسات المعمقة سنة ١٩٨٣، تحت إشراف الأستاذين محمد برادة وأحمد اليبوري. كما وحصل على الدكتوراه في الأدب الحديث من كلّية الآداب بالدار البيضاء في موضوع "البنية الإيقاعية في ديوان براعم لعبد المجيد بن جلون" سنة ٢٠٠١. يدرّس اللغة العربية وآدابها منذ ١٩٧٠. له منشورات في عدّة صحف ومجلّات مغربية وعربية. من إصداراته: كتاب بعنوان "لعبة الخيال والواقع في الرواية العربية"، "الرواية الجديدة وأزمة الإنسان المعاصر"، وديوان شعري بعنوان "عصافير محلّقة في زمن الصخب والعنف".

الطّاحونة

الدكتور عبد الجبار العلمي

كان آخذاً طريقه إلى المقهى. لفحات البرد تجمّدُ وجهَه الشاحب. الفجرُ يفتح براعمَه المضيئة وراء الأفق. الطريق المرصوفة بالحجر يرشُّها الندى وجدرانُ البيوت على جانبيها تكتسي لوناً أزرق، وتتلألأُ قراميدُها البنّيةُ بضوءِ الفجر. وعند نهاية الطريق، تقوم طاحونة مائية يوشي عنها صوتُ دورانها قبل الانتهاء إليها. طاحونة هي الدنيا. دورانها بلا نهاية. هذه الطاحونة المائية مثلها، لا تكاد تكفّ عن الدوران. والماء المتدفّق من أعلى الجبل الذي يديرها، لا يكفّ عن الجريان صيفاً وشتاء، ليلاً ونهاراً. نمتْ في رأسه هذه الفكرة عند مروره بحذاء الطاحونة، لكن سرعان ما هبّتْ ريحٌ قارسةٌ كسرتْ براعمها حينما انعطفَ إلى الشارع الواسع نحواً ما المحفوفِ من جانبيه بأشجارِ النارنج الذاوية. حملَتِ الريحُ إلى سمعهِ هديرَ الطاحونة، وهو يحثّ الخطى بوهن. أزهرت في رأسه الفكرة ثانيةً: "طاحونة هي الدنيا. طاحونةٌ مملّة الدوران". آهٍ كم هو قارس البردُ هذا الفجر! الريحُ تتسلّلُ من فتحةِ جلبابكَ الصوفي الرَثّ إلى كلِّ جسمك، تجمّد أطرافك، وتزيدُ ضراماً ألَمَ عنقك. إنك تحسُّ أن جسماً ما يسكن بداخله، جسماً حادّاً ذا فاه شائك. لكن، ما أهون هذا الألم بالقياس إلى ألم بطنك! إنك لم تحسّ به شديداً هذا الصباح. ربما لأنك لم تتناول بالأمس أي طعام، ولم تأكل قبل خروجك من البيت. إنه نفس جسمِ العنقِ ذي المنقار الشائك، لكنه أكثر نشاطاً واستمراراً في العمل. إنه مثل الطاحونة، مثل الكرة الأرضية في استمرار الدوران. أحدثتْ خَشْخَشَةً أوراق الأشجار الذابلة حين داسها بحذائه. لفتتْ نظرهُ الأشجارُ المنتفضةُ بين أصابعِ الريح. فكّر: إن نظامها أيضاً كنظام الطاحونة ونظام الكرة الأرضية. تورّقُ ربيعاً وتسقط أوراقها في الخريف في دوران

مملّ رتيب سقيم: (ربيع خريف خريف ربيع ربيع خريف). وخزه الجسم الصغير ذو المنقار الحادّ في داخل بطنه. أدخل يدهُ تحت الجلباب. وضعها على موضع الألم. أخذ يهدهده. ازداد تقلّص وجهه إذ لطمتهُ الريحُ المغسولة بالماء البارد وانتابت بدنَهُ قشعريرة. سال من الأفق بغزارة سائل الضوء الفضّي فغسلَ وجه السماء من أثر سوادِ الغيوم. هل ثمّة سائلٌ يَغسِلُ الدنيا من الهمومِ والآلام؟

خفَّ ألمُ بطنه قليلاً وأخرج يده من تحت الجلباب. أمسك بها "قبَّ" جلبابه ليصدّ عن وجهه البرد والريح. أدخل الأخرى التي أُثْلِجَت ماسكة به. وراودَه حلم البرء من مرضه وأمل الخلاص من الجسم الحادّ الذي يدور داخل بطنه وعنقه باستمرار طيلة سنتين. لكن. ها هو ذا الطبّ لم يستطِع إزاء مرضك القيام بشيء مجدٍ. وها هي ذي إقامتك، بعيداً عن بلدتك وصغارك، ثلاثة أسابيع لم تسفر عن أي نتيجة، غير بقاء العيال دون عائل يعولهم. يقولون لك إنه مرض لا يعرف دواءه الأطبّاء. إنه من اختصاص المتشفّعين وذوي البركات، وها أنت ذا منذ خمسة أيّام، موعد خروجك من المستشفى—استهلكتَ أنواعاً من الأعشاب التي وُصفت لك وطرق مزجها بالعسل وغيره، وتجرّعت خمس كؤوسٍ من ذلك العصير المرّ البغيض. هل من أثر لكل ذلك؟ حتى أكبر مدّعي علاج هذا المرض في بلدتك الصغيرة فشل، بعد أن شوى لحم بطنك وعنقك بسفّود طويل ساخن. عاد الجسم الحادّ اللعين إلى إيلام بطنه. الفجر ما زال ينشر غلائله المضيئة على الأشجار الذاوية، ويسقط بعض القطع الفضّية في برك متناثرة في عرض الطريق. لاح له المقهى البغيض ببابيه الحديديين المصبوغين باللون البنّي الباهت. تذكّر الطاحونة، والكرة الأرضية والأشجار. فكّر أنه أيضاً مثل الطاحونة والكرة الأرضية والأشجار. إنه يعمل مثلها في دوران لانهائي. من الفجر إلى منتصف الليل يعمل كالآلة، لا يتوقّف إلا لحظات في وقت الغداء. منذ أن عرضت كتفاه تحمّل مسؤولية حياته أوّلاً، وبعد ذلك مسؤولية زوجه وأبنائه الثمانية، وطافت بخياله صور بعيدة من حياته. في سنّ الصبا عمل صبياً لنسّاج قطع الجلابيب الصوفية. في شبابه ترقّى في صنعته ليصير معلّماً "درّازاً". درّازاً ماهراً ذائع الصيت بين أقرانه من أصحاب الصنعة في بلدته. لا يعرف الغشّ والتزوير في صناعته. تغيّر الزمان، وكسدت صناعة وتجارة الصوف، فعمل في متجر كبير لبيع الصباغة وأدواتها ثم دكّان لبيع المأكولات. وانتهى به المطاف إلى العمل في هذا المقهى منذ خمس عشرة سنة. اقترب من مبناه طنّت في أذنه كلمات صاحبه المتغطرس الحديث النعمة. حين طلب منه رخصة ثلاثة أيّام ليذهب خلالها ليعرض نفسه على الطبيب، قال له: "اغرب عن وجهي بإجازة أبدية إن شئت". آه لو تستطيع. لو تستطيع أن تغرب عن وجهه. لو أمكنك أن تجد عملاً فيه ساعات محدودة لا ينال فيه من صحّتك هكذا، ويوفّر لك ما يقيم أود الصغار، ولا تكون فيه مثل طاحونة الزيتون في دوران دائم دونما توقّف. بدأت السماء تصحو، ولاحت في عمق الزرقة نقط ضائعة كانت قبل نجوماً، وقلّص هبوب الريح وجهه حين انزلق قبُّ جلبابه عن رأسه بعد أن دلّى يده التي كانت ممسكة به ليطلع مفتاح بابَي المقهى من جيبه. آلمته لطمةُ الرِّيحِ الشديدة. حركت الجسم الساكن داخل العنق المتورّم. صرّ الباب الحديدي حين استجمع

كل قواه لرفعه إلى الأعلى. تسلّلت أعمدة رقيقة من الضوء وتكسّرت على الكراسي والطاولات المستديرة والمربّعة المتناثرة في أرجاء المقهى. وازداد ألم عنقه حين رفع الباب الثاني، ووقف مبهور الأنفاس. دخل المقهى. كان ضوءُ الصباحِ قد تسرّبَ فعمَّ المقهى بعد فتحهِ الباب. طفقَ يُعِدّ القهوةَ في "الماكينة" بعد أن أخذت قسطها الكافي من السخونة بواسطة الكهرباء، ويغلي الماء للشاي. العاملان اللذان يقاسمانه العمل لم يحضرا بعد. انفلتت أولى أشعّة الشمس الوانية. أحسّ ببعض الدفء يغمره وهو بين ألسنة نار الغاز المشتعلة تحت الأواني. خفّ ألم بطنه وعنقه قليلاً. شعر بشيء من الراحة تعمّ نفسه ودبّ في جسمه استرخاء لذيذ. جلس على كرسي صغير. جاء زميله الأوّل بيده آنية لبن طري. ناوله إياها.

"صباح الخير". وخلع سترته البالية، ودخل بها حجرة صغيرة، ثم خرج بمكنسة وأخذ يكنس أرض المقهى في صمت. بدأ بعض الزبائن يدخلون المقهى بوجوه شاحبة، وهم منكمشون في جلابيبهم الصوفية الرثّة، ويدفئون أكفّهم بعضها في بعض، وذلك ليحتسوا كؤوس الشاي الدافئة، ويُدخِّنُوا بعض أوّل "سباسي" الكِيف. استأنفت الحياة عملَها بالخارج. جاء زميله الثاني. ألقى عليه تحيّة الصباح وسأله عن حاله.

—الحمد لله. الحمد لله.

اشتدّت الحرارة في مكان وقوفه، كما تشتدّ منذ خمسة عشر عاماً من كل صباح إلى كل منتصف ليل، وهو يُعِدّ كؤوس الشاي. تحرّك في بطنه الجسم الصغير. وخزه. دخل المقهى صديقه القديم. وجهه باشّ رغم شحوبه. لم يكُن قد رآه بعد عودته من المستشفى. سأله وهو يصافحه بقوّة:

"كيف حالك؟" ولاحظ أنه ازداد شحوباً عما كان عليه، وعيناه العسليتان قد غارتا أكثر.

—ما المرض الذي شخّصه لك الطبيب؟

—قال بعد أن حاول أن يهوّن الأمر إنه مرض مستعصٍ على العلاج، لكن الله رحيم بعباده. ضع أملك ورجاءك فيه، فهو القادر على كل شيء.

تمتم الصديق ببعض الكلمات، لم يسمع تمتمته، لأن زبوناً طلب منه أن يعدّ له كأس شاي مصفّى، وآخر قهوة بلبن، فانصرف إلى إعداد طلبات الزبائن. كانت النار المشتعلة تحت الأواني تلهب جسمه، والجسم الحادّ اللعين يتحرّك في بطنه وعنقه، ويدور، ويدور، ويدور.

المفردات

بِركة—بِرَك	pool, pond
باشّ	smiling, joyful
بَغيض	hateful, odious
باهِت	faded, pale
تَمتَمَ—يُتَمتِم	to mutter

تَجَرَّعَ—يَتَجَرَّع	to swallow, sip
ذاوٍ (الذاوي)	dried up, withered
رَثّ	shabby, threadbare
سَفّود	skewer, spit
سَقيم	sick
شُحوب	paleness
شائِك	thorny
ضِرام	burning, conflagration
طَفِقَ—يَطفَق	to begin
مُتَغَطرِس	arrogant, haughty, insolent
تَلَألأَ—يَتَلَألَأ	to gleam, glitter
لَفحة	blight
محفوف	surrounded
نَدى	dew
هَدير	roar, thunder
هَدهَدَ—يُهَدهِد	to rock, cradle
يوشي	denounce, report
وَهن	weakness

محادثة

النشاط ١

بعد أن قرأتم القصة في البيت، ناقشوا الأسئلة التالية في مجموعات لا تزيد عن ثلاثة طلاب.

١. بيّنوا أوجه الشبه بين الرجل والطاحونة.
٢. في أي وقت من اليوم دارت أحداث القصة؟
٣. كيف كان تشخيص الطبيب لمرض الرجل؟
٤. أي مهن امترس قبل عمله كنادل في المقهى؟
٥. صِفوا الآلام التي تطوّق جسده.

المفردات

النشاط ٢

نسِّقوا أحداث أو مواضيع القصة ضمن خريطة ذهنية.

النشاط ٣

أكملوا الفراغات التالية بالكلمة المناسبة.

الندى   شائك   البِرك   بغيض   الرثَّة   شحوب

١. حذرني بعض الزملاء من التكلم معه عن الدين، لأنه برأيهم موضوع ________ وحساس.
٢. ________ الجثة يرجح أن الوفاة حصلت ما بين التاسعة والحادية عشرة مساء.
٣. رغم صغر قطرات ________ إلّا أنّها تُعتبر مصدراً كافيّاً لتوفير الرطوبة للنباتات والحيوانات في المناطق القاحلة.
٤. الإرهاب لا دين له ولا هوية وهو ________ لدى كل الديانات والمعتقدات.
٥. كل ما لفت نظري إليها هو شعرها الطويل الأشعث الأغبر، وملابسها ________ وبشرتها السمراء.
٦. كلّ سَنَة يطير حوالي ٢٠,٠٠٠ طائرِ نُحام (flamingo) مِنْ أمريكا الجنوبية إلى هذه ________ الملحِية البعيدةِ للتَغْذِية والتَفْقيس.

النشاط ٤

اختاروا عشر كلمات من قائمة المفردات واستعملوا كل كلمة في جملة مفيدة.

النشاط ٥

صلوا الكلمات التالية بمرادفتها.

١. ______ تلألأ	أ. هرير
٢. ______ هدير	ب. شاحب
٣. ______ تجرّع	ت. همهم
٤. ______ باهت	ث. وهج
٥. ______ تمتم	ج. بلع

المحادثة والحوار

النشاط ٦

كل مجموعة ستأخذ سؤالاً واحداً، على أعضاء المجموعة قراءة السؤال ومناقشته.

١. في الآونة الأخيرة يتجه الكثير من الناس إلى الطب البديل كالعلاج بالأعشاب أو التدليك والوخز. ما هو الطب البديل؟ وما هي مخاطره؟
٢. هل الفقر وتدهور الخدمات الصحية من العوامل التي تؤدي إلى تفاقم ظاهرة "التداوي بالأعشاب"؟
٣. ناقشوا مشكلة خصخصة وتسليع القطاع الصحي وأثرها على الفقراء والمهمّشين.

الترجمة

النشاط ٧

في مجموعات تتكون من طالبين، اقرأوا النص التالي ثم ترجموه إلى اللغة الإنجليزية.

"صباح الخير". وخلع سترته البالية، ودخل بها حجرة صغيرة، ثم خرج بمكنسة وأخذ يكنس أرض المقهى في صمت. بدأ بعض الزبائن يدخلون المقهى بوجوه شاحبة، وهم منكمشون في جلابيبهم الصوفية الرثَّة، ويدفئون أكفّهم بعضها في بعض، وذلك ليحتسوا كؤوس الشاي الدافئة، ويُدخِّنُوا بعض أوّل "سباسي" الكِيف. استأنفت الحياة عملَها بالخارج. جاء زميله الثاني. ألقى عليه تحيّة الصباح وسأله عن حاله.

—الحمد لله. الحمد لله.

الكتابة

النشاط ٨

اختاروا موضوعاً واحداً من المواضيع التالية واكتبوا حوالي ١٥٠–٢٠٠ كلمة.

١. عندما تخوننا أجسادنا يصبح التعايش مع الأمراض المزمنة شيئاً صعباً للغاية. متى تصبح التبعات النفسية أكثر خطورة من المرض العضوي؟
٢. يُعَدّ التشخيص الدقيق للمرض أوّل خطوة في رحلة العلاج، وهو بمثابة الخيط المتين الذي يمسك به الطبيب لوصف العلاج المناسب للمريض، إلا أن الخطأ في التشخيص الطبي حوّل حياة الكثيرين إلى جحيم. هل يتحمّل الأطباء كامل المسؤولية؟

النشاط ٩

اذهبوا الى صفحة النقاش الخاصة بالصف (discussion board) وتطرقوا إلى السؤال التالي ثم علقوا على إجابة طالب آخر.

ما دور السلطات المحلية في تحقيق الأمن الاقتصادي وتوفير الحياة الكريمة للمواطنين في حالة العجز، المرض، التقاعد، أو الوفاة؟

القصة الثالثة

تعريف الكاتبة

زهرة عز دكتورة صيدلانية، قاصّة وروائية وناشطة جمعوية وحقوقية. هي حاصلة على شهادة في الصيدلة، ومستشارة بالمؤسسة الكندية "بنات من أجل الحياة"، ومستشارة أيضاً بالرابطة الفلسطينية المغربية الثقافية لنصرة جلالة الملك محمد السادس للقدس ورئيسة الجمعية المغربية لأصدقاء فلسطين، نشطة في عدّة جمعيات أخرى مثل "Operation-smile" وفضاء كوبونس، جمعية الحركة والمواطنة، وغيرها. كما أنا رئيسة التحرير للمجلّة العربية "باحثون" وعضوة مكتب إدارة "نادي العرب للثقافة واللغة والأدب" ومكتب إدارة "منتدى الإبداع والثقافة". صدر لها مجموعة قصصية منها: "مرآة خبز وقمر" و"وليمة لأعشاب الحلم" والتي تُرجمت للفرنسية.

كابوس منتصف الليل

زهرة عز

دقّت الساعة منتصف الليل. سقطت منها دمعة وقطرات دم، لملمت جراحها، وحمّالة نهديها على أسفل الدرج، وانطلقت تعدو في أزقّة المدينة النائمة إلا من وجعها. كان ظلّها يتبعها ناكساً رأسه، مثخناً بالجروح. ابتسم القمر حزيناً في صدر السماء، وأشار لها أن تسند ظلّها المعطوب. خفّفت من سرعة جريها، تباطأت خطواتها، توقّفت، حتى لحق بها الظلّ يزحف على أنفه.

كان ظلّها إلى ما قبل منتصف الليل أطول، يمشي شامخاً، يزهو بعذريته ليل نهار، وبعد أن تسلّل السيف إلى مخدعها وأراق دمها، انكمش على نفسه، رغم حرارة أنفاسها. تقلّصت كل الحظوظ في أن يتمدّد ويلمس عنان السماء.

توحّد زفير مريم ونحيبها، وهي تعانق ظلّها بألم وتغادر ساحة معركة كانت فيها خاسرة. لم تستسلم للغاشي بل قاومت حتى دكّت آخر حصونها، وأريق دمها المغدور.

في ركن منزوٍ من المحطّة، تكوّرت وأغلقت على نفسها بصمت من إسمنت، مثل قنفذ عجوز خسر كل أسلحته في معركة الحياة. تساقطت أشواكه ومخالبه وهو يواجه وحوش الغابة. شعرت أنها أُفْرِغت من محتواها مثل بالون كان مزهواً بأجنحته، ولونه القاني أصبح شفّافاً مثل غشاء بكارتها التي كانت، وأصبحت في خبر كان.

تسارعت أنفاسها متناغمة مع دقّات قلبها، وهي تسترجع شريط ليلتها. أغمضت عينيها، ربما كابوس ليس إلا، سرعان ما تصحو منه. مدّت يدها مغمضة العينين، تتحسّس دفء فراشها، لتستعيد روحها، وظلّها. لسعتها برودة المكان، فتحت عينيها، وتأكّدت أنها لم تكُن تحلم، بل تعيش كابوساً حقيقياً.

اقترب منها كهل يمشي متبختراً. جلس بجانبها بهدوء، ناولها منديلاً لتمسح آثار المعركة، دموع ومخاط امتزجا بمرارة. كانت ترتجف من برودة الليل ومصابها. فتح حقيبة السفر، أخرج كنزة صوفية وناولها إياها. كان شكلها صادماً، بشعرها المنفوش وصدرها البارز الذي ضيَّع حمّالته. يبدو وكأنها استفاقت من لقاء ساخن حميمي، أفقدها رشدها، ربما كانت قبلة أو صفعة خرمت جسدها النحيف، وسنين عمرها الخمس عشرة.

ازدادت انكماشاً على نفسها وابتعدت عن الكهل إلى أقصى زاوية من ركنها البارد. على كرسي المحطّة، ابتسم لها الغريب بحنان، وقدّم لها شوكولاتة لم تُسِلْ لعابها، لكنها لم تمانع قارورة ماء معدني. كانت نار السيف المسموم الذي اخترقها ما تزال مشتعلة بجوفها. تجرّعت الماء إلى آخر قطرة، وأحسّت بخيبة أمل وهي ترى اللهيب قد ازداد اشتعالاً، حتى نفثت من أنفها دخاناً ورماداً، ولم تنتبه للكهل الذي يتابعها بفضول وتفحّص، جمعت رماد لهيبها، وضعته وسط كفّها، أطبقت عليه بقوّة. قرأت تعويذة كانت قد سمعتها يوماً من عرّافة عجوز بجامع الفنا، وحفظتها عن ظهر قلب، ثم نثرت حفنتها، تطايرت ذرّات الرماد، ولأوّل مرّة بعد ساعات من العذاب والألم، ابتسمت مريم ابتسامة باهتة وهي ترى ذرّاتها تمتطي الريح لتلحق بوحشها. تسدّ منافذ تنفّسه وتجرّعه الموت القاسي.

كان الغريب ما يزال يتابع كل حركات مريم بصبرٍ وتأنٍّ، بل زادت ابتسامته اتّساعاً وإشراقاً وهو يراها تهمهم بكلمات مبهمة، وتقوم بحركات مجنونة. تأكّد له أنها فاقدة للأهلية والعقل. مدّد رجليه باطمئنان وحبور.

لبست كنزته، بل دَسّت رأسها في ثنايا خيوطها تستجمع رائحة غريبة تُذهب الرائحة التي ما تزال عالقة بخاصرتها ومسامّها. رائحة طيّبة لحبيب. كانت هي قبل منتصف الليل، ثم أصبحت نتنة مع بدء المعركة ودقّات طبول الحرب. تشعر بأنها أصبحت نتنة أيضاً، بل جيفة هجرتها روحها. وقفت بعيداً تتفرّج على خيبتها. فتحت ذراعيها لها، تغريها برائحة جديدة، لكنها رفضت حضنها، لطالما حذّرتها من الثقة بالغرباء، فغالباً ما تكون رائحتهم كريهة كما هي نواياهم.

ربما ما وقع لها الليلة قد غيّر قناعاتها. تحسّست آثار أسنان على ثدييها. مرّرت يدها على وجهها لتمسح مجرى لُعابٍ دنّس نضارتها. انتبهت للكهل الغريب يحكي لها حياته. رجع من سفر بعيد. كان يحارب بالجبهة، عسكري على الحدود. غادر المدينة الكبرى منذ سنين. يعيش وحيداً. أنهى خدمته هناك دون أن يطلق رصاصة واحدة تصيب من العدو مقتلاً، ونسي أن يخبرها بأنه يخطّط لفتح جبهة حقيقية عليها، يقذف من رشّاشه ما طاب له من رصاص.

سيأخذها معه، تستحمّ وتنام، ثم تروي له حكايتها وبإذن الله يجد لها حلاً. أمسك بيدها، وقفت، التفتت لظلّها وروحها هناك بالزاوية، يسندان بعضهما حتى لا يُسْمَع دَوِيُّ سقطتهما. تبعته باستكانة، شُلّ تفكيرها. كان الكهل طويل القامة، محدّب الظهر قليلاً. يلبس بنطلوناً من الثوب العسكري، ومعطفاً أسود، وبقدميه حذاء مدبّب كبير، مثلّث الفم، تعوّد أن يحشر به الصراصير هناك في زاوية غرفته حيث كان، قبل أن يدعسها متلذّذاً بصوت انفجار أمعائها.

كان الكهل يقود مريم إلى المجهول حينما برقت السماء ورمت بشهبها ورياحها علّها تخلِّص مريم من قبضته. انهمر عليهما مطر أغرق قدميه في بحر حذائه، ولم يغسل ندوب مريم ووجعها. كانت مبتلّة، وملابسها قد التصقت بها. سال لعاب الكهل وهو يرمقها بشهوة، ويسترجع ذكرى ليلته هناك بمخدعه، مع صبي غرّر به، وأقفل عليه بزنزانته طيلة ثلاثة أيّام. تلذّذ فيها باستباحة جسده البريء، لن يعتقها، قال في نفسه. سيحتفظ بها حتى يملّ. ابتسم ابتسامة صفراء شرهة، وهو يتخيّل كل أوضاع مضاجعته لها، هي بمشكلة كبيرة، أكيد لن تشتكي منه. سيهدّدها قبل أن يطلق سراحها. فكّر بارتياح.

أوقف سيّارة أجرة. اتّفق مع سائقها على الثمن، فهمت مريم أن بيته بأقصى المدينة بعيداً جدّاً عن مكان ألمها، وقبل أن تستردّ عقلها، قذف بحقيبته وبها إلى داخل السيّارة وجلس ملاصقاً لها، وهو يلهث كالكلب من الجوع والعطش. التفتت مريم. نظرت من وراء نافذة السيّارة، ورأت روحها وظلّها، يتبعانها ودموعهما تمتزج بدموع السماء، وتروي الأرض العطشى إلا قلبها ظلّ قاحلاً أصمّ.

وضع الكهل حقيبة يده على الأرض، وأدخل مفتاحاً صدئاً بباب البيت العتيق المهجور، وهو يمسك بإحكام بيده اليسرى يد مريم الباردة. أحسّ بقشعريرة تسري في جسمه من ملمس مريم والباب. ها هو قاب قوسين أو أدنى من تجسيد تخيّلاته المريضة. قد يربط يديها ورجليها بالسرير وينزع ثيابها بسكّينه الصغيرة، ثم يلعق جراحها، وكلما اقتربت جراحها من الالتئام سيعاود فتحها بأسنانه، ويتلذّذ بجسدها البضّ!

خلف باب شقّته الحقيرة من غرفتين، بسطح البيت، كان ظلّها وروحها يحاولان شدّها ومنعها من الدخول، لم تُعِرهما مريم انتباهاً. دخلت الدار مدفونة الرأس، متجمّدة العينين.

ما إن خطت قدماها الدار وأغلق الباب، حتى رمى الكهل بقناعه على الجدار المشقوق. علّق ابتسامته بمسمار ناتئ صدئ. رمى بحقيبته بعيداً حتى لا تعيق حركاته ثم أسقط مريم على حصيرة

خشنة، وهو ينزع ثيابها بعنف، فكّ حزامه. نظرت إليه مرعوبة وهي تسترجع ذكرى ليلتها قبل منتصف الليل. أجفلت، حتى تحجّرت دمعتان في مقلتيها. انتفضت من تحته وهي تئنّ وجعاً من ثقله. أخرستها نظراته الباردة، لم تكُن تعرف ما الذي كان أقسى عليها، أهي الحشرات التي سكنت الحصير وتمتّص دمها بنهم؟؟ أم سكّين الكهل اللحمية التي أصابتها في نحرها، ونزل بها تقطيعاً وتقتيلاً؟

كانت لحيته القنفذية تخترق وجهها، وأنفاسه أنتن من الحصير الذي لم يرَ الشمس منذ سنين. أغمضت عينيها الداميتين، ثم فتحتهما على بقايا ملابس ممزّقة متناثرة هنا وهناك. توقّف الوحش للحظات. أخرج من جيب بنطلونه حبّة زرقاء بلعها بريقه المقزّز. نهق نهيقاً جفل له قلبها، ثم رجّ رأسها بالأرض حتى التصقت شفتاها بالحصير، وارتمى عليها بكل ثقله وهو يعضّ عنقها ويشدّها من شعرها، وبعد أن أنهى جولته، سحبها من بقايا جثّتها إلى غرفة مظلمة. قذف بها فوق سرير متهرئ. قيّد رجليها ويديها. أخرج سكّينه الصغيرة، وبدأ لعبته الدموية.

كانت تئنّ في صمت تكاد عيناها تخرجان من مقلتيهما كلّما غرس سكينه في جلدها، ولعق جرحها بلعابه المالح، وكلّما فقدت الوعي، يصفعها بقوّة حتى تستعيد رشدها. يريد أن يرى الألم والخوف ينطّ من مقلتيها. يزداد هيجاناً كالثور، وتتضاعف لذّته، وعندما ارتاح لاستسلامها وخنوعها، فكّ وثاقها، وجلس إلى جانبها يتلذّذ بفتل جوان مُلغّم. فكّر في سَبِيّتِه وهو ينفث دخان سيجارته. لم يعُد في العمر بقية، سيكتفي بها، وقد يتزوّجها إن اشتكت، وتصبح سبيته الحلال. يحرثها أنّى شاء. أغمض عينيه على أحلامه المريضة، وهو يتلذّذ بأعقاب سجائره الملغومة، ويستعدّ لخوض معركة جديدة.

كانت مريم ترتجف من الخوف والبرد. أشارت بيدها للمرحاض. أزاح بصره غير مبالٍ. نهضت تجرّ جسدها المغتال جرّاً، تنوح تبكي براءتها وحلمها، تئنّ ألماً في صمت مبحوح. تجاوزت المرحاض، انسلّ ضوء من نافذة الغرفة معلناً شروق الشمس. سكن خوفُها. فتحت شراع النافذة، وبينما كان الكهل يعدّل من طقم أسنانه، ويطمئنّ على فحولته وعروقه الزرقاء المنتفخة بفعل الحبّة الخبيثة، تسلّل صرصار من حذائه، نفذ إليه عبر أصبع قدمه الكبير وتلبّسه. التفتت مريم إليه مبتسمة بانتصار، وهي ترى صورة الصرصار الحقيقية، بعدما نزع الكهل عنه القناع.

وقفت على حافّة النافذة ومشارف خلاصها. اخترقها نسيم عليل. أدارت وجهها متتبّعة النور مثل عبّاد الشمس، وهي تفكّر في الخلاص.

في المساء، جلست أسرة مريم محدّقة صوب الشاشة، يترقّبون إذاعة برنامج "مختفون". كانت أمّها داخل الشاشة. جالسة مكلومة وقلبها يدمي، بقربها تربّع الأب، دامع العينين يعرض صورة مريم، ورقم هاتفه لمن عثر عليها.

كانت نظرات الأب جائعة وهي تلتهم بنهم صورة مريم بالتلفاز، أغلق بعدها سياج عينيه على طيفها السجين، ثم سرح بخياله بعيداً حيث أشهر سيفه ذات دناءة، مسيلاً دم البراءة، ابتسم وهو يمرّر لسانه بشهوة، منتشياً بذكرى اكتشافه لتضاريس مريم بعدما خلت الدار إلا منهما ومن شيطانه. قطّب جبينه، وهو يتابع صرصاراً صغيراً يحوم حوله، فردّ تجاعيده، لاعبه وهو يمنّي النفس بالتهام مريم مثنى وثلاث ورباع.

المفردات

weakened	مُثخَن
joy	حُبور
permissible	حَلال
pointed, tapered	مُدَبَّب
to sit cross-legged	تَرَبَّعَ—يَتَرَبَّع
lead, bullet	رَصاص
to sneak, steal	انسَلَّ—يَنسَلّ
damaged	مَعطوب
spell, charm, amulet	تَعويذة
to mislead	غَرَّرَ—يُغَرِّر
oppressor	غاشٍ (الغاشي)
hymen	غِشاء البَكارة
disgusting, revolting	مُقَزِّز
very near, by a hair	قاب قَوسين أو أدنى
sweater	كَنزة
old man	كَهل
resignation, submission	استكانة
to gather	لَملَمَ—يُلَملِم
protruding	ناتئ
to spit out, spew	نَفَثَ—يَنفِث
setback	نَكسة

محادثة

النشاط ١

بعد أن قرأتم القصة في البيت، ناقشوا الأسئلة التالية في مجموعات لا تزيد عن ثلاثة طلاب.

١. صفوا حالة مريم كما وردت في القصة.

٢. إلى أين فرّت باحثة عن مكان يأويها؟

٣. كيف استدرج الرجل مريم في المحطّة؟

٤. ماذا حصل لمريم بعد مرافقتها للرجل إلى منزله؟

٥. هل كانت الأمّ على علم بما حصل لابنتها؟ عللوا جوابكم.

المفردات

النشاط ٢

نسّقوا أحداث أو مواضيع القصة ضمن خريطة ذهنية.

النشاط ٣

أكملوا الفراغات التالية بالكلمة المناسبة.

يتربّع	حلال	الكهل	رصاص	معطوب	نكسة

١. يعاني المجتمع الشرقي من ظاهرة إطلاق الـ _____ الطائش.

٢. كانت الآمال مرتفعة عند العمال رغم مخاوف إمكانية حدوث _____ مالية أخرى قد تؤدي إلى فقدانهم لعملهم.

٣. الشيخ عبد الباسط عبد الصمد هو أكثر القرّاء شهرة، إذ لم _____ على عرش القراءة فحسب، بل على قلب كل من استمع لقراءته.

٤. يواجه السياح المسلمون دائمًا صعوبة في إيجاد منتجات _____، والتي تتوافق مع شريعتهم الإسلامية.

٥. أرسلت وكالة "ناسا" الأمريكية مجموعة من رواد الفضاء لإصلاح محرّك _____.

٦. قال ابن الأثير: "_____ من الرجال من زاد على ثلاثين سنة إلى الأربعين".

النشاط ٤

اختاروا عشر كلمات من قائمة المفردات واستعملوا كل كلمة في جملة مفيدة.

النشاط ٥

صلوا الكلمات التالية بمرادفتها.

١. ــــــ	لملم	أ.	جمع
٢. ــــــ	مثخن	ب.	بارز
٣. ــــــ	ناتئ	ت.	تسرب
٤. ــــــ	مقزّز	ث.	مرهق
٥. ــــــ	انسلّ	ج.	مقرف

المحادثة والحوار

النشاط ٦

كل مجموعة ستأخذ سؤالاً واحداً، على أعضاء المجموعة قراءة السؤال ومناقشته.

١. تكررت في الفترة الأخيرة عدة جرائم بشعة لاغتصاب الأطفال، إذ أصبحت هذه المشكلة تحيط بمجتمعنا بصورة مخيفة. ما دور وسائل الإعلام والصحافة والتليفزيون والمدارس في التوعية والتربية الجنسية؟
٢. لا شيء في هذه الحياة بدون مقابل. الكل يعطى لكي يأخذ. هل تتفقون مع ذلك؟
٣. ما الذي يدفع ضحايا الاغتصاب الى التزام الصمت؟

الترجمة

النشاط ٧

في مجموعات تتكون من طالبين، اقرأوا النص التالي ثم ترجموه إلى اللغة الإنجليزية.

في ركن منزوٍ من المحطّة، تكوّرت وأغلقت على نفسها بصمت من إسمنت، مثل قنفذ عجوز خسر كل أسلحته في معركة الحياة. تساقطت أشواكه ومخالبه وهو يواجه وحوش الغابة. شعرت أنها

أُفْرِغت من محتواها مثل بالون كان مزهواً بأجنحته، ولونه القاني أصبح شفّافاً مثل غشاء بكارتها التي كانت، وأصبحت في خبر كان.

تسارعت أنفاسها متناغمة مع دقّات قلبها، وهي تسترجع شريط ليلتها. أغمضت عينيها، ربما كابوس ليس إلا، سرعان ما تصحو منه. مدّت يدها مغمضة العينين، تتحسّس دفء فراشها، لتستعيد روحها، وظلّها، لسعتها برودة المكان، فتحت عينيها، وتأكّدت أنها لم تكُن تحلم، بل تعيش كابوساً حقيقياً.

الكتابة

النشاط ٨

اختاروا موضوعاً واحداً من المواضيع التالية واكتبوا حوالي ١٥٠-٢٠٠ كلمة.

١. الاغتصاب يعدّ جريمة من الجرائم البشعة التي ينتهك فيها جسد الضحية، حيث يتمّ عن طريق القهر والإجبار. من يتحمل مسؤولية هذه الجريمة وما هي الاحتياطات الوقائية من أجل تجنّب حدوث هذه الواقعة؟

٢. الناس يتعاونون في لعبة الثقة لأنهم يتبعون القواعد الاجتماعية التي تنصّ على وجوب الوثوق بشخص آخر ما لم يكُن هناك سبب واضح لعدم القيام بذلك. هل الثقة بالغرباء في تعاملاتنا اليومية أسلوب حياة لا مفرّ منه؟

النشاط ٩

اذهبوا الى صفحة النقاش الخاصة بالصف (discussion board) وتطرقوا إلى السؤال التالي ثم علقوا على إجابة طالب آخر.

هناك مطالب جمة بإلغاء القانون المتعلق بتزويج الفتاة من مغتصبها، إذ تتيح هذه القوانين للمغتصب بالإفلات من العقاب بشرط أخذ ضحيته معه إلى بيت الزوجية. هل في رأيكم أن هذا القانون يحمي حقوق الضحية أم هو فقط لحماية "شرف العائلة"؟

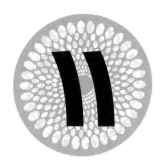

١١

قصص من اليمن

القصة الأولى

تعريف الكاتبة

نادية الكوكباني روائية وكاتبة قصص قصيرة وأكاديمية يمنية. وُلدت في تعز ودرست الهندسة المعمارية في جامعة صنعاء. حصلت على شهادة الدكتوراه في الهندسة المعمارية من جامعة القاهرة قبل أن تعود لتولي منصب أكاديمي في جامعة صنعاء. أوّل عمل أدبي لها كان قصّة قصيرة نُشرت في صحيفة الثورة. منذ ذلك الحين نشرت عدداً من المجموعات القصصية بدءاً من "زفرة الياسمين"، بالإضافة إلى رواية "حب ليس إلا" و"عقيلات" ومجموعة أدبية تُدعى "نلتقي أمسا".

المشاغبات

نادية الكوكباني

اشترى بعشرين ريالاً "قلى" (القلى: فول نابت) ساخناً من بائع متجوّل يقف أمام مدرسة للبنات. وبشكل مخروطي لفّ له البائع ما طلب في ورقة قطعها من دفتر إلى جوار مقلاة "القلى"، دفتر مستخدم تمّ الاستغناء عنه إلى جانبه عدّة دفاتر يلتقطها البائع من أماكن رميها بعد أن يستغني عنها الطلبة نهاية العام الدراسي. تعمّد صاحب العربة أن يجعل وجه الكتابة للداخل ليوهم المشترين أن أوراقه نظيفة. ناول المشتري ما طلب، والتفت ليلبّي طلب مشترٍ آخر.

انتبذ لنفسه مكاناً يحتمي فيه من أشعّة الشمس، وبمتعة هائلة راح يلقي حبوب "القلى" في جوفه مستمتعاً بحرارتها وليونتها بين أسنانه. انتهى منها وهمَّ بإلقاء الورقة لولا شعوره أن هناك بعض حبّات "القلى" في أسفلها. فتح الورقة ليجد فعلاً ثلاث حبّات من "القلى" في قاع مخروط الورقة. وقبل أن يلقي بالورقة في الشارع لفت نظره الألوان الزاهية فيها وبدأ يقرأ ما بجوفها:

المشاغبات:

أمل محمد، لون الخط أحمر.

هند علي، لون الخط أخضر.

مي عثمان، لون الخط أصفر.

سحر عبد الله، لون الخط أزرق.

دعاء خليل، لون الخط برتقالي.

بسمة يحيى، لون الخط بنفسجي.

أثارت انتباهه تلك الألوان الزاهية، الأسماء والألوان فتحتا شهيته ليتخيّل الفصل الدراسي مسرحاً ممتعاً يجمع الستّ المشاغبات. أسند قامته لجدار الرصيف، وأطلق لخياله العنان: نزع عن كل مشاغبة البالطو[1] الأخضر الترابي الذي ترتديه والذي فرضته وزارة التربية والتعليم، وألبسها بنطلون جينز أزرق و"T shirt" بلون خطّ اسمها، ورفع شعرها للأعلى كذيل الحصان، مثل كل الفتيات اللاتي يظهرن له في شاشات التلفاز.

وفي ركن الفصل أطبق على أذنيه بيديه حتى لا يسمع كلامهن وصراخهن داخل الفصل. هو فقط يريد أن يمتّع عينيه بجمال ودلال المشاغبات داخل الفصل. بقفز ولعب المشاغبات داخل الفصل. بضحك وصراخ المشاغبات داخل الفصل.

إطلاقه العنان لخياله جعل أجزاء كثيرة من جسده تنفر للأمام، وأثارت استغراب بعض المارّة. أسرع بالجلوس على الرصيف حتى تَنفَضّ من مخيّلته كل تلك الأحداث التي حرّضتها ورقة أسماء المشاغبات.

كانت الورقة التي أحكم قبضته عليها قد تكرمشت وزادت أعطافها وابتلّت من العرق الذي راح يتصبّب من جسده، ردّد في أعماقه: ماذا لو كانت المشاغبات في الشارع في كل مكان من حولي هل كنت سأبذل كل هذا الجهد في التخيّل، أنا لا أتفاعل إلا مع الكلمات ومع التخيّل. لعبة التخيّل ليست دائماً ممتعة بل هي لعبة مجهدة.

قام فجأة من على الرصيف كمن لدغته حيّة. قلب الورقة التي بين يديه، واصل قراءة ما تحت كلمة المشاغبات وأسمائهن. كانت مسألة رياضية تقول: أرض مستطيلة الشكل، مساحتها ٢٧,٦٢٥ كيلومتراً مربّعاً، فإذا كان عرضها ٦,٥ كيلومتر فما هو طولها؟

الحلّ: ؟

الحلّ غير موجود. همد، كمن أُلقي عليه جردل ماء بارد بعد قراءة المسألة. عاد لصاحب عربة "القلى" وطلب منه هذه المرّة "قلى" بأربعين ريالاً، كل عشرين ريال في ورقة.

[1] بالطو = coat

المفردات

coat	بالطو
exertion	بَذْل
bucket, pail	جَردَل
tiresome	مُجهِد
to incite, provoke	حَرَّضَ—يُحَرِّض
coquettishness	دَلال
magnificent, resplendent	زاهٍ (الزاهي)
troublemaker	مُشاغِب
turns	أعطاف
(free) rein	عِنان
to scatter, disperse	انفَضَّ—يَنفَضّ
to wrinkle	تَكرمَش—يَتَكَرمَش
compliance with, acceptance of	تَلبِية
to bite, sting	لَدَغَ—يَلدُغ
flexibility	لُيونة
to retreat, withdraw	انتَبَذَ—يَنتَبِذ
to calm down	هَمَدَ—يَهمُد
fantasy, illusion	وَهم

محادثة

النشاط ١

بعد أن قرأتم القصة في البيت، ناقشوا الأسئلة التالية في مجموعات لا تزيد عن ثلاثة طلاب.

١. ما هي الخدعة التي يستخدمها البائع ليوهم الزبائن بنظافة أوراق القلى؟

٢. ما الذي أثار انتباه المشتري عندما انتهى من الأكل؟

٣. كم عدد المشاغبات وما الذي يميزهن؟

٤. لماذا أثار منظره استغراب المارّة؟

٥. هل المشتري يجيد حلّ مسائل الرياضيات؟ عللوا إجابتكم.

المفردات

النشاط ٢

نسِّقوا أحداث أو مواضيع القصة ضمن خريطة ذهنية.

النشاط ٣

أكملوا الفراغات التالية بالكلمة المناسبة.

الجردل الزاهية المشاغب الدلال ليونة لدغ

١. يقول علماء النفس والتربية إنّ ______ الزائد والذي يفوق حدوده الطبيعية يعيق نمو الطفل بشكل سليم.
٢. كان أسلوبه الفني يتراوح بين الباروك والكلاسيكية، لكنه استخدم الألوان ______.
٣. من الأقوال العربية الشائعة: "عداوة الأقارب أمَرُّ من______ العقارب."
٤. استُخدِم ______ قديماً لاستخراج الماء من البئر، إذ كان يربط بحبل متين طويل ينصب أعلى البئر يسمى الباكورة.
٥. دعت فرنسا الرئيس الأمريكي الى اتخاذ موقف دبلوماسي أكثر ______ تجاه إيران.
٦. من كان يتصور بأن هذا ______ سوف يكبر ليكون عالماً عظيماً؟!

النشاط ٤

اختاروا عشر كلمات من قائمة المفردات واستعملوا كل كلمة في جملة مفيدة.

النشاط ٥

صلوا الكلمات التالية بمرادفتها.

١. ______ وهم	أ. حفز
٢. ______ تلبية	ب. مشاكسة
٣. ______ مشاغبة	ت. إجابة
٤. ______ حرض	ث. سخاء
٥. ______ بَذْل	ج. خيال

المحادثة والحوار

النشاط ٦

كل مجموعة ستأخذ سؤالاً واحداً، على أعضاء المجموعة قراءة السؤال ومناقشته.

١. هل إطلاق العنان للمخيلة لدرجة التفكير في سلوك جنسي مع أشخاص من محض الخيال أمر
   طبيعي أم هو مرض نفسي يجب معالجته حتى لا يخرج عن السيطرة؟

٢. الباعة المتجولون بين الرفض والقبول. ما هي إيجابيات وسلبيات هذه الظاهرة؟

٣. الزي المدرسي الموحّد. هل يربّي على الالتزام وتحسين السلوك أم أنه صفعة للحرية الشخصية؟

الترجمة

النشاط ٧

في مجموعات تتكون من طالبين، اقرأوا النص التالي ثم ترجموه إلى اللغة الإنجليزية.

أثارت انتباهه تلك الألوان الزاهية، الأسماء والألوان فتحتا شهيته ليتخيّل الفصل الدراسي مسرحاً
ممتعاً يجمع الستّ المشاغبات. أسند قامته لجدار الرصيف، وأطلق لخياله العنان: نزع عن كل
مشاغبة البالطو الأخضر الترابي الذي ترتديه والذي فرضته وزارة التربية والتعليم، وألبسها بنطلون
جينز أزرق و"T-shirt" بلون خطّ اسمها، ورفع شعرها للأعلى كذيل الحصان، مثل كل الفتيات
اللاتي يظهرن له في شاشات التلفاز.

الكتابة

النشاط ٨

اختاروا موضوعاً واحداً من المواضيع التالية واكتبوا حوالي ١٥٠-٢٠٠ كلمة.

١. الفانتازيا الجنسية: منذ أن نلج باب المراهقة حتى نخرج، نظلّ نحلم أحلاماً جنسية هي فانتازيا
   بها قبس من ألف ليلة وليلة، البعض يفرح ويستمتع، والبعض الآخر يحتار ويضطرب. فمتى تصبح
   الفانتازيا الجنسية مشكلة؟

٢. لم يعد الرصيف في الكثير من الدول العربية مجالاً للمارّة، بل أضحى سوقاً للتجار يسعون من خلاله
   لتجاوز الأزمات الاقتصادية وغلاء المعيشة. هل باعة الأرصفة تعبير عن البطالة في المجتمع العربي؟

النشاط ٩

اذهبوا الى صفحة النقاش الخاصة بالصف (discussion board) وتطرقوا إلى السؤال التالي ثم علقوا على إجابة طالب آخر.

كيف تبلور عربات الأكل الشعبي هوية وتراث البلدان العربية؟

القصة الثانية

تعريف الكاتبة

حنان الوادعي روائية وكاتبة من اليمن حاصلة على شهادة ماجستير في حقوق الإنسان من جامعة لندن في بريطانيا. نُشرت لها رواية حاصلة على جائزة دبي الثقافية للإبداع "أحزان إلكترونية" كما نُشر لها العديد من القصص القصيرة محلّياً وإقليمياً أبرزها: "اختبار الطاووس"، "هذه أنا"، "أنا وصديقتي"، "البعض يموت حيا في قلب ما"، "للسرير طرف آخر"، "صدفة تبحث عنا"، "كلنا موصودون"، و"فرص كثيرة للموت".

فرص كثيرة للموت

حنان الوادعي

انتظرَ كثيراً، تماماً حيث تلك الشظايا تتطاير في كل مكان، وأغمض عينيه حتى لا يسمع تلك الأصوات المفزوعة التي كانت تناديه أن يعود! كان واضحاً أنه يريد أن يموت، فلماذا يكترث الغرباء والجيران لموتنا، وخاصّة أنك بعد أن ترضخ لتوسّلاتهم، الصادقة غالباً، سيديرون لك ظهورهم بعدها مباشرة وسيكون عليك أن تشرب القهوة وحيداً مرّة أخرى!

تذكّر بأنه أصلاً لا يشرب القهوة!

ثم إنه ينتظر الموت وعليه أن يفكّر في شيء آخر، شيء يليق بهذه اللحظة التي لن تتكرّر.

بماذا كانت تفكر هي قبل أن تموت؟

قالت له مرّة: "قبل الحرب كنت دائماً أفكّر في الطلاق منك. الآن، لم تعُد تلحّ عليّ الفكرة وكأنك لم تعُد مهماً."

لم يقدر على مجاراتها في حزنها الكثيف على فقدان جنين لم يكُن قد بلغ إلا بضعة أسابيع. لقد انتظرا تلك اللحظة طويلاً. لكن الحرب لا تعلم هذا! أما هو، فلا يفهم لماذا كانت حزينة إلى تلك الدرجة!

كان حزنها صامتاً. وهذا كان مرهقاً أكثر، فلو كانت تصيح وتحكي، لوجد سبيلاً للتخفيف عنها! لكن ما عساه يقول في حضرة هذا الحزن الكثير الصامت.

يعرف أنها تلوم نفسها. هي من أصرّت على السفر برّاً، قالت له إنها لن تلد طفلها تحت الصواريخ وفي مستشفيات صارت تفتقر إلى أدنى مستوى من التجهيزات الطبّية الأساسية وفي بلد تفشّت فيه الكوليرا مثلما تفشّت فيه الكراهية. وعندما أبدى تحفّظه بسبب الطريق الطويل ونقاط التفتيش، وطلب منها أن تنتظر شهرين أو ثلاثة فربما أعادوا فتح المطار، نظرت إليه طويلاً ثم قالت بتحدٍّ: "سأسافر وحدي إن كنت تفضّل البقاء!"

وفي منتصف الطريق، عادا أدراجهما بلا جنين وبصمت باذخ!

لم تكُن الحرب هي سبب تعثّر العلاقة بينهما. يحدث كثيراً أن تنشب حرب في مدينة نصف سكّانها متعثّرون في علاقاتهم لسبب أو لآخر. كانا من هذا النصف، والفرق هنا أن الحرب بينهما كانت صامتة. لا صواريخ ولا قنابل ولا أصوات طائرات حربية مرعبة! فقط صمت طويل بدأ قبل الحرب بسنوات، ولم يُبدِ أي منهما الرغبة في قطعه، وكان ذلك الطفل، الذي لم يحتمل مشقّة الطريق، هو الأمل الذي تعلّقا به سرّاً، ظنّاً بأن صراخه قد يكسر ذلك الصمت بينهما ولو قليلاً.

في الليلة التي سبقت موتها، كانت الساعة قد تجاوزت الثانية صباحاً، وطائرات آل سعود لم تتوقّف عن التحليق منذ أكثر من ساعتين!

دخلت عليه وهو كعادته يجلس في مكتبه، وشاشة الكمبيوتر مفتوحة. كان يكتب شيئاً، توقّف عندما رآها وارتسمت علامات الدهشة والتساؤل على ملامحه! قالت له بهدوء:

—كان علينا أن نفترق منذ سنوات، لكننا لم نفعل. مثل ملايين من الفاشلين غيرنا كنا ننتظر معجزة ما. حدثاً ما. مصيبة ما ترجّع الأمور كما كانت! لا شيء يرجع كما كان! كنت قبل قليل أشاهد صورنا القديمة. هل تعرف ما هو أكثر شيء تغيّر فينا! تلك النظرة الشغوفة بالحياة في أعيننا. ماتت! ماتت بالتدريج كما يبدو، لأنها لو ماتت في لحظة واحدة، لكنا أدركنا هذا تماماً وشيّعناها بطريقة لائقة جنباً إلى جنب مع علاقتنا! لا أعرف لماذا فعلت بك هذا، ولا لماذا فعلت بي هذا! لقد توقّفت عن محاولة الإجابة عن هذه الأسئلة منذ زمن! لكني كنت على وشك طلب الطلاق قبل أن تندلع الحرب، بيد أن أصوات الصواريخ شغلت تفكيري، ثم فجأة لم أعُد أراك. كأنك لم تعُد موجوداً ولا مهمّاً!

ثم . . . انهمرت دموعها، لكن ظلّ صوتها ثابتاً وهي تتابع: "ثم جاء أمر ذلك الحمل الذي انتظرناه طويلاً. لم أقدر أن أمنع نفسي من التفكير بأن صراخ ذلك الطفل سيوقظ الصوت الذي مات بيننا ويعيد ولو شيئاً من الحياة لتلك النظرة الميّتة في أعيننا. لقد حزنت لموته. وأعرف بأنك كالعادة حاولت أن تفهم ولم تقدر، ثم كالعادة أيضاً وجدت أنك فعلت ما عليك وتركتني لأحلّ مشكلة حزني بنفسي! دعك من هذا كله، هذا حديث فيه ترف كبير، بينما كل هذه الطائرات تحوم الآن فوق رؤوسنا. فقط أتمنّى أن تقبل اعتذاري الصادق، كان عليّ أن أكون شجاعة أكثر وأواجه حقيقة أنك لم تعُد تحبّني. على الأقلّ كما كنت في السابق! وهذا يحدث، يحدث كثيراً. نعم كان عليّ أن أتركك في تلك اللحظة التي اكتشفت فيها أنك كنت تكذب. لكنني لم أفعل."

لم تنتظر تعليقه على كلامها، غادرت الغرفة بسرعة كأنها خائفة أن يكدّر جوابه قرارها!

كان دائماً لا يجد ما يقول، ويظلّ ينظر إليها كأنه ينتظر عوناً خفياً ليتدخّل بدلاً منه، ويقول شيئاً ينهي به الموقف! إلا هذه المرّة كان يريد أن يلحق بها ويعتذر هو الآخر بأنه أخفق كثيراً وأنه أيضاً كان عليه أن يكون أكثر شجاعة ويواجه نفسه بأنه لم يعُد يحبّها كما كان، أو كما ينبغي أو كما تستحقّ. وأنه حقّاً لا يعرف السبب! ستكون المرّة الأولى التي لن يكذب فيها. لكنه لم يلحق بها ولم يقُل شيئاً. ظلّ جالساً كما هو ينظر إليها وهي تتوارى.

هل سيتّكل على الوقت كالعادة! تذكّر في بداية خلافاتهما عندما كان ينتظر أيّاماً ليبادر بالحديث وتدريجياً تعود الأمور إلى مجاريها، بينما في الحقيقة كان المجرى يجفّ يوماً بعد آخر. حتى جفّ إلى الأبد بعدما تحوّلت الأيّام إلى أسابيع، ثم تحوّلت الأسابيع إلى أشهر طويلة. ورغم كل هذا، كانت هي دائماً من تحاول جبر الكسر، ثم مع مرور السنين توقّفت عن المحاولة واستسلمت للصمت.

لو كان لحق بها في تلك الليلة، لكان اعتذر كثيراً، ولربما كان ضمّها أيضاً وبكى وطلب منها أن تنام إلى جانبه لآخر مرّة قبل أن يفترقا إلى الأبد. لكنه لم يفعل، تركها تذهب إلى تلك الغرفة الباردة لتنام وحيدة، كما صارت تنام كل ليلة منذ عامين.

عندما أخرجوه من تحت الأنقاض، مسح الغبار عن عينيه ونظر مباشرة إلى ذلك الجزء من البيت. اختفى!

ماتت إذاً! بينما كان هو حيّاً إلا من موت سيرافقه كثيراً وسينجو منه أكثر لكنه سيظلّ يجرّب الموت كلما سنحت له الفرصة!

وهذه اللحظة هي فرصة عظيمة، أغمض عينيه مبتسماً. شعر بأن هذه المرّة لن تخطئه الشظايا.

المفردات

باذِخ	arrogant, haughty
تَرَف	luxury, opulence
مَجرى	course, channel
ارتَسَمَ—يَرتَسِم	to become visible, to be drawn
رَضَخَ—يَرضِخ	to yield, give in
شَظيّة—شَظايا	fragment, shrapnel
شَغوف	passionate
مَشَقّة	effort, exertion

فَزَع	fear, horror
تَفَشّى—يَتَفَشّى	to spread, be prevalent
اكتِراث	care, concern
أنقاض	debris
انهَمَرَ—يَنهَمِر	to pour, rain, shed
تَوارى—يَتَوارى	to lurk

محادثة

النشاط ١

بعد أن قرأتم القصة في البيت، ناقشوا الأسئلة التالية في مجموعات لا تزيد عن ثلاثة طلاب.

١. ما سبب تدهور العلاقة بين الزوجين؟
٢. ما هو الحدث الذي كان ينتظرانه لعله يصلح علاقتهما؟
٣. لماذا عادا أدراجهما بعد أن قررا السفر؟
٤. متى اعترفت الزوجة بصدق أحاسيسها تجاه الزوج؟
٥. لماذا تمنى الزوج أن تصيبه الشظايا؟

المفردات

النشاط ٢

نسِّقوا أحداث أو مواضيع القصة ضمن خريطة ذهنية.

النشاط ٣

أكملوا الفراغات التالية بالكلمة المناسبة.

الشظايا ترضخ شغوف ارتسم ترف الأنقاض

١. تتميز المرأة المتعلمة بعدم موافقتها على الزواج المرتَّب ولا ________ له بصورة عامة.
٢. إن استبعاد المرأة من عمليات تسوية الصراعات وبناء السلام يكلّف ثمناً باهظاً لا نملك ________ تحمله.

٣. لقد مر مرحلة الخطر حاليًا، ولكن يجب أن أزيل ـــــــــــ ـــــــــــ المتبقية من ساقه وعنقه.

٤. كشف محافظ بيروت، عن احتمال وجود شخص لا يزال حياً تحت ـــــــــــ، رغم مرور نحو شهر على انفجار المرفأ.

٥. كان ينبغي أن ترى التعبير الذي ـــــــــــ على وجهه.

٦. أنا ـــــــــــ بالتصوير الفوتوغرافي الثلاثي الأبعاد.

النشاط ٤

اختاروا عشر كلمات من قائمة المفردات واستعملوا كل كلمة في جملة مفيدة.

النشاط ٥

صلوا الكلمات التالية بمرادفتها.

١. ـــــــــــ فزع	أ.	مبالاة	
٢. ـــــــــــ اكتراث	ب.	تخفي	
٣. ـــــــــــ مشقة	ت.	خوف	
٤. ـــــــــــ تواري	ث.	مسلك	
٥. ـــــــــــ مجرى	ج.	ضيق	

المحادثة والحوار

النشاط ٦

كل مجموعة ستأخذ سؤالاً واحداً، على أعضاء المجموعة قراءة السؤال ومناقشته.

١. تُظهر الأبحاث الطبية أن كبار السن الذين يفقدون الزوج يواجهون خطراً متزايداً بالموت، لكن الغريب في الأمر أن الرجل أكثر عرضة للموت بعد وفاة الزوجة، مقارنة بالمرأة بعد رحيل زوجها. كيف تفسرون ذلك؟

٢. هل ينقذ إنجاب طفل العلاقة الزوجية المهددة بالانهيار؟

٣. هل يمكننا العيش مع شريك حياة لا نحبه؟

الترجمة

النشاط ٧

في مجموعات تتكون من طالبين، اقرأوا النص التالي ثم ترجموه إلى اللغة الإنجليزية.

لم تكُن الحرب هي سبب تعثّر العلاقة بينهما. يحدث كثيراً أن تنشب حرب في مدينة نصف سكّانها متعثّرون في علاقاتهم لسبب أو لآخر. كانا من هذا النصف، والفرق هنا أن الحرب بينهما كانت صامتة. لا صواريخ ولا قنابل ولا أصوات طائرات حربية مرعبة! فقط صمت طويل بدأ قبل الحرب بسنوات، ولم يُبدِ أي منهما الرغبة في قطعه، وكان ذلك الطفل، الذي لم يحتمل مشقّة الطريق، هو الأمل الذي تعلّقا به سرّاً، ظنّاً بأن صراخه قد يكسر ذلك الصمت بينهما ولو قليلاً.

الكتابة

النشاط ٨

اختاروا موضوعاً واحداً من المواضيع التالية واكتبوا حوالي ١٥٠-٢٠٠ كلمة.

١. لماذا يُعتبر الحوار بين الزوجين مفتاح التفاهم والانسجام؟ وما هي فوائد الحوار بينهما؟ ما هي مجالات ومواضيع النقاش بين الأزواج؟ وكيف يمكن تفعيل وتعزيز ثقافة الحوار بينهما؟

٢. حب وحرب كلمتان يفصل بينهما حرف، ولكن. هل للصراعات تأثير مباشر على جميع جوانب الحياة بما فيها أيضاً العلاقة الزوجية؟ كيف تؤثر الحرب على العلاقة الزوجية؟

النشاط ٩

اذهبوا الى صفحة النقاش الخاصة بالصف (discussion board) وتطرقوا إلى السؤال التالي ثم علقوا على إجابة طالب آخر.

"تحملي واصبري" و"لا تخربي بيتك بيدك" من العبارات التي تمتهن من كرامة المرأة وتجبرها على العيش في ظروف اجتماعية مرغمة على واقعها، كي لا تتناولها الألسن في مجتمعٍ ذكوري لا يستطيع أن يرى حجم المعاناة في داخلها. وضحوا اسباب عزوف بعض الأزواج عن الطلاق.

القصة الثالثة

تعريف الكاتب

محيي الدين جرمة شاعر وكاتب يمني له مجموعات شعرية ومنها "غيمة جرحت ماءها" و"حافلة تعمل بالدخان والأغاني الرديئة"، وأنطولوجيا الشعر اليمني التي أنجزها بعنوان "خيال يبلل اليابسة". هو حائز على العديد من الجوائز المحلّية والعربية، منها جائزة الدولة التشجيعية، وجائزة الشارقة للإبداع العربي، وجائزة دار سعاد الصباح للإبداع الفكري والأدبي، وتُرجمت بعض أعماله إلى لغات أجنبية.

لحظات مختلسة

محيي الدين جرمة

من مراية تبدو واسعة لكنها قد لا تعكس الزوايا الحقيقية. في حال الانتباه للطريق. كانت أنظار سائق الحافلة القادم من "البلقاء" تحدّق باهتمام ناحية صعود الوفد الشبابي من "مخيّم السلط" وكان الشبّان الذين يعلّقون الباجات على صدورهم من غير بلد عربي.

"انتهى الصعود. ولم يتبقَّ أحد" قالت "عروب"، مشرفة الاستقبال المكلّفة من "بلدية عمان".

أخذت الحافلة تنهب خيط الأسفلت الممتدّ كسجّاد أزرق لخيوط كحلية تمتدّ كلما أكلتها العجلات. وعلى جانبي الطريق أخذ يتّسع حزام من الخضرة الزاهية وشتول الأزهار المتنوّعة. تتخلّل الجزر الفاصلة بين الشوارع. الطريق المفسّحة أمامنا لسان تستطيل من أشجار السرو المتراصّة بأغصانها السعفية وحفيفها الخفيف بارداً في اعتدالها. العيون تتكلّم لغة مختلفة. الحافلة تتّسع بجدارة في المقاعد المختلطة. وقبل ان نصل الطريق البحري نزولاً من منحدرات قريبة من العقبة أخذنا نطلّ من النوافذ الى البحر الأحمر. أخذت تتشامخ أمامنا على التماسّ من الخيط الأزرق للبحر "أيلات" العربية. فيما تقف الحافلة على منعرج لظلال جبلية ترتكن في مبعدة منها جوقة من نوارس تتغنّى بأجنحتها. تخبط في الهواء عزفاً على نوتات المياه الزرقاء. بيد أن ما لفتني قبل نزولنا هبوطاً وانخفاضاً نحو الميناء هو رومانسية المقعد الأخير من الحافلة، حيث تنفرد استراحة عاشقين. تكاد تفيض بدفء الحب على بقية المقاعد لتتسرب إلى أصابع الشتاء في الخارج والذي لم يكُن بعد قد دلف بقسوته المعهودة إلى عظام الغرف في عالم المدينة وخيام البادية.

كان كثر قد ترجّلوا بحقائب خفيفة. بعضها توسّطت خصورهم النحيلة المالحة. فيما ظلّ محمد الشاب اللبناني في مقعده الوثير غارقاً في عسل الغروب وصديقته "فتينة" الناشرة شراع ضفائرها على

جلد الكرسي المنجد برومنطيقية الألوان. واهبة زهور المساء لتكاد خصلات من جداول شعرها تسيل على صدره المعشب. بديا اثنينهما بلا حراك. كأنما جبل الجليد قد ذاب بحوض مائه في زلال نظرات مصمّمة بدقّة لتلك اللحظات المختلسة. بعيداً عن أنظار الآخرين من شبَاب "العرب العاربة".

المفردات

باج—باجات	badge
البلقاء	Balqa Governorate
جَوقة	choir, chorus, troupe
حَدَّق—يُحَدِّق	to stare
حَفيف	hiss, murmur
تَخَلَّل—يَتَخَلَّل	to intervene, come through
دَلَفَ—يَدلِف	to walk slowly
زُلال	fresh pure water
سَجّاد	rugs (collective)
سَرو	cypress
سَعَف	palm frond
سَيل	flow
شَتلة—شُتول	sapling, seedling
شِراع	sail
تَشامَخ—يَتَشامَخ	to be high, tall, lofty
مُنعَرَج—مُنعَرَجات	twist, turn
العَقَبة	Aqaba (Jordanian city on the Red Sea)
انعِكاس	reflection
فَيَضان	flood
نَهب	robbing, stealing
وَفد	delegation
وَهَبَ—يَهِب	to give, grant

محادثة

النشاط ١

بعد أن قرأتم القصة في البيت، ناقشوا الأسئلة التالية في مجموعات لا تزيد عن ثلاثة طلاب.

١. أين ترسخت أنظار السائق؟

٢. كيف وصف الكاتب الطريق السيار؟

٣. أين توقّفت الحافلة وإلى أين اتّجه الركّاب؟

٤. من كان يجلس في مؤخرة الحافلة؟

٥. هل ترجّل جميع الركاب من الحافلة بعد توقّفها؟ عللوا جوابكم.

المفردات

النشاط ٢

نسِّقوا أحداث أو مواضيع القصة ضمن خريطة ذهنية.

النشاط ٣

أكملوا الفراغات التالية بالكلمة المناسبة.

شراع   منعرج   شتول   السجاد   تنهب   الوفد

١. إنتاج المنسوجات و _____ أهم الصناعات في تاريخ المدينة.

٢. أكد السفير "لفيت" أن جمهورية الكونغو الديمقراطية تمر بـ _____ خطير إثر بدء الحوار بين الكونغوليين.

٣. نعتذر عن عدم التمكن من استيراد العدد الكافي من _____ الأشجار المختلفة واحتياجاتها.

٤. يعمل _____ السفينة على تسييرها في البحر بعكس اتجاه الرياح.

٥. يشارك _____ حالياً في عملية محادثات للسلام نظمها الاتحاد الأفريقي.

٦. إن موارد أفريقيا ظلت _____ باستمرار منذ القرن الحادي عشر حتى الآن.

النشاط ٤

اختاروا عشر كلمات من قائمة المفردات واستعملوا كل كلمة في جملة مفيدة.

النشاط ٥

صلوا الكلمات التالية بمرادفتها.

١. ـــــ انعكاس		أ. غمرة	
٢. ـــــ تشامخ		ب. انقلاب	
٣. ـــــ وهب		ت. تدفق	
٤. ـــــ فيضان		ث. تعظّم	
٥. ـــــ سيل		ج. منح	

المحادثة والحوار

النشاط ٦

كل مجموعة ستأخذ سؤالاً واحداً، على أعضاء المجموعة قراءة السؤال ومناقشته.

١. تُعدّ فترة شهر العسل من أهمّ الأوقات فى بداية أي حياة زوجية فبعد مشوار طويل من التجهيزات لمنزل الزوجية والفرح يحين وقت الاسترخاء. فما هي بنظركم أفضل وجهة سياحية رومانسية؟
٢. يُعتبر قطاع السياحة من أهم القطاعات الحيوية في الوقت الحالي نظراً لما يحققه من عوائد مالية كبيرة، وله دور أساسي في التنمية الاقتصادية والاجتماعية الوطنية والجهوية والمحلية. فما دور الأمن في حماية وتطوير وتنمية هذا المجال؟
٣. تحرص الكثير من الدول العربية على إبراز مظاهر التقاليد والتراث أمام السائحين. اذكروا بعض أساليب الترحيب موضحين أهميتها التراثية والثقافية.

الترجمة

النشاط ٧

في مجموعات تتكون من طالبين، اقرأوا النص التالي ثم ترجموه إلى اللغة الإنجليزية.

فيما تقف الحافلة على منعرج لظلال جبلية ترتكن في مبعدة منها جوقة من نوارس تتغنّى بأجنحتها. تخبط في الهواء عزفاً على نوتات المياه الزرقاء. بيد أن ما لفتني قبل نزولنا هبوطاً وانخفاضاً نحو الميناء هو رومانسية المقعد الأخير من الحافلة، حيث تنفرد استراحة عاشقين. تكاد

تفيض بدفء الحبّ على بقية المقاعد لتتسرب إلى أصابع الشتاء في الخارج والذي لم يكُن بعد قد دلف بقسوته المعهودة إلى عظام الغرف في عالم المدينة وخيام البادية.

الكتابة

النشاط ٨

اختاروا موضوعاً واحداً من المواضيع التالية واكتبوا حوالي ١٥٠–٢٠٠ كلمة.

١. السفر بين المتعة والضغوط. ما هي فوائد السفر وما هي التحديات التي يواجهها الناس من أجل تحقيق ذلك دون ضغوط.

٢. الحب: هو مجموعة متنوعة من المشاعر الإيجابيَّة والحالات العاطفية والعقلية القوية التأثير، هل يمكن للإنسان أن يعيش حياة عادية بدون أن يُحَبّ أو أن يُحِبّ؟

النشاط ٩

اذهبوا الى صفحة النقاش الخاصة بالصف (discussion board) وتطرقوا إلى السؤال التالي ثم علقوا على إجابة طالب آخر.

"تمثّل الذاكرة الجماعية قيمة أساسية بالنسبة لهويّة من يعيشون بعيداً عن الوطن، إذ تربطهم بدولتهم الأم." كيف تسيطر نوستالجيا الماضي على جيل الحاضر؟

١٢

قصص من تونس

القصة الأولى

تعريف الكاتبة

زهرة ظاهري معلّمة في إحدى المدارس الابتدائية وأم لطفلين، بدأت بالشعر لتغيّر الاتّجاه نحو الكتابة السردية، وأصدرت تجربة أولى في الشعر بعنوان "صفو الكلام". لها تجارب متعدّدة في الكتابة للأطفال على غرار حكاية "ابنة الشهيد". من إصداراتها الروائية: "المنعطف" و"طيش الاحتمالات". وتُعدّ من أبرز الأقلام النسائية الواعدة والقادمة بتونس.

مساحةُ حلْم

زهرة ظاهري

في ذاك الركن المقابل لشرفتها. كان يقف كل يوم لبعض الوقت. يدخّن سيجارته ويمضي. الزمن كان على عين المكان. يسجّل حضوره اليومي في نفس اللحظة التي تخرج فيها إلى شرفتها. وكأنها كانت على موعد مع وقفته. تلك الوقفة التي تتكرّر كل يوم دون أن يتبادلا تحيّة الصباح أو يبادر أحدهما بالسؤال. والشارع لا يزال خالياً إلا من وجودهما. كان الصمت ثالثهما. يتقصّى خبايا حلم نسي الزمن أن يرسمه.

كانت تسترق النظر إليه خلسة. حين يكون تائهاً مع دخان سيجارته السابحة في الفضاء على غير هدي. وكان يرفع عينيه الهائمتين ليتفرّس ملامح وجهها ويشبع نظره بسحر طلعتها. كلما كانت منشغلة عنه بتفقّدها لحديقة شرفتها المعلّقة.

الشمس تنثر إشعاعها وتغازله. فتتورّد الخدود سرعان ما تكسوهما حمرة قانية لم تكُن تدرك أنها تصطبغ بخجلها حين نظرت إليه والتقت العينان ذات صدفة. ومن ثم. كان الحلم.

لم يعُد يأتي إليها. ولا يتسمرّ في الركن المقابل لشرفتها. رافعاً عينيه الهائمتين علّهما تلتقيان بعينيها ذات نظرة مباغتة. ولم تعُد تقف إلى شرفتها ناظرة إلى اللاشيء وكأنها تنشد موعداً معه. غير أن وجهه كان يلحّ في الحضور في كل آن تماماً كما كان طيفها يجول بخاطره ويحرمه المنام.

كانت سعيدة بحلمها معه. وكان منتشياً بخياله . . .

كان يستحضرها متى شاء وكيفما شاء. أحياناً يصوّرها أميرة. ويصنع لها من أزهار حديقتها تاجاً.

ويتوّجها ملكة قلبه وروحه. وأحياناً يحلو له أن يجثو على ركبتيه ويسمعها قصيدة غزل:

"أتعرفين من تكون أجمل النساء وأعذب النساء

أتعرفين الزهرة إذا تلألأت في أوّل المساء

ملكة وحولها الجواري نجيمات تائهات

في مملكة السماء

أتعرفين كيف يتهدّج العاشق باسم "روحه المقدّسة"

في لحظة القيام

أتعرفين

طيفك يحرمني المنام"

وأحيانا كان يستحضرها طفلة. ويُخيَّل إليه أنه عاد طفلاً ويمتطي الحلم. طفلان كانا يسابقان الريح

والأمل والأمنيات. وحين يرهقهما العدو، كان يفترش الثرى ويعد لها صدره مخدعاً. ويدثرها بأنفاسه.

ويقضيان الليلة يتسامران. ويتضاحكان. وأحياناً كثيرة كانا يتخاصمان كلما عنّ لهما أن يقتسما نجوم

السماء ولا يتّفقان.

—هذا النجم لي.

—بل ذاك لي أنا.

يدفعها عن صدره. ثائراً كطفل. وتصرّ على عنادها مفتعلة الغضب. ثم لا تلبث أن تطلب مخدعها

على صدره قائلة في غنج:

—تنازلت عنه. هو لك.

فيردّ والدفء يسري بأوصاله: "هو لك."

ثم يرددان معا "هو لنا".

طفلان يقتسمان العطاء. طفلان كانا. وكان الحلم.

وكانت تكتب إليه كل ليلة رسالة ما لتعلّقها عند الفجر بشرفتها. وفي آخر المساء تأخذ رسالتها.

تلفّها بخيط من حرير. وتودّعها داخل صندوق الذكريات.

كانت تصنع أسطورة عشقها. راكضة وراء خيالها. غير عابئة لما يمليه واقعها. وكأنها بذلك تتحدّى الزمن الذي من شأنه أن يجتثّ جميع أحلامها. راسمة لها علامة غربتها الأبدية خارج إطار الزمن.

كل ذلك خشية التورّط في قصّة حبّ يرسمها لها الزمن دون أن يكون لها شأن في ذلك. فهو من يحدّد أبعادها. يبعثها في اللحظة التي أراد أن تكون ويقتلها متى شاء.

هي ستشكّل قصّة عشقها كيفما تشاء. دونما شقاء. دونما انتظار. دون أن تكون بحاجة لأن تبحث لها عمّن يعلّمها كيف تتداوى من إدمان صوت حبيب سيقرّر الزمن ذات لحظة أن يغيبه.

هي ستكتفي بحلمها والصمت. وستحبط مؤامرة الزمن.

المفردات

تبادُل	exchange
مُباغِت	surprising, sudden
تائه	lost
ثَرىً	soil
اجتَثَّ—يَجتَثّ	to uproot
خَبيئة—خَبايا	hidden thing
خَشية	fear, dread
خُلوّ	emptiness
دَثَّرَ—يُدَثِّر	to muffle, cover
إدمان	addiction
إرهاق	exhaustion
طَيف	specter, spectrum
غير عابئ	indifferent
غازَل—يُغازِل	to court, flirt
تَفَرَّسَ—يَتَفَرَّس	to look at, eye
افتَرَشَ—يَفتَرِش	to lie down
مُقَدَّس	holy
تَقَصّى—يَتَقَصّى	to investigate
تَلَألأَ—يَتَلألأ	to gleam, glitter

هدي	offering, direction
هائم	confused, wandering
تَوَرَّدَ—يَتَوَرَّد	to become red, flush

محادثة

النشاط ١

بعد أن قرأتم القصة في البيت، ناقشوا الأسئلة التالية في مجموعات لا تزيد عن ثلاثة طلاب.

١. أين وكيف يلتقي العشيقان؟
٢. كيف كان يستحضر معشوقته في مخيلته؟
٣. ما الذي جعلهم يتشاجران؟
٤. ماذا كانت تعلّق في شرفتها كل يوم؟
٥. هل التقى العشيقان في الواقع؟ عللوا جوابكم.

المفردات

النشاط ٢

نسّقوا أحداث أو مواضيع القصة ضمن خريطة الذهنية.

النشاط ٣

أكملوا الفراغات التالية بالكلمة المناسبة.

خبايا   يتفرس   مباغتة   المقدسة   الطيف   إدمان

١. في مملكة الحيوانات، عندما ______ حيوانان في بعضهما، يكون ذلك في الغالب اختبار سيطرة.
٢. ما هي الكتب ______ في الديانة اليهودية؟
٣. نشرت مواقع أخبار التكنولوجيا شيفرات سرية تستطيع من خلالها التعرف على ______ الهواتف الذكية.

٤. لقد أصبح ______ المخدرات العبء الرئيسي الذي تعاني منه الإنسانية.

٥. شنّت قوة عسكرية عملية أمنية ______ غربي العراق لمطاردة منظمة داعش.

٦. ______ هو خليط من الموجات الكهرومغناطيسية الصادرة من الشمس.

النشاط ٤

اختاروا عشر كلمات من قائمة المفردات واستعملوا كل كلمة في جملة مفيدة.

النشاط ٥

صلوا الكلمات التالية بمرادفتها.

١. ______ تبادل	أ. تودّد
٢. ______ خلو	ب. إنهاك
٣. ______ غازل	ت. خيفة
٤. ______ إرهاق	ث. مقايضة
٥. ______ خشية	ج. خواء

المحادثة والحوار

النشاط ٦

كل مجموعة ستأخذ سؤالاً واحداً، على أعضاء المجموعة قراءة السؤال ومناقشته.

١. عندما يقع أحدنا في الحب يشعر بقلق شديد قبل التعبير عن مشاعره، نبحث عن الوقت المناسب للنطق بتلك الكلمة التي قد تغيّر مجرى الحياة تماماً. هل يمكن أن يندم الإنسان إذا تأخر في مصارحة محبوبه بمشاعره؟

٢. يلتفت إليك شخص ما أحياناً أو يُعجَب بك، ولكنك للأسف لا تبادره نفس الشعور، كيف تتصرّف في مثل هذه الحالة دون جرح مشاعر الطرف الآخر؟

٣. هل تؤمنون بالحب من أوّل نظرة؟

الترجمة

النشاط ٧

في مجموعات تتكون من طالبين، اقرأوا النص التالي ثم ترجموه إلى اللغة الإنجليزية.

كانت تصنع أسطورة عشقها. راكضة وراء خيالها. غير عابئة لما يمليه واقعها. وكأنها بذلك تتحدّى الزمن الذي من شأنه أن يجتثّ جميع أحلامها. راسمة لها علامة غربتها الأبدية خارج إطار الزمن. كل ذلك خشية التورّط في قصّة حبّ يرسمها لها الزمن دون أن يكون لها شأن في ذلك. فهو من يحدّد أبعادها. يبعثها في اللحظة التي أراد أن تكون ويقتلها متى شاء.

هي ستشكّل قصّة عشقها كيفما تشاء. دونما شقاء. دونما انتظار. دون أن تكون بحاجة لأن تبحث لها عمّن يعلّمها كيف تتداوى من إدمان صوت حبيب سيقرّر الزمن ذات لحظة ان يغيبه.

الكتابة

النشاط ٨

اختاروا موضوعا واحدا من المواضيع التالية واكتبوا حوالي ١٥٠–٢٠٠ كلمة.

١. هل علاقة الحب عن بعد مثلها مثل العلاقات التي يتواجد فيها الطرفان في نفس المكان، أم هناك تحديات أكثر تواجهها؟
٢. في زمن السرعة والتكنولوجيا الحديثة التي قرّبت الناس أكثر من بعضهم البعض، نلاحظ نقصاً كبيراً في عمر الحبّ والعلاقات العاطفية. هل تظنون أن التكنولوجيا تؤثر إيجاباً أم سلباً في تطوير هذه العلاقات؟

النشاط ٩

اذهبوا الى صفحة النقاش الخاصة بالصف (discussion board) وتطرقوا إلى السؤال التالي ثم علقوا على إجابة طالب آخر.

بنت الجيران هي بطلة قصص الحب والغرام التي أشعلت قلوب الشباب، وألهمت البعض ليتغزلوا بها وليترقبوا طلّها في الحي وفوق السطوح أو على البلكون. لماذا يقع العديد في حب ابن أو بنت الجيران؟

القصة الثانية

تعريف الكاتب

إبراهيم درغوثي قاصّ وروائيّ تونسي وُلد في قرية المحاسن بولاية توزر في ١٢ ديسمبر عام ١٩٥٥. زاول تعليمه الابتدائي بمسقط رأسه والثانوي بتوزر ثم بدار المعلّمين بتونس حيث نال على شهادة ختم الدروس الترشيحية. عمل بالتّدريس بمدرسة المنجم أمّ العرائس بالحوض المنجميّ بولاية قفصة. هو عضو الهيئة المديرة لاتّحاد الكتّاب التّونسيّين، ورئيس فرع اتّحاد الكتّاب التونسيين بقفصة. من إصداراته الروائية: "الدراويش يعودون إلى المنفى"، "القيامة . . . الآن"، و"شبابيك منتصف الليل". كما ونشر قصصاً قصيرة منها: "النخل يموت واقفاً"، "الخبز المرّ" و"منازل الكلام".

تفاح الجنة

إبراهيم درغوثي

لم أدرِ بموت أمّي إلا ليلاً عندما طلبت من منجية أن تعطيني عشاءها.

قالت:

—أمّك ماتت.

—ماذا قلت؟ أمّي ماتت، متى كان ذلك؟

—في القائلة.

—ولماذا لم تخبريني بذلك؟

—هل تريد أن تفسد عرس ابني لأجل موت أمّك؟

ولم أصدّقها. جريت إلى بيتها فرأيتها نائمة على ظهرها، وعيناها مفتوحتان، والذباب الأخضر يحوم حولها.

من أخبر هذا الذباب اللعين بموت أمّي. هششته عنها وبدأت أناديها:

—أمّي. أمّي. أفيقي يا أمّي.

فلم تردّ على ندائي.

جلست على ركبتي ووضعت أذني فوق صدرها أتسمّع دقّات قلبها، فلم أسمع شيئاً. رفعت يدها ألثمها ثم تركتها فسقطت على الأرض كقطعة من خشب. أقعيت كالكلب المضروب، وانتفخ قلبي حتى صار كالكرة المبلولة، وانفجرت باكياً. بكيت كما كنت أفعل عندما رأيت أوّل مرّة رجلاً يأكلها بنهم. يأكل من صدرها ومن وجنتيها. يأكل من فمها ومن فخذيها. يلاطفها ويلاعبها. يهارشها ويعنّفها. وهي تتأوّه.

وتطلب المزيد. ثم سمعت نهنهتها وبكاءها تحت ثقله، فوقعت فوق الرجل أضربه بيديّ الاثنتين. وهو لا يلتفت لضربي، فعضضته من كتفه حتى التقت أسناني بعضها بعضاً، وأنا أبكي وأصيح. خار الرجل كالثور وانهدّ فوق أمّي لحظة ثم قام يرفسني برجليه ويسبّني بأقذع الألفاظ. فسقطت فوق فخذَي أمّي المبعثرة فوق الفراش. رأيتها من وراء الدموع تقوم بسرعة لتدفع بالرجل خارج البيت، ثم تعود لتحضنني في صدرها مردّدة:

—لماذا تبكي. اسكت لقد طردت الرجل من بيتنا ولن يعود هنا أبداً.

ولكن أمّي ظلّت تبكي تحت الرجال. وظللت أبكي في اليقظة والنوم.

بكيت وأنا صاحٍ وبكيت في كوابيسي. وصارت نوبة البكاء تعاودني كلما رأيت صاحب أمّي يدخل دارنا خفية مرّة وفي وضح النهار مرّات. إلى أن اشترى سكوتي ذات ليلة بقطار من البلاستيك يجري فوق سكّة حديد.

وكبرت، فصرت أترك الدار لأمّي وألتقي بعائشة وعز الدين الذي ظلّ يحكي لنا عن علي بن السلطان والتفّاح الفوّاح والغيلان التي لا تشبع من لحم الآدميين. وعائشة تفتح أزرار سروالي وتقول:

—اترك علي بن السلطان يبحث عن التفّاح وهاك كُل التفّاح من فوق صدري.

فآكل من تفّاحها، وأشرب من لبنها، وألحس العسل المصفّى من بين فخذيها.

ولا أشبع أبداً. كنت كلما اعتليتها أرفض النزول على أرض الناس ولا أخجل من سوءتي المعروضة للهواء. وعلي بن السلطان يجوب الصحاري ويسلّم على الغيلان. وسلامه يسبق دائماً كلامه. ولماذا يا أمّي تموتين الآن؟ لماذا؟ لماذا؟ وماذا أفعل بلا تقل لهما أف؟ والجنّة تحت أقدام الأمّهات. وبالمناسبة هل سيدخل عمّ الجيلاني الجنّة يا أمّي؟ وأنا لا أدري ماذا أفعل؟

وجدتها وربّ البيت، وجدتها. سأخرج إلى الجميع. الرجال والنساء. النساء الراقصات والرجال السكارى وزوجتي بينهم. سأقول لهم:

—يا جماعة الخير، دام فرحكم. نحن أصحاب العرس، نشكر لكم تلبيتكم لدعوتنا. ومع السلامة الآن. سلّموا على أهلكم. اتركونا وشكراً.

ولكن قد يعربد السكارى، وترفض الراقصات ترك الحلبة، وتتهجّم زوجتي على تدخّلي في شؤونها، فماذا أفعل؟

هل أترجّاهم من جديد؟ زوجتي وجوقتها. أناديها وحدها وأقول لها:

—أمّي ماتت يا زوجتي العزيزة. والله العظيم، أمّي ماتت، فلا تفضحيني أكثر في البلد.

ولكنني أعرف أنها بليدة، ورأسها يابس كرأس البغل، ولا تفهم بسهولة، وكلبة ابنة كل كلاب العالم. فماذا أفعل إذا رفضت الانصياع لأمري؟

آه. أشتكيها للبوليس.

لكن البوليس سيقول هذه قضية عائلية ولا دخل لنا في هذه الأمور. سيتعلّل بقضية عائلية ليردّ لها بعضاً من جمائلها التي لا تفتأ تقدّمها لهم آناء الليل وأطراف النهار.

البوليس إذن قضية خاسرة، سأشتكيها لأمّها. أي والله، سأشتكيها لأمّها.

ولكن حماتي تكره أمّي كره المعافى للمرض. وستقول معها أنها ستخسر كل دراهمها التي دفعتها سلفاً للنساء إذا تحوّل الفرح إلى مأتم.

آه. أقول للمحتفلين: أمّي ماتت والسلام.

كيف لم تخطر ببالي هذه الفكرة. من المؤكّد أنهم سيتعاطفون معي. اللعنة. هكذا ننسى دائماً الحلول السهلة ونتعب عقولنا بالعسير من الأمور.

ولكن الملعونة قد تقول لهن إنني سكرت وما عدت أعي ما أقول، وتأمر بحبسي في إحدى الغرف. وستجد لا محالة من ينفّذ أوامرها. ماذا سأفعل يا أمّي؟ لقد ضاقت بي السبل.

عندما رفعت رأسي إلى السقف، رأيت قفصاً معلّقاً. كان في داخل القفص عصفور صغير لم أرَ له مثيلاً من قبل. عصفور أكبر بقليل من النحلة. ألوانه لا تُحصى ولا تُعَدّ. ألوان تعشي الأبصار وهي تتحوّل في كل آن وحين. مددت يدي أهمّ بالعصفور فلم أجده. وعدت أجلس على الأرض فعاد العصفور إلى مكانه في القفص المعلّق قريباً من السقف. فارتبكت وظننت بنفسي الظنون إلى أن انفتح الباب، فدخل عمّ الجيلاني يجرّ وراءه برنسه الحريري ويعطّر يديه بماء الورد.

قلت: "عمّ الجيلاني."

وصرت أرتعش. لقد شاركت في دفن الرجل منذ سنوات خلت. اقترب مني تسبقه لحيته الحمراء المصبوغة بالحنّاء. كان كلما خطا خطوة نزل بي العمر عشر سنوات إلى أن صرت طفلاً يلعب بقطار. ربت الرجل على شعري وقال:

—قُم يا ولدي. اذهب لتلعب بقطارك مع أصحابك في الشارع.

وضعت القطار تحت إبطي وخرجت.

عندما التفتّ وأنا أغادر الدار رأيته يمدّ يده إلى القفص، فيخرج منه العصفور الصغير. ورأيته يدسّ العصفور في أنف أمّي. وأظلمت الدنيا في ناظري فما عدت أرى شيئاً. صفقت الباب ورائي وهممت بالاندفاع خارج البيت إلا أن زوجتي أمسكتني من تلابيبي. وسمعتها تقول:

—ماذا سنفعل الآن بأمّك؟

لم أردّ على سؤالها فواصلت:

—سوف تسكت حتى ننتهي من الأفراح، فالوقت شتاء، وجثّتها لن تتعفّن.

—وأنت متى ستنتهين من جمع نقودك السائبة عند النساء؟

—غدا صباحاً بإذن الله.

—سأذهب أحفر القبر. سأحفره وحدي فلا تشغلي بالك بي.

وذهبت إلى الجبّانة.

حفرت قبراً لأمّي وقبراً لقطار عمّ الجيلاني. وحفرت قبراً ثالثاً دفنت فيه ثيابي.

وهمت في الخلاء. عرياناً.

المفردات

آن	time
تَأَوَّهَ—يَتَأَوَّه	to groan
جَبّانة	cemetery
لا مَحالة	inevitably, certainly
خَلاء	emptiness
دَسَّ—يَدُسّ	to slip, insert
رَفَسَ—يَرفِس	to kick
عَربَدَ—يُعَربِد	to make a scene, quarrel
تَعفَّنَ—يَتَعَفَّن	to decay, rot
أقذَع	most obscene, vulgar (language)
أقعى—يُقعي	to sit down
القائلة	midday
تَلابيب	lapels, collar
لَثَمَ—يَلثِم	to kiss
نَهَم	craving, greed
نَهنَهة	sobbing
تَهَجَّمَ—يَتَهَجَّم	to attack
هارَشَ—يُهارِش	to quarrel, banter
هَشَّ—يَهُشّ	to shoo away
هامَ—يَهيم	to wander, rove

محادثة

النشاط ١

بعد أن قرأتم القصة في البيت، ناقشوا الأسئلة التالية في مجموعات لا تزيد عن ثلاثة طلاب.

١. من أخبر الزوج بموت أمه، ولماذا أخفوا الأمر عنه؟
٢. كيف كانت ردة فعل الزوج عند رؤيته لأمه؟
٣. راودت الزوج ذكريات من طفولته، اذكروها.
٤. ما هي الخيارات التي خاطرت ذهنه فيما يخص وفاة والدته؟
٥. ماذا فعل عندما غادر البيت؟

المفردات

النشاط ٢

نسِّقوا أحداث أو مواضيع القصة ضمن خريطة الذهنية.

النشاط ٣

أكملوا الفراغات التالية بالكلمة المناسبة.

نهم تأوه يعربد محالة يدُسّ الخلاء

١. ستكون هناك مشاكل لا ــــــــــ، ولكنه يتعين علينا أن نثابر في تصميم وإصرار.
٢. لقد اكتشفوا لاحقاً أن أحدهم كان ــــــــــ لهم السم في طعامه.
٣. لم يأكل طوال النهار لذلك حينما قدم له العشاء أشرع في الأكل بــــــــــ.
٤. لقد كان شيئاً أحمق أن تعبر في هذا ــــــــــ وحدك!
٥. ــــــــــ وهو يستعيد ذكريات طفولة المؤلمة.
٦. شرب الكثير من الكحول وراح يتشاجر مع أصدقائه و ــــــــــ.

النشاط ٤

اختاروا عشر كلمات من قائمة المفردات واستعملوا كل كلمة في جملة مفيدة.

النشاط ٥

صلوا الكلمات التالية بمرادفتها.

١. ـــــــ أقعى أ. ضرب

٢. ـــــــ رفس ب. فسد

٣. ـــــــ تهجّم ت. وقت

٤. ـــــــ آن ث. سقط

٥. ـــــــ تعفّن ج. اعتدى

المحادثة والحوار

النشاط ٦

كل مجموعة ستأخذ سؤالاً واحداً، على أعضاء المجموعة قراءة السؤال ومناقشته.

١. ما هي علامات ضعف الشخصية وما هي طرق تقويتها؟

٢. هل طغيان أحد الزوجين على الآخر دليل على ضعف في الشخصية أم هناك أسباب أخرى تساهم في تقبل مثل هذا التعسف؟

٣. ما معنى "إكرام الميت دفنه"؟

الترجمة

النشاط ٧

في مجموعات تتكون من طالبين، اقرأوا النص التالي ثم ترجموه إلى اللغة الإنجليزية.

عندما التفتّ وأنا أغادر الدار رأيته يمدّ يده إلى القفص، فيخرج منه العصفور الصغير. ورأيته يدسّ العصفور في أنف أمّي. وأظلمت الدنيا في ناظري فما عدت أرى شيئاً. صفقت الباب ورائي وهممت بالاندفاع خارج البيت إلا أن زوجتي أمسكتني من تلابيبي. وسمعتها تقول:

—ماذا سنفعل الآن بأمّك؟

الكتابة

النشاط ٨

اختاروا موضوعاً واحداً من المواضيع التالية واكتبوا حوالي ١٥٠–٢٠٠ كلمة.

١. فقدان الشخص الذي منحكم الحياة يغير كل شيء، وبالخصوص الأم وما تحمله الكلمة من حنان وعاطفة. كيف يمكن التعامل مع الحالة النفسية الصعبة بعد وفاة الأم؟

٢. الحياة الأسرية قوامها المشاركة الفكرية والوجدانية بين الرجل والمرأة حتى تمضي الحياة وينشأ الأطفال في بيئة صحية نفسياً واجتماعياً، فماذا يحدث عندما يختلّ هذا التوازن ويطغى طرف على الآخر؟

النشاط ٩

اذهبوا الى صفحة النقاش الخاصة بالصف (discussion board) وتطرقوا إلى السؤال التالي ثم علقوا على إجابة طالب آخر.

من المواقف المحرجة التي تشهدها العلاقة الزوجية هي اقتحام الطفل غرفة نوم والديه. ما هي الأضرار النفسية التي قد يتعرض لها الطفل إذا شاهد والديه أثناء الجماع؟ كيف يتوجب على الأهل التصرف في حال حدوث ذلك؟

١٣

قصص من سوريا

القصة الأولى

تعريف الكاتب

زكريا تامر أديب سوري وصحفي وكاتب قصص قصيرة، وُلد بدمشق عام ١٩٣١، أُضطُرّ إلى ترك الدراسة عام ١٩٤٤. عمل في بداياته كحدّاد في معمل ثم أصبح يكتب القصّة القصيرة والخاطرة الهجائية الساخرة، والقصّة الموجّهة إلى الأطفال. هو مقيم في بريطانيا منذ عام ١٩٨١. سبق له أن عمل في وزارة الثقافة ووزارة الإعلام في سوريا، وعمل أيضاً رئيساً لتحرير مجلّة "الموقف الأدبي"، ومجلة "أسامة"، ومجلة "المعرفة". كما ساهم في تأسيس اتّحاد الكتّاب العرب في سوريا.

النمور في اليوم العاشر

زكريا تامر

رحلت الغابات بعيداً عن النمر السجين في قفص، ولكنه لم يستطِع نسيانه، وحدّق غاضباً إلى رجال يتحلّقون حول قفصه وأعينهم تتأمّله بفضول ودونما خوف وكان أحدهم يتكلّم بصوت هادئ ذي نبرة آمرة: "إذا أردتم حقّاً أن تتعلّموا مهنتي، مهنة الترويض، عليكم ألا تنسوا في أي لحظة أن معدة خصمكم هدفكم الأوّل، وسترون أنها مهمّة صعبة وسهلة في آن واحد. انظروا الآن إلى هذا النمر: إنه نمر شرس متعجرف، شديد الفخر بحرّيته وقوّته وبطشه، ولكنه سيتغيّر ويصبح وديعاً ومطيعاً كطفل صغير . . فراقبوا ما سيجري بين من يملك الطعام وبين من لا يملكه، وتعلّموا."

بادر الرجال إلى القول إنهم سيكونون التلاميذ المخلصين لمهنة الترويض. فابتسم المروّض مبتهجاً، ثم خاطب النمر متسائلاً بلهجة ساخرة: "كيف حال ضيفنا العزيز؟"

قال النمر: "أحضر لي ما آكله، فقد حان وقت طعامي."

فقال المروّض بدهشة مصطنعة: "أتأمرني وأنت سجيني؟ يا لك من نمر مضحك!! عليك أن تدرك أني الوحيد الذي يحقّ له هنا إصدار الأوامر."

قال النمر: "لا أحد يأمر النمور."

قال المروّض: "ولكنك الآن لست نمراً. أنت في الغابات نمر. وقد صرت في القفص، فأنت الآن مجرّد عبد تمتثل للأوامر وتفعل ما أشاء."

قال النمر بنزق: "لن أكون عبداً لأحد."

قال المروّض: "أنت مرغم على إطاعتي؛ لأني أنا الذي أملك الطعام."

قال النمر: "لا أريد طعامك."

قال المروّض: "إذن جُع كما تشاء، فلن أرغمك على فعل ما لا ترغب فيه."

وأضاف مخاطباً تلاميذه: "سترون كيف سيتبدّل؛ فالرأس المرفوع لا يشبع معدة جائعة."

وجاع النمر، وتذكّر بأسى أيّامًا كان فيها ينطلق كريح دون قيود مطارداً فرائسه.

وفي اليوم الثاني أحاط المروّض وتلاميذه بقفص النمر، وقال المروّض: "ألست جائعاً؟ أنت بالتأكيد جائع جوعاً يعذّب ويؤلم. قُل إنك جائع فتحصل على ما تبغي من اللحم."

ظل النمر ساكتاً، فقال المروّض له: "افعل ما أقول ولا تكُن أحمق. اعترف بأنك جائع فتشبع فوراً."

قال النمر: "أنا جائع."

فضحك المروّض وقال لتلاميذه: "ها هو ذا قد سقط في فخّ لن ينجو منه."

وأصدر أوامره، فظفر النمر بلحم كثير.

وفي اليوم الثالث قال المروّض للنمر: "إذا أردت اليوم أن تنال طعاماً، فنفّذ ما سأطلب منك."

قال النمر: "لن أطيعك."

قال المروّض: "لا تكُن متسرّعاً، فطلبي بسيط جداً. أنت الآن تحوم في قفصك، وحين أقول لك: قف، فعليك أن تقف."

قال النمر لنفسه: "إنه فعلاً طلب تافه، ولا يستحقّ أن أكون عنيداً وأجوع."

وصاح المروض بلهجة قاسية آمرة: "قف."

فتجمّد النمر تواً، وقال المروّض بصوت مرح: "أحسنت."

فسرّ النمر، وأكل بنهم، بينما كان المروّض يقول لتلاميذه: "سيصبح بعد أيّام نمراً من ورق."

وفي اليوم الرابع، قال النمر للمروّض: "أنا جائع فاطلب مني أن أقف."

فقال المروض لتلاميذه: "ها هو ذا قد بدأ يحبّ أوامري."

ثم تابع موجّهاً كلامه إلى النمر: "لن تأكل اليوم إلا إذا قلّدت مواء القطط."

فكظم النمر غيظه، وقال لنفسه: "سأتسلّى إذا قلّدت مواء القطط."

وقلّد مواء القطط، فعبس المروّض، وقال باستنكار: "تقليدك فاشل. هل تعد الزمجرة مواء؟"

فقلّد النمر ثانية مواء القطط، ولكن المروّض ظلّ متجهّم الوجه، وقال بازدراء: "اسكت. اسكت. تقليدك ما زال فاشلاً. سأتركك اليوم تتدرّب على مواء القطط، وغداً سأمتحنك. فإذا نجحت أكلت أما إذا لم تنجح فلن تأكل."

وابتعد المروّض عن قفص النمر وهو يمشي بخطى متباطئة، وتبعه تلاميذه وهم يتهامسون متضاحكين.

نادى النمر الغابات بضراعة، ولكنها كانت نائية.

وفي اليوم الخامس، قال المروّض للنمر: "هيا، إذا قلّدت مواء القطط بنجاح نلت قطعة كبيرة من اللحم الطازج."

قلّد النمر مواء القطط، فصفّق المروض، وقال بغبطة: "عظيم! أنت تموء كقطّ في شباط."

ورمى إليه بقطعة كبيرة من اللحم.

وفي اليوم السادس، وما إن اقترب المروّض من النمر حتى سارع النمر إلى تقليد مواء القطط، ولكن المروّض ظلّ واجمًا مقطّب الجبين، فقال النمر: "ها أنا قد قلّدت مواء القطط."

قال المروّض: "قلّد نهيق الحمار."

قال النمر باستياء: "أنا النمر الذي تخشاه حيوانات الغابات، أُقلّد الحمار؟ سأموت ولن أنفّذ طلبك!"

ابتعد المروّض عن قفص النمر دون أن يتفوّه بكلمة.

وفي اليوم السابع، أقبل المروّض نحو قفص النمر باسم الوجه وديعاً، وقال للنمر: "ألا تريد أن تأكل؟"

قال النمر: "أُريد أن آكل."

قال المروّض: "اللحم الذي ستأكله له ثمن، انهق كالحمار تحصل على الطعام."

فحاول النمر أن يتذكّر الغابات، فأخفق، واندفع ينهق مغمض العينين، فقال المروّض: "نهيقك ليس ناجحاً، ولكني سأعطيك قطعة من اللحم إشفاقاً عليك."

وفي اليوم الثامن، قال المروّض: "سألقي مطلع خطبة، وحين سأنتهي صفّق إعجاباً."

قال النمر: "سأصفّق."

فابتدأ المروّض إلقاء خطبته، فقال: "أيها المواطنون . . . سبق لنا في مناسبات عديدة أن أوضحنا موقفنا من كل القضايا المصيرية، وهذا الموقف الحازم الصريح لن يتبدّل مهما تآمرت القوى المعادية، وبالإيمان سننتصر."

قال النمر: "لم أفهم ما قلت."

قال المروّض: "عليك أن تعجب بكل ما أقول، وأن تصفّق إعجاباً به."

قال النمر: "سامحني أنا جاهل أُميٌّ وكلامك رائع وسأصفّق كما تبغي."

وصفّق النمر فقال المروّض: "أنا لا أحبّ النفاق والمنافقين ستحرم اليوم من الطعام عقاباً لك."

وفي اليوم التاسع جاء المروّض حاملاً حزمة من الحشائش، وألقى بها للنمر، وقال: "كُل."

قال النمر: "ما هذا؟ أنا من آكلي اللحوم."

قال المروّض: "منذ اليوم لن تأكل سوى الحشائش."

ولما اشتدّ جوع النمر حاول أن يأكل الحشائش فصدمه طعمها، وابتعد عنها مشمئزّاً، ولكنه عاد إليها ثانية، وابتدأ يستسيغ طعمها رويداً رويداً.

وفي اليوم العاشر اختفى المروّض وتلاميذه والنمر والقفص؛ فصار النمر مواطناً، والقفص مدينة.

المفردات

بَطش	tyranny, violence
حَدَّقَ—يُحَدِّق	to stare
حَشيش—حَشائش	grass, weeds
حامَ—يَحوم	to hover
رُوَيداً رُوَيداً	slowly, gradually
تَرويض	taming, training
مُرَوِّض	tamer, trainer
ازدِراء	disrespect
زَمجَرة	growling, roaring, snarling
إشفاق	pity
ظَفِرَ—يَظفَر	to obtain, win
عَبَسَ—يَعبِس	to frown
مُتعَجرِف	arrogant
غِبطة	bliss, happiness
قَفَص	cage
مُواء	meowing
نَبرة	accent, tone

نَزَق	recklessness, impetuosity
استنكار	aversion, disapproval
وَديع	calm, mild-tempered
مُواطِن	citizen

محادثة

النشاط ١

بعد أن قرأتم القصة في البيت، ناقشوا الأسئلة التالية في مجموعات لا تزيد عن ثلاثة طلاب.

١. هل ظل النمر محافظاً على كبريائه أم خضع لأوامر المروّض؟ عللوا جوابكم.
٢. ما هي الأوامر التي فرضها المروّض على النمر مقابل الطعام؟
٣. اذكروا صفات النمر كما وردت في النص.
٤. اشتدّ الجوع على النمر فقام بعمل لم يعهده من قبل، ما هو؟
٥. كيف جسّد الكاتب النمر والقفص في أرض الواقع؟

المفردات

النشاط ٢

نسِّقوا أحداث أو مواضيع القصة ضمن خريطة ذهنية.

النشاط ٣

أكملوا الفراغات التالية بالكلمة المناسبة.

قفص النزق مواء مروّض الحشائش مواطن

١. يشير ______ القطط إلى مجموعة واسعة من المشاعر والاحتياجات.
٢. التقينا لأول مرة في حديقة الحيوان، أمام ______ النمر.
٣. ما زالت النساء والفتيات عرضة للاعتداءات خارج المخيمات عندما يخرجن لجمع الحطب أو ______.

٤. أسلوب تقديم الاستقالة الجماعي يعكس حالة من ______ السياسي.

٥. لكل ______ حرية ممارسة معتقداته دون تفرقة أو تمييز.

٦. كل ما أعرفه عنه أنه هو أفضل ______ خيل في تكساس.

النشاط ٤

اختاروا عشر كلمات من قائمة المفردات واستعملوا كل كلمة في جملة مفيدة.

النشاط ٥

صلوا الكلمات التالية بمرادفتها.

١.	____ حدق	أ.	فَرَح
٢.	____ وديع	ب.	رأفة
٣.	____ غبطة	ت.	بطيئاً
٤.	____ إشفاق	ث.	ركَّز
٥.	____ رويداً	ج.	هادئ

المحادثة والحوار

النشاط ٦

كل مجموعة ستأخذ سؤالاً واحداً، على أعضاء المجموعة قراءة السؤال ومناقشته.

١. ما هو تعريف الدكتاتورية وما هي خصائص النظام الدكتاتوري؟

٢. كل شخص له الحق في الغذاء من أجل حياة كريمة وحيوية ومن أجل أن يصبح مواطناً صالحاً لنفسه ومجتمعه. ما هي المجهودات التي يجب على الدولة القيام بها من أجل ضمان هذا الحق؟

٣. "جوع كلبك يتبعك" قد جعل الكثير من الناس هذا المثل أسلوبًا وسياسية في التعامل مع من يديرونهم، أو من هم أصغر منهم؛ وذلك كي يبقوا في حاجة إليهم فلا يخرجوا عن أوامرهم، وهذا المثل له أصل في كلام العرب، وكان يُروى بصيغة "أجع كلبك". اذكروا بعض سياسات الحكومات المستبدة للسيطرة على الشعب وتطويعه.

الترجمة

النشاط ٧

في مجموعات تتكون من طالبين، اقرأوا النص التالي ثم ترجموه إلى اللغة الإنجليزية.

رحلت الغابات بعيداً عن النمر السجين في قفص، ولكنه لم يستطِع نسيانه، وحدّق غاضباً إلى رجال يتحلّقون حول قفصه وأعينهم تتأمّله بفضول ودونما خوف وكان أحدهم يتكلّم بصوت هادئ ذي نبرة آمرة: "إذا أردتم حقّاً أن تتعلّموا مهنتي، مهنة الترويض، عليكم ألا تنسوا في أي لحظة أن معدة خصمكم هدفكم الأوّل، وسترون أنها مهمّة صعبة وسهلة في آن واحد. انظروا الآن إلى هذا النمر: إنه نمر شرس متعجرف، شديد الفخر بحرّيته وقوّته وبطشه، ولكنه سيتغيّر ويصبح وديعاً ومطيعاً كطفل صغير. فراقبوا ما سيجري بين من يملك الطعام وبين من لا يملكه، وتعلّموا."

الكتابة

النشاط ٨

اختاروا موضوعاً واحداً من المواضيع التالية واكتبوا حوالي ١٥٠–٢٠٠ كلمة.

١. التلاعب بالشعوب وتوجيه سلوكهم والسيطرة على أفعالهم وتفكيرهم يدخل ضمن علم استراتيجي تعتمده الكثير من دوائر النفوذ في العالم. ما هو مضمون هذه الاستراتيجيات وكيف تستجيب الشعوب لها؟

٢. هل الحرية المطلقة فوضى أم حق إنساني خلق معنا بالفطرة؟

النشاط ٩

اذهبوا الى صفحة النقاش الخاصة بالصف (discussion board) وتطرقوا إلى السؤال التالي ثم علقوا على إجابة طالب آخر.

ماذا قصد إيمانويل كانْت بقوله: "يمكننا أن نروّض الإنسان ونلقّنه بشكل ميكانيكي، أو أن نعمد فعلاً إلى تنويره. يمكننا ترويض الكلاب والأحصنة، ولكن يمكن أيضاً ترويض الإنسان".

القصة الثانية

تعريف الكاتبة

سلوى النعيمي هي شاعرة وكاتبة سورية وُلدت في دمشق. تعيش في باريس منذ عام ١٩٧٠، وتعمل في قسم الصحافة التابع لمعهد العالم العربي. من أعمالها المترجمة إلى الفرنسية: "التشابه"، "كتاب الأسرار"، "إغراء وفاتي"، "الذين أحبهم ذهبوا جميعاً"، "برهان العسل" و"شبه الجزيرة العربية". والنصّ التالي عبارة عن فصل واحد من كتاب "برهان العسل" عنوانه "باب الماء" وفيه تفكّر الراوية في رجل تعرّفت عليه سابقاً لقبه "المفكّر".

برهان العسل

سلوى النعيمي

مسكونةً بالبحث الذي أكتبه، وسعيدةً بعلنيته، أتحدّث عنه بإسهاب أمام الجميع بكثير من المتعة. حالة من الفرح البدائي تغلفني. طلبت إجازة من عملي في المكتبة. حملت كتبي وهربت من باريس إلى تونس. يجب أن أكون في هذا العالم كي أبدأ العمل. حاجة جسدية إلى هذا المحيط العربي. إلى اللغة والناس. إلى الشوارع والحدائق والمذاقات والروائح والأضواء والأصوات. إلى الوجوه والأجساد. بحاجة إلى الشمس والبحر. إلى حمّام السوق والطيّابة والماء المحرق.

صحيح، لماذا يقترن الحمّام في رأسي بالجنس؟ هل هي السخونة التي تفحّ من مسامّي؟ هل هي ضربات الدم في صدغي تبشّر بانفجار وشيك؟ أخرج من القاعة الساخنة ويطالعني جسدي متورّداً، أصير جميلة بعد الحمّام وبعد الحبّ. كان المفكّر يعيدها عليّ في كل مرّة.

مثل الجنيد، الذي كان يقول: **أحتاج إلى الجماع كما أحتاج إلى القوت**، لديّ حاجة عضوية للماء والمني والكلمات. ثلاثة هي عناصري الأوّلية. ثلاثة لا يمكنني أن أعيش من دونها. ثلاثة تنظّم خريطتي وتساعدني على الحياة. عندما أفتح عيني في الصباح مُخَلَّعَةً مثل دمية متحرّكة، لا أرى ولا أسمع ولا أفهم. أتوجّه إلى الحمّام. أقف تحت رذاذ الدوش وتبدأ أجزائي في التململ تدريجياً. يجمعني الماء كساحر ينظم خيوطي ويجلو جوهري. أستعيد حواسّي وقدراتي كائناً مرناً مستعداً للحياة.

على مصطبة الحمّام أتمدّد مصلوبة. تتخايل لي أجساد الأخريات في الضباب الساخن. عيناي مفتوحتان. أراقب البخار يتوضّع قطرات تتحبّب على السقف المقبّب تنتظر السقوط. علّمونا في المدرسة أن نيوتن اكتشف الجاذبية الأرضية وهو يرى التفّاحة تسقط. ماذا سأكتشف أنا؟

أكتشف جاذبية المفكّر؟ هذه ليست اكتشافاً. عرفتها وعشتها.

لا يمكنني بعد كل هذه الساعات في الحمّام إلا أن أفكّر فيه وأن يخطر لي أنني جاهزة للحبّ، جاهزة للمفكّر.

كان يقول لي: "نلتقي غداً. هيّئي نفسك." وأجيب: "تعلم أني جاهزة لك دائماً."

أنا أنظف امرأة في العالم، لا حبّاً في النظافة، بل ولعاً بالماء، لذا لن أموت إلا في مدينة عربية على البحر. الماء هو عنصري الأوّل. قبل أن أتعلّمه من الكتب كنت أطبّقها عملياً. قبل أن أقرأ ما بدأ به **الرسول حديثه لابنته فاطمة قبل أن تزفّ لعلي بن أبي طالب: "اغتسلي بالماء أبداً حتى إذا نظر إليك زوجك يفرح بك. كنت أغتسل بالماء كي أنظر إليّ وأفرح بنفسي."**

لم يبعد كثيراً الزمن الذي كان فيه الحمّام هو المكان الذي تمتحن فيه أمّ العريس المرشّحات للزواج. أي مكان أفضل من الحمّام لرؤية امرأة على حقيقتها؟ لا بد أنها كانت وسيلة ناجعة، لا غشّ ولا خداع. العروس كحواء في الجنّة. على حقيقتها.

أنقلب على ظهري وتتابع الطيّابة صامتة فرك جلدي بقوة. سألتني زميلتها في البداية إن كنت أفهم العربية. هل أبدو مستشرقة إلى هذا الحدّ؟

هنا في هذا الحمّام البلدي مكان لتزييف الفولكلور. لا وسائد مخملية ولا عطور شقية ولا رائحة التبغ. ليس هناك إلا النساء والبلاط والماء، وتلك الرائحة التي أميّزها من بين ألف. تأتي إليَّ من دمشق مدينة طفولتي. لم أذهب إلى حمّام النسوان في تلك السنوات إلا مرّات قليلة مع جارتنا الشابّة، لأن أمّي كانت بعيدة عن هذا النوع من الطقوس. كان هناك البخار، والبرتقال، وعروسة الزيت، والزعتر. حمّام عائلي للنساء والأطفال كما نراه في بعض الأفلام العربية. الآن لا زعتر ولا برتقال. الرائحة وحدها معشّشة في المكان، ولا أريد أن أستعيد أي ماضٍ إلا في ذاكرتي.

تمدّدت على ظهري وبدأت الطيّابة تفرك جسدي بالليفة الخشنة. كانت قد نقعت ساقيّ في سطل ماء في الصالة الساخنة، قبل أن تأتي لتبحث عني. تمدّدتُ على بطني، وضعيتي المفضّلة. تفرك بقوّة وأتابع حركة يديها على جسدي من باطن القدمين ترتفع شيئاً فشيئاً. لمسة خفيفة من أصابع المفكّر تتنقّل بين غمّازتيَّ أسفل الظهر كانت كافية كي تنبض كل مراكز لذّتي. هذا زمن مضى. تفرك بقوّة وأغمض عيني على أجساد النساء العارية تتحرك في أنحاء القاعة المتوسّطة. الأمّ وبناتها الصبايا الثلاث. العجوز وأمّها. الأجنبية بثدييها الصغيرين وحيدة مثلي.

الحمّام عندي مقترن باللذّة، بالجنس. ليس هو العري بقدر ما هي الحكايات التي تربّيت عليها.

المفردات

باطِن	interior
جَلا—يَجلو	to evacuate, withdraw
تَحَبَّبَ—يَتَحَبَّب	became grainy
حَواء	Eve
مُخَلَّع	out of order, disjointed
تَدريجياً	gradually
رَذاذ	sprinkle, drizzle
مَسامّ	pores
إسهاب	detail, elaboration
صُدغ	temple (anatomy)
مِصطَبة	stone bench
طُقوس	rites, ceremony
مُعَشِّش	nesting
فَرَكَ—يَفرُك	to rub, scrub
مُقَبَّب	curved
قوت	food
تَمَلمَلَ—يَتَمَلمَل	to be fidgety
نَبَضَ—يَنبِض	to beat, throb (the heart)

محادثة

النشاط ١

بعد أن قرأتم القصة في البيت، ناقشوا الأسئلة التالية في مجموعات لا تزيد عن ثلاثة طلاب.

١. لماذا انتقلت الكاتبة من باريس إلى تونس؟
٢. بيّنوا أوجه التشابه بين الحمّام والجنس.
٣. بماذا أوصى الرسول ﷺ ابنته فاطمة؟
٤. العروس تخوض أول امتحان لها قبل الزواج في الحمّام، كيف ذلك؟
٥. كيف تغيّرت طقوس الحمّام؟

المفردات

النشاط ٢

نسّقوا أحداث أو مواضيع القصة ضمن خريطة ذهنية.

النشاط ٣

اكملوا الفراغات التالية بالكلمة المناسبة.

إسهاب المسامّ تدريجياً حواء طقوس تنبض

١. ناقشت السلطة بـ_______ وبمزيد من التفاصيل كل القضايا المتعلقة باللجوء السياسي.
٢. ارتفع _______ مؤشر رواتب الموظفين في القطاعين العام والخاص في السنوات الماضية.
٣. الحناء من أهم _______ الزواج في المجتمعات الخليجية والعربية كافة، فهو من أساسيات زينة العروس.
٤. رام الله هي مدينة فلسطينية _______ بالحياة والروح الشبابية.
٥. يخرج العرق من خلال فتحات صغيرة فى الجلد تسمى _______.
٦. وفقاً للديانات الإبراهيمية _______ هي أول أنثى من البشر، وزوجة آدم، وأم البشرية.

النشاط ٤

اختاروا عشر كلمات من قائمة المفردات واستعملوا كل كلمة في جملة مفيدة.

النشاط ٥

صلوا الكلمات التالية بمرادفتها.

١. _____ رذاذ	أ. تقطّر
٢. _____ صدغ	ب. جوف
٣. _____ قوت	ت. دعك
٤. _____ فرك	ث. جانب الوجه
٥. _____ باطن	ج. طعام

المحادثة والحوار

النشاط ٦

كل مجموعة ستأخذ سؤالاً واحداً، على أعضاء المجموعة قراءة السؤال ومناقشته.

١. ما هي بعض الطقوس المرتبطة بالحمّام في محيطكم؟
٢. عندما نذكر الحمّام الشعبي نفكر غالباً بالمرأة وطقوسها، هل يحبّ الرجال الحمّام مثل النساء وما هي طقوسهم؟
٣. يملك الحمّام العديد من الوظائف والتي جعلت منه معلماً هاماً عاكساً لهوية وذاكرة المجتمع. عدّدوا بعض هذه الوظائف.

الترجمة

النشاط ٧

في مجموعات تتكون من طالبين، اقرأوا النص التالي ثم ترجموه إلى اللغة الإنجليزية.

مسكونةً بالبحث الذي أكتبه، وسعيدةً بعلنيته، أتحدث عنه بإسهاب أمام الجميع بكثير من المتعة. حالة من الفرح البدائي تغلغني. طلبت إجازة من عملي في المكتبة. حملت كتبي وهربت من باريس إلى تونس. يجب أن أكون في هذا العالم كي أبدأ العمل. حاجة جسدية إلى هذا المحيط العربي. إلى اللغة والناس. إلى الشوارع والحدائق والمذاقات والروائح والأضواء والأصوات. إلى الوجوه والأجساد. بحاجة إلى الشمس والبحر. إلى حمّام السوق والطيّابة والماء المحرق.

الكتابة

النشاط ٨

اختاروا موضوعاً واحداً من المواضيع التالية واكتبوا حوالي ١٥٠–٢٠٠ كلمة.

١. الحمّام الشعبي تقليد قديم يتوارثه الأجيال. يرتبط فضاء الحمّام بطقوس وعادات متنوّعة ومختلفة، أبرزوا أشكالها ودلالاتها باختلاف وظيفة الحمّام والغاية منه.
٢. لا يوجد مكان في هذه الحياة بالنسبة للإنسان أجمل من المكان الذي وُلد وترعرع فيه، ويبقى ذلك الحنين مترسّخاً في قلبه إلى حين عودته إلى بلده الأصل، ما سبب هذا الشعور؟

النشاط ٩

اذهبوا الى صفحة النقاش الخاصة بالصف (discussion board) وتطرقوا إلى السؤال التالي ثم علقوا على إجابة طالب آخر.

بالنسبة لكثير من النساء، الحمّام ليس مكاناً للطهارة أو الاستحمام فقط، بل حيزاً محرراً من السيطرة والقيود الذكورية السائدة في بعض المجتمعات. هل تتّفقون؟ علّلوا إجابتكم.

القصة الثالثة

تعريف الكاتب

جميل ألفريد حتمل قاصّ موهوب، وصحافي مُبدع، وسليل أسرة فنّية أدبية مشهورة في دمشق وحوران. وُلد عام ١٩٥٦ في دمشق. ظهر ميله إلى الآداب والفنون في سنّ مبكّرة، فقد أحاطه والده الفنّان التشكيلي ألفريد حتمل (١٩٣٤-١٩٩٣) بالرعاية والتوجيه والاهتمام حتى نشأ نشأة أدبية وفنّية متميّزة. بدأ جميل حتمل كتابة القصّة القصيرة في سن مبكّرة، وأُعتُبر منذ ذلك الوقت أحد أهمّ الأسماء في جيل السبعينات في سوريا. أصدر جميل حتمل في حياته أربع مجموعات قصصية هي: "الطفلة ذات القبعة البيضاء"، "انفعالات"، "حين لا بلاد" و"قصص المرض قصص الجنون". أما المجموعة الخامسة "سأقول لهم" فقد صدرت بعد وفاته.

الطفلة ذات القبعة البيضاء من القش

جميل ألفريد حتمل

واقفة إلى جانب كومة من الرمل الأبيض يرتسم حزن على وجهها، حاول أن يبتسم عندما أطلّ من شبّاك الباص، فابتسمت بأسى.

عند مثل هذه الكومة الرملية البيضاء في شارع عريض، وفي ليل خريفي بارد، قال لها بحزم وهدوء:

—أحبّك.

فبكت، وقبّلها خلسة، وطار من الفرح.

مسح دمعة مسرعة، هزّ رأسه ومدّ أصابعه من الشبّاك مرسلاً لها قبلة، فابتسمت بأسى، نظر إلى ساعته المكسورة الزجاج، ثم إلى وجهها الحزين، أشار لها بأن تذهب، هزّت رأسها رافضة بغضب، وعندما تحرك الباص أحسّ بقشعريرة مرّة تسحق جسده، وكانت تبكي.

—لا تبكِ. أرجوك.

قالها مرّات، كانا يتشاجران بشدّة، يغضب ويشتم، فتغضب وتصمت، وتبكي أحياناً، فيضمّها إلى صدره المرتجف، وبصمت مداعباً شعرها الأسود القصير، وها هي تبتعد، شيئاً فشيئاً تختفي، وشيئاً فشيئاً يمتدّ هذا الذي اسمه الحزن أكثر في جسده المرتجف، أسند رأسه إلى الزجاج وتابع الخطّ الأسفلتي الملتوي.

حينما سمع صديقه يتشاجر مع الجيران بسبب وجوده، تملّكه وجع وخجل كبيران، لملم أوراقه وكتبه المتناثرة، وخرج صامتاً مع الصديق.

قال له:

—أين ستذهب؟

فأجاب بغير حزم:

—الأماكن كثيرة.

وكان يعرف أنه لن يجد مكاناً معقولاً ينام فيه تلك الليلة.

منذ أسابيع لم يذهب إلى منزله، ولم يفاجأ حين عرف أنهم داهموه، تخيّل حال أهله حينها، وتذكّر أخته الصغيرة، وكتبه التي لا بد أن تتناثر وهم يقلبون صفحاتها بقسوة.

ومنذ أسابيع مكث في هذه الغرفة، التي يغادرها حزيناً وخجولاً.

وإليها كانت تأتي فيهمس بغضب عندما تصل:

—لِمَ تأتين؟

فتزعل.

—قد تكوني مراقبة.

—أدوخ أباهم.

تردّ بثقة وفرح طفولي، فيضمّها بقوّة محاولاً أن يضحك.

وهو لا يعرف أين سيذهب، ولذا لم يتردّد عندما قالوا له ستغادر المدينة إلى قرية منزوية، فكّر بها وسألها، فهمست بأسى مستسلم.

—الأفضل أن تغادرها.

وها هو يهتزّ مع تخبّطات هذا الباص، إلى جانبه تمتدّ صحف صفراء، ورواية "أيام الجفاف" التي سرقتها له منذ أيّام وكتبت عليها: «"نها أيّامنا أيضاً". قلب الصحف ببطء، مدّ يده إلى الكتاب وانغمس في جوّ الرواية، حين انتهى تخيّل شكلاً للقرية التي سيصلها، مشابهة لقرية الكتاب، فكّر: "سأرسل لحيتي هنالك كما فعل بطل الرواية"، وضحك مصمّماً ألا ينتحر مثله، وسيكتب، يكتب أشياء عدّة، ورسائل لها.

قالت له:

—سأشتري الصحف لك كل يوم، كما كنت تفعل.

وقالت له:

—وربما آتي إليك أيضاً.

"وأنا سآتي إليك. سآتي في كل لحظة"، تعالى صوت فيروز فجأة حارّاً وصاخباً، أحسّ أنه سيبكي فهمس لنفسه بخطابية.

—على الثوري ألا يكون رومانسياً ومتوتّراً إلى هذا الحدّ.

وضحك من نفسه.

انتبه إلى الأصوات المتعالية في الباص، ثلاث فتيات، سمراوات وشقراء، يجلسن قرب المحرّك، فكّر لو تستدير الشقراء ليرى وجهها كاملاً.

—مائة مرّة قلت لك اترك هذه العادة السخيفة.

كانت تصرخ به، عندما تشرّد عيناه ملاحقة أجساد الفتيات المختلفات يتظاهر بعدم السمع ويتابع التطلّع ليغيظها صوت فيروز ما زال منساباً من الاشتياق.

انطلقت فجأة بين المقاعد بصخب فتاة صغيرة، تمنّى أن تجلس أمامه ليحدّثها عن أشجار ملوّنة، وعصافير زرقاء، كانت ترتدي قبّعة بيضاء من القشّ تهتزّ فوق رأسها، وهي تتابع تحرّكها الصاخب بين المقاعد. ابتسم لها، قلب الصحف، أسند رأسه إلى الشبّاك مرتاحاً لرؤية الصغيرة.

—بطاقتك الشخصية.

هزّته يد، كان هنالك جسدان ينتصبان أمامه، وكان الباص واقفاً تماماً، من الشبّاك، رأى سيّارة رمادية تطلّ منها وجوه لا لون لها وأمامها وقف مسلّح.

—لا أحملها.

—انزل إذن . . .

هكذا قال أحد الجسدين.

وقف، الصحف ما تزال تحتلّ جزءاً من المقعد، حرّكوها بعصبية، سقط كتاب "أيام الجفاف" على أرض الباص، تطلّع به، تطلّع من الشباك، خيط الأسفلت الرمادي كان ممتدّاً بدون حركة، حدّق في وجوه الركّاب التي تنظر باستغراب وصمت، كان صوت فيروز ما يزال منطلقاً بحماس.

—هيا تحرّك.

جاءه الصوت مرّة ثانية، بقسوة أكبر. تحرّك خطوة، لمح وجه الفتاة الصغيرة ذات القبّعة البيضاء من القشّ، يبتسم.

ابتسم وهبط من الباص المتوقّف.

المفردات

depression, distress	أسى
revolutionary	ثَوري
determination, resoluteness	حَزم
enthusiasm	حَماس
oratorical	خِطابي
to play with, to tease	داعَبَ—يُداعِب
to raid, attack, storm	داهَمَ—يُداهِم
to make dizzy	دَوَّخَ—يُدَوِّخ
to tremble, quake	رَجَفَ—يَرجُف
to be angered, annoyed	زَعِلَ—يَزعَل
secluded	مُنزَوٍ (المُنزَوي)
surrendering	مُستسلِم
flow	مُنساب
blond	أشقَر، شَقراء
to irritate	غاظَ—يَغيظ
straw, hay	قَشّ
shiver, goose bumps	قُشَعريرة
heap, pile	كَومة
to gather, collect	لَملَمَ—يُلَملِم
crooked, curved	مُلتوٍ (الملتوي)
to threaten	هَدَّدَ—يُهَدِّد
to whisper	هَمَسَ—يَهمِس

محادثة

النشاط ١

بعد أن قرأتم القصة في البيت، ناقشوا الأسئلة التالية في مجموعات لا تزيد عن ثلاثة طلاب.

١. لماذا تشاجر الصديق مع الجيران وكيف تصرّف الراوي عقب ذلك؟
٢. حدث وقع في بيت أهله، ما هو؟
٣. من رافقه الى الباص، وكيف كان فراقهما؟
٤. ما هي العادة السخيفة التي كان يتشاجر معها بسببها؟
٥. هل وصل إلى القرية المنزوية؟ علّلوا جوابكم.

المفردات

النشاط ٢

نسّقوا أحداث أو مواضيع القصة ضمن خريطة ذهنية.

النشاط ٣

أكملوا الفراغات التالية بالكلمة المناسبة.

قشعريرة　　يهدد　　لملم　　منساب　　شقراء　　القش

١. تصاعد اليمين المتطرف خطر ______ أمن الدول واستقرارها.
٢. قد لا يكون شعرها ______ كحورية البحر لكنه يزيدها رقة وجمالية.
٣. لقد حدّد المجتمع الغربي المقاييس التي تمثّل المرأة الجميلة، وهي أن تكون طويلة، رشيقة، ______ وجميلة.
٤. انسحب سريعاً بعد أن ______ أشياءه وغادر إلى مكانٍ آخر.
٥. تبني الطيور أعشاشها بعمل تشاركي بين الأب والأم، حيث يجمع الاثنان ______، أو جزئيات التراب والطين ويرتّبانه ليغدو مريحاً لاستقبال البيض.
٦. تنتابني ______ كلما استمعت إلى صوت فيروز الملائكي.

النشاط ٤

اختاروا عشر كلمات من قائمة المفردات واستعملوا كل كلمة في جملة مفيدة.

النشاط ٥

صلوا الكلمات التالية بمرادفتها.

١. ـــــــ	كومة	أ.	كدس
٢. ـــــــ	مداعبة	ب.	رعش
٣. ـــــــ	رجف	ت.	حنق
٤. ـــــــ	غيظ	ث.	نَشَاط
٥. ـــــــ	حماس	ج.	ممازحة

المحادثة والحوار

النشاط ٦

كل مجموعة ستأخذ سؤالاً واحداً، على أعضاء المجموعة قراءة السؤال ومناقشته.

١. لماذا لا يصل الشباب العرب إلى السلطة وتبقى لذوي النفوذ والمصالح دون غيرهم؟
٢. نسبة انخراط الرجال في الحقل السياسي أكبر بكثير من النساء. تطرقوا إلى أهمية دور المرأة في صنع القرار السياسي.
٣. الشجار بين الاخوة هو من أكثر شكاوى الأمهات والآباء. استعرضوا بعض الحلول التربوية التي يمكن من خلالها معالجة هذه المشكلة.

الترجمة

النشاط ٧

في مجموعات تتكون من طالبين، اقرأوا النص التالي ثم ترجموه إلى اللغة الإنجليزية.

وقف، الصحف ما تزال تحتلّ جزءاً من المقعد، حرّكوها بعصبية، سقط كتاب "أيّام الجفاف" على أرض الباص، تطلع به، تطلع من الشباك، خيط الأسفلت الرمادي كان ممتدّاً بدون حركة، حدّق في وجوه الركّاب التي تنظر باستغراب وصمت، كان صوت فيروز ما يزال منطلقاً بحماس.

—هيا تحرك.

جاءه الصوت مرّة ثانية، بقسوة أكبر. تحرّك خطوة، لمح وجه الفتاة الصغيرة ذات القبّعة البيضاء من القشّ، يبتسم.

ابتسم وهبط من الباص المتوقّف.

الكتابة

النشاط ٨

اختاروا موضوعاً واحداً من المواضيع التالية واكتبوا حوالي ١٥٠–٢٠٠ كلمة.

١. ما هو موقف الشباب في الدول العربية من الناحية السياسية؟ وما هي نسبة مشاركتهم في الانتخابات؟

٢. تلعب المشاركة السياسية دوراً هامّاً في تطوير آليات وقواعد الحكم الديمقراطي، ما هو دور الحكومة في تعزيز هذه المشاركة وتفعيل طاقاتهم؟

النشاط ٩

اذهبوا الى صفحة النقاش الخاصة بالصف (discussion board) وتطرقوا إلى السؤال التالي ثم علقوا على إجابة طالب آخر.

مراقبة الشعوب ووضعها تحت المتابعة الدائمة أصبحت في الوقت الحاضر من مميزات وخصائص الدول المتقدمة. ناقشوا كيف تقوم السلطات برصد الحشود والتجمعات بهدف منع قيام أي معارضة أو تنظيمات للتحركات الاجتماعية وكبت حرياتهم في التعبير عن الرأي.

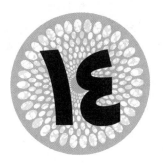

١٤

قصص من عمان

القصة الأولى

تعريف الكاتبة

ليلى البلوشي كاتبة وناقدة من عُمان مقيمة في الإمارات. لها عدّة مشاركات في مجال القصّة القصيرة على المستوى الخليجي والعربي. من إصداراتها: "أدب الطفل في دولة الإمارات" (دراسة)، و"صمت كالعبث" و"قلبها التاسع" (قصص)، و"رسائل حبّ مفترضة بين هنري ميللر وأنانييس نن" (نصوص).

فتاة اسمها راوية

ليلى البلوشي

حكاياتها بطعم التوابل الحرّيفة حملتها معها إلينا من أقصى الشرق. هي "راوية" اسم على مسمّى.

أول ما يطالعك فيها لون جلدها القمحي. وتلكم العينان الواسعتان بلون العسل المصفّى وكأن النحلات سكبن فيهما ربق رحيقهن. متناسقتان مع خدّيها المضرّجين بحمرة قرنفلية ما كان يدفع بقية الزميلات في الفصل وأنا إحداهن إلى قرص خدودنا بأصابعنا باستمرار كي يظلّا مشبوبين بحمرة كخدّيها المفتونين بغمّازتين لذيذتين.

ولكن أكثر ما كان يميّزها دمها السكّر حتى أننا كنا نحذرها بطرافة من حشود النمل التي تجري في شرايينها المعسولة فما تكاد تشرع ذاك الفم الممتلئ بشحمته السمراء الطرية حتى تندفع منها النكات كنيازك تفرقع جنباتنا من الضحك.

في الفسح المدرسية نلتفّ حولها كأوراق الشجر وهي الشجرة التي نمصّ منها ثمار الحكايات التي عبرتها حين كانت مسافرة مع والدتها إلى الهند . . وكيف أنها التقت بأخوالها هناك وعاملوها كقدّيسة تدرّ عليهم بالذهب. وألذّ ما نال إعجابها لذّة المانغا الحامض بالفلفل الحارّ.

وحين حدّثتنا عن بشاعة الفقر وعن أولاد صغار يجرون على أكتافهم عربات لنقل الركّاب كحمير عوضاً عن حمل حقائب مدرسية أسدلت أهدابها الطويلة كجناحي طائر جريح. لكنها سرعان ما

استعادت مزاج ضحكها حين صرّحت بنبرة جادّة بأنها سترسل لهم من الأموال التي يدرّ عليها والدها الثري هنا إلى الأفواه الجائعة هناك.

وكجموع من النمل افترقنا حين زعق جرس انتهاء الفسحة!

في تلك الحصّة حين تخلّفت المعلّمة عن الحضور. ارتأينا أن نبقى هادئات في الفصل كي لا تشعر بنا المشرفة. اعتلت "راوية" الطاولات التي راكمناها كمجموعات.

تأهّبت لأداء رقصتها الأولى بخطوات متقنة ذهلتنا ثم تداعى جسدها كله في حركات راقصة كممثّلة سينمائية تنتقل برشاقة من طاولة إلى أخرى. كنا مبهورات بها وحين أعياها الرقص ارتمت بأنفاس لاهثة على إحدى الطاولات ثم طلبت منا أن ندنو منها. وحين أحطنا بها كدائرة والكتف لصيق الكتف ثنت مريولها المدرسي وبأطراف أصابعها المطليّة بطلاء أحمر طماطمي فكّت أزرار قميصها زرّاً . . زرّاً . . وحين تحرّرت الأزرار كلها . . هتفت لنا بشدقيها ضاحكة: "ما رأيكن؟"

شخصت أنظارنا مشدوهة وكل منا تلتفت إلى الأخرى. قهقهت بعدما أمستنا هامدات من الرؤية وهي تنبّهنا عبر ابتسامتها الساخرة: "لا داعي للخجل، نحن بنات. ستجرّبنها قريباً." ثم أضافت وهي ترخي جفن إحدى عينيها الشهيتين بينما شفتاها الممتلئتان تلوّحان بابتسامة واسعة تخفي خلفها ظلال خجل مصطنع: "وذلك حين تتبقّع سيقانكم بسائل أحمر كلون الفيمتو."

قفلت عائدة إلى رقصها. أومأت لنا بإشارة من يديها أن نصفّق. سرعان ما علا التصفيق وشغلتنا حركاتها المثيرة وصوت التصفير عن المشرفة التي صفقت الباب بقوّة أفزعتنا والتي همدت بقذيفة صرختها ضجيجنا. فصلت "راوية" لعشرة أيّام عن المدرسة. بينما عوقبنا نحن بالوقوف تحت ضربات الشمس زهاء ساعتين كاملتين على مدى ثلاثة أيّام بعد انتهاء طابور الصباح!

تلاشت من بيننا كما يتلاشى الغبار بنفخة من فم الريح ولم تنسَ تلك الريح في جعبتها حكاياتها. فبعد مرور الأيّام العشرة ذاع خبر نقلها إلى مدرسة أخرى . .

غابت "راوية" لكن ذاك المشهد لم يسقط عن ذاكرتي مطلقاً، بل لكأنه ثبت على عينيّ بلاصق قوي. جفاني النوم مذ يومها. كنت في أثناء ذاك الأرق وتلك الظلمة وسط تصاعد شخير إخوتي الصغار أتحسّس نهديّ اللذين لم ينهضا بعد وأتخيّلهما بحجم بالون صغير أو برتقالة مدوّرة. أغطّيهما بحمّالة أشبه بحمّالة "راوية" تماماً. فأدرك بخيبة أن ذلك لن يحدث حتى يتسلّل ذاك السائل بلون الفيمتو بين ساقيّ بجرمه المشهود!

تفاقمت وساوسي في الآونة الأخيرة وأصبحت أتردّد على الحمّام كثيراً. أدخله في اليوم الواحد عشرات المرّات. فكرة أن يفاجئني السائل بلون الفيمتو أرعبتني للغاية. فسكن ذاك الصياح من حنجرتي حين كنت أطلق شرارات تذمّري في وجه أمّي كفتيل للخروج. لكن الآن غدت كل رغبة خروج مفقوءة بوسواس داخلي: فماذا لو فاجأني في بيوت إحداهن؟ وإن تسلّل بين ساقيّ وأنا في السوق فما العمل؟

هكذا كنت أحاصرني بمخاوف إلى أن تقلّصت اهتماماتي شيئاً فشيئاً بمن حولي حتى أنني أحطّت وسط دوّامة قلقي على ارتداء ملابس غامقة في ألوانها. وإذا ما قعدت في مجلس كنت آخر من ينهض. خشية أن تتبقّع ملابسي على حين غرّة!

بل راح فضولي يجوب ملابس أمّي في الحمّام التي كانت تكوّمها في سلّة الملابس الوسخة لحين غسلها. وعثرت في أثناء بحثي ذاك على حمّالاتها التي كانت بمقاس كبير وحين جرّبت إحداها تزحلقت أسفل قدمي!

وفي نهار أثناء تطفّلي في الحمّام وقع تحت يدي في أسفل السلّة التي تكوّم فيها أمّي ملابسها الداخلية شيئاً كان يخصّها وعليه بقعة جافّة بلون الفيمتو. كان لونها باهتاً وانبعثت منها رائحة كريهة. أفرغت يومها معدتي بقرف!

وبعد المراقبة المضنية لملابس أمّي الداخلية في الحمّام . . عرفت أن تلك البقعة تلازمها في كل شهر مرّة واحدة فحسب وعلى عدّة أيّام.

حين بدأ صدر عائشة زميلتي في الفصل يتبرعم. نكست رأسها قبل أن تهمس لنا بصوت مرتبك أن والدتها نبّهتها بأنها على وشك البلوغ. فألزمتها بلبس الشيلة بينما ملابسها العتيقة الضيّقة منها والقصيرة تبرّعت بها لصناديق الجمعيات الخيرية كما أنها اقتنت لها حمّالات تلائم حجم نهديها.

بعد أسبوع من تلك الحادثة بكت عائشة وسط دهشتنا في الفصل أثناء حصّة الرياضة وكان صوتها الذي يجهش من شدّة البكاء ينادي بأمّها، وحين نهضت برفقة المعلّمة إلى غرفة الأخصّائية الاجتماعية هالتنا بقعة شاذّة بلون الفيمتو على قميصها الرياضي الحليبي.

طفقت كل واحدة في الفصل تترقّب دورها، فبعد عائشة كانت سلمى وخديجة ومنى وريم. في نهاية العام الدراسي كل زميلاتي في الفصل بلغن سنّ ارتداء الحجاب والصلاة. كنّ يأكلنني بسؤالهن في كل يوم فأحرك رأسي بخيبة! مع الأيّام صرت أتوق رؤية هذا السائل بلون الفيمتو الذي يتحدّثن عنه بخوف مرّة. وبإعياء مقرف في مرّات أخرى، بل كل واحدة منهن وكما أسررن لي تُضطَرّ إلى ملازمة البيت في أوّل يوم لها. حين بلغت عامي السادس عشر تضاعف هلع أمّي والتي كانت بدورها في كل صباح تحاصرني بالسؤال عينه:

—أم. . . . . ؟

أداري توتّري على الوضع المريب الذي أنا فيه وأردّ عليها بلغة لا يفضحها ذاك التوتّر اللعين:

—لا.

أطلقها وأنا أستعجل حمل حقيبتي المدرسية، هرباً من نظراتها المشوبة بقلق كبير. ولكن في اليوم نفسه حين عدت من المدرسة دنت مني ثم أدخلت يدها وسط دهشتي في ياقة قميصي الداخلي متحسّسة نهديّ اللذين برزا قليلاً، فاسترخت تقاطيع وجهها قليلاً بعد الانقباض الذي تملّكها في الآونة الأخيرة.

استلقيت على السرير في عيادة الطبيبة المختصّة في شؤون النساء التي عرضتني أمّي عليها. أمرتني بصوتها الغليظ الذي ينبعث من رأسها الكبير الموصول برقبة من عدّة طوابق: "ارفعي." رفعت ثوبي كله بناء على طلبها، ولكنها بيديها الضخمتين خلعت ما تحتي. تحاشيت وسط خجلي رؤية وجهها طوال مدّة فحصها لي وحين انتهت أدارت لي ظهرها ولم تقُل شيئاً.

بكت أمّي طوال الطريق دون أن تنبس بشيء وكأن فمها خيط بإبرة. وحين قفل والدي راجعاً من العمل في ذلك اليوم بسحنته المنطفئة سحبته سريعاً إلى غرفتهما وظلّا يتهامسان طوال الليل دون أن يصلني من حديثهما نأمة.

أتذكّر هذا في يوم زواجي. وأنا أمام عروسي مأخوذ ببشرتها القمحية وعينيها الممتلئتين بالعسل والتي حين حاذيتها همست في أذني عبارة فهمت منها أنني لن أقربها لأيّام معدودة. وحين هممت لمساعدتها في خلع ثوب عرسها تدلّت من النهدين حمّالة حمراء كالتي بهرتنا بها ذاك اليوم في الفصل.

المفردات

إبرة	needle
تَبقَّعَ—يَتَبَقَّع	to be spotted, stained
حاذى—يُحاذي	to face, to run parallel to
حِرّيف	spicy, hot
تَذَمَّرَ—يَتَذَمَّر	to complain, grumble
رِبق	lasso
رَحيق	nectar
زَعَقَ—يَزعَق	to scream, shout
زُهاء	about, approximately, around
مَشوب	mixed
صَلاة	prayer
مُضَرَّج	imbrued, bloody
طَراوة	tenderness
غِرّة	carelessness, inattention
فَزَع	fear, horror
فُسحة	space, clearance, stroll

انقِباض	contraction, depression
قَرَف	distaste, disgust, revulsion
قُرُنفُل	clove, carnation
قَمحي	wheaten, golden brown
قَهقَهة	guffaw, roar of laughter
هُدب—أهداب	eyelashes
هَلَع	alarm, panic

محادثة

النشاط ١

بعد أن قرأتم القصة في البيت، ناقشوا الأسئلة التالية في مجموعات لا تزيد عن ثلاثة طلاب.

١. من هي الفتاة التي كان لها وقع كبير على طفولة الراوية؟
٢. لماذا فُصلت "راوية" من المدرسة؟ وماذا حلّ بها بعد ذلك؟
٣. فتيات الفصل كن ينتظرن حدثاً مهماً في حياتهن، ما هو؟
٤. لماذا ازداد قلق الأم بعد أن أصبحت الراوية في عمر السادسة عشر؟
٥. ما هي نتيجة الفحص التي جعلت أم الكاتبة تبكي دون توقف؟

المفردات

النشاط ٢

نسِّقوا أحداث أو مواضيع القصة ضمن خريطة ذهنية.

النشاط ٣

أكملوا الفراغات التالية بالكلمة المناسبة.

القمحي الفسحة قهقهة الصلاة هلع إبرة

١. من الضروري تواجد المرشدين الاجتماعيين أثناء ______ المدرسية لمراقبة سلوكيات الطلبة.
٢. هذه الغرفة تستعمل في الأعياد عندما تكون غرفة ______ الرئيسية ممتلئة.

٣. أنا بحاجة إلى _____ لخياطة الجرح وبعض الكحول لتعقيمه.

٤. بدأت أعاني من نوبات _____ كلما شاهدت الصور والأماكن والأخبار التي تذكرني بالاعتداء.

٥. تتعدد ألوان البشرة ما بين اللون الأبيض، و_____ والأسمر.

٦. تعالت أصوات _____ وضحك الحاضرين من الغرفة المجاورة.

النشاط ٤

اختاروا عشر كلمات من قائمة المفردات واستعملوا كل كلمة في جملة مفيدة.

النشاط ٥

صلوا الكلمات التالية بمرادفتها.

١. _____ طراوة	أ. خوف
٢. _____ فزع	ب. ضِيق
٣. _____ تذمر	ت. اشمئزاز
٤. _____ قرف	ث. نعومة
٥. _____ انقباض	ج. شكوى

المحادثة والحوار

النشاط ٦

كل مجموعة ستأخذ سؤالاً واحداً، على أعضاء المجموعة قراءة السؤال ومناقشته.

١. إن العمر الذي يبدأ فيه سن البلوغ هو فريد لكل طفل أو طفلة، والتغيرات الجسدية تظهر في أعمار مختلفة، ما هو دور الأسرة والهيئة التربوية في توعية الأطفال؟

٢. عمليات التحول الجنسي كانت ولا زالت تخلق جدلاً كبيراً على جميع المستويات وفي جميع المجتمعات. لماذا يصعب على بعض الناس تقبل هذا الموضوع؟

٣. هل أنتم مع أو ضد الكلام عن الدورة الشهرية جهراً وليس سرّاً؟ لماذا؟

الترجمة

النشاط ٧

في مجموعات تتكون من طالبين، اقرأوا النص التالي ثم ترجموه إلى اللغة الإنجليزية.

تأهّبت لأداء رقصتها الأولى بخطوات متقنة ذهلتنا ثم تداعى جسدها كله في حركات راقصة كممثّلة سينمائية تنتقل برشاقة من طاولة إلى أخرى. كنا مبهورات بها وحين أعياها الرقص ارتمت بأنفاس لاهثة على إحدى الطاولات ثم طلبت منا أن ندنو منها. وحين أحطنا بها كدائرة والكتف لصيق الكتف ثنت مريولها المدرسي وبأطراف أصابعها المطليّة بطلاء أحمر طماطمي فكّت أزرار قميصها زرّاً .. زرّاً .. وحين تحرّرت الأزرار كلها .. هتفت لنا بشدقيها ضاحكة: "ما رأيكن؟"

الكتابة

النشاط ٨

اختاروا موضوعاً واحداً من المواضيع التالية واكتبوا حوالي ١٥٠-٢٠٠ كلمة.

١. البلوغ مرحلة مُربكة للأمهات والأطفال على حد سواء، ما هي التغيرات السلوكية التي تحدث للأطفال خلال مرورهم بتلك المرحلة؟

٢. قد يبدأ الشعور بهوية جنسية معيّنة في وقتٍ مبكرٍ من الطفولة، ويتم وصف هذا الشعور بالرجل المحبوس في جسد امرأة، أو العكس. قد يؤدي هذا الشعور عند المتحولين الجنسيين إلى القلق والاكتئاب إذا لم يكن هناك تفهم ومساندة من طرف المقربين أو الأصدقاء. ما هو دور العائلة والمجتمع في جعل مراحل التحول تجربة إيجابية بالنسبة للمتحولين الجنسيين؟

النشاط ٩

اذهبوا الى صفحة النقاش الخاصة بالصف (discussion board) وتطرقوا إلى السؤال التالي ثم علقوا على إجابة طالب آخر.

التحرر العلمي والثقافي لا يعني بالضرورة تحرر المرأة من الأفكار التي تعتبر المرأة الحائض كنجاسة. فما الاختلاف بين نظرة المجتمعات الشرقية والغربية لهذا الجزء الأساسي من حياة المرأة؟ ؟

القصة الثانية

تعريف الكاتبة

زوينة آل تويه مترجمة عمانية درست الترجمة في جامعة أدنبرة. صدر لها مجموعة قصصية عام ٢٠٠٥. ترجمت إلى العربية رواية "بارتلبي النسّاخ" للكاتب الأمريكي هِرمَن ملفل عام ٢٠١٠، ورواية "ما رأيكم في شكلي الآن" للكاتبة الأسترالية رندة عبد الفتاح عام ٢٠١٢. لها ترجمات أخرى متفرّقة في الصحف والمواقع العربية.

صور وتفاصيل

زوينة آل تويه

يقرأ رواية، تقفز بين سطورها صورٌ حزينة وتفاصيل حميمة من مكان سحيق في رأسه. يعيد قراءة السطور ليعرف لماذا قرّرت السيّدة الجميلة (وُو) أن تجلب محظية لزوجها الوسيم السيّد (وُو) عندما بلغت الأربعين، لكن الصور والتفاصيل تعاود النطّ فوق الحروف هذه المرّة مؤدّية حركات بهلوانية. تتأرجح حينًا من فوق العصا الطويلة لحرف اللام الإنكليزي، وحينًا تتكوّر داخل فجوات الحروف المغلقة. أخذت الصور والتفاصيل تتداخل مع الأحداث اليومية في بيت السيّدة وُو الكبير. قرّر أن يطمر فجوات الحروف ويرسم أشكالاً مبهمة حول الكلمات ليطرد الصور والتفاصيل وليعرف لماذا قرّرت السيّدة الجميلة وُو أن تجلب محظية لزوجها الوسيم السيّد وُو بعد أن تقاسما الحياة عشرين عامًا وأنجبت له ثلاثة أبناء. الصور والتفاصيل لا تكلّ. راحت هذه المرّة تشدّ أعقاب الحروف حتى أن حرف السين الإنكليزي لم يعُد حرف سين، استطال وصار يشبه حرف اللام. تغيّر ترتيب حروف كلمات كثيرة وبدأت أحداث جديدة في الرواية بطلتها الصور والتفاصيل. اختفت السيّدة وُو وبيتها الكبير وأحفادها ووصيفاتها وطبّاخها الماهر وجارتها البريطانية المزعجة التي تتحدّث صينية مكسَّرة. ولم يتمكّن قطّ من معرفة سرّ قرار السيّدة وُو إيجاد محظية للسيّد وُو.

المفردات

بَلَغَ—يَبلُغ	to reach
مُبهَم	vague, obscure, dubious
مَحظيّة	mistress
حَميميّ	intimate, cordial

distant, remote	سحيق
line	سَطر—سُطور
to bury, embed	طَمَرَ—يَطمِر
tip, end	عُقب—أعقاب
gap	فَجوة—فَجَوات
breaking, brokenness	انكِسار
to become tired, fatigued	كَلَّ—يَكِلّ
skill	مَهارة
hopping, jumping	نَطّ
charm, beauty	وَسامة
maid, servant	وَصيفة—وَصيفات

محادثة

النشاط ١

بعد أن قرأتم القصة في البيت، ناقشوا الأسئلة التالية في مجموعات لا تزيد عن ثلاثة طلاب.

١. ما الذي جعل القارئ يعيد قراءة سطور روايته؟

٢. متى قررت السيدة وو أن تجلب محظية لزوجها؟

٣. كم عدد أفراد أسرة وو؟

٤. لماذا فشل القارئ في اكتشاف سر السيدة وو؟

٥. تغيرت أحداث الرواية، كيف ذلك؟

المفردات

النشاط ٢

نسِّقوا أحداث أو مواضيع القصة ضمن خريطة ذهنية.

النشاط ٣

أكملوا الفراغات التالية بالكلمة المناسبة.

سطور   بلغ   فجوات   المبهمة   تكلّ   أعقاب

١. قالت الولايات المتحدة إن ثمة _____ في المحادثات المستمرة في فيينا بشأن البرنامج النووي لطهران.

٢. وردت في القرآن الكريم بعض الحروف _____ في أوائل السور.

٣. لن _____ جهودنا أبداً ونحن نسعى إلى تحقيق حلم الآباء المؤسسين في إنشاء الولايات المتحدة الأفريقية.

٤. يشترط فيمن يرغب بالتجنيد أن يكون قد _____ الثامنة عشرة من عمره.

٥. البرقية هي نوع من الرسائل التي لا يتجاوز نصها عادة عدة _____.

٦. عبّرت الدول الأوروبية عن تخوفها من ازدياد قوة الإسلاميين في _____ الربيع العربي.

النشاط ٤

اختاروا عشر كلمات من قائمة المفردات واستعملوا كل كلمة في جملة مفيدة.

النشاط ٥

صلوا الكلمات التالية بمرادفتها.

١. _____ حميمية   أ. بعيد

٢. _____ سحيق   ب. براعة

٣. _____ وسامة   ت. مَوَدَّة

٤. _____ مهارة   ث. تحطُّم

٥. _____ انكسار   ج. جَمَال

المحادثة والحوار

النشاط ٦

كل مجموعة ستأخذ سؤالاً واحداً، على أعضاء المجموعة قراءة السؤال ومناقشته.

١. كثرة التدقيق بكلام الآخرين وتحليل تصرفاتهم ومراقبتهم وكشف أوراقهم، هل هو مرض نفسي مزمن أم تصرف طبيعي؟ كيف تتعاملون مع الشخص الذي يتصرف بهذا الشكل؟
٢. يشاع أن الإنسان يستعين بالخيال لتعويض ما هو مفقود في حياته، هل تتفقون مع هذا القول؟
٣. تتنوع العلاقات العاطفية، فهناك علاقات أحادية بين شخصين، وأخرى مفتوحة تتألف من شراكات متعددة. هل العلاقات المفتوحة هي الطريقة الجديدة للحفاظ على الزواج؟

الترجمة

النشاط ٧

في مجموعات تتكون من طالبين، اقرأوا النص التالي ثم ترجموه إلى اللغة الإنجليزية.

راحت هذه المرة تشدّ أعقاب الحروف حتى أن حرف السين الإنكليزي لم يعُد حرف سين، استطال وصار يشبه حرف اللام. تغيّر ترتيب حروف كلمات كثيرة وبدأت أحداث جديدة في الرواية بطلتها الصور والتفاصيل. اختفت السيّدة وُو وبيتها الكبير وأحفادها ووصيفاتها وطبّاخها الماهر وجارتها البريطانية المزعجة التي تتحدّث صينية مكسَّرة. ولم يتمكّن قطّ من معرفة سرّ قرار السيّدة وُو إيجاد محظية للسيّد وُو.

الكتابة

النشاط ٨

في البيت: اختاروا موضوعاً واحداً من المواضيع التالية واكتبوا حوالي ١٥٠–٢٠٠ كلمة.

١. قال المؤلف الإيرلندي الشهير جورج برنارد شو: "الخيال هو بداية الإبداع، إنك تتخيل ما ترغب فيه، وترغب فيما تتخيله، وأخيراً تصنع ما ترغب فيه". هل تتفقون معه؟
٢. حسب رأي أينشتاين "الخيال يأتي أوّلاً وهو الذي يقود إلى المعرفة، بدون الخيال لم نكُن لنصل إلى الكثير من العلوم والمعارف التي وصلنا إليها". حلّلوا وناقشوا.

النشاط ٩

اذهبوا الى صفحة النقاش الخاصة بالصف (discussion board) وتطرقوا إلى السؤال التالي ثم علقوا على إجابة طالب آخر.

تظن كثير من السيدات أن تخطي سن الأربعين يعني وصولهن لخريف العمر. كيف تؤثر هذه المرحلة العمرية على النساء؟

القصة الثالثة

تعريف الكاتب

محمد بن عبد الرحمن قرط الجزمي كاتب وقاصّ عُماني، أغلب إصداراته ما كان يُسمّى قديماً بأدب الخيال التأمّلي (speculative fiction)، الذي يجمع ثلاثية: الخيال العلمي والفانتازيا والرعب، وله مقالات متفرّقة في صحف عربية مختلفة. عمل فنيَّ مختبرات مدارس في التربية منذ عام ٢٠٠٠م وحتى عام ٢٠١٧م، ويعمل حاليًّا مشرفاً ثقافيًّا في النادي الثقافي لفرع مسندم منذ الأوّل من يناير عام ٢٠١٩م. من إصداراته: "من دون مرآة"، "الدماء تعود إلى مجاريها"، "الروامح"، و"حُب أسود".

أمواج لا تهدأ

محمد بن عبد الرحمن قرط الجزمي

أبحثُ عن الخوف فلا أجده.

ها أنذا أجدِّف بيديَّ القارب الصغير أحثّه على المضي قُدُماً، ذراعاي تئنّان من التعب، لكنني لا أتوقّف، الأمواج صغيرة لكنها قادرة على أن تحدَّ من سرعة القارب وتمنعه من التقدّم بسرعة، ما زالت المدينة تلوح لي والجبال قريبة، أريد الابتعاد بالقدر الكافي عن كلِّ شيء.

هناك أزمة خوف في البلد، لم أعُد أخاف كما كنت في السابق . . بالأمس كنا نسكن قرية صغيرة، مبانيها الطينية القديمة ما زالت بأطلالها منتشرة في المكان، والبيوت المهجورة تحاصرك من كل جانب، في الجانب الغربي غابة من النخيل، وفي الجانب الشمالي بحر ممتدّ لا نهاية له، وعلى الجانبين من قريتنا تنتصب الجبال شامخة مهيبة.

تغرب الشمس فتبدأ مظاهر الخوف. إذا هبّت رياح خفيفة أصدرت صوتاً من المنازل المهجورة، فهو في مخيّلتنا وحش مفترس لن يلبث أن يخرج فيلتهمنا، وإذا مررنا قريباً من أشجار النخيل فكأنما رؤوسها رؤوس العفاريت، وإذا جاورنا الجبل الشامخ كأنما انتصابها فوقنا انتصابُ شيطان يريد أرواحنا.

هكذا نحن في خوف مستمرّ، نركض من كل صغير وكبير، هذا بخلاف قصص الجدّات التي نسمعها عن خوادم الجنّ الذين يتربّصون بنا نمشي فرادى فيأكلوننا، أو أم الدويس التي تتربّص الرجال وتختطفهم. المقابر مساكن الجنّ، وقريتنا مقبرةٌ تحيطها المساكن والبيوت. وفوق هذا وذاك، يأتي الأطفال المشاكسون بمقالبهم فيثيرون في قلوبنا الفزع والخوف.

يحلّ الليل فنهجع إلى أسرّتنا، لا لكي نهنأ بنوم هادئ، لكن كي تراودنا الكوابيس.

هكذا كانت حياتنا في الماضي، أما اليوم وقد انتقلنا إلى المدينة، لم نعُد نجد أي مظهر من مظاهر الخوف، الأمن في كل مكان والناس طيّبون، حتى الكوابيس هجرتنا، وأفلام الرعب لم تعُد تخيفنا. كم هذا مزعج!

نعم، أنا أبحث عن الخوف، ذلك الشعور الذي يجمِّد الدماء في عروقنا ويقطع أنفاسنا، أو يفعل العكس؛ تجري الدماء في عروقنا سريعاً ونلهث بقوّة وسرعة . . أين مثل هذا الشعور اليوم؟ لم أعُد أشعر به. الخوف راحة جسدية داخلية، أليس التدليك لأعضائنا من الخارج يريح أجسادنا؟ كذلك الخوف يدلِّك لنا قلوبنا وأوردتنا من الداخل، فإذا ما زال الخطر ارتاحت أنفسنا من الداخل.

—تزوَّج

قالها أحد الأصدقاء ونحن نحتسي الشاي في أحد المقاهي، فضحكت بشدّة.

—ما دخل الزواج بالخوف؟

لم أتوقّف عن الضحك . . .

أجابني:

—هناك بيت شعر يقول: "إن النساء شياطين خُلقن لنا. نعوذ بالله من شرّ الشياطين". ما الخوف إن لم يكُن امرأة؟

أضحكني صديقي بشدّة، حتى حينما غادرت المقهى كنت ما زلت أضحك. رنَّ هاتفي النقّال النغمةَ الجميلةَ التي أحبّها؛ نعمةَ المؤثّرات الصوتية الشهيرة لفيلم "الصرخة" (*Scream*)، لم تعُد مثل هذه المؤثّرات الصوتية تخيف أحداً، لكنني أحبّها.

—مرحباً

هذا الصوت الأنثوي الجميل، أنا أعرفه.

—اشتقت إليك.

إنها هي، صوتها الرقيق الذي كنت أظنّ أنني نسيته، ها أنذا أتذكّره مع الهمسة الأولى، أماني التي أحببتها أيّام دراستي في الجامعة.

أغلقت الهاتف سريعاً، صعدت سيّارتي ورميت الهاتف على المقعد المجاور، انطلقت والتوتّر يسايرني.

كلا، ليس أماني، ليس بعد كل هذه السنوات.

ارتفع صوت المؤثّرات الصوتية لفيلم الصرخة من جديد، هذه المرّة أفزعتني النغمة، سرت في جسدي قشعريرة قوية، أسرعت أغلق الهاتف من جديد، بل أطفأت الجهاز تماماً.

أماني الحبيبة الرائعة التي منحتها من الحبّ الكثير، ومنحتني من حنانها ما أعمى عينيَّ عن كل ملذّات الدنيا، تلك الملاك الرقيقة التي لم تشاركني الحياة فحسب، بل كانت هي الحياة ذاتها، وإذا تلاقينا كأنما ميتٌ التقى بروحه فعاد يعيش من جديد.

أماني الفاتنة ليس بقوامها وجمالها فحسب، إنما بقلبها وروحها، يفنى الوجود كله حينما تحضر أماني، فلم أكُن أرى من حولي شيئاً سواها.

كنت متعلّقاً بها بشدّة، كانت عالمي كله، ولم أكُن على استعدادٍ أن أخسرها، فعلت المستحيل كي تكون لي وحدي، حاصرتها كثيراً، أكثر مما يجب، اتّصالات وزيارات مفاجئة ولقاءات في الطرق لم تكُن مصادفة، كنت مجنوناً بها، جنوناً حقيقيًّا لا مجاز فيه، إلى درجة أنها بدأت تتضايق من شدّة اهتمامي بها.

—هلاّ خففت من اهتمامك قليلاً؟ أشعر بالاختناق.

لكنني لم أفهم كيف يمكن للحبّ أن يخنق. بدأ الشكّ يسايرني، صرت أتربّص بها، أراقبها وأتجسّس عليها، زدتُ الخِناقَ عليها إلى حدٍّ لم تعُد تستطيع المقاومة.

—ابتعد.

الكلمة التي كانت طعنة في قلبي، تألّمت لها كثيراً، قرّرتُ أنها لا تحبّني، لم تحبّني قط، وعليَّ فعلاً أن أبتعد.

لكنني لم أستطِع الابتعاد، قلبي متعلّق بها إلى أقصى حدّ، ليس هيِّناً أن يأتي من ينزع روحك من جسدك بكلمة "ابتعد". لم أبتعد.

صرت أحوم حول منزلها، ومكان عملها، وأتربّص الأماكن والمقاهي التي أعرف أنها ترتادها، حتى صالونات التجميل التي هي زبونة عندهم كنت أقف قريباً منها أراقب متى تدخل ومتى تخرج. لم أستطِع أنِ أبتعد، حتى ضاقت ذرعاً من تواجدي في كل مكان تتواجد هي فيه.

اختفت فجأة، رحلت، لم أعُد أعرف عنها شيئاً . . هل تزوّجت؟ هل طلبت نقلاً من مكان عملها إلى موضع آخر؟ هل انتحرت؟ انقطعت عن الدنيا فجأة ولم أعُد أعرف عنها شيئاً.

ازددت ألماً حتى لازمت فراش المرض، شعرت أنني أُحتضر، سأموت فقد رحلت الروح من جسدي. ظللت طريح الفراش أكثر من شهرين، شيئاً فشيئاً بدأت أتعافى. لم أنسَها، لكنني يئست منها، وبدأت أحدّث نفسي أنها خائنة وأنني لا يجب أن أخسر كل شيء من أجل خائنة لا تستحقّ.

تماثلت للشفاء، عدت إلى طبيعتي، نسيتها مع الزمن.

ولكن لا، هو ذا صوتها بعد خمس عشرة سنة يأتيني من هاتفي النقّال فإذا كل مشاعر الألم تعاودني من جديد. كلا، كلا، لا أريد أن أشعر بذلك الألم من جديد.

أنذا أجدِّف بقوّة، والقارب بطيء في حركته تقاومه أمواج البحر. المدينة توارت خلف الأفق، والجبال الشامخة بدت لي صغيرة من مكاني الذي وصلت إليه في وسط البحر، هنا توقّفت عن التجديف.

ارتفعت المؤثّرات الصوتية لفيلم الصرخة من جديد، رفعت هاتفي أتطلّع إلى الرقم، إنها هي تحاول مكالمتي، لكن يديَّ ترتجفان.

رميت الهاتفَ عرضَ البحر، ما زالت النغمة تتردّد تحت الماء والهاتف يغوص شيئاً فشيئاً، الصوت يخفت، انقطع أخيراً، لكن أمواج صدري لم تنقطع.

نهضت على قدميّ، الأمواج تتلاطم من حول القارب، الحجر الكبير المربوط حول خصري لا يخيفني، لستُ أخاف من الموت، الموت طريق حتميٌّ لا مجال للفرار منه، لكن أن أعود إلى تلك الحالة من الجنون التي كنتُها في علاقتي مع أماني، هذا ما يخيفني.

ما أبشع الخوف!

الحبّ رقيق، لكنه في بعض المواضع يكون مرعباً، لا يقود إلى الجنون فقط، إنما إلى الموت، لذلك قيل: "ومن الحبّ ما قتل."

ما أبشع الحبّ!

لم تستقرّ الأمواج، لم يستقرّ القارب، لم تستقرّ روحي، ولم تستقرّ مخاوفي . . لكنني أنتظر أن يستقرّ الحجر الكبير في قاع البحر قريباً.

المفردات

أنَّ—يَئِنّ	to whine, complain
أُفُق—آفاق	horizon
جَذَّفَ—يُجَذِّف	to row
حَتميّ	inevitable, necessary

اختِناق	choking, suffocation
تَرَبَّصَ—يَتَرَبَّص	to ambush, lie in wait, lurk
سايَرَ—يُسايِر	to adjust oneself to, go along with
شامِخ	high, towering
أطلال	ruins, remains
عِفريت—عَفاريت	demon, ifrit
فُرادى	individually, alone
فِرار	flight, escape
فَنِيَ—يَفنى	to perish, vanish
قاع	bottom, base
لَبِثَ—يَلبَث	to stay, remain, linger
تَلاطُم	crashing (of waves)
نَغمة	sound, tone
هَجع	slumber, sleep
هَمسة	whisper
تَوارى—يَتَوارى	to hide, conceal oneself, disappear

محادثة

النشاط ١

بعد أن قرأتم القصة في البيت، ناقشوا الأسئلة التالية في مجموعات لا تزيد عن ثلاثة طلاب.

١. اين كان يسكن الراوي قبل أن ينتقل الى المدينة؟
٢. ما سبب انتقالهم؟
٣. ما هي الأزمة التي رافقته بعد أن استقر في المدينة؟
٤. كيف كانت علاقته بحبيبته وكيف انتهت؟
٥. لماذا اختار الهرب من حياته لينتهي في قاع البحر؟

المفردات

النشاط ٢

نسِّقوا أحداث أو مواضيع القصة ضمن خريطة ذهنية.

النشاط ٣

أكملوا الفراغات التالية بالكلمة المناسبة.

أطلال شامخة نغمة اختناق تلاطم فرار

١. ستبقى راية بلادنا ______ عالية تحكي قصة وطن عظيم.
٢. استيقظ كعادته باكراً، شعر بـ ______ شديد، فرائحة البخور تعبق في كل مكان.
٣. سنحتاج للدعم الإضافي على الأرض للتأكد من عدم ______ أحدهم خلال المواجهات.
٤. ظلت ______ قلعة "عتليت" صامدة حتى دمرها زلزال الجليل سنة ١٨٣٧.
٥. يمكن أن يكون ______الأمواج قد ضرب الجثة في الصخور.
٦. تطربني ______ صوتها العذب وتأخذني إلى عالم آخر.

النشاط ٤

اختاروا عشر كلمات من قائمة المفردات واستعملوا كل كلمة في جملة مفيدة.

النشاط ٥

صلوا الكلمات التالية بمرادفتها.

١. ______ هجع	أ. نوم
٢. ______ تربص	ب. قعر
٣. ______ أفق	ت. انتظار
٤. ______ فرار	ث. مدى
٥. ______ قاع	ج. منفذ

المحادثة والحوار

النشاط ٦

كل مجموعة ستأخذ سؤالاً واحداً، على أعضاء المجموعة قراءة السؤال ومناقشته.

١. لماذا يلجأ بعض الأشخاص إلى الانتحار وكيف يمكنكم التصرف عندما توضعون في وضعية مع شخص ينوى الانتحار؟

٢. الغيرة المفرطة تحول الحياة إلى جحيم، كيف يمكن تجاوز هذه الحالة وكيف يمكن التعامل مع الأشخاص الحاملين لهذه الصفة؟

٣. هل الحب من أول نظرة وهم أم حقيقة؟ ولماذا؟.

الترجمة

النشاط ٧

في مجموعات تتكون من طالبين، اقرأوا النص التالي ثم ترجموه إلى اللغة الإنجليزية.

ازددت ألماً حتى لازمت فراش المرض، شعرت أنني أُحتضر، سأموت فقد رحلت الروح من جسدي. ظللت طريح الفراش أكثر من شهرين، شيئاً فشيئاً بدأت أتعافى. لم أنسَها، لكنني يئست منها، وبدأت أحدّث نفسي أنها خائنة وأنني لا يجب أن أخسر كل شيء من أجل خائنة لا تستحقّ.

الكتابة

النشاط ٨

اختاروا موضوعاً واحداً من المواضيع التالية واكتبوا حوالي ١٥٠-٢٠٠ كلمة.

١. ما هي أسباب الهجرة إلى المدينة وما الفرق بين المدينة والقرية؟

٢. وجد باحثون بريطانيون أن الوقوع في الحب يقمع النشاط الدماغي في المنطقة المسؤولة عن الأفكار المصيرية، ما معنى هذا وما أضرار الحب الأعمى على العلاقات؟

النشاط ٩

اذهبوا الى صفحة النقاش الخاصة بالصف (discussion board) وتطرقوا إلى السؤال التالي ثم علقوا على إجابة طالب آخر.

خطاب الأمثال الشعبية يختزن صوراً تقلّل من شأن المرأة وتطالب بالحذر منها لدرجة ربط ذكرها بذكر الشيطان:

"النسوان غلبت حيل الشيطان"، "النسوان مصايد الشيطان"، "الشيطان أستاذ الرجل وتلميذ المرأة" وغيرها. ناقشوا نظرة المجتمعات للمرأة في الحضارات المختلفة.

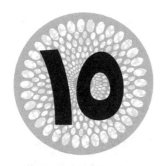

١٥

قصص من فلسطين

القصة الأولى

تعريف الكاتب

محمود شقير كاتب فلسطيني وُلد في جبل المكبر في القدس في عام ١٩٤١. حصل على ليسانس فلسفة واجتماع من جامعة دمشق عام ١٩٦٥. شغل منصب نائب رئيس رابطة الكتّاب الأردنيين وعضو الهيئة الإدارية للرابطة.. بدأ الكتابة عام ١٩٦٢ ونشر العديد من قصصه القصيرة في مجلّة الأفق الجديد المقدسية. عمل محرّراً ثقافياً في أكثر من منبر أدبي فلسطيني وأردني، ونشر قصصه في العديد من المجلّات الأدبية العربية. صدر له أكثر من ٤٥ كتابًا في القصّة القصيرة والقصّة القصيرة جدّاً وأدب السيرة وأدب الأطفال، كما قدّم للمسرح أربعة أعمال، وكتب حواراً لستّة من المسلسلات التلفزيونية العربية.

أهل البيت

محمود شقير

كان يمطّ قدميه فوق أرض الزقاق.

وكانت أكواخ المخيّم تتجاور كأنّها علب السردين. وثمّة أصوات نسائيّة تغنّي بمصاحبة الدربكة:

يا أولاد العرب لمّوا بعضكم
وإيّاكم تنسوا أرض وطنكم

سَرتْ في أوصاله نشوة حيّة. الليلة، الناس في فرح. والأطفال يطاردون في الأزقّة، والكلُّ يغنّي ويرقص. وكلّه من شان عينك يا ابن فالح العبد، وبعد يومين، تمشي في الزّفّة يا ابن فالح، وشباب المخيّم ينتظرون ساعة أن يُزفّوا مثلك. والحسرة تنهش قلوب البنات اللواتي لم يتزوّجن بعد. "وأختك يا عايد بائرة لن تتزوّج، وأنت تكبر ابن فالح العبد بسنتين وما تزوّجت. ومن الصباح إلى المساء، وأنت تنحت

الصخر بالفأس كالثور. أفّ، يا سلام. لو أنّ لك زوجة، ولو أنّها تنتظرك الآن في البيت، وما في البيت سوى أختك البائرة وأمّك العجوز. وأنت، ليس لك إلا أن تظلّ تشقى وتدور كبغل المعصرة."

ثار حنقه، وانطلق في زقاق فرعي، واقترب من كوخ منعزل يقبع داخل جدار متهدّم، طرق بوّابة الصفيح عدّة مرّات، انتظر والذهول يسري في عروقه. "هي لا بدَّ سمعت الطَّرَقات، وها هي تندفع في غنج ودلال وتصنُّع، وإنْ فتحت البوّابة، فسوف تحاول أن ترفع طرف الفستان لكي ينكشف فخذها، معلوم، صاحبة صنعة، تفعل ذلك كلّما زارها الأوباش"، والحقيقة، أنها لم تسمع الطَّرَقات. أمّها هي التي نبّهتها إلى ذلك: "عائشة؛ ناس على البوّابة."

نهضت عائشة صوبَ البوّابة. كان وجهها جامدًا، وقد تبخّر منه ماء النّضارة، وعيناها انسحبت منهما نظرات الحنان. سمعت لغط الصبية في الأزقّة، وتردّدت قبل أن تفتح البوّابة. فما زالت تذكر الصبية الثلاثة الذين كانوا يقرعون البوّابة بعجلة وعنف، وما أن شقّت البوابة بحذر، حتى انطلق الصبية يعدون بجنون، مخلّفين وراءهم ضحكات سمجة. امتعضت عائشة، وشتمتهم بصوت عالٍ. اندفعت أمّها خارجة من البيت، واقترب منها أخوها عايد: "مالك يا عائشة[1]؟"

نظر نحو الزقاق وأبصر الصبية يتضاحكون عن بعد. اعتراه غضب طفولي بريء وانفلت وراءهم يقذفهم بالحصى. وغصّت عائشة بدموعها حينما سمعته يقول بتأثّر وانفعال: "الملاعين خسفوا البوابة. كأن ليس لها أهل."

يومها؛ أصرّت عائشة على أن تكافئ عايد على موقفه. اقتادته معها إلى المدينة. وكانت تتمايل فوق الرصيف بحذائها ذي الكعب العالي، وعايد يقفز من حولها تلتهم عيناه المدينة. وقفت أمام بقّالة "فلسطين"، تلك البقّالة التي اعتادت أن تشتري ما تحتاجه منها. ولمحتْ شابّين يقفان على مسافة قريبة منها، ويرمقانها بنظرات خبيثة. كانت تحسّ أنّهما ذبابتان، لكنّها رأت من واجبها أن ترنو إليهما بطراوة. وكان عايد يرنو باشتهاء إلى صندوق البرتقال في واجهة البقّالة.

غادرت عائشة البقّالة، وتبعها الشابّان، وكانت تتمايل بدلال؛ وتنطلق من حذائها فرقعات منغومة تتوافق مع اهتزاز ردفيها. قال أحد الشابّين وهي تسمعه: "انظر ما أبدعها!"

طربت من الأعماق. وعايد يثرثر ببراءة، قال الآخر: "سأغازلها."

وشرع يقول: "فلس . . . طين فلس. طين فلس. طين."

—ما هذا النغم؟!

—فرقعات الحذاء.

انتبهت عائشة إلى أنّ هذه الحادثة لا شيء أمام الذكرى الأكثر إيلامًا:

[1] مالك = What's wrong?

كانت ذات يوم تنطلق عبر الحقول. وهي بعدُ فتاة خجول لا ترتفع عيناها عن الأرض، ولا تنظر نحو أيّ رجل. كانت ذاهبة إلى الحقول لتحتطب؛ وفالح العبد، ابن المختار، يتنزّه في بيّارة أبيه. مضت في جمع الحطب. سمعته يغنّي وهو يقترب منها. ثم تجرَّأ على الحديث معها ولم تجبه بكلمة.

دنا منها وقبض على يدها. حاولت التملّص منه. هجم عليها بضراوة. صرخت باستجداء، وكان كالذئب الجائع. ثم غادرها وعادت إلى القرية باكية.

كانت أمّها في البيت، وكان أبوها مع المتطوّعين دفاعًا عن الوطن. تكتّمت أمّها على ما وقع لابنتها في انتظار عودة أبيها لكي ينتقم من المعتدي الجبان.

لكنَّ المعتدين الطامعين في الأرض قتلوه واحتلّوا القرية.

هربت عائشة مع أمّها. وكان عايد طفلًا في الخامسة. نامت عائشة مع أمّها وشقيقها أشهرًا تحت أشجار الزيتون وفي الكهوف. وانتقلت معهما إلى مخيّم راح يتشكّل في سهل قريب من المدينة، كانت الأمّ تطمح في أن تزوّج ابنتها برجل ابن حلال، فلم تفلح في ذلك بعد التعرّف إلى سبعة رجال؛ لم يصدق أيٌّ منهم.

كان عايد هو الأمل الذي تنتظره أمُّه وشقيقته. وها هو اليوم شابٌّ بهيُّ الطلعة، يسري إلى الورشة كلَّ صباح. عائشة طوت صفحة الماضي، وما عادت تُسيء إلى سمعتها وسمعة أمّها وشقيقها.

لكنَّ عايد فاجأها حين لم تكُن تتوقَّع ذلك منه؛ فتحت البوّابة وطالعها وجهه المكفهرّ، اقتادها إلى غرفته المجاورة لغرفة أمّه وشقيقته . . غلى ماء فوق النّار. وكانت شقيقته متوجّسة تضرب أخماسًا في أسداس. ربّما أوغر صدره عليها بعض الناس.

أصابها ذهول، وهو يحاول أن يغطّس ثدييها في الماء الذي يتصاعد منه البخار.

أطلَّ من عينيها رعب: "عايد، أنا شقيقتك".

—قولي؛ احكي، ما الذي جرى معك في الحقل قبل سنوات وما بعد الحقل طوال سنوات؟

ارتبط لسانها، ولم تنطق إلا بالتوسّلات.

كانت الأمُّ تطرق الباب وتقول بصوت واهن: "أختك يا عايد؛ ما لها غيرك".

كان بخار الماء يتلوّى صاعدًا مثل أحزان الفقراء، وثمّة حزن كثيف ممزوج بألم يطلُّ من عينَي عائشة. والأسى يمزّق قلب عايد. تلفَّظت شقيقته ببضع كلمات؛ كانت شبيهة برجاء مستميت أو باعتراف خافت أو صلاة.

أحسَّ عايد بقشعريرة تهزّ بدنه، طبع قبلة حانية على جبين شقيقته. فتح الباب وكانت دموع أمّه تتكلّم من دون كلام.

قال بصوت مضطرب وهو يحتضن أمّه: "أنا لكما يا أمّي، ومن أجلكما أشقى".

كانت أشياء جديدة تولد في أعماق عايد، وكان يرى جيوش أبرهة وهي تغزو الكعبة وتحاصرها بالفيلة، وكان للبيت ربٌّ يحميه، هو ربُّك يا عائشة، لكنَّ الطير الأبابيل ما عادت تقذف حجارة من سجّيل على الغزاة، وأقدام الفيلة تغوص في بطنك يا عائشة، وكان صمت ثقيل يخيّم على عايد وأمّه وشقيقته، وفجأة تعالت طَرقات على البوّابة الصفيحيّة؛ اتَّجه نحوها عايد وفتحها؛ وأبصر ثلاث فتيات: "عايد. أين أمُّك وأختك؟"

—في الداخل. تفضّلن.

دَلَفت الفتيات الثّلاث إلى الدَّاخل. وكنَّ في مثل نضارة الرّبيع: "والله العرس لا يحلو إلا بكلٍّ أهل المخيَّم. قومي يا أمّ عايد. وأنت يا عائشة. تفضّلي أنت وأمّك عندنا؛ تفضَّلْ يا عايد."

حاولت أمُّ عايد أن تعتذر: "والله العرس لا يحلو إلا في فلسطين". قالت إحدى الفتيات: "الله كريم. إن شاء الله عرس عايد يكون في فلسطين."

وقالت فتاة أخرى:"الله يكثّر الشباب، يتزوّجون، وينجبون من أجل فلسطين."

أحسَّ عايد بقوّة تدفعه إلى المشاركة في العرس؛ ألحَّ على أمّه وعلى شقيقته: "قومي يا أمّي. هيّا يا عائشة."

ارتدتْ عائشة ثوبها المطرّز، وكان المخيَّم يصخبُ بروعة. والغناء ينبعث شجيًّا وقويًّا:

يا أولاد العرب يا أهل الوطنيّة
واجب عليكم دحر الصهيونيّة

انطلقتْ خطوات عايد بحزم، تدفعه رغبة عارمة في الوصول إلى العرس. إلى المكان البهيج.

المفردات

أسى	depression, distress
بَهيج	happy, cheerful
بائر	barren, fallow
خَجَل	shyness, embarrassment
مُخَيَّم	camp
دَربَكّة	goblet drum (Arab musical instrument)
ذُهول	amazement, perplexity

to gaze	رَنا—يَرنو
wedding march	زَفّة
alley	زُقاق—أزِقّة
awkward, ugly	سَمِج
moving, touching	شَجيّ
ferocity, fierceness	ضَراوة
pop, burst	فَرقَعة—فَرقَعات
yelling, clamor	لَغط
to be annoyed, indignant, resentful	امتَعَضَ—يَمتَعِض
to engrave, sculpt	نَحَتَ—يَنحِت
tenderness, freshness	نَضارة
to bite, snap	نَهَشَ—يَنهَش
to fear, be apprehensive	تَوَجَّسَ—يَتَوَجَّس
connection, coupling, joint	وَصل—أوصال

محادثة

النشاط ١

بعد أن قرأتم القصة في البيت، ناقشوا الأسئلة التالية في مجموعات لا تزيد عن ثلاثة طلاب.

١. ما السبب الذي أثار حنق عايد وجعله يعود مسرعاً إلى المنزل؟
٢. ماذا وقع لعائشة في الحقول؟
٣. أين والد عائشة وماذا حل به؟
٤. كيف علم عايد بحقيقة أمر عائشة في الحقول؟
٥. ماذا أرادت الفتيات الثلاث عندما دخلن بيت عايد؟

المفردات

النشاط ٢

نسِّقوا أحداث أو مواضيع القصة ضمن خريطة ذهنية.

النشاط ٣

أكملوا الفراغات التالية بالكلمة المناسبة.

زقاق الذهول مخيم الأسى نضارة بهيج

١. أمسكنا به مختبئاً في ______ المشردين قرب الشاطئ.

٢. ليس هناك سبب يمنعنا من الذهاب للمطعم وتناول عشاء ______.

٣. ______ الشباب تأتي وتذهب.

٤. وصلنا بلاغ عن سلوك مريب في ______ الحارة الخلفي.

٥. نشعر بـ ______ بسبب الخسائر الفادحة في الأرواح والممتلكات.

٦. ببساطة أعيش حياتي بنوع من ______ وأنظر حولي، فأرى أن كل شيء مجرد بداية لقصة طويلة.

النشاط ٤

اختاروا عشر كلمات من قائمة المفردات واستعملوا كل كلمة في جملة مفيدة.

النشاط ٥

صلوا الكلمات التالية بمرادفتها.

١. ____ امتعاض	أ. تمزيق
٢. ____ نهش	ب. حياء
٣. ____ خجل	ت. حزين
٤. ____ ضراوة	ث. غضب
٥. ____ شجيّ	ج. بسالة

المحادثة والحوار

النشاط ٦

كل مجموعة ستأخذ سؤالاً واحداً، على أعضاء المجموعة قراءة السؤال ومناقشته.

١. هل الحب أقوى من الحرب؟ كيف يستطيع الحب أن يخرج منتصراً رغم النزاعات الدامية بسبب الحرب؟
٢. تظلّ الدولة غير قادرة على التخلص من الثأر مهما بلغت شدّة إجراءاتها، ومهما غلظت من العقوبة. ما هو موقفكم وما هي الأسباب المؤدية إليه؟
٣. كيف يستطيع الناس في الدول التي تشهد حروباً أن يوازنوا بين الفرح والحزن لكي يبقوا صامدين؟

الترجمة

النشاط ٧

في مجموعات تتكون من طالبين، اقرأوا النص التالي ثم ترجموه إلى اللغة الإنجليزية.

نهضت عائشة صوبَ البوّابة. كان وجهها جامدًا، وقد تبخّر منه ماء النّضارة، وعيناها انسحبت منهما نظرات الحنان. سمعت لغط الصبية في الأزقّة، وتردّدت قبل أن تفتح البوّابة. فما زالت تذكر الصبية الثلاثة الذين كانوا يقرعون البوّابة بعجلة وعنف، وما أن شقّت البوابة بحذر، حتى انطلق الصبية يعدون بجنون، مخلّفين وراءهم ضحكات سمجة. امتعضت عائشة، وشتمتهم بصوت عالٍ. اندفعت أمّها خارجة من البيت، واقترب منها أخوها عايد: "مالك يا عائشة؟"

الكتابة

النشاط ٨

اختاروا موضوعاً واحداً من المواضيع التالية واكتبوا حوالي ١٥٠–٢٠٠ كلمة.

١. ما هي التحديات التي تواجه العروسين لتنظيم حفل زواجهما في خضمّ الحرب؟
٢. بعض الناس يظن أن الأعراس الضخمة هي بذخ وتبذير للمال. هل تتفقون مع هذا الرأي أم أنه من الضروري الاحتفال الضخم بتلك المناسبة وفقاً لتقاليد وأعراف المجتمع؟

النشاط ٩

اذهبوا الى صفحة النقاش الخاصة بالصف (discussion board) وتطرقوا إلى السؤال التالي ثم علقوا على إجابة طالب آخر.

كيف يرتبط تراث الموسيقى الشعبية والرقص الشعبي بالهوية الوطنية والقومية؟

القصة الثانية

تعريف الكاتبة

نداء كيالي فلسطينية من مواليد مدينة حيفا. تلقّت تعليمها الثانوي في فلسطين. تقيم حالياً في الولايات المتّحدة الامريكية، وتعمل معيدة في جامعة واشنطن حيث تدرس في برنامج الدكتوراة. تركّز دراستها على الأدب الفلسطيني المعاصر بالإضافة الى اللغة والهوية.

رأيتها في فنجانك

نداء كيالي

—رأيتكَ في الحلم ليلة أمس. لم تكُن طبيعياً. كان فكّاكَ يتحرّكان وكأنهما يسحقان شيئاً ما. نظرت إليك طويلاً ونظرت اليّ دون أن تنبس بكلمة واحدة. كنت شاحباً، هزيلاً، كئيباً وأحياناً بدوت شفّافاً. رأيت كل جروحك وقروحك. أمقتني حالك وأرعبني لدرجة أني استيقظت من النوم مذعورة. كانت حبّات العرق تنساب من فوق جبيني كنهر جارف، وبالكاد حملتني قدماي إلى صدر الشرفة. أشعلت سيجارة وأخرى محاولة الهرب من كل الأفكار السوداوية التي راودتني. لم أهدأ حتى بعد السيجارة الخامسة وعدّة كؤوس من النبيذ. أسندت رأسي الذي يعتصره ألف سؤال وسؤال على الطاولة التي نجلس إليها لمشاهدة الغروب. عاودت التفكير في هذا الكابوس، لكني عجزت عن إيجاد أي تفسير له حتى في كتاب "ابن سيرين". أأنت في حيرة ما؟ أيضايقك شيء معيّن؟

—لا، أنا على ما يرام.

—متأكّد؟

—نعم.

—بالله عليك!

—كفاك حماقة يا امرأة. أنا على ما يرام. اجلسي واشربي القهوة معي.

—بعد أن تنتهي من الشرب اقلب فنجانك. أريد أن ألقي نظرة عليه.

—قلت كفاك حماقة. أنت إنسانة مثقّفة!

—أرجوك!

—لا أؤمن بهذه الخزعبلات.

—إذا كنت فعلاً تحبّني فافعل ما أطلبه منك.

—أنت محظوظة لأني فعلاً أحبّك. أراك على العشاء إن شاء المولى.

رفعت الفنجان وتأمّلته لدقائق عديدة. رأت عصفوراً يافعاً ونهراً تسبح فيه أسراب من السمك وتمايل على ضفّتيه شقائق النعمان. وما هي إلّا دقائق معدودة حتى وجدت أناملها تضرب لوحة المفاتيح باحثة عن معانٍ لكل هذه الرموز وكأنها "صوفي" بطلة رواية "شيفرة دافنتشي."

أخذت تفرك كفّيها عندما قرأت أن العصفور يعني الأخبار السعيدة، وسرعان ما استبدلت الفرك بالتصفيق لمعرفتها بأن الأسماك ترمز الى السعادة والسلامة والمال الوفير. وما أن وصلت إلى الورود، حتى اكفهرّ وجهها وبدأت بشتم زوجها، ابن الكلب، الخائن والذي يستحقّ قطع رأسه.

—ألو.

—آخر شيء توقعته منكَ هو الخيانة!

—عمّا تتكلمين؟

—ما اسمها؟ هل هي أجمل مني؟ متى تعرّفت عليها وأين؟

—أنت فعلاً مجنونة! عن أي خيانة تتكلمين؟

—لا تكذب! رأيتها.

—رأيت من يا ابنة الحلال؟

—حبيبتك التي ستتزوّجها.

—أستغفر الله العظيم!

—آه كم أنا غبية! أشفقت عليك عندما رأيتك في المنام مهموماً، حائراً تخنقك العبرات والكلمات. تريد أن تطلّقني لكنك لا تعرف كيف تزفّ لي هذا الخبر!

—سأنهي هذه المكالمة الجنونية الآن. يبدو أنك شربت كثيراً ليلة أمس.

—لا تنكر! رأيتها.

—رأيت من وأين يا امرأة؟

—رأيت حبيبتك! رأيتها في فنجانك.

المفردات

جارِف	violent, stormy, torrential
حَيرة	confusion
خُزَعبَلات	fables, stories, lies
خِيانة	betrayal
سَحَقَ—يَسحَق	to crush, pulverize
سِرب—أسراب	shoal, swarm, flock
عَبرة—عَبَرات	tear, teardrop
عَجز	inability
اعتَصَرَ—يَعتَصِر	to squeeze
غُروب	sunset
فَكَّ—يَفُكّ	to take apart, to unravel
فِنجان	coffee cup
قَرحة	ulcer, sore
اكفَهَرّ—يَكفَهِرّ	to grow dark
مَقَتَ—يَمقُت	to detest, loathe
نَبَسَ—يَنبِس	to pronounce, say, utter
أنكَرَ—يُنكِر	to disown, renounce
هَزيل	skinny, gaunt
يافِع	teenager, youth

نشاط محادثة

النشاط ١

بعد أن قرأتم القصة في البيت، ناقشوا الأسئلة التالية في مجموعات لا تزيد عن ثلاثة طلاب.

١. كيف أوّلت الزوجة مضمون الحلم الذي راودها؟
٢. أين بحثت عن تفسير الحلم الغريب؟
٣. لماذا طلبت الزوجة رؤية الفنجان بعد أن انتهى زوجها من شربه؟

٤. هل كان الزوج راضياً عن الوضع ومؤمناً بقصص الفناجين؟

٥. لماذا عبست المرأة بعد أن غمرتها الفرحة؟

المفردات

النشاط ٢

نسّقوا أحداث أو مواضيع القصة ضمن خريطة ذهنية.

النشاط ٣

أكملوا الفراغات التالية بالكلمة المناسبة.

الفك اكفهرّ غروب حيرة يعتصر خيانة

١. أرجو ألا يكون هذا آخر ________ شمس أشاهده في هذه المدينة الساحلية!

٢. ستعاقبون لأنكم ارتكبتم ________ عظمى لإيواء ومساعدة العدو.

٣. بعد التحدث معك، أعتقد أنني أكثر ________ مما كنت عليه من قبل!

٤. عدم التمكن من فتح الفم أو تحريك ________ السفلي شيء يدعو لاستشارة الطبيب في الحال لأن عواقبه قد تصبح وخيمة وتصل لأمراض مزمنة.

٥. ________ قلبها حزناً على فراق الحبيب.

٦. ________ وجه السماء معلناً قدوم العاصفة.

النشاط ٤

اختاروا عشر كلمات من قائمة المفردات واستعملوا كل كلمة في جملة مفيدة.

النشاط ٥

صلوا الكلمات التالية بمرادفتها.

١. ____ هزيل	أ. ضعيف
٢. ____ قرحة	ب. فتي

٣. ـــــــ عجز   ت. ضامر

٤. ـــــــ يافع   ث. غدر

٥. ـــــــ خيانة   ج. جرح

المحادثة والحوار

النشاط ٦

كل مجموعة ستأخذ سؤالاً واحداً، على أعضاء المجموعة قراءة السؤال ومناقشته.

١. يردد البعض مقولة "كذب المنجّمون ولو صدقوا". هل تتفقون مع هذه المقولة؟ علّلوا جوابكم.

٢. هل معرفة قراءة الفناجين هبة ربانية أم هي حيلة ونصب؟ ولماذا يلجأ البعض إليها؟

٣. ما الفرق بين الحلم والرؤية؟

الترجمة

النشاط ٧

في مجموعات تتكون من طالبين، اقرأوا النص التالي ثم ترجموه إلى اللغة الإنجليزية.

أخذت تفرك كفّيها عندما قرأت أن العصفور يعني الأخبار السعيدة، وسرعان ما استبدلت الفرك بالتصفيق لمعرفتها بأن الأسماك ترمز الى السعادة والسلامة والمال الوفير. وما أن وصلت إلى الورود، حتى اكفهرّ وجهها وبدأت بشتم زوجها، ابن الكلب، الخائن والذي يستحقّ قطع رأسه.

الكتابة

النشاط ٨

اختاروا موضوعاً واحداً من المواضيع التالية واكتبوا حوالي ١٥٠-٢٠٠ كلمة.

١. بنظركم، ما هو التفسير المنطقي للرؤى والأحلام التي يراها الإنسان في منامه؟

٢. يظن البعض أن الأحلام مرتبطة بالواقع وأن الدماغ يبتكر حلولًا للمشاكل التي يعيشها الشخص. ما رأيكم في هذا الادعاء؟

النشاط ٩

اذهبوا الى صفحة النقاش الخاصة بالصف (discussion board) وتطرقوا إلى السؤال التالي ثم علقوا على إجابة طالب آخر.

هل الغيرة خطر يهدد بفشل العلاقات العاطفية أم هي بالعكس دليل على الحب؟ هل هناك حد صحي للغيرة؟

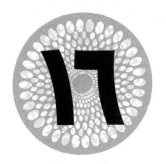

١٦

قصص من قطر

القصة الأولى

تعريف الكاتبة

دلال خليفة روائية وكاتبة مسرحية قطرية من أوائل الكاتبات في قطر لنشر الروايات. كما أنها كتبت مسرحيات ونشرت ثلاثة مسرحيات معاً في مجلّد واحد بعنوان "إنسان في حيّز الوجود". وُلدت في الدوحة وحصلت على درجة البكالوريوس في اللغة الإنجليزية من جامعة قطر وتمتلك درجة الماجستير في الترجمة من جامعة هيريوت وات. سبق لها أن ترأّست وحدة المنشورات الأجنبية وقادت أيضاً المنتدى الثقافي للمرأة. ومن مسرحياتها: "التفاحة تصرخ" و"الخبز يتعرى".

في جيبي

دلال خليفة

عندما قلت لي إنك تحبّني حبّاً لم يحبّني إياه أحد في هذه الدنيا بمن في ذلك والداي لم أكذّبك، ربما ظهر عليّ أنني لا أصدّقك ولكن لا أعلم لماذا لم أؤكّد لك وقتها أنني أصدّق ما تقول. نعم إنني يا عزيزي بصراحة أصدّق كل ما تقول وإن لم يبدُ عليّ ذلك.

حقّاً لا أعلم لماذا أعجز دائماً عن إظهار اهتمامي بحبّك. لا تعتقد أنني لم أحبّك قط. هذا غير صحيح. الصحيح هو أنني أيضاً أحبّك، ولكن مشكلتي هي أنني لا أشعر أنه يتعيّن عليّ أن أظهر لك حبّي. ربما كان حبّك الكبير لي هو السبب. إنه ينساب بلا حدود، بلا شروط، بلا محاذير بلا مقابل.

ليتني استجبت لطلبك ذلك اليوم وبقيت معك عندما غضبت كثيراً وأقسمت لي أنك مريض جدّاً وأنك بحاجة إليّ لأقدّم لك الدواء في موعده، لقد صدّقتك بالطبع، أعلم أنك لا تكذب، ولكني لا أستطيع أن أتنازل وتلك مشكلة أخرى. لذلك أدرت لك ظهري وأخذت أستكمل زينتي أمام المرآة، ثم استدرت ثانية وخرجت من الغرفة غير آبهة لاحتجاجاتك. صحيح أنني أوصيت الخادمة بإعطائك الدواء في الموعد، ولكنك كنت تحبّ أن أبقى معك، من أجلك. أتذكّر وجهك عندما عدت. النظرة الحزينة العاتبة

التي تختفي بطرقي الخاصة. طرقي التي أستغلّها لأبعد الحدود. دائماً تغفر. دائماً تنسى. دائماً تحبّني. دائماً أعتمد على ذلك.

ليس خطأك أنك دائماً تغفر وليس خطأك أنك تحبّني، الخطأ الوحيد فيّ أنا لأنني وضعتك في جيبي، ضمنت حبّك فوضعتك في جيبي . . هكذا يقولون لمن يضمن حبّ إنسان وثقته فيستغلّه ويسيء معاملته دون أن يخشى عاقبة ذلك . . إنه موضوع في الجيب، ليس في علم الغيب، ليس بالباب، ليس على حافّة النافذة مدلدلاً ساقيك خارجها، ليس حتى في يدي حيث يمكن أن أنساك في مكان ما أو تسقط مني أثناء انشغالي بعمل شيء آخر، وإنما في جيبي في المخبأ الأمين الذي لا تضيع فيه الأشياء.

كثيراً ما شعرت برغبة في تقبيلك قبلة امتنان، ولكني لا أتنازل كما تعلم، لا أستطيع، والآن أيضاً بعد أن علمت أنني يجب أن أستطيع لا أستطيع . . أريد أن أقبّلك أكبر قبلة امتنان في الدنيا، ولكنني لا أستطيع، لا أعرف كيف، لا أعرف أين . . أكاد أجنّ لسيطرة هذه الرغبة عليّ، ولكنني أظلّ عاجزة. أتمنّى أن أفعل حتى أنني. حتى أني أحلم في المنام أنني أقبّل جبينك، ولكني أستيقظ فأكتشف السراب. ليتني أتجاوز هذا السراب. أريد أن أنفّذ هذه الرغبة لأشعر بسرورك بتقديري لك، ولكني أظل عاجزة.

تتنهّد بعمق ثم تجول ببرّها إلى أرجاء المدينة وتلفحها نسمات باردة. الخطأ الوحيد هو أننا أحياناً نهين من يكرمنا بلا حدود بوضعه في جيبنا، ونحن إذ نفعل، ننسى أن جيبنا هذا قد يكون مثقوباً.

تتنهّد أخرى وتغرورق عيناها بالدموع وهي تحدّق في القبر أمامها.

المفردات

آبِه	concerned
بَدا—يَبدو	to appear
حَدَّقَ—يُحَدِّق	to stare
مَحذور—مَحاذير	danger, difficulty
دَلدَلَ—يُدَلدِل	to dangle
سَراب	mirage
انسابَ—يَنساب	to glide, flow
عاتِب	reproachful, reprimanding
عَجز	inability
اغرَورَقَ—يَغرَورِق	to fill (with water, tears)
الغَيب	the unseen

to swear	أقسَمَ—يُقسِم
ever, at all	قَطّ
to scorch	لَفَحَ—يَلفَح
gratitude	امتِنان
to sigh	تَنَهَّدَ—يَتَنَهَّد
to humiliate, insult	أهانَ—يُهين

محادثة

النشاط ١

بعد أن قرأتم القصة في البيت، ناقشوا الأسئلة التالية في مجموعات لا تزيد عن ثلاثة طلاب.

١. ما هو الأمر الذي تعجز الراوية عن إظهاره؟

٢. ماذا طلب منها حبيبها؟ هل نفذت ذلك؟ كيف كان شعورها؟

٣. كيف وصفت حبه لها وطريقة تملكها لحبه؟

٤. أرادت الراوية أن تغير من سلوكها، كيف فعلت ذلك؟

٥. ما هو سبب حزنها وأين ذهب حبيبها؟

المفردات

النشاط ٢

نسِّقوا أحداث أو مواضيع القصة ضمن خريطة ذهنية.

النشاط ٣

أكملوا الفراغات التالية بالكلمة المناسبة.

محاذير   أقسمت   آبهة   الغيب   السراب   تنهّد

١. إذا _____ على أن تشاركني بالذي تعرفه سوف أسمح لك بالذهاب.

٢. الجميع يطارد _____ لأن السعادة لا وجود لها.

٣. هذا الأمر لا يخلو من ـــــــــ مهمة ينبغي التطرق إليها.

٤. ـــــــــ الوالد طويلاً بعد سماعه خبر طلاق ابنته من زوجها.

٥. إن الارض الموعودة لا تزال في رحم ـــــــــ، وسيكون الطريق اليها طويلاً وشاقاً ومضنياً.

٦. أمي تريد أن تزوجني له غير ـــــــــ لإحساسي.

النشاط ٤

اختاروا عشر كلمات من قائمة المفردات واستعملوا كل كلمة في جملة مفيدة.

النشاط ٥

صلوا الكلمات التالية بمرادفتها.

١. ـــــــ	آبه	أ.	أبداً
٢. ـــــــ	قط	ب.	إساءة
٣. ـــــــ	عاتب	ت.	تشكر
٤. ـــــــ	امتنان	ث.	لائم
٥. ـــــــ	إهانة	ج.	معني

المحادثة والحوار

النشاط ٦

كل مجموعة ستأخذ سؤالاً واحداً، على أعضاء المجموعة قراءة السؤال ومناقشته.

١. يقول البعض إن العلاقة الزوجية علاقة أخذ وعطاء، إن اختلّ الميزان اختلّت العلاقة وأدّت إلى تدهورها. ما رأيكم؟

٢. الحياة قصيرة جداً ولذلك يجب استغلال كل لحظة لزرع المحبة والتسامح والعطاء. هل التفاؤل ناتج عن تجربة أم هو غريزة للبقاء؟

٣. يقولون إن الحب كالطفل، يحتاج لرعاية دائمة. هل توافقون؟ علّلوا.

الترجمة

النشاط ٧

في مجموعات تتكون من طالبين، اقرأوا النص التالي ثم ترجموه إلى اللغة الإنجليزية.

ليتني استجبت لطلبك ذلك اليوم وبقيت معك عندما غضبت كثيراً وأقسمت لي أنك مريض جداً وأنك بحاجة إليّ لأقدّم لك الدواء في موعده، لقد صدّقتك بالطبع، أعلم أنك لا تكذب ولكني لا أستطيع أن أتنازل وتلك مشكلة أخرى .. لذلك أدرت لك ظهري وأخذت أستكمل زينتي أمام المرآة، ثم استدرت ثانية وخرجت من الغرفة غير آبهة لاحتجاجاتك. صحيح أنني أوصيت الخادمة بإعطائك الدواء في الموعد، ولكنك كنت تحبّ أن أبقى معك، من أجلك. أتذكّر وجهك عندما عدت. النظرة الحزينة العاتبة التي تختفي بطرقي الخاصة. طرقي التي أستغلّها لأبعد الحدود.

الكتابة

النشاط ٨

اختاروا موضوعاً واحداً من المواضيع التالية واكتبوا حوالي ١٥٠-٢٠٠ كلمة.

١. يُعتبر الحب من طرف واحد نوعاً من أنواع الحب الذي يشعر به طرف واحد بالرومانسية والعاطفة نحو فرد لا يبادله نفس الشعور فينتج عن ذلك خلل كبير في العلاقة وخيبة أمل. حلّلوا وناقشوا.

٢. أسوأ الندم هو على أشياء لم نفعلها وكلمات لم نقُلها لأحباب فرّقتنا عنهم الحياة أو الموت. هل الندم إحساس مبالغ فيه أم هو ركيزة تهيئ النفوس للتوبة النصوح؟

النشاط ٩

اذهبوا الى صفحة النقاش الخاصة بالصف (discussion board) وتطرقوا إلى السؤال التالي ثم علقوا على إجابة طالب آخر.

لماذا التسامح الذاتي ضروري لإعادة التوازن النفسي والانفعالي؟

القصة الثانية

تعريف الكاتب

جمال فايز وُلد بالدوحة سنة ١٩٦٤م، ونشأ في أمّ غويلينة. بدت عليه بوادر الفطنة والذكاء وأحبّ سماع القصص الخيالية والشعبية وخاصّة تلك التي تتعلّق بعالم الغيبيات والجنّ والأرواح والصراع بين الإنسان والطبيعة، فوسّعت هذه القصص مداركه العقلية والفكرية ليسبق العقل سنّه في المساهمات والإبداعات الثقافية المختلفة، كانت والدته الملجأ لهذه الأساطير حيث كانت تسرد عليه مجموعة من الحكايات والخرافات والأساطير فتأثّر بها واشتاق إلى قراءتها ولكن الظروف الاقتصادية لم تسمح له باقتناء هذه الكتب ونمت علاقة بينه ودار الكتب القطرية للقراءة والاطّلاع منذ نعومة أظافره ليجد المجلّة المفضّلة وهي مجلّة الأطفال "ميكي ماوس" وكانت من المجلّات المحبّبة إليه.

الباب الخشبي
جمال فايز

طرق الأبناء باب البيت الخارجي مرّات عديدة، عوّدهم والدهم ألا يخرجوا من البيت بعد عودته من صلاة العشاء، تكرّر الطرق على الباب الخشبي وكلما اشتدّ الطرق ارتدّ صوته حادّاً، كأنما هو مخالب تنغرس فيه تخنقه تميته، تعوّذ من الشيطان الرجيم استغفر ربه، سحب الملة من تحت الماعز، أخذ غترته من على رأسه، وضعها على فم الملة، لاحظ وجود بضع شعيرات لولبية في الحليب، أخرجها، سحب عصاه الموضوعة جانبه، اتّكأ عليها بهيكله المقوّس وهو يردّد: "حاضر جايلك مشي". ترافق خطوات أقدامه أنّات تزفرها أعماقه وهو يتّجه إلى الباب الخارجي. دخل أبناؤه، قبّلوا رأسه، مشوا خلفه، جلس السبعة أمامه، قال أحدهم:

—للسنّ الثالثة نجيء لك، نتمنّى سماع موافقتك على بيع البيت.

اكفهرّ وجهه، نظر إليهم ولم يردّ وقاطعه آخر:

—أرجوك، أنا محتاج، بصراحة جميعنا محتاج للمال.

نظر إلى الآخر ولم يتكلم.

قال ثالث:

—أنت ليش ما موافق؟

حبس دمعته ولم ينبس بكلمة.

بعد خمسة أعوام وحينما كان يسقي النخلة المنتصبة في وسط ساحة البيت بجوار البئر استلفتت انتباهه الطرقان المتتالية على الباب، ذهب تجاهه، دخل أبناءه، مشوا جانبه يرجونه الموافقة على بيع البيت، جلسوا معه في داخل مجلسه، تكلّموا كثيراً وما قال شيئاً.

بعد عشرة سنوات وعندما كان ينشر وزرة على الحبل توقّف لحظة لسماعه طرقاً قوياً على الباب، ذهب يفتحه، دخل أولاده، سبقوه إلى مجلسه وما حدّثهم.

بعد عشرين عاماً، جاء الأبناء والأحفاد، طرقوا الباب طرقاً عنيفاً أحدث فيه حفراً صغيرة كثيرة. طرقوه كثيراً لكن الباب لم يفتح.

المفردات

أنّة—أنّات	groan, moan
مَخالِب	claws
رَجيم	cursed (said of Satan)
ارتَدَّ—يَرتَدّ	to recoil, reflect, rebound
زَفَرَ—يَزفِر	to exhale
طَرَقَ—يَطرُق	to knock
عَوَّدَ—يُعَوِّد	to accustom, habituate, train
عاذَ—يَعوذ	to seek refuge (in God)
غُترة	ghutrah (head covering similar to a kuffiyeh)
انغَرَسَ—يَنغَرِس	to be planted
مُقَوَّس	bowed, curved
اكفَهَرّ—يَكفَهِرّ	to grow dark
لَولَبيّ	spiral, whorled
نَبَسَ—يَنبِس	to pronounce, say, utter
مُنتَصِب	upright, erect, standing
هَيكَل	framing, skeleton, structure

محادثة

النشاط ١

بعد أن قرأتم القصة في البيت، ناقشوا الأسئلة التالية في مجموعات لا تزيد عن ثلاثة طلاب.

١. لماذا تأخر الوالد في فتح الباب؟
٢. كم عدد الأولاد؟
٣. ما سبب زيارة الأولاد لأبيهم على مر السنين؟
٤. صِفوا شعور الوالد بعد سماعه مطلب أولاده؟
٥. لماذا لم يفتح الوالد الباب في آخر المطاف؟

المفردات

النشاط ٢

نسِّقوا أحداث أو مواضيع القصة ضمن خريطة ذهنية.

النشاط ٣

أكملوا الفراغات التالية بالكلمة المناسبة.

طرقت مخالب الهيكل ينبس منتصبة مقوَّس

١. عشرون عاماً مضت على انتهاء الحرب الباردة، ولا تزال الصواريخ ________ في قواعدها.
٢. أرى من آثار ________ الذئب أنه أتى إلى المنطقة لكنه لم يغادرها.
٣. لم ________ مجلس الأمن بكلمة إزاء هذا الإرهاب الشنيع.
٤. يجب أن أتأكد أن طرف الأنبوب غير ________لكي نتجنب حدوث خلل آخر في الآلة.
٥. ________ التنظيمي للشركة ليس أمراً معقداً، بل هو أساسي لنجاح أي شركة.
٦. وصلت إلى الدار فـ________ على الباب وانتظرت.

النشاط ٤

اختاروا عشر كلمات من قائمة المفردات واستعملوا كل كلمة في جملة مفيدة.

النشاط ٥

صلوا الكلمات التالية بمرادفتها.

١. ـــــــ تعويد　　أ. حلزوني

٢. ـــــــ نبس　　ب. عبَس

٣. ـــــــ لولبي　　ت. واقف

٤. ـــــــ اكفهرّ　　ث. تدريب

٥. ـــــــ منتصب　　ج. نطق

المحادثة والحوار

النشاط ٦

كل مجموعة ستأخذ سؤالاً واحداً، على أعضاء المجموعة قراءة السؤال ومناقشته.

١. هل رعاية الوالدين عند كبرهما من المفروضات؟ لماذا يهجر بعض الأبناء الوالدين بعد أن أصبحوا مستقلين؟

٢. الإنسان بطبعه يبحث دائماً عن الأشياء التي تهم مصلحته، ولكن في بعض الأحيان المصلحة تتحول إلى جشع وتخرب العلاقات. كيف ذلك؟

٣. يقول المثل: المال والطمع جمرة لا تحرق إلا صاحبها في الدنيا والآخرة. حلّلوا وناقشوا.

الترجمة

النشاط ٧

في مجموعات تتكون من طالبين، اقرأوا النص التالي ثم ترجموه إلى اللغة الإنجليزية.

بعد خمسة أعوام وحينما كان يسقي النخلة المنتصبة في وسط ساحة البيت بجوار البئر استلفتت انتباهه الطرقان المتتالية على الباب، ذهب تجاهه، دخل أبناءه، مشوا جانبه يرجونه الموافقة على بيع البيت، جلسوا معه في داخل مجلسه، تكلّموا كثيراً وما قال شيئاً.

بعد عشرة سنوات وعندما كان ينشر وزرة على الحبل، توقّف لحظة لسماعه طرقاً قوياً على الباب، ذهب يفتحه، دخل أولاده، سبقوه إلى مجلسه وما حدثهم.

الكتابة

النشاط ٨

اختاروا موضوعاً واحداً من المواضيع التالية واكتبوا حوالي ١٥٠-٢٠٠ كلمة.

١. تعتبر قوانين الإرث من أكثر القوانين اختلافاً وتناقضاً في العالم، فكل دولة لها قوانينها الخاصة بها. كيف بنظركم يتم تقسيم الإرث ومن له الأحقية المباشرة فيه؟

٢. ما هو عقوق الوالدين وكيف تتجلى مظاهره؟

النشاط ٩

اذهبوا الى صفحة النقاش الخاصة بالصف (discussion board) وتطرقوا إلى السؤال التالي ثم علقوا على إجابة طالب آخر.

لضمان البعد عن الخلافات والصراعات العائلية، يحثّ البعض الأب أو الأم على توزيع ثروتهم وهم على قيد الحياة. هل يضمن هذا النهج الترابط الأسري والعلاقات الأخوية؟ علّلوا.

القصة الثالثة

تعريف الكاتبة

هدى محمد عبد اللطيف النعيمي كاتبة وناقدة قطرية حاصلة على بكالوريوس علوم تخصّص فيزياء من جامعة قطر وماجستير في الفيزياء النووية من جامعة عين شمس في مصر. كما حصلت على دكتوراه في الفيزياء الحيوية الطبية بجامعة القاهرة. حصلت على جائزة الإبداع القصصي من نادي الجسرة الثقافي في قطر عن الإصدار الأوّل "المكحلة". لديها عدّة مؤلّفات منها: "المكحلة" (مجموعة قصصية)، "أنثى" (مجموعة قصصية)، "عين ترى"، "نقد انطباعي حول السرد والشعر والمسرح" (دراسة أدبية)، و"أباطيل" (مجموعة قصصية).

الظل يحترق

هدى محمد عبد اللطيف النعيمي

الظلّ الذي كان يجاوره على المقعد، كان أسود داكناً وخشناً وله أنياب حادّة ونظرات شرسة، لم يتعوّد من ظلّه أن يكون بهذا الجفاف والقسوة، لكنه اليوم يشعل مقعده سخونة وعنفاً، لم يتحمّل امتداده الأسود

القاتم، هبّ واقفاً ليتجنّب التصاقه به، امتدّ الظل على الأرض حتى وصل الرصيف الآخر، كانت العربات تدوس الظلّ بلا رحمة وكان سعيداً بتعذيب ظلّه، لكن عين الظلّ الغولية ظلّت تلصقه بأهدابها دون أن تهرب من العجلات الثقيلة والقذرة، أراد لو أنه يدحرج على الظلّ حجراً ثقيلاً يثبّته في الأرض لينهي ذاك الألم، كان الحجر ثقيلاً جدّاً والظلّ كخرير الماء انساب من ثنايا الصخر، وظلّ ينظر إليه ويبرز أنيابه، تلفّت إلى المشاة بجواره، كان البعض يحمل أكياساً وهموماً والبعض لا يحمل إلا فكرة أو جنوناً وظلالهم تجري خلفهم في استكانة واستسلام وارتعب حين فكّر أن ظلّه قد ينقضّ عليه ليفترسه لو رآه وحيداً.

قرب محطّة الأتوبيس كانت الناس تجري لتلحق قصصها الحياتية، توقّف في مهبّ البشر وجعل الظلّ يمتدّ حتى رأس المحطّة، كانت الأقدام المسرعة تدوس الظلّ ولا تبالي، كانت ظلالهم تلتصق بظلّه وتختلط معه لكنها تظلّ جافّة منه وسعيدة بتخلّصها منه، هو فقط لم يستطِع أن يتخلّص من الظلّ القاتم، وظلّ يسحبه وراءه معتلّاً وحزيناً وكان الظلّ ينمو وتطول أظافره كلما ابتعد عن المدينة وكلما فارقته الأقدام الدوّاسة، فجأة برزت للظلّ عين نارية وشرر لم ترَه الشمس، فجرى خلف رعبه والظلّ متمسّك بأقدامه يحاول أن يشدّه للأرض، فلا هو يهرب من ظلّه ولا الظلّ يفلح في إيقافه عن الركض، كانت قفزاته هائلة ولم يدرِ أي اتّجاه يسلك لما اصطدم فجأة بجدار عريض فاستند إليه يلهث والتفت ليرى ظلّه فلم يجده، وكان ظلّ الجدار قد ابتلعه، فهدأ روعه واستكان وجلس يلتقط أنفاسه المتقطّعة والمتسارعة ولم يدرأ أن عضلاته ارتخت وجفناه ثقلا ولم يشعر إلا بسيخ شمسي يدخل من أذنه اليمنى ويخرج من الأخرى ونظر فرأى رأس الظلّ وقد انحنى ليبدأ في أكل قدمه فانتفض واعتراه ما اعترى أبا ليلى حين وجد ابن أخيه في الديار، فحسب ظلّه الشرير ونأى حيث الشجرة العملاقة ليربطه بها، لكنها رفضت لأنها لا تأمن لظلال الآخرين. عجز عن التفكير وعن الركض والقفز وعن الهروب فرأى عجوزاً تماشي كلبها المتوحّش، والكلب توقّف ورفع رجله الخلفية ليبول، فاقترب حتى صار رأس ظلّه تحت رجل الكلب، فابتلّ الظلّ وانتشى هو، حاسباً أن الشرارات أنطفأت، لكنها لم تنطفئ.

عاد الظلّ ليتبعه والرائحة الكريهة وبعض الأشواك المسروقة من جذع الشجرة، كانت أضلاعه تغلي كقطعة لحم صغيرة في قدر من الماء، حين تكوّم الظلّ تحت رجله وكأنه سقط من جسده، وحين حاول أن يدفن الظل وجد أنه مضطرّ لأن يدفن نفسه معه فكفّ عن المحاولة، وعاود الركض حتى أطفأت الشمس مصابيحها وتساوت رؤوس البشر والأشجار والصخور الغليظة، توقّف حين اختفى امتداده على الأرض، كان يلهث، وجد أنه يشتهي أن ينام على صدرها، وجد أنه اقترب جدّاً من جدرانها، تركته حين جاء تاجر العنب ليخطبها .. ثم عادت إليه ليلاً حين اكتشفت أن تاجر العنب لا يُسكر، ما قال "لا" لكنه أبدى مزيداً من "المراحب"، اشتهى أن يشكو إليها قصّة الظلّ الشرّير المكسو بالبول والأشواك، جدرانها ليست عالية، توجّه نحو الدرجات المكسورة التي اعتاد ارتياد القداسة من خلالها، وجد كومة

من القمامة تسدّ الدرجات، ودّ لو استطاع أن يأمر الظلّ القذر برفع القمامة لكن الظلّ كان قد تلاشى، ثم أنه ليس ممن يسمعون الكلام فيتبعون أحسنه، ليته يختفي من كل الصباحات، متأفّفاً صار يرفع الكومات القذرة ويلقي بها قارعة الطريق، ظهرت الدرجة الأولى، الدرجة الثانية مغطّاة بطحالب ميّتة وأسرار كونية بائدة، هاجمه خوف فطري لا يعرف التكوّم أو الانسلاخ، توجّس من امتداد يده نحو الدرجة الثانية، لكن اشتهاءه لها كان غزيراً والرغبة في البكاء تأكله، لم يحتَط كثيراً وواصل العمل على رفع الموانع، يداه المرتجفتان استندت إلى جدار عكسي الاتّجاه، فإذا بنور أزرق يملأ عينه وسمعه وإذا بظلّه يتعملق من جديد ويصير الدرجة التي لا تقهر. هاجمته الرائحة الكريهة والأشواك غرست بأصابعه، توجّع وهو يرتدّ كالريح اصطدمت بصخرة، عاد أدراجه يلعن القذارة والدرجات وصدرها المشتهى وكل تاجر العنب وأصناف الفاكهة وكل الألوان الخضراء.

كان رأسه منتكساً وشفتاه متدليتين إلى الأسفل وعيناه تكادان تسقطان أرضاً وهو يبحث عن ظلّ أو بقايا ظلّ قد يعضّ ساقه، لم يكُن من ظلالٍ حوله، قال لنفسه، لا بد من قتل الظلال في صغرها، قبل أن تكبر وتصير ماجدة، قال إن صغار الظلال قادرة على الطيران فوق الرؤوس وقادرة على العبث بالأدمغة، تمنّى لو أنه قام بقتل ظلّه في صغره.

تذكّر الصغير الذي ولدته الزوجة الأولى منذ عشر سنين في القرية البعيدة ولم يرَه حتى اليوم، لا بد أن للصغير اليوم ظلّاً في حجم الأرجوحة، ليت الصغير يخنق ظلّه من الآن فتتقدّم ساعاته المريرة، تمنّى لو أنه أملى للصغير ما عليه أن يفعله الآن، لكنه تذكّر أنه لا يعرف أرض الصغير ولا يعرف أي سيّد قائم بتربيته، أي طريق للمدرسة يسلك الآن، طأطأ الرأس أكثر وحدّث لنفسه، ربما صادق الصغير ظلّه وربما صار رفيقه لأيّام السفر وربما عليه أن يتحمّل بعض أوزار الآخرين، أو عليه عبء الغفران اللذيذ، أنا لن أكون أسير اشتعالات البراءة السخيفة في كفّه الأبيض، يكفيني ما أنا فيه من ظلّ.

سار حتى توقّف عن التفكير في الصغير وأمّه المختلطة بالنسيان وحين رأى باب بيته أمامه دون أن يقصده، دلف وأشعل الضوء ليهتدي للسرير، كان الظلّ الكريه في انتظاره، امتلأ جوّ الغرفة بالبول والرطوبة والأشواك المنثورة، أطفأ النور بسرعة فتحوّل المكان إلى ظلّ كبير أسود وعبوس، صلب وبارد، وحش جائع لا يفرّق بين طائر الماء أو صوت القادم، سرمد هائل يحتلّ الأكوان ويساوي بين السماوات والأرض ويملأ الغابات بحزنه وأسرابه السوداء، صمت لا نهائي يعربد في مسامعه ويطفو عند توق تفّاحته الآدمية، قبل أن يختنق، أشعل النور فعاد الظلّ في شكل البشر المبهم، لم يتحمّل عنفوانه الشمسي وانقضّ على الظلّ يخنقه بيده، عجنه بين أصابعه كقميص متّسخ، كوّره كقطعة صلصال ورماه في صندوق خشبي ثم أحكم الغطاء، تنفّس، كذلك الصباح البعيد وعاد للباب يوصده ويحكم ربط سلاسله فلا تتسرّب له الظلال، وجد قصاصة ورقة تنفذ من عقب الباب (حسابك المصرفي قد وصل الرقم الذي حدّدته، الديك المذبوح لم تهمل دماؤه، اطمئنّ، لن يدري بما فعلت إلا ظلّك الذي لا ينطق).

التفت سريعاً نحو الصندوق الخشبي والسرّ المحبوس بداخله، كان بول الكلب قد بلّل القاعدة والبقعة السوداء تتخلّل موضع المسامير والشوك يعمل على فكّ طلاسم القفل، كان يرقب ولهاثه يعلو كالكلب البوّال، استدار نحو المطبخ وخطف الموقد الصغير من مكانه، أسرع به إلى الصندوق قبل أن تفرغ محتوياته من التسلّل، أفرغ قلب الموقد في قلب الصندوق ثم قذف بعود ثقاب مشتعل على ذاك القلب الأسود، وجلس يرقب دخاناً يتصاعد.

المفردات

خَرير	burble, murmur
تَخَلَّلَ—يَتَخَلَّل	to intervene, come through
دَحرَجَ—يُدَحرِج	to roll
داكِن	dark
داسَ—يَدوس	to stomp, trample
سَرمَد	eternity
سيخ	spit, skewer
شَرَر	spark
صَلصال	clay
طَأطَأَ—يُطَأطِئ	to bend, bow, lower
طَحالِب	algae, seaweed
مُعتَلّ	sick
تَعَملَقَ—يَتَعَملَق	to become giant
غولي	ghoul-like, devilish
قاتِم	dark, gloomy
استَكانَ—يَستَكين	to yield, surrender
امتِداد	extension
مَرير	bitter, harsh
هَبَّ—يَهُبّ	to rise up
مُتَوَحِّش	savage, wild
مَوقِد	fireplace, stove

محادثة

النشاط ١

بعد أن قرأتم القصة في البيت، ناقشوا الأسئلة التالية في مجموعات لا تزيد عن ثلاثة طلاب.

١. كيف صور الراوي ظله؟ استخرجوا من النص ما يدل على ذلك.
٢. لماذا رفضت الشجرة ربط الظل إليها؟
٣. ما هو الاستنتاج الذي وصل إليه الراوي عن كيفية التخلص من الظل؟
٤. كم عمر ابنه من زوجته الأولى؟
٥. لماذا أراد أن يتخلص من ظله بشتى الطرق؟

المفردات

النشاط ٢

نسِّقوا أحداث أو مواضيع القصة ضمن خريطة ذهنية.

النشاط ٣

أكملوا الفراغات التالية بالكلمة المناسبة.

القاتم　　خرير　　متوحش　　الطحالب　　الصلصال　　الموقد

١. الاعتداء على المساجد ليس اعتداء على الممتلكات فحسب، بل هو اعتداء ________ على الإسلام والمسلمين.
٢. يعيش العديد من الناس تجربة مهدئة للأعصاب عند سماعهم أصوات الطبيعة مثل صوت ________ البحار وزقزقة العصافير.
٣. البارحة، قمت بإعداد شاي ثمّ تركت ________ مشتعلاً لساعة.
٤. قلل الوضع الاقتصادي ________ قدرة البلدان النامية على مواجهة الصدمات العالمية.
٥. إنني أعمل كثيراً بمواد ________ والطين، لذا أحتاج لاستخدام الماء بكثرة.
٦. يمكننا أكل ________، فهي غنية في الفيتامينات والأحماض الأمينية.

النشاط ٤

اختاروا عشر كلمات من قائمة المفردات واستعملوا كل كلمة في جملة مفيدة.

النشاط ٥

صلوا الكلمات التالية بمرادفتها.

١. ____	داكن	أ.	شديد
٢. ____	امتداد	ب.	قاتم
٣. ____	طأطأ	ت.	أخفض
٤. ____	مرير	ث.	تغلغل
٥. ____	تخلل	ج.	انبساط

المحادثة والحوار

النشاط ٦

كل مجموعة ستأخذ سؤالاً واحداً، على أعضاء المجموعة قراءة السؤال ومناقشته.

١. كشف الأسرار لا يختلف بين الرجل والمرأة، لكن الصورة النمطية الشائعة هي أن المرأة لا تستطيع أن تحفظ السر بالمقارنة مع الرجل، هل تتفقون مع ذلك؟
٢. قديمًا قالوا: "إن أمناء الأسرار أقل وجودًا من أمناء الأموال". لماذا أصبح مأمونو السر من الأقليات؟
٣. كيف نتخلص من شبح الماضي والذكريات المصحوبة بمشاعر الخوف والألم؟

الترجمة

النشاط ٧

في مجموعات تتكون من طالبين، اقرأوا النص التالي ثم ترجموه إلى اللغة الإنجليزية.

تذكّر الصغير الذي ولدته الزوجة الأولى منذ عشر سنين في القرية البعيدة ولم يرَه حتى اليوم، لا بد أن للصغير اليوم ظلاً في حجم الأرجوحة، ليت الصغير يخنق ظلّه من الآن فتتقدّم ساعاته المريرة، تمنّى لو أنه أملى للصغير ما عليه أن يفعله الآن، لكنه تذكّر أنه لا يعرف أرض الصغير ولا يعرف

أي سيّد قائم بتربيته، أي طريق للمدرسة يسلك الآن، طأطأ الرأس أكثر وحدّث لنفسه، ربما صادق الصغير ظلّه وربما صار رفيقه لأيّام السفر وربما عليه أن يتحمّل بعض أوزار الآخرين، أو عليه عبء الغفران اللذيذ، أنا لن أكون أسير اشتعالات البراءة السخيفة في كفّه الأبيض، يكفيني ما أنا فيه من ظلّ.

الكتابة

النشاط ٨

اختاروا موضوعاً واحداً من المواضيع التالية واكتبوا حوالي ١٥٠-٢٠٠ كلمة.

١. الظل ليس كائناً حياً ومع ذلك قد احتل مكانة لا يستهان بها في النفس الإنسانية، أبرزوا انعكاسات الظل الواسعة في مجالَي الفن والأدب.

٢. ماذا يعني أن يكون لديكم مخيّلة خصبة؟ هل الخيال يعزلكم عن العالم والواقع أم هو وسيلة لإبراز قدرات جنونية وعبقرية؟

النشاط ٩

اذهبوا الى صفحة النقاش الخاصة بالصف (discussion board) وتطرقوا إلى السؤال التالي ثم علقوا على إجابة طالب آخر.

عند سماع كلمة "عقوق" ينصرف الذهن مباشرة إلى عقوق الأبناء للآباء والأمهات، إلا أن كثيرًا من الناس لا يعلمون أن هناك نوعًا آخر من العقوق في العلاقة بين الآباء والأبناء، وهو عقوق الآباء للأبناء، ما هي حقوق الآباء على الأبناء؟

١٧

قصص من لبنان

القصة الأولى

تعريف الكاتبة

عواطف الزين شاعرة، صحافية، إعلامية، وناقدة، ورئيسة تحرير لأكثر من مجلّة، تنوّعت بكتاباتها وبحضورها المتألّق، محطّاتها كثيرة لكنها اختارت الثقافة والأدب فكتبت الشعر والقصّة وتخوض الآن تجربة الرواية، كتبت الكثير من المقالات الثقافية ومن كتاباتها: "أعترف بأنني أضأت ليلك ذات ليلة . . بدموعي."

الفارس

عواطف الزين

كانت تحلم به. قبل أن يتبيّن لها اللون الأبيض، من اللون الأسود في عينيه . . وتخاله آتياً نحوها على حصان أبيض (لم يكُن يشغلها كثيراً لون حصانه) متجاوزاً ضبابية اللحظة، وسرياليتها. كان يعرف طريقه إليها، لكنه لم يكُن يصل ابداً . . رغم أنها كانت تحصي وقع حوافر حصانه. ويملأ أسماعها صهيله. بدا لها فارساً من فرسان الحكايا والأساطير أو من زمن الأبيض والأسود.

لماذا يرتبط مجيء فارس الأحلام بالأحصنة البيضاء؟ وأجنحة الملائكة؟ وضبابية الأشياء هل يعني ذلك أنه مجرّد وهم؟ أو سراب عابر للمشاعر؟ تقول لنفسها: "وما الذي يجعله يأتي على حصان أبيض؟ ألا إذا كان لا يملك خياراً آخر أو حصاناً آخر؟ ألم يسبق أن افترض أحدهم أن فارس الأحلام قد يأتي بلا حصان؟ وهل بالضرورة أن يكون من أصحاب الاسطبلات؟"

ابتسمت بينها وبين نفسها وهي تسترجع صور العرسان الذين تقدّموا إليها، ليفوزوا بها زوجة، وتخيّلت كل واحد منهم آتياً على حصان مختلف اللون فتزداد ابتسامتها اتّساعاً وترتفع قهقهاتها وهي تفترض أن "سامي" لن يستطيع أن يمتطي أي حصان لبدانته. وكذلك "عصام" لنحوله الشديد والذي يبدو مثل ريشة في مهبّ الريح . . . وتزداد استغراباً وهي تتذكّر حفلة التنكّر التي استقبلت بها أحد أقاربها "وجيه" وهو يجرّ حماره ويضربه بعصاه ليستعجله. كان يريد أن يصل إليها بسرعة—من قريته

النائية بعد أن وعد نفسه بنفسه بأنها لن تكون لغيره. فهي قريبته من جهة أمه، وهو أحقّ بها من فلان أو علان، وهي وحدها القادرة على أن تكون زوجة (غير شكل) تبدّد ما تجمّع من غيوم الفراغ في سماء وحدته، بعد وفاة زوجته في حادث أليم . . .

تتذكّر يومها كيف وضعت على وجهها قناعاً كرتونياً مقلّدة الساحرة في إحدى قصص الرسوم المتحرّكة. فخرج العريس ولم يعُد . . أما يونس الذي كان بيته ملاصقاً لبيتها فقد كانت تحاول في كل مرّة أن تلبسه زيّاً جديداً يتناسب واللحظة التي تعيشها، فمرّة تتخيّله قادماً على حصان حتى ولو استعاره من بيت الحاجّ "داود" فتصحو من الحلم ولا تجد لا يونس ولا الحصان. ومرّات تراه مارّاً من أمام بيتها ويبحث بعينين حائرتين قلقتين عن وجهها النابض بالانتظار واللهفة، أو قافزاً من فوق سطح بيته الملاصق لبيتها ليعبّر لها عن هيامه وقسوة لياليه ونهاراته. أو مادّاً يده بوردة من فتحة في جدار بيتها المطلّ على حديقته. لكن أياً من كل تلك التخيّلات لم يتحقّق . . .

وما كان يحدث على الأرض. لا يشبه بتاتاً شريط أحلامها وتهيّؤاتها. فقد كان يكسر بحضوره المفاجئ هنا أو هناك. كل توقّعاتها، ويكتفي بنظرة موحية من عينيه لا تعد بشيء، ولا تفضي إلى أكثر من إعجاب عابر، كانت تعطيه أكثر من حجمه، ولم يتوقّف خيالها عن الجموح. إلا بعد أن سمعت بسفره إلى عالم جديد.

كثيرون عبروا خيالها، وواقعها، جاؤوا فوق أحصنة الاحلام. أو من دونها. انتظرت كثيراً فارسها الأنيق قلباً وروحاً.

لعله يجيء قبل أن يطوي الزمن، زمنها المتألّق نضارة، ونداوة، فقد تخلّت منذ بعض الوقت عن الدخول في التفاصيل التي اعتادت التدقيق فيها . . .

في إحدى المرّات رفضت عريساً مميّزاً فقط لأن رنّة صوته الرفيع لم تنَل إعجابها . . لكنها لم تندم. فملامح الصوت تعادل لديها ملامح الوجه والقلب والمشاعر. استعرضت زمناً من الوجوه، والأصوات، والأمنيات، والأحلام. والأحصنة لكنها لم تجد فارسها بينهم، حاولت أن تغيّر وسيلة النقل فربما تحظى به ويحظى بها . . لكن كل وسائل النقل كانت معطّلة أو في حالة استغناء او إضراب. تجاوزت منيرة واقعها لكنها لم تستطِع تجاوز خيالها المفتوح على كل الاحتمالات في زمن اختلاط الألوان والأمزجة، والوسائل، والمواقف، والمشاعر!

المفردات

إسطَبل	stable
أُسطورة—أساطير	legend, tale, myth
أنيق	elegant, graceful

to disperse, evaporate	تَبَدَّدَ—يَتَبَدَّد
recalcitrance, uninhibitedness	جُموح
hooves	حَوافِر
precision, exactness; examination, scrutiny	تَدقيق
ring, sound	رَنّة
surrealism	سُريالية
to fold, curve, bend	طَوى—يَطوي
being able to do without	استِغناء
guffaw, roar of laughter	قَهقَهة
longing, yearning	لَهفة
mood	مَزاج—أمزِجة
distant, remote, secluded	ناءٍ (النائي)
slenderness, skinniness, thinness	نُحول
humidity, wetness	نَداوة
wind direction	مَهَبّ
delusions	تَهَيُّؤات
fantasy, illusion	وَهم

محادثة

النشاط ١

بعد أن قرأتم القصة في البيت، ناقشوا الأسئلة التالية في مجموعات لا تزيد عن ثلاثة طلاب.

١. بماذا كانت تحلم الفتاة وماذا كانت تنتظر؟
٢. كيف كانت تتخيل العرسان القادمين لخطبتها؟
٣. لماذا ظن "وجيه" أنها ستكون زوجته له لا محالة؟
٤. من هو الشخص الذي عقدت عليه آمالاً للزواج؟
٥. فارسها الذي تحلم به مرتبط دائماً بشيء آخر، ما هو؟

المفردات

النشاط ٢

نسِّقوا أحداث أو مواضيع القصة ضمن خريطة ذهنية.

النشاط ٣

أكملوا الفراغات التالية بالكلمة المناسبة.

الحوافر أساطيراً لهفة جموح رنّة الاستغناء

١. عندما تسمع صوت ______ فكِّرْ بالخيول وليس الحُمُر الوحشية.
٢. كانت أبسط الأشياء تثير جنونه، حتى ______ الهاتف!
٣. حاولت أن تصف مشاعرها بـ ______ وشوق.
٤. قررنا أن نكافح للقضاء على الفقر كشرط لا يمكن ______ عنه من أجل تحقيق التنمية المستدامة.
٥. كانت جدتي تحكي لنا ______ عن مخلوقات يمكنها تغيير شكلها إلى حيوانات أو إلى أشخاص.
٦. لا شيء يوقف ______ المحارب في التضحية بحياته في سبيل الوطن.

النشاط ٤

اختاروا عشر كلمات من قائمة المفردات واستعملوا كل كلمة في جملة مفيدة.

النشاط ٥

صلوا الكلمات التالية بمرادفتها.

١. ____ وهم	أ. ضحك
٢. ____ قهقهة	ب. حسن المظهر
٣. ____ تبدد	ت. تحقيق
٤. ____ أنيق	ث. زوال
٥. ____ تدقيق	ج. سراب

المحادثة والحوار

النشاط ٦

كل مجموعة ستأخذ سؤالاً واحداً، على أعضاء المجموعة قراءة السؤال ومناقشته.

١. هل تعدّ التجارب الفاشلة السابقة السبب الرئيسي في فشل تكوين علاقات جديدة؟
٢. ما هي الأسباب التي تجعل بعض الفتيات يرفضن العديد من الخُطّاب؟ هل الاستقرار المادي من الأسباب الرئيسية لرفض طلب الزواج؟
٣. أظهروا بعض الأبعاد الاجتماعية لظاهرة العنوسة في المجتمع.

الترجمة

النشاط ٧

في مجموعات تتكون من طالبين، اقرأوا النص التالي ثم ترجموه إلى اللغة الإنجليزية.

في إحدى المرّات رفضت عريساً مميّزاً فقط لأن رنّة صوته الرفيع لم تنَل إعجابها . . لكنها لم تندم. فملامح الصوت تعادل لديها ملامح الوجه والقلب والمشاعر. استعرضت زمناً من الوجوه، والأصوات، والأمنيات، والأحلام. والأحصنة لكنها لم تجد فارسها بينهم، حاولت أن تغيّر وسيلة النقل فربما تحظى به ويحظى بها . . لكن كل وسائل النقل كانت معطّلة أو في حالة استغناء او إضراب. تجاوزت منيرة واقعها لكنها لم تستطِع تجاوز خيالها المفتوح على كل الاحتمالات في زمن اختلاط الألوان والأمزجة، والوسائل، والمواقف، والمشاعر!

الكتابة

النشاط ٨

اختاروا موضوعاً واحداً من المواضيع التالية واكتبوا حوالي ١٥٠–٢٠٠ كلمة.

١. إن فكرة فارس الأحلام تنغرس في مخيلة الفتيات منذ الطفولة، ما هو دور المسلسلات الكرتونية والمسلسلات الدرامية في ترسيخ تصور غير واقعي للحب والزواج في عقول بعض الناس؟
٢. ما هو سبب عزوف الشباب عن الزواج؟ هل ارتفاع تكاليف الزواج هي السبب أم هي قناعة شخصية محضة؟

النشاط ٩

اذهبوا الى صفحة النقاش الخاصة بالصف (discussion board) وتطرقوا إلى السؤال التالي ثم علقوا على إجابة طالب آخر.

عند الوصول إلى سن الزواج يحتار البعض من الشباب في الدول العربية بين أي من الطريقين أفضل: الزواج المرتّب عن طريق أفراد العائلة أم ذلك الذي يأتي نتيجة عن علاقة حب. هل للزواج المرتب منافع في نظركم أم هو عادة اجتماعية يجب التخلي عنها؟

القصة الثانية

تعريف الكاتب

ميخائيل نعيمة مفكّر لبناني وُلد في بسكنتا في جبل صنين في لبنان في أكتوبر/تشرين الأوّل عام ١٨٨٩ وأنهى دراسته المدرسيّة في مدرسة الجمعية الفلسطينية فيها. فهو شاعر وقاصّ ومسرحيّ وناقد وكاتب مقال ومتأمّل في الحياة والنفس الإنسانية، وقد ترك خلفه آثاراً بالعربية والإنجليزية والروسية؛ وهي كتابات تشهد له بالامتياز وتحفظ له المنزلة السامية في عالم الفكر والأدب. هو خريج جامعة في بولتافا الروسية، وأكمل دراسة الحقوق في الولايات المتّحدة الأمريكية، انضمّ إلى الرابطة القلمية التي أسّسها أدباءٌ عرب في المهجر وكان نائباً لجبران خليل جبران فيها. توفّي ميخائيل نعيمة عام ١٩٨٨. ضمن أعماله: "سنتها الجديدة"، "العاقر" "مرداد" "أبو بطة" و"أكابر".

السيف والقصبة

ميخائيل نعيمة

أفاق الملك العادل من نومه نحو الساعة الثانية بعد منتصف الليل، واستوى جالساً في سريره، ثم راح يفرك عينيه بيديه محاولاً أن يطرد من خلف أجفانهما أشباح حلم مزعج. ولما أعياه الأمر نادى بحارسه الليلي الواقف خارج الباب وأمره أن يأتيه في الحال بمفسّر أحلامه. وكان اسمه بهرام.

وكان بهرام شيخاً طاعناً في السنّ حوى من الحكمة والفضيلة ما لم يحوِهِ أحد من أبناء زمانه. ومما يُروى عنه أنه كان يعرف لغة الطير والحيوان، وأنه تنبّأ عن أمور كثيرة فما خابت له نبوءة.

وما إن مثل الشيخ أمام الملك حتى بادره الملك بقوله: "اليوم يومك يا بهرام. فإن صدقت في تفسير الحلم الذي حلمته الليلة فطيّر النوم من أجفاني تنازلتُ لك عن نصف مملكتي. وإن لم تصدق تنازلتَ لي عن حياتك."

فأجابه بهرام بمنتهى التواضع والاحتشام: "عاش مولاي الملك. أما أن أصدق أو لا أصدق في تفسير الحلم فأمر لا أستطيع البت فيه. فما أنا غير قارئ في كتاب. وفي الكتب ما يستعصى فهمه أحياناً إلا على كاتبه. وإني لأرجو أن أُوفَّق اليوم، كما وُفِّقتُ فيما مضى، إلى فهم ما أقرأ. وأما أن يتنازل الملك لي عن نصف مملكته إذا صدقتُ، وأن أتنازل له عن حياتي إذا لم أصدق، فما أنا ممن يطمعون في ملك ولا أنا ممن يبخلون بحياة. فليتلطّف الملك—عاش رأسه وسلم ملكه—بأن يقصّ عليّ حلمه."

قال الملك: "حلمتُ أيها الحكيم أن جيشاً عدواً جرّاراً جاء يغزو مملكتي. فخرجتُ على رأس جيش عرمرم لملاقاته. ولكننا ما قطعنا فرسخاً وبعض الفرسخ حتى اعترض طريقنا رجل رثّ الثياب، حافي القدمين، هزيل البنية، يحمل قصبة طويلة كُتب على رقعة في أعلاها:

—نريد خبزاً لا دماً.

—نريد عدلاً لا قانوناً.

—نريد سلماً لا هدنة.

وقد بدا لنا من هيئة الرجل والقصبة في يده أنه معتوه.

وطلبنا إلى الرجل مرّة واثنتين وثلاثاً أن يتنحى عن الطريق، وأفهمه رجالي أن الذي يطلب إليه التنحي هو الملك بعينه. إلا أنه ما تزحزح من مكانه. عندها أمرت حاشيتي بقطع رأسه وبتحطيم القصبة التي في يده. فانبرى له أحد الرجال واستلّ سيفه وأهوى به عليه. فقابله الأبله بالقصبة كما لو كانت ترساً، وإذا بالسيف يتطاير شظايا وتبقى القصبة سليمة.

حينئذٍ انبرى له ثانٍ وثالث ورابع حتى آخر رجل من رجال الحاشية. وكلهم عملاق جبّار. فكانت النتيجة واحدة: تتكسّر السيوف، ولا تُمسّ القصبة بأذى، ويبقى الرجل صامداً كالطود لا يتراجع خطوة، ولا ينحرف يميناً ولا شمالاً.

إذ ذاك كادت تنفجر مرارتي غيظاً من رجال حاشيتي. فصحت بهم: "ابتعدوا من طريقي يا أرانب ويا ثعالب!" واستللتُ سيفي وانقضضتُ بجوادي على الرجل وأنا أحسبني سأسحقه سحقاً. ولكن سيفي طار من يدي إلا القبضة. ونشبت القصبة في بطن جوادي ومنه في صدري، فخرّ الجواد صريعاً وهويتُ من فوقه وبي رمق أخير يصيح: "أين الرجال؟!" وتراءى لي في لمحة الطرف، وأنا أعالج سكرة الردى، أن جيشي قد انتشر في سهل لا يدرك له أوّل ولا آخر، وأن رجالي قد اصطفّوا في ذلك السهل كتفاً إلى كتف، وفي يد كل واحد منهم قصبة طويلة كالتي في يد المعتوه، وتحت قدميه سيف مكسور، وفي أعلى كل قصبة رقعة كُتب عليها:

—ليس بالخبز وحده

—ولا بالعدل وحده

—ولا بالسلم وحده يحيا الإنسان.

وعندها استفقتُ من نومي وفي فكري وقلبي وأحشائي من الاضطراب ما لا يوصف.

ذلك هو الحلم يا بهرام. فهات تفسيره. ولك الأمان."

سمع الشيخ تفاصيل الحلم فأطرق طويلاً حتى عيل صبر الملك فصاح به: "تكلّم! أما قلتُ إنك في أمان؟"

عندئذٍ رفع الحكيم بصره عن الأرض وحدّق إلى وجه الملك وأجاب بصوتٍ لا خوف فيه ولا تردّد: "عاش مولاي الملك. وليعلم أن حلمه نبوءة بنهاية ملك السيف وبداية ملك القلم."

الملك: "وما دخل القلم في الأمر؟"

بهرام: "إن القصبة التي رأيتها في يد المعتوه ما كانت غير رمز للقلم."

الملك: "والمعتوه؟"

بهرام: "أما المعتوه فشاعر أو كاتب أو فيلسوف."

الملك: "والكتابة على رأس القصبة؟"

بهرام: "ذلك ما يطلبه الشعب في سرّه فلا يستطيع أن يعلنه غير شاعر أو كاتب أو فيلسوف يحسن استعمال القلم ويحسن قراءة ما في ضمير الشعب."

الملك: "ألعل الشعب جائع ليطلب خبزاً؟ إن مملكتي لَتفيض بالخيرات. فكيف لشعبي أن يشكو الجوع؟"

بهرام: "الخبز موفور يا مولاي. ولكنه معجون بالدم. وما دام السيف مستلاً فوق رؤوس العباد كان خبزهم معجوناً بالدم. والإنسان مُطالب بأن يأكل خبزه بعرق جبينه لا بدم قلبه. تلك حقيقة يجهلها السيف ولا تجهلها القصبة. لذلك كُتب على القصبة: نريد خبزاً لا دماً."

الملك: "والعدل؟ أما لقّبني شعبي بالملك العادل؟ أليس القانون يُطبّق في مملكتي على الكل بالسواء؟"

بهرام: "لقّبوك بالملك العادل لعلهم يخفّفون من ظلمك. فعدلك عدل السيف. لأنك تحكم بالقانون الذي لا يقوم بغير حدّ السيف. والسيف ظالم أبداً وإن عدل."

الملك: "وكيف أحكم إن لم يكُن بالقانون؟"

بهرام: "بالعطف واللطف والرأفة والمحبّة يا مولاي. فعدل هذه غير عدل القانون. والسيف لا يفهم لها معنى ولا يقيم لها وزناً. أما القصبة فتفهم المعنى وتقيم الوزن. ولذلك كُتب على القصبة: نريد عدلاً لا قانوناً."

الملك: "والسلم؟ ما أظنّ أن في الأرض مملكة ترفل في بحبوحة من السلم كمملكتي."

بهرام: "وسلمك يا مولاي هو سلم السيف كذلك. وأنت قد انتزعته من جيرانك انتزاعاً. ولا تدري متى ينتزعه جيرانك منك. إن سلماً يقوم بالسيف ينهار بالسيف. فهو هدنة لا سلم. أما السلم الذي

يشاد على التفاهم والتعاون والتآخي فلا يتصدّع ولا ينهار. ذلك السلم لا يفهمه السيف وتفهمه القصبة. ولذلك كُتب في أعلاها: نريد سلماً لا هدنة."

الملك: "وما تفسيرك للسيوف تتكسّر على القصبة وتبقى القصبة سليمة؟"

بهرام: "معنى ذلك يا مولاي أن السيف سيمضي وتبقى القصبة."

الملك: "ومتى كانت القصبة أقوى من السيف؟"

بهرام: "ما كانت، ولكنها ستكون."

الملك: "أتدول دولة السيف وتقوم دولة القصبة؟ إنك لتهذي أيها الشيخ."

بهرام: "قلت لمولاي إنني لست غير قارئ في كتاب. والذي أقرأه في حلم مولاي هو أن دولة السيف آذنت بالغروب وأن دولة القلم آذنت بالبزوغ."

الملك: "وذلك السهل الفسيح الذي رأيته آخر ما رأيت وقد اصطفّ فيه الرجال كتفاً إلى كتف وفي يد كل واحد منهم قصبة كالتي في يد المعتوه وتحت قدميه سيفٌ مكسور وفي أعلى القصبة: "ليس بالخبز وحده ولا بالعدل وحده ولا بالسلم وحده يحيا الإنسان" ماذا ترى كل ذلك يعني يا بهرام؟"

بهرام: "ذلك يعني يا مولاي أن الناس، وقد تخلّصوا من سلطان السيف بقوّة القصبة، ونالوا الخبز والعدل والسلم، سيمضون يفتّشون بمعونة القصبة عن أشياء أبعد من الخبز والعدل والسلم."

الملك: "وما عسى تلك الأشياء أن تكون؟"

بهرام: "إنها أشياء في ضمير الزمان يا مولاي. وبصري أقصر من أن يدركها اليوم."

الملك: "يا لخيبة فألي فيك يا بهرام. لقد ضيّعتَ حكمتك في شيخوختك. ولولا أنني أمّنتك على حياتك لأمرت الآن بقطع رأسك بحدّ السيف لعلك لا تنسى أن السيف كان وسيبقى أمضى من القصبة. لكنني سأحجز عليك في مقصورة من مقصورات قصري تطلّ منها على فِناء القصر الواسع لتبصر بعينيك ما سيفعله السيف بالقصبة."

وأصبح الصباح فأمر الملك بجمع كل ما في مملكته من أقلام وبحرقها في الساحة الواسعة أمام القصر على مرأى من الجماهير. مثلما أمر بالزجّ بكل الشعراء والكتّاب والفلاسفة في السجون.

وكان كما أمر الملك. فغصّت السجون بالشعراء والكتّاب والفلاسفة وامتلأت الساحة الواسعة بالأقلام. وأضرمت النيران في الأقلام وارتفع دخانها ولهيبها في الفضاء حتى كاد يحجب الشمس. وهلّل الناس وكبّروا وتعالت هتافاتهم: "عاش الملك!" إلا معتوهاً كان يدفع القوم بمنكبيه محاولاً الوصول إلى رابية الأقلام المشتعلة. حتى إذا بلغها من بعد أن خمدت نيرانها تناول منها فحمة وتسلل من بين الجماهير إلى حيث كان علمٌ يخفق فوق سارية عالية. فأنزله ورفع مكانه رقعة وقد كتب عليها بالفحمة التي كانت في يده:

—نريد خبزاً لا دماً!

—نريد عدلاً لا قانوناً!

—نريد سلماً لا هدنة!

وما هي إلا طرفة عين وانتباهتها حتى مشت في الجماهير اهتزازات خفية كأنها السحر. وإذا بهم خضمّ متلاطم الأمواج. وإذا بصراخهم يشقّ عنان السماء: "ليسقط الملك!"

وكان بهرام ينظر من نافذته بعينين دامعتين. وعندما سُئل: أحزناً على الملك كان بكاؤه أم فرحاً بانتصار الشعب؟ أجاب: "لا ذاك ولا هذا. ولكنها العجيبة التي اجترحتها فحمة القصبة!"

المفردات

بُزوغ	sunrise
أبلَه	foolish, stupid
تِرس	shield
جَرّار	big, colossal (army)
حَوى—يَحوي	contain, possess
رَثّ	shabby, threadbare
رَدىً	demise, death
رَمَق	(last, dying) breath
زَجّ	shove, squeeze
سَواء	equal, alike
طَود	mountain
عَرَمرَم	violent, huge (army)
فَحمة	coal, charcoal
فَرسَخ	parasang (a roughly three-mile distance)
فَرَكَ—يَفرُكُ	to rub, scrub
انتِصار	victory
مَنكِب	shoulder
هُدنة	truce, ceasefire, calm
هَزيل	skinny, gaunt

محادثة

النشاط ١

بعد أن قرأتم القصة في البيت، ناقشوا الأسئلة التالية في مجموعات لا تزيد عن ثلاثة طلاب.

١. لماذا أرسل الملك العادل في طلب "بهرام"؟
٢. ماذا كُتب على رأس القصبة في حلم الملك؟
٣. هل اقتنع الملك بتفسير "بهرام"؟
٤. ما معنى "دولة السيف آذنت بالغروب وأن دولة القلم آذنت بالبزوغ"؟
٥. هل تحققت رؤية الملك؟ كيف ذلك؟

المفردات

النشاط ٢

نسِّقوا أحداث أو مواضيع القصة ضمن خريطة ذهنية.

النشاط ٣

أكملوا الفراغات التالية بالكلمة المناسبة.

يفرك　　هزيل　　رمق　　سواء　　بزوغ　　الفحمة

١. من ______ تولد النار ومن القُبلة يولد الإنسان.
٢. طالما حييت وفيّ ______، أقسم أن أحميك.
٣. إذا كنت تحاور شخصاً ولاحظت بأنه ______ أصابعه أو يشبكها، فاعلم بأنه ليس مرتاحاً بالحديث.
٤. يجب أن نرحل مع ______ أول شعاع من الشمس.
٥. ______ كنت ملكاً أو شحاذاً نحن جميعاً متساوون هنا.
٦. كان إبراهيم طوقان ______ الجسم، ضعيفاً منذ صغره، نَمَت معه ثلاث علل حتى قضت عليه.

النشاط ٤

اختاروا عشر كلمات من قائمة المفردات واستعملوا كل كلمة في جملة مفيدة.

النشاط ٥

صلوا الكلمات التالية بمرادفتها.

١. ____	أبله	أ.	أحمق
٢. ____	رثّ	ب.	فوز
٣. ____	طود	ت.	جبل
٤. ____	هدنة	ث.	مهترئ
٥. ____	انتصار	ج.	سكون

المحادثة والحوار

النشاط ٦

كل مجموعة ستأخذ سؤالاً واحداً، على أعضاء المجموعة قراءة السؤال ومناقشته.

١. ما هي أسباب سقوط حكّام الدول وما هي أسباب غضب وانقلاب الشعوب على حكّامهم؟
٢. "ضربة الكلمة أقوى من ضربة السيف". هل تتفقون مع هذه المقولة؟ علّلوا جوابكم.
٣. كيف تقوم الأنظمة الاستبدادية بفرض سياسة تكميم الأفواه؟

الترجمة

النشاط ٧

في مجموعات تتكون من طالبين، اقرأوا النص التالي ثم ترجموه إلى اللغة الإنجليزية.

وما هي إلا طرفة عين وانتباهتها حتى مشت في الجماهير اهتزازات خفية كأنها السحر. وإذا بهم خضمّ متلاطم الأمواج. وإذا بصراخهم يشقّ عنان السماء: "ليسقط الملك!"

وكان بهرام ينظر من نافذته بعينين دامعتين. وعندما سُئل: أحزناً على الملك كان بكاؤه أم فرحاً بانتصار الشعب؟ أجاب: "لا ذاك ولا هذا. ولكنها العجيبة التي اجترحتها فحمة القصبة!"

الكتابة

النشاط ٨

اختاروا موضوعاً واحداً من المواضيع التالية واكتبوا حوالي ١٥٠-٢٠٠ كلمة.

١. "عندما يدخل الثأر من الباب، تخرج العدالة من المدخنة." حلّلوا هذه المقولة.

٢. حرية التعبير ركن من أركان الديمقراطية، لماذا تفشل الأمم العربية في دعم هذا الركن الرئيسي وما هي التحديات والعقوبات التي تواجه المطالبين بهذا الحقّ المدني؟

النشاط ٩

اذهبوا الى صفحة النقاش الخاصة بالصف (discussion board) وتطرقوا إلى السؤال التالي ثم علقوا على إجابة طالب آخر.

عندما يفشل النظام الدكتاتوري في القضاء على المعارضة، يقوم بتوظيف وسائل الإعلام المختلفة لنشر الأكاذيب بهدف تشويه صورة المعارضين وكسب تأييد الرأي العام. هل يوجد إعلام حقيقي في ظلّ الأنظمة الديكتاتورية؟ علّلوا.

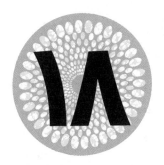

١٨

قصص من ليبيا

القصة الأولى

تعريف الكاتبة

آمال فرج العيادي كاتبة وقاصّة ليبية حاصلة على دبلوم معلمات—لغة عربية. بدأت الكتابة الفعلية والنشر في ٢٠٠٢ إذ نشرت في "أخبار الأدب" المصرية، ومجلّة "الصدى" الإماراتية، وعدّة مواقع إبداعية على الشبكة العالمية، وكذلك في بعض الصحف والمجلّات المحلّية. لها تجربة تشكيلية مميّزة باستخدام برامج الرسم الحاسوبية. أقامت معارضاً تشكيلية في كل من بنغازي وطرابلس. من إصداراتها: "بقع ظامئة في حضني"، "قسامي"، "رمش العين"، "شيش خان"، و"بالونة كحلة".

خثارة بلل

آمال فرج العيادي

بين النعيم وعدمه يؤرّقني اعتدال أليم . . أرواح تزفّ إلى عوالم نورانية. غيب متلبّد يطبق على أفواه وأعناق الوجود فتنفرط قلادة الوصل وتلقمها صديفات شفيفة. فجر عدل عن الانبثاق. خفافيش تحلّقت في رقصات ماكرة. الفراشات تنكفئ نائحة على الزهر المسبّت في دهاليز النعاس. الأحاسيس تتمطّط. تشتبق. تنفجر المآسي. تزدردها المتاهات.

أفول. أفول. يستقطب كل مغرّد ذي جناحين.

بشارع عشرين خيام للمناسبات. مكرهة دنوت. إيقاع نبض تصاخب. خطوي تلعثم وتعثّر رغم فصاحة لسان الرصيف. خيمة المأتم بلغتها. أزحت الرواق بارتعاشه مترنّحة. كم أنا جبانة. إحساساتي استحلبتها فدرت حليب المواساة. استدعيت زمن رحيلها. بدوار شعرت. اعترتني اختلاجات حالبة لروح الدمع. أنا أين؟ لم أبرح ذاك المأتم هذا ما أحسسته. أحزاني دفنتها وودّعت الأسى مذ التقيت حلمي المأمول.

أوه: ميمى ميمى. ليس وقته الآن. استشعرت القصاصة المدسوسة بين نهديّ. تذكّرت بأني سأخلع كسائي الخارجي فبادر مستودع الأثداء وضخها بنقطتين من عصارة العشرة.

استقبلتني صديقتي بحفاوة حزينة. صافحت المقرّبات إليها. إحساساتي وقعت صريعة الضغوطات. لمحتها تضع فويطتها الزرقاء تحت أنفها ماسحة آثار رشح. حينها انكسر شعاع نظري على نهديها الشامخين رغم الحزن. ضربت بيدي على جبهتي. فكّرت بالقصاصة. تجوّلت علامات الاستفهام في تخوم تفكّري. أين سيؤول مستودعها؟

تمالكت نفسي. ولم أستطِع تدارك نفسي. أوه نسيت.

هذه قصاصة عزاء من محمد.

التهمتها بعينيها الدامعتين وبعناية فائقة أودعتها بين نهديها.

رعشة مبهجة. سرت في تقاسيمها الآسية.

قدحت عيناها وشعرت بتقزّم آلامها. ألهى أنها نشّاجة محرورقة. دموعها مهراقة. حروقي أشدّ تمهرق بكفّ مرتجف ربت على كتفها. هكذا عاملوني في المأتم القريب البعيد!

—خلّوها تبكي كامدة عبرتها.

خشيت انبلاج طيف حنان أختي فيتهاوى اصطباري أتصدّع وسط الحشد مقدّمة رسالة دكتوراه في العويل واللطم. لاحظتُ نظرات متضمّرة على وشك الانقضاض خفضت بصرها. ابتلعت ريقها وكأنها في حضرة قسّيس أخرجتها وناولتها صديقاتها اختنقت من قبضة إلى قبضة. وجفت. بل غرت من جملة المواسيات اللائي لامسن قصاصة حبيبي. حلمي المأمول. لا يوجد آمان.

—أسلوبه رائع.

—ليته يراسلني.

—عباراته مؤثّرة في المخيخ.

—تمنّيت لو يمُت لي أحد!

—أه . . أه . . أه ه ه ه

آه سلخوني حيّة. قتلوني. لن أكون ساعيته مرّة أخرى. سأداري على فتيلتي من ريح المآتم والمناسبات. الطقس حارّ. ثدياي يخزهما صقيع قارس. أمّي. حنّو. عيناي زفيرهما حارّ. نهار للعذوبة. يبدو أنها رأتني أو المأمول شعّ مني. فأعادت لي القصاصة. أقرأها. أسلوبه مبكي. مرعف للأثداء. تناولتها بلهفة وابتسمت من قلب قلبي. كان اللبن الذي يبلّلها أخفّ كثافة من لبني.

المفردات

مَأتَم	funeral
مَأمول	expectation, hope
حَفاوة	welcome, hospitality

surroundings	تخوم
to approach, draw near	دَنا—يَدنو
hall, vestibule	دِهليز—دَهاليز
sweat, perspiration	رَشح
to swallow, gulp	ازدَرَدَ—يَزدَرِد
hibernating	مُسَّبِّت
frost, hoarfrost	صَقيع
moderation; straightening up	اعتِدال
wail	عَويل
inquiry, questioning	استفهام
to fill with tears	قَدَح—يَقدح
pastor, priest	قِسّيس
assault, attack	انقِضاض
garment, undergarment	كِساء
matted, tangled	مُتَلَبِّد
sly, cunning, crafty	ماكِر
pouring out	تَهَرُق
moaning	نائح
luminous	نورانيّ

محادثة

النشاط ١

بعد أن قرأتم القصة في البيت، ناقشوا الأسئلة التالية في مجموعات لا تزيد عن ثلاثة طلاب.

١. إلى أين ذهبت الفتاة وكيف كان إحساسها؟
٢. بمن التقت في المكان الذي قصدته؟
٣. لمن أُرسِلت القصاصة ومن طرف من؟
٤. لماذا خشيت الفتاة من مجيء أختها؟
٥. ما هو المميز في القصاصة الذي جعل الفتاة تتوق لأخذها؟

المفردات

النشاط ٢

نسِّقوا أحداث أو مواضيع القصة ضمن خريطة ذهنية.

النشاط ٣

أكملوا الفراغات التالية بالكلمة المناسبة.

الدهاليز حفاوة العويل قسيس مأتم صقيع

١. توقفي عن ______ وابدأي في التركيز في الأمور الهامة حقاً.
٢. عند عودتنا إلى القرية كنا نختصر الطريق عبر ______ والطرق الجانبية الملتوية.
٣. من المعروف عن العرب أنهم يرحبون بضيوفهم بـ______.
٤. أدت موجة ______ شديدة اجتاحت العديد من المحافظات اليمنية إلى إتلاف المحاصيل الزراعية للموسم الحالي.
٥. ما هو المفهوم الثقافي والديني لـ______ العزاء؟
٦. أزور ______ الكنيسة اسبوعياً لاستشارته في أمور دينية وحياتية.

النشاط ٤

اختاروا عشر كلمات من قائمة المفردات واستعملوا كل كلمة في جملة مفيدة.

النشاط ٥

صلوا الكلمات التالية بمرادفتها.

١. ____ اعتدال	أ. مخادع
٢. ____ ماكِر	ب. لطافة
٣. ____ استفهام	ت. هجوم
٤. ____ انقضاض	ث. استفسار
٥. ____ عذوبة	ج. توازن

المحادثة والحوار

النشاط ٦

كل مجموعة ستأخذ سؤالاً واحداً، على أعضاء المجموعة قراءة السؤال ومناقشته.

١. ما هو الحب الصامت وما هي علاماته؟
٢. ما هي الإشارات التي تدل على تلاعب شخص بمشاعر شخص آخر؟ هل التلاعب بمشاعر الآخرين شيء يدعو للمفخرة؟
٣. ما هي المواساة وكيف تتحقق؟

الترجمة

النشاط ٧

في مجموعات تتكون من طالبين، اقرأوا النص التالي ثم ترجموه إلى اللغة الإنجليزية.

بشارع عشرين خيام للمناسبات. مكرهة دنوت . . إيقاع نبض تصاخب. خطوي تلعثم وتعثر رغم فصاحة لسان الرصيف. خيمة المأتم بلغتها. أزحت الرواق بارتعاشه مترنّحة. كم أنا جبانة . . إحساساتي استحلبتها فدرت حليب المواساة. استدعيت زمن رحيلها. بدوار شعرت. اعترتني اختلاجات حالبة لروح الدمع. أنا أين؟ لم أبرح ذاك المأتم هذا ما أحسسته. أحزاني دفنتها وودّعت الأسى مذ التقيت حلمي المأمول.

الكتابة

النشاط ٨

اختاروا موضوعاً واحداً من المواضيع التالية واكتبوا حوالي ١٥٠–٢٠٠ كلمة.

١. لماذا فقدت بيوت العزاء القيمة الحقيقية لمعنى المواساة والمشاعر الصادقة وأصبحت مناسبة للالتقاء والتواصل؟
٢. من هو الصديق الحقيقي وهل يوجد صديق في هذا الزمان أم أصبح محض الخيال؟

النشاط ٩

اذهبوا الى صفحة النقاش الخاصة بالصف (discussion board) وتطرقوا إلى السؤال التالي ثم علقوا على إجابة طالب آخر.

لكل تقليد مجموعة من العادات التي يجب أن يتبعها الصغير والكبير في المجتمع حفاظاً على النظام الاجتماعي، فمثلاً من عادات وتقاليد المشاركة في الأحزان بعض التفاصيل التي كان يُعتبر الخروج عنها إهانة للميت ولأهله وعائلته. مثالاً على ذلك وقف مظاهر الفرح. كيف تعكس هذه المظاهر قيم الترابط الاجتماعي والعلاقات التفاعلية؟

القصة الثانية

تعريف الكاتب

رضوان أبو شويشة أديب ومثقّف ليبي، ومن حملة مشعل التجديد الأدبي، أكسبه انفتاحه المبكّر على الآداب الإنسانية على منتوج الثقافات العالمية تلك المكانة العالية التي يتمتّع بها. كتب المقالة والقصّة القصيرة والمسرحية، وبدأ احتراف الرسم وعالم التشكيل في مرحلة متأخّرة من مسيرته الإبداعية. نشر مجموعته القصصية الأولى "ملك الموت" باللغة الإنجليزية. كما سافر في جميع بقاع العالم، وكتب مشاهداته، بنى صداقات مع رموز أدبية من مختلف أصقاع العالم.

الساعة الحادية عسڕ بتوقيت اللصوص

رضوان أبو شويشة

جلس في مقهى التراث الشعبي. على ناصية الطريق الخراب. بين برج الساعة المتوقّفة ومصرف ليبيا المركزي

. . . طلب قهوة وزجاجة صغيرة من ماء النهر الصاعي . . . وتقنفذ على نفسه في كرسيه يفكّر
على باشا الجزائري . . الذي أمر بتشييد برج الساعة
مصرف ليبيا المركزي . . الذي كان برجاً اسمه برج المجزرة
سيف البحر الطرابلسي الساحر . . المدمك الآن تحت الإسمنت والإسفلت والحجر والتراب من سيدي الشّعَابْ إلى سيدي عبد الوهاب

Note that the author has used a poetic style of punctuation, sometimes making use of line breaks where one might expect a period or comma.

مرّت سيّارة فخفخة ذات دفع رباعي، وأثارت الغبار

شيخ مديد القامة يمسح الغبار عن عينيه الجاحظتين بطرف جرده العتيق، ثم تنأنأ بأسى لعجوز محجبة

—الحَمْدُ للهْ. أنا كمّلتْ عُمْري

نبست العجوز

—يَا وَيلهُمْ مِنْ رَبّي

توقّفا في مُسَاوَمَة طويلة مع بائع مُتجوّل يَعْرِضُ أحْذِيَةْ (سكايْ) مُصَنعَة من القمامةِ في الصّينْ ثمّ توقّفا قلِيلاً عند بائع عُطور مُقلدَة أمَامَ مدْخَل سُوقْ القزّارَهْ الضّاجْ

من حفرة بين المصرف المركزي وبرج السّاعة جاءت فرَاشَة مُزَخرَفة بألوَان البَحْر والجَبلْ

طافتْ حول رأسهِ ثم حَطّتْ على كتفِهِ ونبّأته

الليّلة: في السّاعةِ الحَادِيَة عَشر. سَيَحْلم لصُوص المال العام في ليبيا بيوم الحِسَاب الدّنيَويّ—ما قبْلَ الآخْرَويّ ويَرَوْنَ. في توافقاتِ التزَامُن بين أحلام اليقظةِ والنوْمِ. مَا لِعَيْن رأتْ. وما لأذن سَمِعَتْ. ومَا لمْ يخْطرْ على قلبِ بَشرْ

فلا يَعْلمُونَ أقْدَامِهِم مِنْ رُؤوسِهِمْ، ولا رُؤُوسِهِمْ من أقدَامِهِمْ يُسَاقونَ كالأسْرَى. يَتدَلدَلونَ. عَبْرَ بَوّابَةٍ واسِعَة، كُتِبَ عليها ما كُتِبَ على وَرَقَةِ الدّينَار الليبيْ (وَلا تأكلوُا أمْوَالكمْ بيْنكمْ بِالبَاطِلْ)

. . . الآلافْ وَرَاءَ الآلاف يُحَاكمُونَ أمَامَ أرْوَاح الأوْلِياءْ والشهَدَاءْ وعِبَادْ اللهْ الصّالِحِينْ

ويُتّهَمُونَ بأنهُمْ

(سَبَب الفقر والفسَادِ والهَدَرْ. في مُجْتمَع مُتخَلف. يعيشُ في القرْن الرّابع عَشرْ)

فيُعَضْعِضُونَ على أسنانِهِمْ، ويَعَضُّونَ على أيادِيْهِمْ

الليْلة ليْلتهُمْ، يا إلهي، الليّلة ليْلتهُمْ القاصِمَة؛ ومَا رَأى أحدٌ قط ليَالِي مِثلها

رجَعَتْ سيّارَة الفخْفخَة ذات الدّفع الرُّباعي

طارَتْ الفرَاشَة تتأوّهْ في الغبَارْ

بقيّة القِصّة عِند اللصُوص

المفردات

أَسير—أَسْرَى	prisoner
تَأَوَّهَ—يَتَأَوَّه	to groan
أسى	depression, distress

جاحِظ	pop-eyed, bug-eyed
خَراب	destruction, devastation
تدَلدَلَ—يَتَدَلدَل	to hang limply, dangle
مدمك	buried
مُزَخرَف	ornamented, embellished
مُساومة	bargaining
شَهيد—شُهَداء	martyr
عَتيق	old, ancient
لِصّ—لُصوص	thief
نَبَسَ—يَنبِس	to pronounce, say, utter
ناصِية	end (of a street); bangs, forelock (of hair)
هَدَرَ—يَهدِر	hum, roar; waste, squander
مُتَوارَث	inherited, hereditary

محادثة

النشاط ١

بعد أن قرأتم القصة في البيت، ناقشوا الأسئلة التالية في مجموعات لا تزيد عن ثلاثة طلاب.

١. أين جلس الرجل ليفكر؟
٢. عندما قالت العجوز "يَا وَيلهُمْ مِنْ رَبّي"، إلى من أشارت بكلامها؟
٣. كيف تنبأ الرجل بما سيحدث في تلك الليلة؟
٤. ما هو مضمون النبأ؟
٥. القصة لم تكتمل، لماذا؟

المفردات

النشاط ٢

نسِّقوا أحداث أو مواضيع القصة ضمن خريطة ذهنية.

النشاط ٣

أكملوا الفراغات التالية بالكلمة المناسبة.

المتوارثة المساومة المُزخرَفة الأسْرَى الشُهَداء اللصوص

١. يعتبر فن التطريز الفلسطيني أحد أهم الفنون ______ عبر الأجيال ورمزاً من رموز الهوية الفلسطينية.
٢. تتميز مدينة نزوى العُمانية بوجود العديد من المساجد ذات المحاريب ______ التي يعود أقدمها إلى ثمانية قرون.
٣. شعبك جائع لأنك تترك ______ يسرقون حبوبهم.
٤. لقد تعلمتُ أن السياسة هي فن ______.
٥. بعد أكثر من ١٧٠ عاماً، استعادت الجزائر رفات ______ من فرنسا.
٦. ذكرت صحيفة "معاريف" أن تقدماً كبيراً طرأ في صفقة تبادل ______ بين حركة حماس وإسرائيل.

النشاط ٤

اختاروا عشر كلمات من قائمة المفردات واستعملوا كل كلمة في جملة مفيدة.

المفردات

النشاط ٥

صلوا الكلمات التالية بمرادفتها.

١. ____ ناصية	أ. شجى
٢. ____ عتيق	ب. بذّر
٣. ____ أسى	ت. أثري
٤. ____ هَدر	ث. دمار
٥. ____ خراب	ج. جبهة

المحادثة والحوار

النشاط ٦

كل مجموعة ستأخذ سؤالاً واحداً، على أعضاء المجموعة قراءة السؤال ومناقشته.

١. لماذا يتلذذ بعض الأثرياء بالسرقة؟ هل هو اضطراب نفسي؟
٢. هل مَن يسرق من المستبد ليستعيد حقّه سارق أم لا؟
٣. هل يمكن للحياة الاستمرار بصورة طبيعية في ظلّ الحرب والثورات؟

الترجمة

النشاط ٧

في مجموعات تتكون من طالبين، اقرأوا النص التالي ثم ترجموه إلى اللغة الإنجليزية.

توقّفا في مُسَاوَمَة طويلة مع بائع مُتجَوّل يَعْرِضُ أحْذِيَةْ (سكايْ) مُصَنعَة من القمامةِ في الصّينْ ثمّ
توقّفا قلِيلاً عند بائع عُطور مُقلدَة أمَامَ مدْخَل سُوقْ القزّارَهْ الضّاجْ
من حفرة بين المصرف المركزي وبرج السّاعة جاءت فرَاشَة مُزَخرَفَة بألوَان البَحْر والجَبلْ
طافتْ حول رأسِهِ ثم حَطّتْ على كتفِهِ ونبّأته.

الكتابة

النشاط ٨

اختاروا موضوعاً واحداً من المواضيع التالية واكتبوا حوالي ١٥٠–٢٠٠ كلمة.

١. من الواضح أن بعض الحكومات العربية تتفنّن في سرقة أموال الشعوب، أين تتجلى هذه الاختلاسات ولماذا يبقى الشعب صامتاً على حقوقه؟
٢. متى تجوز السرقة؟ هل الجوع والفقر والاضطرار من مبيحات السرقة؟

النشاط ٩

اذهبوا الى صفحة النقاش الخاصة بالصف (discussion board) وتطرقوا إلى السؤال التالي ثم علقوا على إجابة طالب آخر.

المقاهي الشعبية فضاءات للسياسة والثقافة والثورات. ما العوامل المؤدية إلى ارتياد الشباب للمقاهي الشعبية؟

١٩

قصص من مصر

القصة الأولى

تعريف الكاتب

نجيب محفوظ روائي مصري وُلد في ١١ ديسمبر ١٩١١ وتوفّي في ٣٠ أغسطس ٢٠٠٦. هو أوّل مصري حائز على جائزة نوبل في الأدب. كتب منذ الثلاثينات واستمرّ حتى ٢٠٠٤. تدور أحداث جميع رواياته في مصر، وتظهر فيها سمة متكرّرة هي الحارة التي تعادل العالم. من أشهر أعماله: "الثلاثية" و"أولاد حارتنا". يُصنّف أدب محفوظ باعتباره أدباً واقعياً لكن له مواضيع وجودية تظهر في مؤلّفاته. نُقلت أعماله إلى السينما والتلفزيون.

حكمة الموت

نجيب محفوظ

مضى شهر تقريبًا وحضرة محمد أفندي عبد القوي يشعر بتوعّك المزاج. آيته همود في الجسم وثقل في الدماغ ووهن يشتدّ حينًا ويخفّ أحيانًا—في الساقين، وقد سكت عن حالته الطارئة طوال الشهر وهو يعلّلها بكثرة العمل تارة وبإدمان السهر تارة أخرى، وفعلاً طلب إجازة قصيرة وكفّ عن السهر راجيًا أن تعود صحّته إلى حالتها الطبيعية . . . وانتظر على هذا الرجاء أيّامًا وما تزداد حالته إلا سوءًا حتى لم يرَ بُدًّا من استشارة طبيب. وقال له الطبيب—بعد أن فحصه بدقّة وعناية—إنه مصاب بضغط الدم وأشار عليه بالتزام الراحة أيّامًا وبالاقتصار على الطعام المسلوق والفواكه، والامتناع عن تناول اللحوم الحمراء وتعاطي الخمور ثم وصف له الدواء اللازم.

ورجع محمد أفندي من عيادة الطبيب خائفًا مذعورًا كثير الهمّ والفكر. وقد يكون هذا—في ظاهره على الأقلّ—غريبًا لأن الضغط لم يكُن شديدًا، ولأنه من الأمراض التي يمكن تلافي خطرها بالعناية والحرص في اختيار الطعام والشراب، ولأن محمد أفندي شاب في الخامسة والثلاثين فلا ينذره الضغط بما ينذر به ذوي الستّين أو السبعين. والأعجب من هذا كله أنه لم يكُن غافلاً عن هذه الحقائق ولكنه في

الواقع لم يخشَ المرض في ذاته قدر ما خشي التاريخ أعني تاريخ أسرته. فهو يذكر أن أباه أصيب بالضغط وهو في مثل عمره تقريبًا ويذكر أنه لم يقاومه طويلاً فساءت حالته وأصابه الشلل فقضى في عنفوان شبابه وقوّته. ولم يكُن موت أبيه في عنفوان شبابه حادثًا غريبًا في أسرته، فهكذا قضى جدّه من قبل ولم يجاوز الأربعين. إن ذاكرته لا تحفظ له من حياة والده إلا آثارًا خفيفة لأنه تُوفّي وهو—أي محمد—غلام صغير، ولكن صورة المرحوم المعلّقة بحجرة الاستقبال أثر باقٍ يشهد بالشبه العظيم بين الابن وأبيه، وإن الناظر إلى الصورة ليقتنع بهذه الحقيقة التي تدلّ على أثر الوراثة. فالجبهة المربّعة والعينان العسليتان المستديرتان، والأنف الكبير المائل إلى الفطس، والفم العريض المغطّى بالشارب الغليظ، والوجه الممتلئ والجسم البدين. جميع هذه معالم مكرّرة بين صورة الراحل والشخص الحيّ كالأصل وصورته، وكأن صاحب الصورة هو محمد نفسه في ثياب بلدية. الجبّة والقفطان والعمامة.

يا له من شبه عجيب! ولم يكُن غافلاً عنه، ولكن خُيّل إليه عندئذٍ أنه يفطن إليه لأوّل مرّة في حياته أو أنه اكتشف فيه مغزى كان عنه خافيًا.

ولا مراء في أن الشبه بينهما لم يقف عند حدّ الشكل فطالما سمع والدته تنوّه بأوجه الاتّفاق بينه وبين أبيه في الخلق والطبع في المناسبات المختلفة.

فكان إذا احتدّ وغضب لأتفه الأسباب تنهّدت وقالت: "رحم الله أباك. ليته أورثك غير هذا الطبع طبعًا هادئًا". أو إذا جلس إلى الحاكي ينصت في انتباه ويهزّ رأسه في طرب قالت وهي تبتسم له: "ابن حلال يا بني". أو إذا رجع إلى البيت بعد منتصف الليل ثملاً مترنّحًا استقبلته قلقة حزينة وتصيح به وهي تغالب دموعها: "إن جرح قلبي لم يندمل. فلا تفجعني فيك كما فجعت في والدك من قبل".

فهو صورة صادقة لوالده في شكله وخلقه وطبعه وها هو ذا يرث عنه مرضه. فلِمَ لا تكون نهايته كنهايته؟

وا أسفاه! إن هذه الأسرة مقضي عليها بالدمار فقد قضى جدّه شابًا، وقضى مثله والده، فليس إذًا هذا المرض من المصادفات المحزنة. ولكنه بداية النهاية، وما هو إلا معيد تمثيل الدور القصير الذي قام به من قبل المرحوم والده، وقام به قبله جدّه، وما مرضه هذا إلا سبب تعتلّ به الطبيعة عليه لتنفّذ قضاءها المحتوم من شجرة أسرته البائسة المقضي عليها بالذبول والجفاف في إبّان ربيعها.

وجعل يردّد فيما بينه وبين نفسه: "الشكل واحد والخلق واحد والسيرة واحدة والمرض واحد فالنهاية واحدة دون ريب"، وتشبّث وجدانه بهذه الأفكار فقويت عقيدة الموت في نفسه وملأت شعوره فتمثّلت له حقيقة لا تتزحزح، واستسلم لها استسلامًا تامًّا حتى أشفى على القنوط، وبات ينتظر القضاء المحتوم الذي يراه قريبًا. بل أدنى إليه من مخاوفه.

إننا جميعًا نعلم أننا سائرون إلى الموت ولكنا لا نذكر هذه الحقيقة إلا حين حوادث الوفاة أو لدى زيارة المقابر وفي الساعات النادرة التي نستسلم فيها للتأمّل. وفيما عدا ذلك فجلبة الحياة تغمر عادة سكون الموت، وحرارة الأمل تقصي عن أفكارنا برودة الفناء. أما الآن وقد ضرب له شعوره ومنطقه موعدًا قريبًا للموت فقد ولّى وجهه هذا الأفق القريب لا يحول عنه، وجعل يديم إليه النظر في استسلام وحزن ويأس.

وعجب في أحزانه لمن يقول إن الموت راحة، ولم يفقه لها من معنى إلا أن تكون تململاً وضيقًا بمتاعب الحياة، ولكن ما هذه المتاعب بجانب ظلمة الموت ووحشة القبر؟

الموت يا له من حقيقة مخيفة. لم يشعر بهولها من قبل. ترى ما هو هذا اللغز الغامض؟ وما كنهه؟ وما حقيقة الروح التي ستفارقه بعد زمن يسير وتصعد إلى بارئها؟ وذكر عند ذاك الآية الكريمة ﴿وَيَسْأَلُونَكَ عَنِ الرُّوحِ قُلِ الرُّوحُ مِنْ أَمْرِ رَبِّي وَمَا أُوتِيتُم مِّنَ الْعِلْمِ إِلَّا قَلِيلًا﴾. أما هو فلم يأتِ من العلم كثيرًا ولا قليلاً، وحسبه أن يعلم أن الروح—وهي منبع حياته ووجدانه وأفكاره—ستهجر جسده البائس آخذة معها كل جميل حيّ غير تاركة خلفها إلا أثرًا جامدًا. أو جثّة كما يقولون. فوا أسفاه!

ودلف إلى المرآة وألقى على وجهه نظرة ملؤها الأسف والحزن. وتأمّل صورته طويلاً، وجعل يقبض كفّيه ويبسطهما. كم هو ممتلئ صحّة وعافية وشبابًا! سينضب معين هذا كله. ويجفّ غصنه الرطيب. وتغيض معاني اليقظة في عينيه. ويمسي جثّة. ممزّقة. نتنة. قذرة. ترعاها الديدان. ما أفظع هذا!

والأدهى من ذلك أنه لم يشبع من الدنيا وأحسّ في تلك اللحظة كأنه لم يبدأ رحلة حياته بعد، وودّ من أعماقه لو تُتاح له فرصة فيعيد الكرة، ليعيش حياة الطفولة السعيدة مرّة أخرى ويعيد عهد الصبا وينقلب إلى الشباب عمرًا مديدًا، ولا يترك الدنيا إلا وقد شبع من مسرّاتها وتزوّد من خيراتها.

كلا إنه لم يشبع من الدنيا ولم يتمتّع بحياته كما ينبغي له. وإنه ليسأل نفسه وسط حزنه وأسفه وبأسه: "ماذا صنعت بحياتي؟" فيعييه الجواب كأنه وُلد بالأمس القريب، ثم يزول عنه الإعياء والعجز فتأتيه الذكريات تباعًا، خفافًا وثقالاً، فلا يكاد يظفر فيها بما يجوز أن يعدّه من السعادة الصافية التي تطيب بها الدنيا وتُرجى لها الآخرة. أما ما ينغص الطمأنينة وينتزع آهات الحسرة والأسف فكثير لا يُحصى، وما يتبقّى من الوقت ما يتيح الفرصة لإصلاح فاسده والتكفير عن سيّئه.

المفردات

آهة—آهات	moan, sigh
جَلَبة	mess, tumult, clamor
حَلال	permissible

ذُبول	wilting, fadedness
رَجاء	hope, expectation, request
تَزَحزَحَ—يَتَزَحزَح	to budge
عَقيدة	faith, creed
عِمامة	turban
عُنفُوان	prime; vigor
فطس	snub nosed
اقتِصار	limitation, restriction
قُنوط	despair, hopelessness
تَلافى—يَتَلافى	to avoid
نَضَبَ—يَنضُب	to dry up
نَغَصَ—يَنغَص	to spoil, ruin
هُمود	passivity, inaction
وَحشة	loneliness, desolation
تَوَعُّك	malaise
وَهن	weakness

محادثة

النشاط ١

بعد أن قرأتم القصة في البيت، ناقشوا الأسئلة التالية في مجموعات لا تزيد عن ثلاثة طلاب.

١. لماذا عاد محمد أفندي مهموماً من عيادة الطبيب؟
٢. ما هي أوجه التشابه بين محمد أفندي وأبيه؟
٣. متى يتذكر الإنسان الموت حسب ما يرد في النص؟
٤. هل خضع محمد أفندي لمصيره واستسلم للموت القريب؟
٥. هل محمد أفندي مقتنع بأن الموت راحة له؟ عللوا جوابكم.

المفردات

النشاط ٢

نسِّقوا أحداث أو مواضيع القصة ضمن خريطة ذهنية.

النشاط ٣

أكملوا الفراغات التالية بالكلمة المناسبة.

همود الرجاء العمامة الحلال وحشة آهات

١. ارتداء ______ مبدأ قاطع وصريح وإلزامي في ديانة السيخ.
٢. ______ ربط أحزمة الأمان والعودة إلى مقاعدكم بالوضعية الصحيحة.
٣. حتى حينما دنوت منها، لم أسمع منها كثيراً من الكلمات، فقط ______ وأنّات.
٤. منذ ______ القتال، تعمل اللجنة الدولية والصليب الأحمر على تقديم المساعدات لإنقاذ ضحايا النزاع.
٥. وجودك إلى جانبي يجعلني أشعر بأنّ العالم أقلّ ______.
٦. من الأمثال العربية الشائعة: "ابن ______ عند ذكره يبيان".

النشاط ٤

اختاروا عشر كلمات من قائمة المفردات واستعملوا كل كلمة في جملة مفيدة.

النشاط ٥

صلوا الكلمات التالية بمرادفتها.

١. ____	توعك	أ.	اكْتِفَاءُ
٢. ____	وهن	ب.	نكد
٣. ____	اقتصار	ت.	مرض
٤. ____	نضب	ث.	ذبول
٥. ____	نغص	ج.	نفد

المحادثة والحوار

النشاط ٦

كل مجموعة ستأخذ سؤالاً واحداً، على أعضاء المجموعة قراءة السؤال ومناقشته.

١. هل الخوف من الموت أمر طبيعي؟ متى يتحول إلى نوع من القلق المرضي؟
٢. ما هو اضطراب القلق من المرض وكيف يؤثر على حياة الإنسان؟
٣. هل الموت صدمة وجودية أم عادمة؟

الترجمة

النشاط ٧

في مجموعات تتكون من طالبين، اقرأوا النص التالي ثم ترجموه إلى اللغة الإنجليزية.

إننا جميعًا نعلم أننا سائرون إلى الموت، ولكنا لا نذكر هذه الحقيقة إلا حين حوادث الوفاة أو لدى زيارة المقابر وفي الساعات النادرة التي نستسلم فيها للتأمّل. وفيما عدا ذلك فجلبة الحياة تغمر عادة سكون الموت، وحرارة الأمل تقصي عن أفكارنا برودة الفناء. أما الآن وقد ضرب له شعوره ومنطقه موعدًا قريبًا للموت فقد ولّى وجهه هذا الأفق القريب لا يحول عنه، وجعل يديم إليه النظر في استسلام وحزن ويأس.

الكتابة

النشاط ٨

اختاروا موضوعاً واحداً من المواضيع التالية واكتبوا حوالي ١٥٠–٢٠٠ كلمة.

١. هل الجينات وحدها مسؤولة عن الأمراض الوراثية أم العامل البيئي له دور أساسي في إصابة المريض؟
٢. هل الابن صورة لأبيه في أغلب الحالات، ما الذي يوحي بهذا التقارب وما دور الأب في صقل شخصية الابن؟

النشاط ٩

اذهبوا الى صفحة النقاش الخاصة بالصف (discussion board) وتطرقوا إلى السؤال التالي ثم علقوا على إجابة طالب آخر.

يقول ابن خلدون في مقدمته: "إن التغيير سنّة من سنن الحياة، وأمر حتمي لا مرد له". ناقشوا حتمية الموت ورغبة الإنسان في الخلود.

القصة الثانية

تعريف الكاتب

ممدوح رزق كاتب وناقد مصري. صدرت له العديد من المجموعات القصصية والشعرية والروايات والمسرحيات والكتب النقدية كما كتب سيناريوهات لعدّة أفلام قصيرة. حصل على جوائز عديدة في القصّة القصيرة والشعر والنقد الأدبي. ترجمت نصوصه إلى الإنجليزية والفرنسية والإسبانية. صدر له: "إثر حادث أليم"، "هل تؤمن بالأشباح؟"، "هفوات صغيرة"، و"عتبات المحو".

اللعب بالفقاعات

ممدوح رزق

حينما قذفت أختك الكبرى رواياتك البوليسية من البلكونة في إحدى نوبات غضبها الهيستيري منك، وحينما رأيت العابرين في الشارع يواصلون سيرهم دون أن يرفع أحدهم رأسه ناحية الصرخات الأنثوية الهادرة المندفعة من الضلفتين المفتوحتين بكامل اتّساعهما ودون أن يلقي نظرة واحدة على جثث المغامرين الخمسة والثلاثة والشياطين الـ ١٣ المبعثرين من حوله؛ عرفت لحظتها أن الحياة لا يجب أن تؤخذ بجدّية، وأن أوّل ما خُلق في المرأة هو حنجرتها. رغم أنك خرجت بعد منتصف الليل إلى البلكونة ووجدت الروايات البوليسية لا زالت ملقاة ولم يكُن هناك أحداً يمرّ في الشارع إلا أنك لم تفكّر للحظة واحدة في النزول لاستردادها . . . كان يجب عليك فقط البدء في كتابة هذه القصّة:

(كانت البداية المكشوفة للخطّ السحري الفاصل بين ثديي خطيبته الكبيرين عنصراً أساسياً في أغلب صورها على الفيس بوك. الخطّ الذي كان يطول في بعض الصور ويقصر في الأخرى ومعه تزيد وتنقص مساحة الحنان الخمري المنتفخ الممنوحة للعيون. كانت التلميحات الهائجة التي يكتبها الرجال تحت صدرها تثير ضحكاته القوية.)

بعد موت أمّك ومرض أبيك الذي أفقده الذاكرة والنطق والحركة اختفت كل العوائق الصغيرة الهشّة التي كانت تحجّم بقدر ضعيف شراسة صرخاتها فيك . . لكنك أثناء احتراقك اليومي بشتائم أختك وبمعايرتها لك على فشلك الدراسي وبطالتك وعلى طباعك المستهترة لاحظت أنها لا تطلق صرخاتها إلا وهي جالسة على أقرب كرسي للمطبخ حيث شبّاكه المفتوح الذي لا يفصله عن شبابيك الجيران—المفتوحة أيضاً سوى مسافات قليلة للغاية. كنت تضحك بمرارة بينك وبين نفسك حينما تراها تبدأ أحياناً في سبابها المرتفع من أي مكان داخل البيت ثم تسرع على الفور لتجلس على هذا الكرسي لتُسمع الناس إهاناتها لأخيها الصغير وليعرف كل من في العمارة مدى قوّتها. هل كان الجيران يعرفون أيضاً أن مواجهتك لها بشتائم وصرخات مقابلة كانت تتوقّف فجأة لعلمك بأن ردودك عليها ستزيد من قوّة ووقت دورها الأوبرالي في الحياة؟ كنت تغلق باب حجرتك على نفسك وتسكت وتنتظر حتى تنتهي ثم تتردّد كثيراً قبل الخروج من البيت خوفاً من أن تصادف أحداً من الجيران. كنت تنزل السلالم بأقصى سرعة وفي رجوعك تصعد كالهارب من مطاردة مفزعة . . لا يمكنك أن تنكر أنك فكّرت أكثر من مرّة في قتلها ولكن الذي منعك ليس رفضك أن تدفع روحك ثمناً للتخلّص من حنجرة فحسب، وإنما كان يعنيك أيضاً بقاء هذه الحنجرة في الحياة لتكون دليلاً حيّاً وحاضراً دائماً أمام عينيك على صحّة الكوميديا الكامنة في كراهيتك للفناء . . . عليك الآن أن تكتب سطوراً جديدة في القصّة:

(في حفل توقيع خطيبته لمجموعتها القصصية كان الخطّ السحري الفاصل بين ثدييها كريماً في ظهوره من ملابسها المفتوحة وبالطبع كان متألّقاً بلمعان العرق تحت الإضاءة الحارّة. كان يجلس بجوارها مبتسماً وعيناه تراقبان بتهكّم نظرة كل واحد يأتي إلى الطاولة حاملاً نسخته ويعطيها إلى خطيبته لتوقّعها. كل واحد تمنّى لو زادت كلمات التوقيع ليطول وقت وقوفه أمام كنزها المهيب، وحينما تأتي لحظة انسحابه ممسكاً بنسخة موقّعة يحرص على توديع ذلك الكنز بنظرة طويلة مركّزة وبإحساس قاتل باليتم.

لكنهما أثناء جلوسهما على كورنيش النيل بعد انتهاء الحفل وبينما كانا يضحكان اقترب منهما شخص لا يعرفانه وطلب منه إشعال سيجارة . . أعطاه ولّاعته بتلقائية وبعد أن أشعل ذلك الشخص سيجارته وردّ إليه الولّاعة مدّ يده فجأة إلى ثدي خطيبته وأمسكه بقوّة ثم أسرع بالجري. كانت يده خبيرة لأنها لم تمسك جزءاً من ثديها، وإنما تمكّن في هذه اللحظة الخاطفة من إدخالها تحت ملابسها والإمساك بثدي خطيبته كله ثم سحبها على الفور ومعها خرج ثديها كاملاً من فتحة ملابسها. كان من الطبيعي أن تصرخ خطيبته وتبكي، وكان من الطبيعي أيضاً أن يحاول الجري وراء ذلك الشخص والشتائم تتدفّق بغضب من فمه قبل أن يتوقّف بعد اختفائه وإدراكه صعوبة اللحاق به. كان من الطبيعي أن يعود كل منهما إلى بيته حزينين جدّاً.)

حينما تتزوّج ستعرف من صوت زوجتك خاصّة وقت عصبيتها أنها كانت ضفدعة في حياتها السابقة. سيقترب صياحها أثناء الشجار معك بدرجة غريبة فعلاً من الصوت المألوف للضفدعة والمذهل أن عينيها ستشبهان إلى حدّ كبير عيني الضفدعة . . . زوجتك التي أحببتها سبع سنوات في صمت وعشت

معها قصّة حبّ سينمائية سبع أخرى، وخطبتها سنتين ولم تكتشف فصيلتها إلا بعد الزواج. لن تتقيّد زوجتك بمسألة الجلوس على أقرب كرسي للمطبخ التي كانت شقيقتك ملتزمة بها. ستكون أكثر تحرّراً فتتعوّد أثناء صراخها فيك ومعايرتها لك على جلوسك في البيت بدون عمل واعتمادك على المساعدات الخارجية من أهلها وأحياناً من أهلك ستتعوّد على التنقّل في مختلف أنحاء الشقّة وتحديداً بالقرب من الشبابيك. ذات يوم وبينما تنظر إليها ونقيقها المتشنّج يمزّق هواء الشقّة والعمارة ستشعر برغبة قوية في الضحك وتفكّر أن انتقالك من أختك إلى زوجتك ليس صدفة بالتأكيد، وأن هناك شيئاً غيبياً في الكون يبعث لك شخصياً برسالة انتقامية لا تعرف سببها. ستتمنّى لحظتها فجأة أن تُصاب زوجتك بسرطان الحنجرة . . . لكنك بعد وقت قصير ستتذكّر الأيّام المتعاقبة التي لم تنَم فيها عندما أخبرتك بأن شيئاً بحجم حبّة العدس تشعر به في ثديها . . . ستتذكّر اقترابك الشديد من الإغماء وأنت تنتظر نتيجة الأشعّة وفرحك الجنوني حينما أخبرتك الطبيبة أنها بخير. تواصل كتابة القصّة:

(حينما عاد إلى البيت وبينما كان يفرغ جيوبه انتبه إلى الولّاعة فلم يتردّد في إلقائها من النافذة. بعد أن وضع رأسه على المخدّة وأغمض عينيه لم يكُن ما يعذّبه مشهد ثدي خطيبته وهو في يد ذلك الشخص الذي أشعل منه السيجارة فحسب، بل كان الألم الأكبر نابعاً من إحساس شاحب ومبهم بالفرح. لا شكّ أن دماءه كانت تغلي بعنف وشعور بالمهانة يقطّع روحه بينما رأسه المشتعل يتوسّل لذاكرته تصحيح ما حدث هذا المساء وتثبيته كوهم أو استبعاده تماماً. لكن كان في داخله شيء خافت وغريب يجبره على الامتنان لهذا الاعتداء. لذّة تشبه كثيراً تلك التي يحصل عليها الخارج منتصراً من معركة ما. كان يفرك قدميه تحت الغطاء كطفل مطمئنّ توجعه الضحكات المكتومة التي زرعتها الفرجة بشغف على حيلة خبيثة اصطادت بشراً لا يخصّونه. قضى فترة طويلة في محاولة التوصّل لتفسير يبرّر هذا التناقض لكن برز فجأة مشهد جديد في ذهنه جعله يزيح ما كان يفكّر ويشعر به ويستغرق كلياً في مواجهته . . استعاد عيني خطيبته لحظة إمساك ذلك الشخص بثديها. اكتشف مصدوماً أن عينيها لم يكُن فيهما نظرة فزع أو ذهول بل على العكس كان فيهما ما يشبه السرور الشهواني رغم صرخاتها الباكية . . شعر أن قطاراً يمرّ فوق جسده ببطء وهو يحاول إقناع نفسه بأن ما يسترجعه ليس إلا تخيّلاً خاصّاً نسجته انفعالات مضطربة وغامضة، ولكن تأكّده من صحّة ما رآه بقي ثابتاً. ظلّ يعيد ما حدث على الكورنيش دون توقّف ثم أدخل يده تحت ملابسه وبدأ في الاستمناء.)

المفردات

حَنجَرة	throat, larynx
خَمريّ	wine-red, burgundy
ذُهول	amazement, perplexity
شَتيمة—شَتائم	insult, curse word

شاحِب	pale
مُتَشَنِّج	stiff, contracted
شَهوانيّ	sensual, lascivious
مُتعاقِب	successive
مُفزِع	terrifying, shocking
فَزَع	fear, horror
فَناء	death, oblivion
كَنز	treasure
تَلميح—تَلميحات	hint
استِمناء	masturbation
نَسَجَ—يَنسُج	to knit, weave
تَناقُض	contradiction, incompatibility, opposite
نَقيق	chirping, clucking, croaking
هَشّ	fragile
وَهم	fantasy, illusion

المحادثة

النشاط ١

بعد أن قرأتم القصة في البيت، ناقشوا الأسئلة التالية في مجموعات لا تزيد عن ثلاثة طلاب.

١. ما هو وجه التشابه بين جميع صور خطيبة الشاب؟
٢. لماذا كانت أخته تصرخ دائماً قرب كرسي المطبخ؟
٣. كم دامت علاقة الشاب بالفتاة قبل أن يتزوجها؟
٤. كيف وصف الشاب زوجته؟
٥. ما هو الأمر الغريب الذي تذكّره الشاب بعد حادثة الكورنيش مع خطيبته؟

المفردات

النشاط ٢

نسِّقوا أحداث أو مواضيع القصة ضمن خريطة ذهنية.

النشاط ٣

أكملوا الفراغات التالية بالكلمة المناسبة.

| الحنجرة | تلميحات | الشتائم | المتشنج | المتعاقبة | ذهول |

١. تحولت جلسة النواب إلى ساحة معركة حقيقية، إذ علت فيها الأصوات ووصل النقاش حد _____ والمسبّات.

٢. لُقّب الشيخ عبد الباسط عبد الصمد بـ "صاحب _____ الذهبية"، و"كروان الجنة"، و"صوت مكة".

٣. أدى تساقط الأمطار _____ في السودان إلى فيضانات وخسائر فادحة في الأرواح والممتلكات.

٤. خفف من أوجاع وآلام كتفك _____ من خلال القيام بهذه التمارين الرياضية.

٥. في أعقاب الحركة الاحتجاجية "حياة السود مهمة"، أزالت بعض الشركات منتجات ذات _____ عنصرية.

٦. قام المذيع بإعلان استقالته على الهواء مباشرة وسط _____ الجميع.

النشاط ٤

اختاروا عشر كلمات من قائمة المفردات واستعملوا كل كلمة في جملة مفيدة.

النشاط ٥

صلوا الكلمات التالية بمرادفتها.

١.	_____	هش	أ.	ضعيف
٢.	_____	فزع	ب.	باهت
٣.	_____	شاحب	ت.	غزل
٤.	_____	تناقض	ث.	خوف
٥.	_____	نسج	ج.	تضارب

المحادثة والحوار

النشاط ٦

كل مجموعة ستأخذ سؤالاً واحداً، على أعضاء المجموعة قراءة السؤال ومناقشته.

١. هل تقليل المرأة من قيمة الرجل ناتج عن ضعف شخصيته أم عن تسلطها أم هناك عوامل أخرى تؤدي إلى هذا الخلل العاطفي؟
٢. هل العنف اللفظي يفوق الجسدي في الإيذاء؟ وما هي آثار هذا العنف على نفسية الضحية؟
٣. صوت المرأة عورة أم ثورة؟

الترجمة

النشاط ٧

في مجموعات تتكون من طالبين، اقرأوا النص التالي ثم ترجموه إلى اللغة الإنجليزية.

بعد موت أمّك ومرض أبيك الذي أفقده الذاكرة والنطق والحركة اختفت كل العوائق الصغيرة الهشّة التي كانت تحجّم بقدر ضعيف شراسة صرخاتها فيك. لكنك أثناء احتراقك اليومي بشتائم أختك وبمعايرتها لك على فشلك الدراسي ،بطالتك وعلى طباعك المستهترة لاحظت أنها لا تطلق صرخاتها إلا وهي جالسة على أقرب كرسي للمطبخ حيث شبّاكه المفتوح الذي لا يفصله عن شبابيك الجيران—المفتوحة أيضاً—سوى مسافات قليلة للغاية.

الكتابة

النشاط ٨

اختاروا موضوعاً واحداً من المواضيع التالية واكتبوا حوالي ١٥٠–٢٠٠ كلمة.

١. نلاحظ أن بعض الأشخاص تربطهم علاقات وطيدة بأصدقائهم بخلاف علاقتهم بإخوتهم، هل تعزيز العلاقة مع الصديق والرفيق هي تعويضٌ لجفاء العلاقة مع الأخ أو الأخت؟
٢. نادراً ما نسمع عن العنف ضد الرجال، فهو من الظواهر الغريبة التي تظهر في المجتمعات العربيّة والغربيّة، ما هي نظرة المجتمع إلى هذا العنف ولماذا يتم الاستخفاف به وبعواقبه؟

النشاط ٩

اذهبوا الى صفحة النقاش الخاصة بالصف (discussion board) وتطرقوا إلى السؤال التالي ثم علقوا على إجابة طالب آخر.

يربط كثيرون بين التحرّش الجنسي ولباس المرأة، مبرّرين هذا الجرم بنوعية اللباس الذي كانت ترتديه الضحية. وبهذا المنطق، تصبح الضحية بالنسبة إليهم، هي المجرم الحقيقي، لأنها فتنت الرجل وجعلته يُقدِم على ارتكاب هذه الجريمة! هل تتفقون مع هذا الادّعاء؟ علّلوا.

القصة الثالثة

تعريف الكاتبة

عايدة بدر باحثة أكاديمية وكاتبة وشاعرة وقاصّة مصرية، حاصلة على دكتوراه في الحضارة والأديان الكردية-الإيرانية القديمة وماجستير في اللغات الشرقية وآدابها. تخصّصت في الأديان الشرقية بكلّية الآداب في جامعة القاهرة. حازت على ليسانس اللغات الشرقية وآدابها من كلّية الآداب في جامعة القاهرة. من إصداراتها: "التأويل عند ناصر خسرو في كتابه (وجه دين)"، ديوان شعر "تراتيل الصمت والمطر"، ومجموعة قصصية "عبث".

الجسر

عايدة بدر

لا أحد يعلم كم يمضي عليه من وقت وهو جليس الجسر، كيف ينمو الليل على شرفة روحه، وهو يتابع الأضواء المتوهّجة هناك، وأصوات لا يكاد يميّزها لكنه موقن أنها تتلألأ من هناك وتناديه، والحياة التي تتوقّف ليلاً حتى يفرغ الجسر القديم من هواء الليل ويستقبل الفجر بموعد جديد.

كل من يمرّ بالجسر ينخلع قلبه من الضباب المحيط به، والأصوات المفزعة التي يحدثها تلاطم الموج أسفله، وهذا اللون الأسود الغريق الذي يدثّره، أو هكذا يُخيَّل إليهم رغم سكون الموج وركود حركته، لا أحد يعلم بالتحديد متى ظهر هذا الجسر ولا من أقامه، والحديث الذي يتوقّف على شفاه الكبار والمسنّين إذا ما تجرّأ أحدٌ من الصغار وسأل: إلى أين يمضي هذا الجسر وإلى أين يصل طرفه الآخر؟ يزيد من غموض هذا المكان الذي كأنه نبت فجأة في قريتهم، يبدو أن الكبار أنفسهم لا يعلمون عنه شيئاً، وما صمتهم أمام أسئلة الصغار إلا صمت متوارث جيلاً بعد جيل.

من يستقبلهم الجسر يومياً لا يستطيعون العبور سوى خطوات دائرية فوق ممشاه، بالكاد يعدّون خطواتهم على أصابع اليد الواحدة، ويصيبهم فزع شديد وتتصبّب ملامحهم خوفاً لمرأى امرأة منكوش شعرها، تجرّ طفلاً صغيراً في يدها، وتغرق به خلف الضباب المحيط بالجسر، لكن أحداً لم يتكلّم يوماً مع تلك المرأة أو يؤكّد أنه شاهدها بالفعل لحماً ودماً، جميعاً يصفون شعرها الليلي الطويل، والظلام حول عينيها ووجهها الشاحب غرقاً في بياض مخيف ويصمتون عندما يتساءلون لماذا لم ينادِها أحد من قبل أو يمضي خلفها، والشباب يرمون بعضهم بعضاً بالجبن أمام حضورها الذي لا يستغرق سوى لحظات لكن كأنها الدهر. الأمّهات تقول إنها سبب ضيق الأرزاق في هذه البلدة، ويحذّرن أولادهنّ من الاقتراب منها أو الحديث عنها، تكاد حكاية هذه المرأة أن تكون فزّاعة يستخدمونها عند النهي عن أمر لا يودّون حدوثه.

لم يعُد الآن أحدٌ يستغرب توقّفه الدائم بالجسر ليلاً أو صمته المحدّق في وجه الضباب، في بدء الأمر كانت دموعه التي لا تصمت تستحوذ على أفكارهم و تمتمات كلماته التي لم يستوعبوا شيئاً منها يوماً، كانت دائماً محلّ تأويل وتفسير البسطاء ولا أحد يصل لأمر حازم بشأنه، فكما لا أحد يعلم سرّ هذا الجسر لا أحد يعلم سرّ هذا القابع أمام الجسر يظهر ليلاً جالساً متأمّلاً لأضواء يشير لهم عنها لكنهم لا يرون ما يصفه والأصوات وحده من يسمعها، جميعهم حدّثه عن تلك المرأة التي يرونها تخرج من الضباب، تجرّ في يدها طفلاً صغيراً، ووحده الذي ينفي رؤيتها ويجيبهم عنها بعبرات لا يكادون يفهمون منها شيئاً، غير مزيد تفاسير لا طائل لها.

متى حضر إلى قريتهم لا أحد يعلم. ماذا يعمل وبأي صنعة يشتغل ويملأ نهاره إذ يمضي ليله قابعاً على طرف الجسر؟ هم فجأة وجدوه؛ وهو من نبّههم إلى هذا الجسر المهمل، أين كان هذا الجسر؟ وكيف لم يلتفتوا إليه قبلاً؟ كأن هذا الجسر كان مختبئاً بين الأحراش وبظهور الغريب ظهر الجسر واضحاً أمام أعينهم أو ظهر الجسر ليظهر معه الغريب.

الخوف يجعلهم يربضون في بيوتهم بدءاً من نزوح الشمس عن جانب الجسر فيلزم كل واحد منهم بيته حتى يدقّ الفجر نوافذهم، والحياة تسير رتيبة كأن عجلة الفلك ربطت أجسادهم في آلية عمل لا يتوقّفون أمامه، فجراً يخرجون جميعاً باتّجاه الأرض، نهاراً يبذرون ويحرثون ويسقونها، ونساؤهم يحصين الأطفال كما يحصين أجولة الحصاد، تمتلئُ القرية كل عام بحصاد جديد من الأرض ومن النساء، دائماً يردّدون: نعمل من أجل أطفالنا حين يكبرون، لنوفّر لهم ما يأكلون والجفاف القادم لا بد له من حيلة، والسماء بعيدة حين نمدّ إليها أيدينا بالبذور فلا تنصت لنا بالكاد تجيبنا ببضع زخّات، من أين للسماء بدموعها وهذا الضباب يغلف سماء القرية ولا ينزح عن أنفاسهم حتى مع الدعوات والصلوات.

كان ظهور هذا الغريب حدثاً أخرجهم عن دائرة الرتابة وفتح شهيتهم لأحاديث جديدة وتفاسير مطروحة من الجميع عن أصله وبلده ومن أين هبط إليهم، ذات ليل وجدوه مزروعاً أمام الجسر الذي ظهر معه ولم يكُن أحدٌ من قبل يعلم عن وجوده، أتى هذا الغريب بالجسر وبالضباب وبهذه المرأة التي

تجرجر طفلاً في يديها ثم نهاراً يغيب الجميع وتزداد كثافة الضباب حول الجسر كأنه يختبئ عن عيون الفضوليين.

ذات ليلة شهق الجميع على إثر صيحة مدوية، هرعوا إلى خارج بيوتهم تاركين كل الخوف جانباً ولعله هو نفسه الفزع الذي تملّكهم حين شاهدوا الغريب يصحب المرأة التي تجرجر طفلاً في يديها ويرحلون من فوق الجسر الذي بدا لأوّل مرّة واضح التفاصيل ولأوّل مرّة يرون إلى أين يؤدّي ممشاه الطويل ويسمعون أصواتاً كان يتمتم بها ولا يصدّقون، يغادر الغريب مع المرأة والطفل والضباب والجسر تاركين القرية بكل ساكنيها جاثين على ركب الفزع وصيحة عظيمة حصدت أرواحهم.

المفردات

تَأويل	interpretation
جُبن	cowardice
جَرجَرَ—يُجَرجِر	to drag
أحراش	woods
حَصاد	harvest
انخَلَعَ—يَنخَلِع	to be detached, disengaged
دَثَّرَ—يُدَثِّر	to cover, envelop
الدَّهْر	time, fate
رَتيب	monotonous
زَخّة—زَخّات	shower, downpour
شَهِقَ—يَشهَق	to inhale
تَصَبَّبَ—يَتَصَبَّب	to perspire, drip
غَريب	strange
فَزّاعة	scarecrow
فَزَع	fear, horror
قابِع	secluded
تَلَألأَ—يَتَلَألأ	to gleam, glitter
مَنكوش	unruly
وَفَّرَ—يُوَفِّر	to provide
تَوَهَّجَ—يَتَوَهَّج	to glow, burn

محادثة

النشاط ١

بعد أن قرأتم القصة في البيت، ناقشوا الأسئلة التالية في مجموعات لا تزيد عن ثلاثة طلاب.

١. ما الغريب في الجسر الذي فزع منه الناس؟

٢. من لمحوا فوق الجسر عندما اقتربوا منه؟

٣. كيف ظهر الجسر في القرية ومتى؟

٤. صِفوا حياة سكّان القرية اليومية.

٥. ما مصدر الصيحة التي أربكت أهل القرية؟

المفردات

النشاط ٢

نسِّقوا أحداث أو مواضيع القصة ضمن خريطة ذهنية.

النشاط ٣

أكملوا الفراغات التالية بالكلمة المناسبة.

الغريب	تجرجر	حصاد	الدهر	المنكوش	تتلألأ

١. لا يمكن لأي قوتين في العالم أن تتحاربا طوال _____ ، لا بد لأحداهما أن تهزم.

٢. أليس من _____ أن الطرقات تصبح أطول عندما نشتهي الوصول؟

٣. زرع المزارعون الحبوب والخضروات، ويأملون في _____ غلالهم قريباً.

٤. الأزمة السورية _____ عملتها الوطنية إلى الحضيض.

٥. يحب فيصل شعره _____ الأحمر، فهو مختلف عن شعر كل اللذين حوله.

٦. _____ نجوم ورواد السينما العربية على خشبة مسرح جرش.

النشاط ٤

اختاروا عشر كلمات من قائمة المفردات واستعملوا كل كلمة في جملة مفيدة.

النشاط ٥

صلوا الكلمات التالية بمرادفتها.

١. ـــــــــ توهج	أ. تفسير
٢. ـــــــــ انخلاع	ب. تلألؤ
٣. ـــــــــ تأويل	ت. خشية
٤. ـــــــــ وفر	ث. ميسرة
٥. ـــــــــ فزع	ج. زوال

المحادثة والحوار

النشاط ٦

كل مجموعة ستأخذ سؤالاً واحداً، على أعضاء المجموعة قراءة السؤال ومناقشته.

١. هل الأشباح حقيقة؟ لا يوجد تفسير علمي ينفي أو يؤكد وجودها، هل تؤمنون بها؟ لماذا؟

٢. ما هو مرض الوهم وما هي أعراضه؟ كيف يتم تشخيص هذا المرض؟

٣. ما الفرق بين التسليم بالأمر الواقع والاستسلام له؟

الترجمة

النشاط ٧

في مجموعات تتكون من طالبين، اقرأوا النص التالي ثم ترجموه إلى اللغة الإنجليزية.

كان ظهور هذا الغريب حدثاً أخرجهم عن دائرة الرتابة وفتح شهيتهم لأحاديث جديدة وتفاسير مطروحة من الجميع عن أصله وبلده و من أين هبط إليهم، ذات ليل وجدوه مزروعاً أمام الجسر الذي ظهر معه ولم يكُن أحدٌ من قبل يعلم عن وجوده، أتى هذا الغريب بالجسر وبالضباب وبهذه المرأة التي تجرجر طفلاً في يديها ثم نهاراً يغيب الجميع وتزداد كثافة الضباب حول الجسر كأنه يختبئ عن عيون الفضوليين.

الكتابة

النشاط ٨

اختاروا موضوعاً واحداً من المواضيع التالية واكتبوا حوالي ١٥٠-٢٠٠ كلمة.

١. لماذا من الصعب علينا أن نحرك ونخطط لمسيرة حياتنا اليومية إن لم نعرف ماذا سيحدث غدا؟ كيف يتم التعامل مع عدم اليقين والغموض والمجهول كمصدر للتهديد والخطر؟

٢. المعتقدات الخرافية لم تأتِ من فراغ، فهي ميراث تاريخي منذ القدم وتتوارثه الأجيال. هل يرجع انتشارها الى تخلف المجتمع؟ وما دور وسائل الإعلام في استمرار وانتشار هذه الخرافات والمعتقدات؟

النشاط ٩

اذهبوا الى صفحة النقاش الخاصة بالصف (discussion board) وتطرقوا إلى السؤال التالي ثم علقوا على إجابة طالب آخر.

يقول غاندي: "كُن أنت التغيير الذي تريد أن تراه في العالم". ما هي الطرق الأنسب لتخطي الخوف من التغيير؟

٢٠

قصص من موريتانيا

القصة الأولى

تعريف الكاتبة

أم كلثوم المعلي عربية مسلمة، كاتبة قصصية، وعضو اتّحاد الكتّاب الموريتانيين، تعمل مستشارة تربوية وطالبة دكتوراه. هي خريجة جامعة نواكشوط كلّية الآداب والعلوم الإنسانية.

يوم في حياة بائعة

أم كلثوم المعلي

في ذلك الزقاق الضيّق نسبياً، وبجوار بائع الفحم ذي العربة المتحرّكة، وقبالة زميلاتها المتأهّبات في أي لحظة لمناوشات الشرطة، اعتادت أن تضع صحنها الكبير الذي يحوي رزماً من السلطة الخضراء غُمرت بالماء، إلى جانب الصحن خنشة مهترئة فرشت على أديم ذلك المكان الذي يشكّل الفحم ومخلّفات المحروقات، والروائح النتنة وأسراب ذباب بحجم النحل أهمّ معالمه رغم وجوده في قلب المدينة.

في الصباح تبدأ "كمب" كعادتها كل يوم برصّ صفوف من الخضروات التي فقدت في الغالب طراوتها جرّاء أشعّة شمس الصيف الحارقة وهي تردّد عبارتها الأثيرة: "هيا اشتري شيئاً".

أصبح منظر هذه البائعة التي تجاوزت العقد الرابع من عمرها، بملحفتها الحمراء، ووجهها الذي رسمت عليه يد الأيّام خطوطاً وتجاعيد مبعثرة، وعينيها الشاحبتين اللتين توحيان بقسوة الزمن، وابتسامتها العريضة، مشهداً آلفه.

ذات صباح وأنا في طريقي إلى مدرستي التي تنتبذ مكاناً قصياً من العاصمة، التفتُّ لألوّح بيدي لتحيّة "كمب"، فجأة تبيّنت أن المكان شاغر، خامرني شعور غريب، وأحسست أن شيئاً ما حصل، كان مذياع بائع الفحم، وأبواق باعة الرصيد المتجوّلين، وضوضاء العامّة كل هذا يشكّل إيقاعاً صاخباً هو من خصوصيات الموقع.

ماذا أفعل؟ دفعني الفضول إلى السؤال عن بائعتي المسكينة، لكن لا أحد يعرف!

غادرت المكان مرغمة، وصور مدرستي النائية ووجوه تلاميذي البريئة، تتراءى في مخيّلتي، بينما شبح المفتّش بنظّاراته السوداء، وسترته الرمادية، يسيطر على تفكيري.

مرّ ذلك اليوم بسلام، وعدت بعد الدوام لأسأل عن "كمب" وحوار داخلي يدور بنفسي:

ما الذي يربطني بهذه البائعة؟؟ فأنا إلى وقت قريب لم أكُن أعرفها، بل وحتى الآن فأنا بالكاد أعرف اسمها. لا أدري ربما الفضول.

حصلت من بعض البائعات على أمارات ربما يكون من الذكاء المفرط الاهتداء بها، ولكن تصميمي كان أقوى.

وجدت نفسي أمام مجموعة من الأكواخ المتشابهة لا شوارع! لا ساحات، بل وفي غياب تامّ لأدنى مقوّمات المدينة، اعتمدت المثل "ال بلسان ما يذهب".

وأخيراً اهتديت لكن إلى ماذا؟ كوخ متآكل تدرج أمامه بضع دجاجات يرقصن على إيقاع نهيق حمار رُبِط جانباً، يتجاوب مع ثغاء شاة خلفها الجهد عن التسكّع مع نظيراتها على الجيران.

ألقيت التحية فردّت عليّ "كمب" بصوت متأرجح ومبحوح، بدأت أجول بنظراتي داخل الكوخ، حصير قديم ومخدّات بالية وأثاث متواضع، لمحت من عينيها الشعور باليأس وأحسست منها رغبة في الإفصاح عن شيء ما يختبئ وراء هذا الشعور، سألتها بتلهّف لماذا لم تأتِ اليوم إلى السوق؟؟!!

تنهّدت بصوت عالٍ، رمقتها فإذا هي تغالب الدموع ليبتدئ الحديث، إنها المعيل الوحيد لأسرة تلعب فيها دور الأم والأب معاً مكوّنة من أولادها الأربعة وبناتها الثلاث.

آآه إنهم يحتاجون التعليم ومتطلّبات العصر الكثيرة حاجتهم إلى التربية والرعاية حتى لا يجرفهم تيّار الانحراف.

ابنها الأكبر سالم لاحظت في الفترة الأخيرة عصبيته الزائدة وغيابه المتكرّر عن البيت مع شلّة من رفاق السوء لكنها لم تعبأ بالأمر فهو أصبح رجلاً وهي مشغولة طوال الوقت بتجارتها مصدر رزقها وفي المساء تعود منهكة وتريد أن تستريح.

في ١٢ آذار ذلك اليوم المشؤوم عانت عائدة من "كيص" جعلته القرعة من نصيبها بعد أن أنفقت الوقت والجهد في تقسيطة من تجارتها المحدودة وانتظرت حولاً كاملاً حتى تحصل عليه، لا يهمّ المهمّ أنها حصلت على مائة ألف أوقية جعلتها في حقيبتها القديمة ووصلت إلى منزلها وجعلت المبلغ في مكان آمن وهي تنتظر الصباح علّها تقتني بعض ما حلمت به وتوسع تجارتها إلى محلّ يسعها وصغيرتها ذات العشرة أعوام والتي تركت المدرسة بدافع حاجة الأمّ إلى مساعدتها. في الصباح رنّ هاتفها "نبيغوه".

—نعم من؟

ـ هل أنت كمب بنت الصبار؟؟

—نعم ماذا تريد؟

—مطلوبة لقسم الشرطة بمفوضية الميناء!

وأقفل الخط.

—بسم الله الرحمن الرحيم.

قالتها وهي ترتجف، "مالي وللشرطة اللهم اجعله خيراً."

وصلت إلى قسم الشرطة وهي لا تعرف كيف، من يجلس هناك؟! إنه. لم تنبس بكلمة فالمفاجأة عقدت لسانها، أكبّت عليه.

—لماذا أنت هنا؟؟!

—أحقّاً لا تعرفين شيئاً عن ولدك المحترف؟

قالها الضابط وعلى وجهه ابتسامة ساخرة.

—بالله قُل لي ماذا فعل ابني حتى جئتم به هنا؟؟

—اسمعي يا سيدتي ابنك يترأس عصابة إجرامية وقد شارك في جريمة قتل بشعة الليلة الماضية ووجدنا بحوزته مبلغ مائة ألف، وأسلحة ومخدّرات.

مادت الأرض تحت قدمي المسكينة وهي لا تصدّق أذنيها وتهذي هذياناً مرّاً. لا يمكن ابني يسرق ويقتل؟؟؟

اقتاد الشرطي سالم وزملاءه إلى الداخل وأغلق الباب.

رجعت كمب إلى منزلها، لا بد أن تتصرّف بأي طريقة، تذكّرت جارها محمد الأمين الشرطي يمكنه إطلاق سراح ولدها، الحمد لله أن "الكيس" قد جاءها في هذا الوقت، ذهبت إلى المكان الذي خبأت فيه النقود. ماذا؟ تسمّرت في مكانها. أين النقود؟ لا يمكن؟ أحسّت وهي تردّد هذه العبارة أن آخر خيوط أملها قد اختفى وراء سحابة اليأس القاتمة التي أظلّتها.

المفردات

أَديم	leather
تَأَهُّب	readiness, preparation
مَبحوح	hoarse
ثُغاء	bleating of sheep
جَرَفَ—يَجرُف	to wash away
زُقاق—أزِقّة	alley

سَحابة	cloud
سِرب—أسراب	shoal, swarm, flock
تَسَمَّرَ—يَتَسَمَّر	to be nailed down, rooted, glued
شِلّة	clique, gang
مُعيل	breadwinner
فَحم	coal, charcoal
فُضول	curiosity
مُفَوَّضيّة	commission; police station
قَصيّ	far away
إنهاك	exhaustion
مُناوَشة—مُناوَشات	skirmish, quarrel
هَذَيان	delirium
مُهتَرِئ	tattered, worn
يَأس	despair

محادثة

النشاط ١

بعد أن قرأتم القصة في البيت، ناقشوا الأسئلة التالية في مجموعات لا تزيد عن ثلاثة طلاب.

١. ما هي العادة التي كانت تقوم بها المرأة كل صباح قبل الذهاب إلى المدرسة؟
٢. ما الذي أثار فضولها؟
٣. كيف وجدت منزل البائعة؟
٤. ما السبب الذي جعل البائعة تتغيّب عن عملها؟
٥. ماذا حدث للنقود التي حصلت عليها البائعة؟

المفردات

النشاط ٢

نسِّقوا أحداث أو مواضيع القصة ضمن خريطة ذهنية.

النشاط ٣

أكملوا الفراغات التالية بالكلمة المناسبة.

مناوشات مهترئة الفحم المعيل مفوضية سحابة

١. بعد وفاة الأب عام ١٩٧٤، أصبح الأخ البكر ________ الرئيسي للأسرة.
٢. أريد أن أتدرب لكن القفازات التي أعطاني إياها جدي عندما كنت بالعاشرة أصبحت ________ تماماً الآن.
٣. عقدت اجتماعات مخصصة مع رئيس ________ الرصد والتقييم وممثلي البلدان المانحة.
٤. تم تعليق أعمال الجلسة العامة في مجلس النواب التونسي بسبب ________ بين النواب.
٥. غطت ________ الدخان الناجم عن حرائق الغابات في ولاية كاليفورنيا الأمريكية سماء مدينة سان فرانسيسكو.
٦. يتسبب حرق ________ في إطلاق غازات ضارة بالبيئة وصحة الإنسان مثل ثاني أكسيد الكبريت وأكسيد النيتروجين.

النشاط ٤

اختاروا عشر كلمات من قائمة المفردات واستعملوا كل كلمة في جملة مفيدة.

النشاط ٥

صلوا الكلمات التالية بمرادفتها.

١.	____ تأهب	أ.	تطفُّل
٢.	____ أديم	ب.	ظاهر
٣.	____ فضول	ت.	إحباط
٤.	____ إنهاك	ث.	تهيؤ
٥.	____ يأس	ج.	تعب

المحادثة والحوار

النشاط ٦

كل مجموعة ستأخذ سؤالاً واحداً، على أعضاء المجموعة قراءة السؤال ومناقشته.

١. تمتلك الأم دائماً طاقة حب وحنان لأبنائها تظل مثيرة للإعجاب والدهشة، ما هو سبب عقوق بعض الأبناء رغم التضحيات المتتالية النابعة من قلب الأم؟
٢. ما أكثر العوامل والأسباب التي تؤدي إلى انحراف الأولاد وزيغهم وفساد أخلاقهم؟
٣. هل ريادة الأعمال سبيل للخروج من دائرة الفقر؟

الترجمة

النشاط ٧

في مجموعات تتكون من طالبين، اقرأوا النص التالي ثم ترجموه إلى اللغة الإنجليزية.

اقتاد الشرطي سالم وزملاءه إلى الداخل وأغلق الباب.

رجعت كمب إلى منزلها، لا بد أن تتصرّف بأي طريقة، تذكّرت جارها محمد الأمين الشرطي يمكنه إطلاق سراح ولدها، الحمد لله أن "الكيس" قد جاءها في هذا الوقت، ذهبت إلى المكان الذي خبأت فيه النقود. ماذا؟ تسمّرت في مكانها. أين النقود؟ لا يمكن؟ أحسّت وهي تردّد هذه العبارة أن آخر خيوط أملها قد اختفى وراء سحابة اليأس القاتمة التي أظلّتها.

الكتابة

النشاط ٨

اختاروا موضوعاً واحداً من المواضيع التالية واكتبوا حوالي ١٥٠–٢٠٠ كلمة.

١. هل يسرق السارق لمجرد كونه فقيراً؟ هل الفقر يبرر السرقة في نظركم؟
٢. ما هي الأشياء الأساسية والتضحيات التي يقدمها الأهل لأبنائهم؟ هل هو عطاء دون مقابل أم مشروط برد الجميل عند كبرهم؟

النشاط ٩

اذهبوا الى صفحة النقاش الخاصة بالصف (discussion board) وتطرقوا إلى السؤال التالي ثم علقوا على إجابة طالب آخر.

يتجه عدد لا بأس به من الأطفال إلى العمل باكراً لإعالة أسرهم، متخليين عن حقهم المكتسب بالتعليم الإلزامي. وضّحوا آثار هذه الظاهرة على الفرد والمجتمع.

القصة الثانية

تعريف الكاتب

أحمد ولد إسَلْمُ كاتب وصحفي موريتاني من مواليد النعمة بولاية الحوض الشرقي. من مؤلفاته: "انتظار الماضي" وهي مجموعة قصصية صدرت عن الدار العربية للعلوم وتضم ١٥ قصّة قصيرة. وكانت من بين الكتب الأكثر مبيعاً خلال افتتاح معرض الدوحة الدولي للكتاب. يعمل أحمد ولد إسلم رئيس تحرير نشرات مساعد في قناة الجزيرة بقطر، كما عمل سابقاً كمنتج أخباري في قناتي العربية والآن، ونائب رئيس تحرير بقناة روسيا اليوم. فاز بجائزة بي بي سي ومجلّة العربي الكويتية لشهر أغسطس عام ٢٠٠٩ عن قصّته "ورقة عائمة". وصدرت له رواية بعنوان "حياة مثقوبة".

العبق الهارب

أحمد ولد إسلم

الساعة الثانية وثلاث وعشرون دقيقة، كانت الهواجس والأخيلة السوداء تملأ السرير ذا الحجم الملكي، أغلق كل مصادر الإنارة في الغرفة المكتظّة بالأشياء التافهة، حتى موصّل الكهرباء الذي كانت تنبعث من أحد مقابسه نقطة ضوء حمراء، رأى فيها مشوّشاً على ذلك الظلام الذي يحيط به نفسه.

أمضى أكثر من عشرين دقيقة يحاول إقناع النوم باللجوء إلى عينيه المرهقتين من إدمان السهر.

تسلّل اليأس إلى نفسه.

عشرون دقيقة كانت كفيلة ليجول فيها بين عشرين سنة من عمره، تذكّر كل الوجوه ذات القيمة في حياته، كل النساء اللاتي عشقهن من أوّل نظرة، نساء لا يعرف أسماءهن، وأخريات لم يمتلك الجرأة لإخبارهن بعشقه، ونساء لم يكُن واثقاً من حبّه لهن من البداية.

لا يعرف كم مرّة تقلّب على ذلك السرير ذي اللحاف البنّي، ولا كم مرّة ملأ رئتيه من الهواء العفن برائحة السجائر، لكن الخلاصة التي أوصلتها إليه تلك الزفرات والتقلّب والدقائق العشرون أن أفضل وسيلة للنوم في ليلة أرق هي عدم جلبه عنوة إلى الجفون.

مدّ يده اليسرى بكسل إلى المصباح المحاذي لقائم السرير، أضفى الضوء المنبعث منه قليلاً من الحيوية إلى رتابة الغرفة.

تحامل بكسل ليصل باب الخزانة، وعود الثقاب يذوي بين يديه وهو يشعل سيجارته.

كانت رائحة الدخان تملأ الغرفة، ولم يعُد يميّز بين المشتعل من السجائر والمنطفئ قبل شهر.

مدّ يده إلى منتهى الخزانة واستلّ قميصاً لم يُعِر أي اهتمام للونه ولا لتصميمه، أدخل رأسه فيه بعنف أسقط السيجارة من فمه وكادت تحرق البساط المتمدّد بكسل قبالة الخزانة، ولم تتغيّر وضعيته منذ ثلاثة أسابيع، موعد آخر زيارة لعمّال التنظيف إلى غرفته.

أشعل سيجارة أخرى، وهو يشدّ رباط حذائه الرياضي، ترك باب الشقّة كسلاً موارباً، ووقف بانتظار المصعد.

كان المصعد يهوي من الطابق التاسع عشر بسرعة، في عدّ عكسي للطوابق، توقّف لثوانٍ، عند الرقم 12A، ابتسم بسخرية من تشاؤم مصمّم المصعد من الرقم ١٣، وكانت تلك الثواني كافية ليأخذ نفساً من سيجارته، ويدوس بحنق على بقيتها، وينفث دخانه على اللوحة التي كتب عليها بخطّ رديء "ممنوع التدخين".

انفتحت أشداق المصعد فابتلعه، ووجد نفسه وحيداً أمام صورته في المرآة، فكّر للحظة في غباء من يعتقد أن وجود مرآة في مصعد بناية كثيرة الطوابق ضروري لإشعار مستخدميه بالراحة النفسية وهم ينظرون إلى صورهم، مما يجعلهم يتناسون السرعة المفرطة التي تقذفهم بها تلك الحبال الحديدية المكهربة إلى الهاوية، لكن صورته لا تبعث على السرور ولا على التأمّل.

فجأة غمرته رائحة نفّاثة لعطر عذب، عطر يحمل ذكريات عصية على التجاهل.

التفت ليتأكّد إن كانت في المصعد امرأة لم ينتبه لوجودها وقت دخوله، لكنه وجد نفسه وحيداً قبالة نفسه المتعبة، وعيونه المحاطة بهالات سوداء وشعره الأشعث ولحيته الكثّة، كانت رائحة العطر أقوى من أن يفكّر بغيرها، وأغمض من أن يعرف مصدرها.

تجاوز العتبات القصيرة لمدخل البناية وترك باب المصعد ينغلق خلفه، ألقى نظرة خاطفة عليه، لكن لوحته كانت تتصاعد في أعدادها متجاوزة الرقم العاشر.

اهتزّت السيّارة الرياضية قليلاً قبل أن تنبعث موسيقى حزينة من سمّاعاتها.

لم يبالِ بارتفاع صوت الموسيقى ولا بما قد ينتج عن إزعاج جيرانه في هذا الوقت من الليل، فقد انطلق بسرعة فائقة وهو يسلك منعرجاً تقول لوحة جانبية إنه يؤدّي إلى الشاطئ.

كانت الشوارع هادئة إلا من سيّارات قليلة وبعض سيّارات الإسعاف التي لولا أضواؤها المتلألئة لم تكُن لتميّز عن غيرها.

ركن سيّارته في موقف زوّار الشاطئ، وأطفأ السيجارة التي أتت النيران على نصفها، أغلق باب السيّارة بعنف وهو يترجّل منها، لكنه تذكّر حين لمس جيبه الخلفي أنه لم يأخذ سجائره، انحنى لأخذ العلبة من خلف زجاج السيّارة المنخفض إلى النصف، فملأت رائحة العطر أنفاسه فجأة.

كانت امرأة في غاية الحشمة والجمال تمرّ بجانبه، متوجّهة إلى الشاطئ.

أخرج سيجارة من العلبة التي لم يبقَ فيها كثير، وأشعلها بسرعة تشي بتوتّر لا يعرف مصدره بالضبط.

فكّر للحظة أن يوقف تلك المتمايلة بكسل ويسألها عن عطرها الفوّاح، لكن هيئتها المحتشمة والساعة المتأخّرة التي تزور فيها هذا المكان، جعلته يخشى أن لا تكون وحدها.

تتبعها من مسافة لا تقلّ عن مائة متر، لكن رائحة العطر لم تفارق أنفاسه، فجأة قرّر التوقّف عن هذا التصرّف الصبياني، أشعل سيجارته وجلس على الشاطئ في صمت، وغابت المرأة عن نظره، ومعها غابت رائحة العطر الأخّاذ.

لا يعرف كم من الوقت أمضى في تلك الجلسة، ولا كم سيجارة أشعل لكنه وقت كافٍ ليتذكّر ما كان لذلك العطر من قيمة، وما عاشه في عبقه من ذكريات، وما يكفي لتخبره العلبة البيضاء أن جيبه لم يعُد مكانها المناسب . . .

وقف بكسل، ومشى خطوات قليلة قبل أن تهبّ من جديد رائحة العطر، التفت فإذا المرأة ذاتها تتجاوزه مبتعدة إلى الجهة الأخرى من الشارع، سارع خطواته خلفها، ويبدو أن ذلك أربكها فأسرعت قليلاً في مشيتها، ولم يكُن ذلك في صالحه، ولا في صالحها.

توجّه إلى سيّارته وهي انطلقت بسيّارتها مسرعة، لكن التواء الدائرة أجبرها على المرور بحيث يحفظ رقم سيارتها.

انطلق بسرعة خلفها، وقبل أن يقترب بما فيه الكفاية ليتمكّن من موازاة سرعتها، كانت إشارة المرور تتحوّل إلى الضوء الأصفر، لمدّة ثلاث ثوانٍ، قبل أن تصير حمراء بالكامل.

لكن تلك الثواني الثلاث كانت كفيلة بانعطافها يساراً، ووقوفه عند الخطّ الأبيض ملتزماً—في حالة نادرة ومفاجئة بأوامر الضوء الأحمر.

فتح صندوق السيّارة عن يمينه، وأخرج علبة سجائر، أشعل سيجارة وأقنع نفسه أن لا أمل في لقاء آخر مع هذه المرأة.

بالكاد لمع الضوء الأخضر لينطلق بسرعة، محاولاً أن يسلك شارعاً يلتقي لا محالة بالشارع الذي سلكته تلك المرأة، معتمداً في ذلك على سيّارته الرياضية فائقة السرعة.

وهو ينعطف يميناً تأكّد من رقم سيارتها منتظرة اخضرار الإشارة عند التقاطع، ابتسم براحة كبيرة، رمى ما تبقّى من سيجارته، وتمهّل في سيره، حتى لحقت به سيّارتها متجاوزة إياه بسرعة كبيرة، لكنه كان مطمئناً أن الإشارة الضوئية المقبلة ستكون كفيلة بتوقيفها.

توقّف بجانبها وخفض صوت الموسيقى، وخفض زجاج الباب المقابل لها بالكامل، وابتسم لها، فأنزلت زجاجها في حركة لا توحي بالرضا، لكن رائحة العطر غمرته فجأة، وقبل أن يتفوّه بكلمة واحدة، كانت الإشارة تخضرّ، وكانت هي على بعد أربعة أمتار سالكة وبطريقة مخالفة لقانون السير المنعطف الأيمن، ولم تتحِ له السيّارة التي خلفه فرصة لاتّخاذ قرار بملاحقتها، فاستسلم لقدره وأشعل سيجارة يائسة.

لا يعرف كيف وصل إلى بيته، ولا لماذا خرج منه أصلاً، ولماذا يلاحق رائحة عطر غمرته فجأة في مصعد، لتسوقه الأقدار إليها في الشاطئ، ثم في ملتقى طرق؟

قرّر أن يمكث في السيّارة في انتظارها، وهو على يقين أنها ستعود لا محالة إلى بيتها، قطّع انتظاره بالتفكير في غبائه، وبالتدخين، ثم قرّر أن يدوس على روح تلك اللوحة المثبّتة أمام المصعد، والتي تشير إلى منع التدخين، وأشعل سيجارته متجاهلاً صورته في المرآة، وكاميرات الأمن المنغرسة في الزوايا الأربع للمصعد، والتي تشهد على كثير من سكّان العمارة بما لا يرغبون في رؤية أشرطته.

داس على عقب السيجارة عند باب غرفته، كان الضوء الخافت الصادر من المصباح الجانبي يضفي السكينة على الغرفة.

تقدّم ببطء إلى باب الخزانة لخلع قميصه، فامتلأت أنفاسه برائحة العطر المجنون، لم يتمالك قشعريرة سرت في كامل جسده، أعاد القميص الذي وصل إلى منتصفه، والتفت إلى الباب الأمامي، لكنه كان مغلقاً، ولم يكُن في البيت كله أحد سواه، وكانت رائحة العطر غالبة على أي رائحة أخرى، وضع يده على قلبه محاولاً استحضار أي شيء من القرآن الذي حفظه وهو طفل، لكن شيئاً ما اعترض يده.

أدخل أصابعه في جيب قميصه ليجد منديلاً، تفوح منه رائحة العطر الذي أمضى ليلته يلاحقه، كان بقية من ذكريات أمسية لا تنسى.

ابتسم .. كانت أمنيته الوحيدة في هذه اللحظة أن تكون له رئتان إضافيتان.

المفردات

أخّاذ	captivating, fascinating
تَأَنٍّ (التَأَنّي)	calmness, taking one's time
أَرَق	insomnia, sleeplessness

trivial, insignificant; tasteless	تافِه
dullness, monotony	رَتابة
exhaustion	إرهاق
to exhale	زَفَرَ—يَزفِر
to draw, pull out	استَلَّ—يَستَلّ
by force	عَنوَةً
inserted, planted	مُنغَرِس
socket	مِقبَس—مَقابِس
shiver, goose bumps	قُشَعريرة
thick	كَثّ
guarantee, security	كَفالة
handkerchief, napkin	مِنديل
jet	نَفّاثة
obsession, premonition, anxiety	هاجِس—هَواجِس
halo	هالة—هالات
abyss, chasm	هاوِية
to fall, tumble down	هَوَى—يَهوي

محادثة

النشاط ١

بعد أن قرأتم القصة في البيت، ناقشوا الأسئلة التالية في مجموعات لا تزيد عن ثلاثة طلاب.

١. ما السبب الذي جعل الشاب يرتدي قميصه ويخرج من المنزل؟

٢. الى أين اتجه في تلك الساعة المتأخرة؟

٣. ما الذي أربكه عندما وصل الى مقصده؟

٤. هل استطاع الشاب التكلم مع الفتاة التي ظل يلاحقها؟ عللوا إجابتكم.

٥. ما مصدر العطر الذي أتلف عقل الشاب؟

المفردات

النشاط ٢

نسّقوا أحداث أو مواضيع القصة ضمن خريطة ذهنية.

النشاط ٣

أكملوا الفراغات التالية بالكلمة المناسبة.

تافهة   أرق   الهاوية   الأخاذ   قشعريرة   منديل

١. كيف حصلت على هذا الجسم الممشوق والجمال ______؟
٢. القيود الكثيرة من الأشياء التي تجعل صحيفتي تبدو ______ وتضعف مكانتي كمحررة.
٣. أصابتني ______ حينما شاهدت الفلم لأن الصوت كان مألوفاً جداً.
٤. حافة ______ أو الضغط الأقصى هي من الأفكار والاستراتيجيات الأمريكية المتبعة في التعامل مع المسألة الإيرانية.
٥. الآثار الجانبية للمرض تتضمن: غثيان، ضعف عضلي، ______، أو أي تغير في شهية الطعام وجفاف الفم.
٦. ______ الجيب هو قطعة قماش مربعة، يتم طيها بطرق مختلفة وتوضع في جيب السترة.

النشاط ٤

اختاروا عشر كلمات من قائمة المفردات واستعملوا كل كلمة في جملة مفيدة.

النشاط ٥

صلوا الكلمات التالية بمرادفتها.

١. ____ إرهاق	أ. تعب
٢. ____ هوى	ب. ضمان
٣. ____ كفالة	ت. رُسُوخ
٤. ____ تَأَنٍّ	ث. تمهل
٥. ____ انغراس	ج. سقط

المحادثة والحوار

النشاط ٦

كل مجموعة ستأخذ سؤالاً واحداً، على أعضاء المجموعة قراءة السؤال ومناقشته.

١. ما هي العوامل الخارجية التي تساعد على نوم متواصل وهنيء؟
٢. هل يحتاج الإنسان إلى ثماني ساعات نوم يومياً أم أن اختلاف الأعمار يحدد مدة النوم الصحية للجسم؟
٣. كيف يمكن علاج الأرق واضطرابات النوم؟

الترجمة

النشاط ٧

في مجموعات تتكون من طالبين، اقرأوا النص التالي ثم ترجموه إلى اللغة الإنجليزية.

انفتحت أشداق المصعد فابتلعه، ووجد نفسه وحيداً أمام صورته في المرآة، فكّر للحظة في غباء من يعتقد أن وجود مرآة في مصعد بناية كثيرة الطوابق ضروري لإشعار مستخدميه بالراحة النفسية وهم ينظرون إلى صورهم، مما يجعلهم يتناسون السرعة المفرطة التي تقذفهم بها تلك الحبال الحديدية المكهربة إلى الهاوية، لكن صورته لا تبعث على السرور ولا على التأمّل.

فجأة غمرته رائحة نفّاثة لعطر عذب، عطر يحمل ذكريات عصية على التجاهل.

الكتابة

النشاط ٨

اختاروا موضوعاً واحداً من المواضيع التالية واكتبوا حوالي ١٥٠-٢٠٠ كلمة.

١. ما هي اضطرابات النوم أو الأرق وما تأثيرها على نفسية المريض وحياته الشخصية والمهنية؟
٢. كثر انتشار إدمان السهر في المجتمع، هو سلوك ضار وبالرغم من ذلك أصبح ظاهرة وسلوكاً مجتمعياً منظماً. ما هي أسباب هذا الإدمان وما أضراره ومخاطره على الإنسان؟

النشاط ٩

اذهبوا الى صفحة النقاش الخاصة بالصف (discussion board) وتطرقوا إلى السؤال التالي ثم علقوا على إجابة طالب آخر.

ما هي مضار التدخين الاقتصادية والاجتماعية والنفسية؟

القصة الثالثة

تعريف الكاتب

جمال ولد محمد عمر قاصّ موريتاني شابّ، أضحى من أبرز رموز الجيل الجديد في القصّة القصيرة، وُلد سنة ١٩٧٩ في المجرية شمال موريتانيا. امتهن التدريس في مجال التاريخ والجغرافيا وأصبح مستشاراً في منظّمات ومراكز ثقافية وإعلامية عدّة. كتب في الصحف وقدّم برامج في التلفاز، كما كان وجهاً ثقافياً نشطاً في الساحة الموريتانية. انضمّ إلى رابطة الأدباء الموريتانيين كعضو دائم، وكان من مؤسّسي نادي القصّة الموريتانية. له مجموعة قصصية تحت الطبع بعنوان "الصعود إلى الهاوية".

الغيبوبة

جمال ولد محمد عمر

صديقي عبد القادر، ها أنذا أتحدّى المألوف وأتجاوز كل القيم والأعراف، لأكتب لك عن سرّ ما كنت لأبوح به إلا لك، وأجدني مدفوعاً لذلك بسببين رئيسيين اثنين لا ينفصل أحدهما عن الآخر، فالأوّل هو الصداقة الحميمة التي بفضلها تعرّفت على خصالك الحميدة واطّلعت على حسن سريرتك وطيب طويتك وصفاء معدنك، مما أهّلك عندي للقدرة على حفظ السرّ، والثاني هو هذا الأمر الذي بات يقضّ مضجعي وينغص على عيشي، بل يجعلني بالشقي البائس أشبه.

فالإنسان كما تعلم، لا يمكن أن ينفّس عن كربه إلا بإخراجه عن طريق البوح، وإلا انعكس ذلك على صحّته وسلوكه، وأنا وإن كنت لا أزال أحتفظ ببقية من عقلي وإدراكي، فإنني قد كتبت لك خوفاً من أن أنفجر يوماً من الأيّام، فتكون للأمر عواقب وخيمة عليّ وعلى من تربطه بي صلة (...) وأنت أدرى بما يترتّب على ذلك من تداعيات.

ولكنني أستبق أي حدث أو إشاعة قد تحمل على القيل والقال، أو تنتشر بين الناس على غير وجهها الصحيح بشأن جنوني أو إدماني فقد دوّنت لك هذه الحروف إذن لتكون وثيقة حيّة، شاهدة على أنني بكامل قواي العقلية والعصبية حين أقدم على ما أقدم عليه في هذه الليلة، وهذا نصّ الرسالة التي تشبه

إلي حدّ كبير مجموعة خواطر أو اعترافات رغم ما أردت لها أن تكون، وأرجو أن لا يأخذك جانبها الأدبي عن بعدها المأساوي، فلتفكّر معي ومن أجلي أرجوك تبدو لي هذه الليلة، أطول من بقية الليالي، ليلة كيلومترية، سهاد ممضّ أعاني منه، ضربات قلبي تدقّ بعنف. أسمعها. تك، تك، تك، تزعجني، تخيفني، وقعها المتوالي يضاعف من شعوري بالوحدة، أفكّر في كل شيء، أقلبه يميناً وشمالاً، أضرب أخماساً بأسداس، سقف البيت مثلاً، لماذا هو أعلى؟ هل يمكن أن نسمّيه كلباً؟ ماذا سيحدث عندئذٍ إذا فعلنا ذلك؟ سيبقي محمولاً على أربعة جدران طبعاً. أفكر على هذا المنوال دائماً سفسطة؟ صحيح. لكن أيضاً يمكن أن نتّفق على تسمية سفسطة بحقيقة والعكس صحيح. قد يقول قائل إننا تواضعنا على ذلك لكي تسير الحياة، أنا أعلم ذلك لكنني أسأل دائماً ولا أعرف لماذا. تتزاحم الأفكار داخل رأسي، تتشابك، يمتزج عندي المتخيّل بالواقع. كل ما أتصوّره يُخيَّل إليّ أنه وقع فعلاً أو سيقع، فأُصاب بالفزع أو الفرح أو الكآبة تبعاً لطبيعة ذلك الشيء المتوقّع أو المتخيّل. أتصوّرني في بؤرة الأحداث والعالم كله يدور حولي، كأنني نقطة مركزية ومرجع قائم لكنه ليس منتظماً. كثيراً ما ينتهي بي التفكير إلى لا شيء أو أنسى النتيجة التي توصّلت إليها فأبدأ من جديد رحلة البحث عن رأس الخيط، عالمي مفتوح على احتمالات الممكن.

واللاممكن، أغيّر وضعيتي، أقف، ألتفت عن يميني وعن شمالي، أحدّق في النافذة بملل وبلاهة، أجلس على طرف السرير الذي يهتزّ تحت ثقلي محدثاً صوتاً أستأنس به لثوانٍ. أسعل إرادياً كي أخترق الصمت والهدوء، قرّرت أن أمرق إلى الشارع، خرجت فندمت، لأنه لا شيء يغري بالتمشّي أو الخروج، فعمود الكهرباء يقف شامخاً، منغرزاً في الأرض بكبرياء. ينفث ضوء قوياً تتراقص على أشعّته الحشرات من الجعران والخنافس الصغيرة وفراشات الليل، طيف عابر يسير بتأنٍّ على نغم صوته الخشن "يا أمي يا لمرة"، من بعيد تتعالى أصوات قهقهات.

الساعة حوالي الثالثة وسبع دقائق بعد منتصف هذه الليلة من شهر مارس وهي لا تزال خارج البيت. بدأت تعتاد التأخّر منذ أسبوع، فيما مضى لم يسبق لها أن تعدّت حدود التاسعة مساءً، الأمر الذي يعزّز من شكوكي ويدفعني إلى اتّخاذ قرار حاسم بشأنها. أنا بكرها ووحيدها وهذه مسؤوليتي، رجولتي تحتّم على أن أتصرّف بحزم.

حين تدخل سيكون قد استقرّ رأيي على أن أدير ظهري لكل ما سيُقال، سأصبّ في أذني سائل النحاس والقصدير، كلما سأوصم به من صفات العقوق أو الكفر لا يعنيني ولست معنياً به البتّة. فليتلقّفه من يشاء أو ينسبه لنفسه، نحن نتعب أنفسنا دائماً إذ ننسب لنا ما لا يرضينا، إذا تجاهلنا أمراً ما، لم نعُد معنيين به، قرّرت في هذه الليلة أن أواجهها بجفاء وقسوة لا حدّ لهما، رغم الحبّ والعاطفة الدفينة، سأقسو على نفسي أيضاً، سأسألها بلهجة رجولية، متحدّية، سأرمقها بنظرة شرزاء لم تعتَد مثلها

مني أبداً، ولم أكُن أفكّر في مثلها أبداً أبداً. إنها أمّي وأنا ابنها، وقد عانت الأمرين لكي تستأثر بي، ذاقت علقم الحياة من قبل والدي الذي رحل استجابة لنداء المجهول، من أجل أن تربّيني على أحسن ما يمكن، تحدّت ظروف الحياة كي توصّلني إلى ما وصلت إليه من الرجولة والإحساس بالواجب، الواجب الذي بدافع منه سأعاملها بهذه الطريقة، كما أنها زرعت في نفسي الشعور بمسؤولية ها أنذا الآن سأستعملها ضدها بكل هذه الوحشية وهذا العنف، فكأنما أنا المعني بقول الشاعر:

فلمّا اشتدّ ساعِدُهُ رَماني   أُعلّمُهُ الرِّمايـــةَ كلّ يومٍ

فلمّا قـــال قافيةً هَجاني   وكم علّمتُهُ نَظمَ القَوافي

إنني عندما أستحضر أمر الكتاب أتخفّف من وطأة الذنب وأزداد اندفاعاً، ألا يأمرنا أن نتطهّر بالماء؟ الكتاب الذي يأمر بالماء وهو لا يلمسه، فهي إذن إن كانت عانت وكابدت وكافحت فإنها الآن أذلّت وأخزت، فأي إحساس يا ترى وأي شعور يعانيه شابّ وصل مرحلة النضج والوعي ويعتزّ بانتمائه إلى صفوة المجتمع، أي إحساس يعانيه حين تجتاحه الظنون بأن أمّه هدف لما يخشاه؟ كيف سيتحمّل أن يعلم عنها ما قد علمه عن أخريات، بل خبره معهن في الأسرة؟ إنها قسوة الحياة قسوة المعرفة جبروت الحقيقة كم مرّة استنجدت بما تبقّى لي من إيمان، ولعنت الرجيم، غالبت وساوسي؟ فإلى متى سأظلّ أجدّف في سفينتي المظلمة؟ إلى حين أسمع صراخ الغير على شاطئ الأمان؟ أتمنّى لو كنت أكذب.

صديقك الناجي

• • •

كانت هذه آخر رسالة تلقّيتها من لدن صديقي "الناجي"، مؤرّخة بيوم الجمعة 6 مارس 2006 وأجدني اليوم مأخوذاً بقراءتها أكثر من مرّة. أعيدها ثم أعيدها دون أن أجرؤ على حرقها أو تمزيقها كبقية رسائله التي وصلتني من قبل، ألأنها تُعتبر أكثر رسائله تأكيداً على ذروة تعقّله؟ أكثر دليلاً على حكمته؟ أم أنها تكشف عن بذرة لجنون في طور التشكّل؟ هل لأنها تدينني بمنحي ما لا أستحقّ من صفة الوفاء والإخلاص والحفاظ على السرّ؟ ربما لسبب آخر هو أنني لا زلت حتى الساعة أرفض أن صديقي هو ذلك المجنون الهزيل الذي يجوب الشوارع عارياً إلا من قميص كاكي رثّ، متّسخ وحذاء واحدة، يحمل على عنقه رأساً تكاثف شعره وتلبّد، ينفث دخان سيجارته الأبدية العالقة بين شفتين مذمومتين لا تنفرجان إلا بالسبّ واللعنات لمن يعرفه ومن لا يعرفه. ليس من السهولة أن أصدّق أن

"الناجي" تخلّى عنه منطقه وأناقته وصار ذلك الشخص الذي يسمّيه الأطفال "قرقر والي"، في إحدى المرّات اقتربت منه على غفلة منه وهو مسنداً ظهره على حائط، مسبلاً عينيه، مائلاً برأسه قليلاً إلى اليسار، مرتفقاً أرضية الشارع مشبّكاً ساقيه في تقاطع، طبطبت على كتفه بحنان وتوجّس، أشعلت سيجارة، أعطيتها له، دخّنها في نفسين، سألته بتودّد: الناجي هل تعرف من أنا؟

نعم، أعرفك، أعرفها، أعرفه، كرّر الكلمة عدّة مرّات متوالية، ثم توقّف فجأة، غشت وجهه سحابة حزن عميق، صمت، هام في ملكوته. من أكون؟ لم يُجِب كأنه لم يسمع، بعد لحظة حدّق في عيني كالحالم، انتفض واقفاً، بصق ناحيتي، وواصل طريقه بدون مبالاة وساقاه العاريتان تتناوبان الحركة.

حين أخلو إلى نفسي أفكّر بعمق، تلسعني سياط الذنب، أتساءل: هل كان من الممكن أن لا يحصل له ما حصل لولا أنني خنت الثقة التي منحني إياها، هل كان بالإمكان الحفاظ على السرّ الذي خصّني به عندما كتب عبارته تلك التي تدينني أكثر من أن تبرزني؟ (ما أنت أهل له من الحفاظ على السرّ) ألا يجب أن نمنح ثقتنا لأي شخص مهما كان؟! أم أن ما خرج من الرأس سرى في الناس؟ لكن ألا تتحمّل أمّه المسؤولية هي الأخرى؟ فأنا مجرّد الحلقة الأضعف ضمن سلسلة من المحترفين والمحترفات. غير أن الأمر لا يقتصر على مسألة الرسالة التي أطلعت عليها الغير بقدر ما أنه يتعلّق بحادثة تلك الليلة التي أودت بعقله بعد أن تجلّت له ذاتي على حقيقتها العارية، وأنا الآن لا أجد غضاضة في الكشف عن هذا السرّ بعد أن أفشيت سرّ الرسالة.

• • •

يخجلني أن أنفرد بشيء ما، حتى ولو كان حميداً، لكنني أشعر بالزهو والأمان عندما أشترك مع جماعة في أمر ما، خصوصاً إذا كان يتعلّق بخصلة أو ميزة من شأنها أن تثير الاشمئزاز والاستهجان، وهو ما يدفع بي إلى الاعتراف بكوني أنتمي إلى فئة من الشباب المستهترين مؤقّتاً، وبفضل هذه الخاصية الأخيرة أتيح لي الاطّلاع على ما يدور في البيوتات الليلية التي تتميّز بالأصوات الهامسة والستائر المسدلة والأضواء الباهتة والرائحة العبقة فضلاً عن معرفتي الواسعة باللائي يمارسن بانضباط واللواتي يزرن من وقت لآخر حسب الحاجة والظروف، وإذ أن أمّه "السالمة" تنتمي للفئة الأخيرة، تعزّزت علاقتي بها مع الزمن، إلا أن زياراتها كانت محكومة بالسرّية، وتراعي الأوقات الأكثر أماناً، بل إنها أحياناً كانت تؤثر أن تصحب الزبون إلى حيث يشاء، شريطة أن يكون صاحب سيّارة، فمنزلها لم يكُن يحظى بزيارته إلا المسؤولون الأعلى درجة، الحريصون على شرف المهنة والسمعة، أو أولئك الذين يمارسون بشكل راقي

وعلمي وهم قلائل. ولحرماني من شرف الانتماء للفئة الأولى قرّرت أن ألتحق بالثانية بعد عناء ذهني وبدني، ولكي أقنعها بذلك كان عليّ أن أكون نبياً وثعلباً.

وفي الساعة التي قرّرت فيها الخروج إليها يعتاد صديقي التواجد خارج الدار، اتّجهت مباشرة إلى حيث يقيم معها، عند وصولي كانت سيّارة من نوع (كورولا SG) مغادرة، دقّ قلبي بعنف، في حال وقع المحذور ستكون العواقب وخيمة، فهذه أمّ لمن يفترض أنه صديقي وهذا بيته، من جهتها لا يهمّ، كلنا يعرف الآخر، فتحت الباب بهدوء دون دقّ، ارتجّ قليلاً، دخلت مسرعاً كمن تلاحقه الأعين، كانت لا تزال في الحمّام حين دخلت، انتظرت واقفاً أمام باب الغرفة نصف المفتوحة، بعد وقت قصير خرجت مبلّلة، متلفّعة بشال من الصوف، تخفي به وسط جسدها البضّ، شعر رأسها المنسدل على وجهها هفهافاً أعطاها ملامح سيّدة في الأربعين، بشرتها مشرّبة بحمرة التفّاح، رائحة آدمية تنبعث منها ممتزجة بعبير الشامبو الذي تحمل بيدها اليسرى، لما لمحتني انفرجت شفتاها عن أسنان ثلجية متراصّة، لا فجوة بينها، فازدادت ملامحها قوّة وشراسة، شعرت على أثرها بفزع الإحساس بفارق السنّ، فنسيت نصفي الأسفل، من الخلف تبدو أكثر إقناعاً لمن يعرف عمرها الحقيقي، صفة الغنج والأنوثة طاغية، لم أعُد أرى فيها سوى ثمرة طرية، أراني سكّيناً حادّاً، تتطلّع إلى أن تنغرز فيها، لا فرق عندي بين أن تكون أمّاً لصديق أو أمّاً لعدو، لا معنى للعاطفة المشوّهة والمثبّطة، فلنترك الخور والجبن لأصحابه، النساء كلهن سواء عندما نصل إلى حافّة الموت، أمّ الصديق، أخت الصديق، صديقة الصديق.

"أهلاً عبد القادر، تفضّل، ما بك كالصبي الخائف"، قالت بخبث وهي تزيح ستار الباب.

—لما تلفنت لي، قلت، لا بد أن هناك شيء، نعم، ماذا حدث؟

—لا شيء، أنا وحدي فقط، كما ترى، صديقك سيتأخّر الليلة، وأنا خائفة.

—لا داعي للخوف، أعتقد، حيّكم من أكثر الأحياء أماناً، "توجونين"[1] لا توجد فيها مشاكل.

—صحيح، لكنني امرأة، لا يمكن أن أبقى وحدي، أنت تعرف، نحن النساء.

أردت الدخول في الموضوع فسألتها بتردد:

—منذ متى لم ترى "فالة"؟

ضحكت باقتضاب قبل أن تقول:

—نعم، أحمد فال، منذ أسبوع تقريباً، البارحة فقط اتّصل بي، قال إنه يشتاقني!

—منذ أسبوع لم تلتقيا؟ هذا يعني . . .

قاطعتني بإشارة من سبابتها قائلة:

[1] الناحية الشرقية من مدينة نواكشوط

—تناقرت معه قليلاً، اختلفنا بشأن الإيجار، قال إن مالك الدار زاد عليه ثمن الإيجار، وبالمقابل اشترط أن أدفع أكثر، متعللاً أيضاً بالمبلغ الذي يدفع لأفراد الشرطة مقابل توفير الحماية له.

سألتها ثانية:

—هذا يعني أنك لن تعودي إلى هناك؟

—لا أرى ضرورة للعودة، ما دام باستطاعتي منذ الآن استقبال معارفي هنا، في بيتي.

"والناجي؟"، سألت بسرعة وحذر، أشاحت بوجهها عني، انشغلت بتسريح شعرها ثم قالت بصوت مضطرب متداخل:

—ابتداء من هذه الليلة سيتأخّر إلى حدود الخامسة صباحاً، ظروف العمل في المخابز تقتضي غيابه حتى ذلك الوقت.

من خجلها تغذت شجاعتي، سأعزف على أوتار ضعفها وأمارس رجولتي، في موقف قوّة أنا، سألتها بوضوح:

—إذن يمكنني أن آتي وقتما أشاء من الليل؟

"نعم، لكن بحذر"، أجابت. لم أشأ أن أطيل المحادثة، فلديّ ما سأفعله هذه الليلة عندما أنتهي، بهاتفي رصيد يبلغ ٣٠٠٠ أوقية، استفدت من فرصة الرصيد الإضافي المجاني، اشتريت بطاقة تزويد ١٠٠٠ أوقية، سأتّصل ببعض الأصدقاء لأخبرهم برغبتي في السهر حتى الصباح. خرجت إلى الباب بخطى ثابتة، أوصدته بإحكام كما تصوّرت، عدت وقلبي سيخرج من فمي، شرعت في خلع نصف ثيابي على الضوء، بينما لا زالت تمشّط شعرها، تركت لها مهمّة خلع النصف الآخر وإطفاء الضوء عندما تفرغ من زينتها.

• • •

لا أذكر، لا أعرف، لا أستحضر كم مضى من الوقت على نومنا في وضعيتنا الحميمية؟ كيف حدث ذلك؟ لا أعرف أيضاً، كما أنني لا أعرف كيف ولا متى دخل ابنها صديقي، ما أشعر به فقط هو أنني موجود هنا في عين المكان الذي تجلّله الخطيئة، واقفاً بين يدي جلّادي. هل وشى بي "يهوذا الأسخريوطي"[1]؟ جائز جداً، هل أطلقت سراح زانية أورشليم[2]؟ ممكن، لكنني لست اليسوع ولا يوحنا المعمدان، إذ لو كنت كذلك لاستقبلته بوجه يطفح بشراً وقلب يفيض حبّاً ورحمة، ولرضيت عن خطيئتي. في أقسى حالات الحرج يحدث للمرء أن يحلم كثيراً، يحلم بالمستحيل، يخلع نفسه من لحظتها

[1]هو أحد رفاق عيسى ابن مريم، ويرتبط في التراث المسيحي بوشايته به لصالح الرومانيين، وإن كان إنجيل يهوذا الذي عثر عليه علماء الوثائق يثبت عكس ذلك الاعتقاد.

[2]هي المرأة التي صفح عنها المسيح عيسى بعد اتّهامها بفاحشة الزنا، ويُقال بأنها مريم المجدلية

وواقعها الراهن، كأن يتمنّى الطيران بلا أجنحة، أو تنشقّ له الأرض، يتمنّى أن تسخر له ملكة التواري. في لحظتي تلك تمنّيت أن يتوقّف الزمن، أن ينقر الإنسان الحبّ، أن يكون للدجاج أنياب. حاصرتني جدران تفكيري، في أي موقف أنا؟ أمثّل دوراً مسرحياً تراجيدياً؟ أم أن القدر يمارس معي لعبته الخسيسة؟! في فمي تجمّدت الكلمات، تمنّيت أن أبكي لكنني ضحكت! هي لم تغيّر من وضعها الكارثي حتى اللحظة، تصنّمت نظراتها باتّجاه الحائط، نسيت بقية جسدها متّجهاً إلى الجانب الآخر من الغرفة، كما لو أنها تخلّت عنه لمن يريده. أما هو، فبرودة أعصابه قاتلة، نظراته تزحف بهدوء نحوي، يبدو مخيفاً أكثر من أي وقت، شبح ابتسامة عدوانية يلوح في عينيه وهو يرمقني بهدوء ممزّق دون أن يغادر مكانه على عتبة الباب، اجتمعت كل قوّته في قدمه اليمنى التي أخذ يرفس بها كلما يقع تحتها، انحنى على شنطة تجميلها، أمسكها بين يدين مرتعشتين بتشنّج، اعتدل بها صارخاً، هوى على مجسّم أمّه، تهشّمت على وجهها ورأسها، تلطّخ الحائط والسجاد بزبدة المساحيق، انبعثت روائح مختلفة، أمّه حاولت أن تتحرك، لكنها ارتخت كقماش حلّ وثاقه، تداعت، وجبينها يرشح بقطرات من الدم المتجلّط، بدأت تئن:

—أنا أمّك، أنا أمّك، لا تقتل أمّك، لا تقتل أمّك.

صاح بها قائلاً:

—بل أنت، أمّ العهر، أمّ القحب، أمّ الشيطان، أمّ الرذيلة.

بح صوته وهو يكرّر هذه الكلمات قبل أن يدخل في نوبة نحيب ورجفة، بدأ فمه يطفح، يزبد، شخصت عيناه كأنهما تبحثان عن شيء داخل رأسه، يشخر بشدّة، واصل بوتيرة متسارعة حتى انقطع صوته. إزاء هذا المشهد الملحمي وجدتني أمام مسؤولية جسيمة، ابن يحتضر وأمّ بين أنياب الموت. هرعت إلى أمّه، أسندتها وبقايا الدم لا زالت ترشح من جبهتها، ارتفقتْ عليَّ زاحفة نحوه، أسندَته على صدرها، انساب من بين يديها، ولولت، خمشت وجهها، تمرّغت على الرمل باكية بصوت خفيض:

"إنه مات، لقد قتلت ولدي، أنا التي قتلته"، تقول. حاولت أن أهدّئ من روعها رغم معنوياتي المنهارة وإحساسي بالذنب وشعوري بغرابة وجودي فقلت لها بارتجال:

—إنه لم يمُت، فلنذهب به إلى المستشفى.

كانت مأخوذة بمصيبتها فلم تسمعني، بل واصلت بكائها الطفولي العاجز.

• • •

أخرجها إحضاري للتاكسي من هلعها، حملناه بمعونة السائق الأجنبي الذي بدا برماً بإزعاجنا له، أدخلناه في السيّارة، أثناء الطريق كان صدره يعلو ويهبط، يلفظ كلاماً متقطّعاً أحياناً، متداخلاً وسريعاً أحياناً أخرى ثم دخل في غيبوبته المؤقّتة التي خرج منها لكي يواصل الدرب في غيبوبته المزمنة.

المفردات

rent	إيجار
weakness, ineffectiveness	خَوَر
harshness, repulsion	جَفاء
quality, trait	خَصلة—خِصال
to scratch	خَمَش—يَخمِش
improvisation	ارتِجال
current, contemporary	راهِن
powder	مَسحوق—مَساحيق
sophism, fallacy	سَفسَطة
sleeplessness, insomnia	سُهاد
cramp, spasm, convulsion	تَشَنُّج
bed	مَضجَع
colocynth (metaphor for bitterness)	عَلقَم
fault, shortcoming	غَضاضة
arrogance, pride	كِبرياء
downcast	مُسبَل
agonizing, tormenting	مُمِضّ
disapproval, condemnation	استِهجان
tempo, pace	وَتيرة
fear	تَوَجُّس
to stigmatize, disgrace	وَصَم—يَصِم

محادثة

النشاط ١

بعد أن قرأتم القصة في البيت، ناقشوا الأسئلة التالية في مجموعات لا تزيد عن ثلاثة طلاب.

١. لماذا أرسل الناجي رسالة لصديقه عبد القادر؟

٢. ما مضمون الرسالة وفي أي تاريخ حررت؟

٣. لماذا أرسلت الأم بطلب عبد القادر؟

٤. ماذا فعل الناجي عندما دخل على أمه وصديقه؟

٥. ماذا حصل للناجي وأين انتهى به الأمر؟

المفردات

النشاط ٢

نسِّقوا أحداث أو مواضيع القصة ضمن خريطة ذهنية.

النشاط ٣

أكملوا الفراغات التالية بالكلمة المناسبة.

الخصال   الكبرياء   الاستهجان   الإيجار   مساحيق   الارتجال

١. كان المصريون من أوائل المجتمعات التي استخدمت _____ التجميل، وكانت لديهم نظرة منفتحة تجاه "طلي الوجه".

٢. إن إكرام الضيف من مكارم الأخلاق وجميل _____ التي يتحلَّى بها العرب.

٣. غلاء أسعار العقارات وارتفاع _____ أجبرت الكثير من المستأجرين على العيش في ضواحي المدن.

٤. _____ هو شعور داخلي روحي من الصعب وصفه بالكلمات فهو إحساس يعبر عن العزة والكرامة وعدم الرضا بالتقليل من شأن النفس.

٥. أُطلقت صيحات _____ بعد الفشل الرئاسي بتشكيل الحكومة.

٦. _____ هو إنجاز عفوي مباشر لفكرة فنية من غير تصميم أو تدوين سابقين.

النشاط ٤

اختاروا عشر كلمات من قائمة المفردات واستعملوا كل كلمة في جملة مفيدة.

النشاط ٥

صلوا الكلمات التالية بمرادفتها.

١. ـــــــ سهاد	أ. خيفة	
٢. ـــــــ توجس	ب. تقلص	
٣. ـــــــ راهن	ت. نمط	
٤. ـــــــ تشنج	ث. أرق	
٥. ـــــــ وتيرة	ج. آني	

المحادثة والحوار

النشاط ٦

كل مجموعة ستأخذ سؤالاً واحداً، على أعضاء المجموعة قراءة السؤال ومناقشته.

١. ما هو دور الأسرة في التعامل مع المرضى النفسيين؟ هل هم عبء على المجتمع أم يمكنهم التعايش مع المرض رغم تدني أدائهم الوظيفي؟

٢. هل الصدمة والاكتئاب يسببان الجنون؟

٣. هل تتفقون مع المثل القائل: "احذر عدوك مرة وصديقك ألف مرة"؟ لماذا؟

الترجمة

النشاط ٧

في مجموعات تتكون من طالبين، اقرأوا النص التالي ثم ترجموه إلى اللغة الإنجليزية.

إنه لم يمُت، فلنذهب به إلى المستشفى. كانت مأخوذة بمصيبتها فلم تسمعني، بل واصلت بكائها الطفولي العاجز.

• • •

أخرجها إحضاري للتاكسي من هلعها، حملناه بمعونة السائق الأجنبي الذي بدا برماً بإزعاجنا له، أدخلناه في السيّارة، أثناء الطريق كان صدره يعلو ويهبط، يلفظ كلاماً متقطّعاً أحياناً، متداخلاً

وسريعاً أحياناً أخرى ثم دخل في غيبوبته المؤقّتة التي خرج منها لكي يواصل الدرب في غيبوبته المزمنة.

الكتابة

النشاط ٨

اختاروا موضوعاً واحداً من المواضيع التالية واكتبوا حوالي ١٥٠-٢٠٠ كلمة.

١. ما هي علامات الصداقة المزيفة وما هي أسبابها؟ كيف تتعاملون مع صديق أظهر وجهه الحقيقي؟

٢. اضطراب ما بعد الصدمة قد يدمر حياة الإنسان، ما هي بعض الأحداث التي قد تسبب هذا الاضطراب وهل يمكن العلاج والتعافي منه؟

النشاط ٩

اذهبوا الى صفحة النقاش الخاصة بالصف (discussion board) وتطرقوا إلى السؤال التالي ثم علقوا على إجابة طالب آخر.

الدعارة بين دعوات التقنين والتجريم. هل حق العمل في الدعارة كحق العمل في أي حرفة أخرى؟

Glossary

This glossary contains all of the words from the vocabulary lists that accompany the stories. It is ordered alphabetically by root. Within a single root, the words are ordered alphabetically.

needle	إبرة
concerned	آبِه
funeral	مَأتَم
rewards	أتاوي
to prefer	آثر—يؤثِر
rent	إيجار
captivating, fascinating	أخّاذ
leather	أَديم
call to prayer	آذان
minaret	مِئْذَنة
insomnia, sleeplessness	أرَق
myrtle tree	آس
to take prisoner, to take captive	أَسَرَ—يأسِر
prisoner	أسير—أسْرَى
stable	إسطَبل
legend, tale, myth	أُسطورة—أساطير
depression, distress	أسىً
tragedy	مَأساة—مآسٍ
horizon	أُفُق—آفاق
to hope	أمَلَ—يأمُل
expectation, hope	مَأمول

elegant, graceful	أنيق
to whine, complain	أنَّ—يَئِنّ
groan, moan	أنّة—أنّات
calmness, taking one's time	تأنٍّ (التّأنّي)
readiness, preparation	تأَهُّب
interpretation	تأويل
time	آن
moan, sigh	آهة—آهات
to groan	تأوَّهَ—يتأوَّه
badge	باج—باجات
misery	بؤس
coat	بالطو
absolutely, completely	بَتاتاً
hoarse	مَبحوح
glance at	بَحْلَقَ—يُبَحلِق
to disperse, evaporate	تَبَدَّدَ—يَتَبَدَّد
exchange	تبادُل
to appear	بَدا—يَبدو
indecency, nastiness	بَذاءة
opulence	بَذَخ
arrogant, haughty	باذِخ
exertion	بَذْل
bud, rosebud	بُرعُم—بَراعِم
pool, pond	بِركة—بِرَك
to prove	بَرهَنَ—يُبَرهِن
sunrise	بُزوغ
bravery, valiance	بَسالة
smiling, joyful	باشّ

vision, discernment	بَصيرة
spy	بَصّاص
slowing down, tardiness	إبطاء
tyranny, violence	بَطش
interior	باطِن
to be scattered	تَبعثَر—يَتَبعثَر
to surprise	باغَتَ—يُباغِت
sudden, abrupt	مُباغِت
hateful, odious	بَغيض
bag	بقشة
to be spotted, stained	تَبَقَّعَ—يَتَبَقَّع
shining, dawn	انبِلاج
stupidity, silliness	بَلادة
crystal, glass	بِلَّور
to reach	بَلَغَ—يَبلُغ
Balqa Governorate	البلقاء
foolish, stupid	أبلَه
foolishness	بَلاهة
prostitute	بنت هَوى
violets	بَنَفسَج
faded, pale	باهِت
happy, cheerful	بَهيج
animal, brute	بَهيمي
vague, obscure, dubious	مُبهَم
beautiful	بهيّ
courtyard	باحة
barren, fallow	بائر
to be clear, to perceive	استَبانَ—يَستَبين

information	بَيانات
undercover	تحت غِطاء
shield	تِرس
luxury, opulence	تَرَف
nonsense, drivel	تُرَّهة—تُرَّهات
miserable	تَعيس
trivial, insignificant; tasteless	تافِه
to mutter	تَمتَمَ—يُتَمتِم
I became curious	انتابَني الفُضول
lost	تائه
to get lost	تاهَ—يَتوه
revenge	ثأر
weakened	مُثخَن
breast	ثَدي—أثداء
soil	ثَرىً
mouth	ثَغر
bleating of sheep	ثُغاء
exceptional	استِثنائي
revolutionary	ثَوري
cemetery	جَبّانة
cowardice	جُبن
to uproot	اجتَثَّ—يَجتَثّ
pop-eyed, bug-eyed	جاحِظ
infertile, sterile	أجدَب، جَدباء
braid	جَديلة
more beneficial, profitable	أجْدى
to attract, pull	جَذَبَ—يَجذِب
to row	جَذَّفَ—يُجَذِّف

boldness	جُرأة
to drag	جَرجَرَ—يُجَرجِر
bucket, pail	جَردَل
big, colossal (army)	جَرّار
to swallow, sip	تَجَرَّعَ—يَتَجَرَّع
to wash away	جَرَفَ—يَجرُف
violent, stormy, torrential	جارِف
keep up with	جارى—يُجاري
course, channel	مَجرى
enormous, immense	جَسيم
greed	جَشَع
to undergo, endure	تَجَشَّمَ—يَتَجَشَّم
clamor, shout	جَعجَعة
eyelid	جَفن—جُفون
repugnance, repulsion	جَفاء
mess, tumult, clamor	جَلَبة
jilbab (a long, loose garment)	جِلباب
one who brings	جلّاب
clot	جَلطة
to evacuate, withdraw	جَلا—يَجلو
recalcitrance, uninhibitedness	جُموح
tiresome	مُجهِد
to be on the verge of tears	أجهَشَ—يُجهِش
to miscarry, to terminate (a pregnancy)	أَجْهَضَ—يُجهِض
choir, chorus, troupe	جَوقة
traveling, wandering	تَجوال
passionate	جَيّاش
became grainy	تَحَبَّبَ—يَتَحَبَّب

joy	حُبور
woven, tightened	محبوك
inevitable, necessary	حَتميّ
to be curved, vaulted	احدَودَبَ—يَحدَودِب
to stare	حَدَّقَ—يُحَدِّق
danger, difficulty	مَحذور—مَحاذير
to face, to run parallel to	حاذى—يُحاذي
embarrassment	حَرَج
liberation	تَحرير
amulet, refuge	حِرز
woods	أحراش
prudence, cautiousness	حِرص
to incite, provoke	حَرَّضَ—يُحَرِّض
spicy, hot	حِرّيف
narrow, tight	مُحزَّق
determination, resoluteness	حَزم
sword belt	مَحزَم
to envy, covet	حَسَدَ—يَحسُد
lamentation, sorrow	حَسرة
grass, weeds	حَشيش—حَشائش
intestines	أَحشاء
intestines, guts	أَحشاء
harvest	حَصاد
barn	حَظيرة
mistress	مَحظيّة
hooves	حَوافِر
hiss, murmur	حَفيف
welcome, hospitality	حَفاوة

preference, priority	أحقّية
permissible	حَلال
nipple	حَلَمة
enthusiasm	حَماس
to gaze, stare	حَملَقَ—يُحَملِق
intimate, cordial	حَميميّ
throat, larynx	حَنجَرة
irritation, rage	حَنَق
I became suspicious	استَحوَذَ—يَستَحوِذ عليّ الشكّ
yard, enclosure for horses and cattle	حُوش
inevitably, certainly	لا مَحالة
to hover	حامَ—يَحوم
Eve	حَواء
contain, possess	حَوى—يَحوي
confusion	حَيرة
trick	حيلة—حِيَل
cheat, swindler	مُحتال
shame, shyness	استحياء
experience	خِبرة
secret detective	مُخبِر سرّي
hidden thing	خَبيئة—خَبايا
conclusion	خاتِمة
coagulated, viscous	خاثِر
shyness, embarrassment	خَجَل
shy	خَجول
room, bedroom	مِخدَع
destruction, devastation	خَراب
burble, murmur	خَرير

beads	خَرَز
map	خَريطة—خَرائط
hose, trunk	خُرطوم—خَراطيم
unusual, extraordinary	خارِق
fables, stories, lies	خُزَعبَلات
post, stake	خازوق
storehouse	مَخزَن—مَخازِن
sound of hair brushing	خَشيش
fear, dread	خَشية
hip, waist	خاصِرة
quality, trait	خَصلة—خِصال
painted, pigmented	مُتخضِّب
oratorical	خِطابي
faint, soft	خافِت
police station	مَخْفَر
claws	مَخالِب
anklet	خَلخال
furtively, surreptitiously	خُلسةً
salvation	خَلاص
to be detached, disengaged	انخَلَعَ—يَنخَلِع
licentious, obscene	خَليع
out of order, disjointed	مُخَلَّع
to intervene, come through	تَخَلَّلَ—يَتَخَلَّل
close friend	خَليل
emptiness	خَلاء
emptiness	خُلوّ
wine-red, burgundy	خَمريّ
to scratch	خَمَشَ—يَخمِش

velvety	مُخمَليّ
effeminacy	تَخَنُّث
dagger	خَنجَر—خَناجِر
choking, suffocation	اختِناق
weakness, ineffectiveness	خَوَر
surroundings	تخوم
betrayal	خِيانة
paramour	مُخاوي
camp	مُخَيَّم
to get into	دأب—يَدأَب على
to crawl, creep	دَبَّ—يَدُبّ
crawling/creeping	دَبيب
pointed, tapered	مُدَبَّب
to cover, envelop	دَثَّر—يُدَثِّر
blanket, cover	دِثار
to roll	دَحرَجَ—يُدَحرِج
goblet drum (Arab musical instrument)	دَربَكّة
to bring under, include	أَدرَجَ—يُدرِج
gradually	تَدريجياً
to slip, insert	دَسَّ—يَدُسّ
to play with, to tease	داعَبَ—يُداعِب
foreplay	مُداعبة
summons, call	استدعاء
tickling	دَغدَغة
warmth	دِفء
precision, exactness; examination, scrutiny	تَدقيق
to flatten, beat down	دَكَّ—يَدُكّ
dark	داكِن

to hang limply, dangle	تدَلدَلَ—يَتَدَلدَل
to dangle	دَلدَلَ—يُدَلدِل
to erupt, break out	اندَلَعَ—يَندَلَع
to walk slowly	دَلَفَ—يَدلِف
to spill, pour	دَلَقَ—يَدلُق
coquettishness	دَلال
to combine	دَمَجَ—يَدمُج
tear	دَمعة—دُموع
buried	مدمك
addiction	إدمان
filth, pollution	دَنَس
to approach, draw near	دَنا—يَدنو
time, fate	الدَّهْر
surprising, astonishing	مُدهِش
important man, leading personality	دِهقان—دَهاقِنة
hall, vestibule	دِهليز—دَهاليز
to raid, attack, storm	داهَمَ—يُداهِم
to make dizzy	دَوَّخَ—يُدَوِّخ
to stomp, trample	داسَ—يَدوس
resounding	مُدَوّي
preamble	ديباجة
borrowing	استدانة
vibration	ذَبذَبة—ذَبذَبات
to wilt	ذَبَلَ—يَذبُل
wilting, fadedness	ذُبول
climax	ذُروة
to complain, grumble	تَذَمَّرَ—يَتَذَمَّر
last gasp of life	ذَماء

sin, fault	ذَنب—ذُنوب
amazement, perplexity	ذُهول
dried up, withered	ذاوٍ (الذاوي)
the invisible	اللامرئي
loving, tender	رَؤوم
to appear	تراءى—يتراءى
to ambush, lie in wait, lurk	تَرَبَّص—يَتَرَبَّص
lying, waiting, lurking	رابِض
composure	رَباطة جَأش
to sit cross-legged	تَرَبَّعَ—يَتَرَبَّع
lasso	رِبق
dullness, monotony	رَتابة
monotonous	رَتيب
shabby, threadbare	رَثّ
to convulse, quake, shake	رَجَّ—يَرُجّ
to tremble, quake	رَجَفَ—يَرجُف
improvisation	ارتِجال
cursed (said of Satan)	رَجيم
hope, expectation, request	رَجاء
nectar	رَحيق
melodious	رَخيم
badness, poorness	رَداءة
to recoil, reflect, rebound	ارتَدَّ—يَرتَدّ
to hesitate	تَرَدَّدَ—يَتَرَدَّد
demise, death	رَدىً
sprinkle, drizzle	رَذاذ
vice, depravity	رَذيلة—رَذائل
flowing	مُستَرسِل

to become visible, to be drawn	ارتَسَمَ—يَرتَسِم
sweat, perspiration	رَشح
to throw, toss	رَشَقَ—يَرشُق
lead, bullet	رَصاص
to yield, give in	رَضَخَ—يَرضِخ
to kick	رَفَسَ—يَرفِس
neck	رَقَبة
bed, couch	مَرقَد
fast	مُرقِل
(last, dying) breath	رَمَق
to look, glance	رَمَقَ—يَرمُق
prestigious	مَرموق
chanting, singing, hymn	تَرينم—تَرانيم
ring, sound	رَنّة
to gaze	رَنا—يَرنو
slimness, delicateness	رَهافة
slim, delicate	رَهيف
exhaustion	إرهاق
current, contemporary	راهِن
slowly, gradually	رُوَيداً رُوَيداً
taming, training	تَرويض
tamer, trainer	مُرَوِّض
to tarry, linger	تَرَيَّثَ—يَتَرَيَّث
sweet basil	رَيحان
exploration	رِيادة
to foam, froth	أَزبَدَ—يُزبِد
shove, squeeze	زَجّ
to budge	تَزَحزَحَ—يَتَزَحزَح

shower, downpour	زَخّة—زَخّات
ornamented, embellished	مُزَخرَف
to swallow, gulp	ازدَرَدَ—يَزدَرِد
embellished	مُزَركَش
batons	زراويط
disrespect	ازدِراء
to scream, shout	زَعَقَ—يَزعَق
to be angered, annoyed	زَعِلَ—يَزعَل
to exhale, pant, sigh	زَفَرَ—يَزفِر
wedding march	زَفّة
alley	زُقاق—أزِقّة
fresh pure water	زُلال
growling, roaring, snarling	زَمجَرة
crowd, horde	زُمْرة
lilies	زَنبَق
dark skinned person of African descent	زِنجي
magnificent, resplendent	زاهٍ (الزاهي)
about, approximately, around	زُهاء
to retreat, seclude oneself	انزَوى—يَنزَوي
angle, corner	زاوية—زَوايا
isolated	مُنْزَوٍ (المنزوي)
to justify, warrant	سَوَّغَ—يُسَوِّغ
hibernating	مُسَبِّت
to explore something's depths	سَبَرَ—يَسبِر غور شيء
rugs (collective)	سَجّاد
carpet, rug	سَجّادة
cloud	سَحابة
to crush, pulverize	سَحَقَ—يَسحَق

distant, remote	سحيق
powder	مَسحوق—مَساحيق
indignation, discontent	سُخط
soot	سُخام
hanging down	مُنسَدِل
mirage	سَراب
shoal, swarm, flock	سِرب—أسراب
to narrate, recount	سَرَدَ—يَسرُد
eternity	سَرمَد
cypress	سَرو
surrealism	سُريالية
mythical, legendary	أُسطوري
line	سَطر—سُطور
lined, barred	مُسَطَّر
palm frond	سَعَف
skewer, spit	سَفّود
sophism, fallacy	سَفسَطة
sick	سَقيم
candy	سكاكِر
sloughing off, coming loose	انسِلاخ
to draw, pull out	استَلَّ—يَستَلّ
to sneak, steal	انسَلَّ—يَنسَلّ
surrendering	مُستسلِم
pores	مَسامّ
awkward, ugly	سَمِج
to be nailed down, rooted, glued	تَسَمَّرَ—يَتَسَمَّر
pores	مَسامّ
to discuss at length	أسهَبَ—يُسهِب

detail, elaboration	إسهاب
sleeplessness, insomnia	سُهاد
bad luck	سوء الطالع
whip, lash	سَوط—سياط
easy prey	لُقمة سائغة
one who sells	مُسوّق
bargaining	مُساومة
equal, alike	سَواء
to glide, flow	انسابَ—يَنساب
flow	مُنساب
spit, skewer	سيخ
to adjust oneself to, go along with	سايَرَ—يُساير
topic, biography	سيرة—سِيَر
dominant	مُسَيطِر
flow	سَيل
prison cell	شامبري
salaciousness, lust	شَبَق
scattered	شَتيت
sapling, seedling	شَتلة—شُتول
insult, curse word	شَتيمة—شَتائم
sorrow, grief, worry, distress	شَجَب
clothes hook	مِشجَب
sadness	شُجون
grief	شَجو
moving, touching	شَجيّ
paleness	شُحوب
pale	شاحِب
scent	شَذى

to stretch one's neck	اشرَأَبَّ—يَشرَئِبّ
relief, ease	انشِراح
wandering, straying	شُرود
spark	شَرَر
to begin	شَرَع—يَشرَع (في)
to proceed	شَرَع—يَشرَع
sail	شِراع
to look down upon, look askance at	شَزَرَ—يَشزِر
halved, divided, cut	مَشطور
fragment, shrapnel	شَظِيّة—شَظايا
untidy, tousled, uncombed	أشعث
troublemaker	مُشاغِب
passion	شَغَف
passionate	شَغوف
to aspirate, suck	شَفَطَ—يَشْفِط
sip	شَفطة
transparent	شَفّاف
pity	إشفاق
blond	أشقَر، شَقراء
effort, exertion	مَشَقّة
pick a quarrel with, pester	شاكَسَ—يُشاكِس
pestering, irritability	مُشَاكَسة
clique, gang	شِلّة
to be high, tall, lofty	تَشامَخَ—يَتَشامَخ
high, towering	شامِخ
having gray hair	أشمَط، شَمطاء
cramp, spasm, convulsion	تَشَنُّج
stiff, contracted	مُتَشَنِّج

martyr	شَهيد—شُهَداء
gravestone, headstone	شاهدة
libel, slander	تَشهير
to inhale	شَهِقَ—يَشهَق
towering	شاهِق
sensual, lascivious	شَهوانيّ
mixed	مَشوب
trip, ride, itinerary	مِشوار
thorny	شائِك
old age	شَيخوخة
disgraceful	مَشين
to perspire, drip	تَصَبَّبَ—يَتَصَبَّب
rusty	صَدِئ
about to complete something	بصَدَد إكمال شيء
temple (anatomy)	صُدغ
stone bench	مِصطَبة
purity	صَفاء
frost, hoarfrost	صَقيع
to polish, burnish	صَقَلَ—يَصقُل
polished, burnished	مَصقول
toughness	صَلابة
clay	صَلصال
prayer	صَلاة
favor, good deed	صَنيع
to fuse, to become related by marriage	أصهر—يُصهِر
toward	صَوبَ
trauma	صابة
shape, form	صيغة

foggy	ضَبابي
irritation	ضَجَر
bed	مَضجَع
shallow	ضَحل
imbrued, bloody	مُضَرَّج
(saint's) tomb	ضَريح—أضرِحة
topography	تضاريس
burning, conflagration	ضِرام
ferocity, fierceness	ضَراوة
grudge	ضَغينة
exhausting, hard to endure	مُضنٍ (المُضني)
din, racket	ضَوضاء
loss, ruin	ضَياع
to bend, bow, lower	طَأطَأَ—يُطَأطِئ
bowing, bending	طأطأة
algae, seaweed	طَحالِب
to knock	طَرَقَ—يَطرُق
tenderness	طَراوة
tyrannical	طاغٍ
to begin	طَفِقَ—يَطفَق
rites, rituals, ceremony	طُقوس
ruins, remains	أطلال
to bury, embed	طَمَرَ—يَطمِر
alluvium, silt	طَمي
to ring, buzz, resonate	طَنَّ—يَطِنّ
purity	طَهارة
pure, clean	طاهِر
mountain	طَود

to fold, curve, bend	طَوى—يَطوي
ghost, phantom	طَيف—أطياف
to obtain, win	ظَفِرَ—يَظفَر
distrust	ظنّة
midday, noon	الظَهيرة
demonstrations	تَظاهُرات
load, burden	عِبء—أعباء
indifferent	غير عابئ
absurdity	عَبَثية
tear, teardrop	عَبرة—عَبَرات
crossing, passage	مَعبَر—مَعابِر
to frown	عَبَسَ—يَعبِس
the smell of ghee	عَبَق السَّمن
reproachful, reprimanding	عاتِب
old, ancient	عَتيق
darkness	عَتَمة
dark, gloomy	مُعتِم
amazed, astonished	مُتعجِّب
arrogant	مُتعَجرِف
inability	عَجز
hurriedness	عُجالة
to regard as, consider	اعتَدَّ—يَعتَدّ
moderation; straightening up	اعتِدال
to turn away from	عَدَل—يَعدِل عن
apology	اعتذار
virgin (f.)	عَذراء—عذراوات
to make a scene, quarrel	عَربَدَ—يُعَربِد
lame, crippled	أعرَج

twist, turn, curve	مُنعَرَج—مُنعَرَجات
throne	عَرش
arbor, trellis	عَريش—عرائش
violent, huge (army)	عَرَمرَم
be consolidated	تَعَزَّز—يَتَعَزَّز
consolidated, supported	مُعَزَّز
isolation, solitude	عُزلة
nesting	مُعَشِّش
lover	عَشيق، عَشيقة
in love	عاشِق
randomness	عَشوائيّة
to squeeze	اعتَصَرَ—يَعتَصِر
guardianship	عِصمة
damaged	مَعطوب
turns	أعطاف
demon, ifrit	عِفريت—عَفاريت
to decay, rot	تَعَفَّنَ—يَتَعَفَّن
Aqaba (Jordanian city on the Red Sea)	العَقَبة
to follow	تَعَقَّب—يَتَعَقَّب
tip, end	عُقب—أعقاب
successive	مُتعاقِب
faith, creed	عَقيدة
disobedience, disrespect	عُقوق
disrespectful, disobedient	عاقّ
reflection	انعِكاس
colocynth (metaphor for bitterness)	عَلقَم
sick	مُعتَلّ
to become giant	تَعَملَقَ—يَتَعَملَق

turban	عِمامة—عَمائِم
prime; vigor	عُنفُوان
rein, bridle	عِنان
by force	عَنوةً
contractor, organizer	مُتَعَهِّد
adulterer, whoremonger	عاهِر
to accustom, habituate, train	عَوَّدَ—يُعَوِّد
spell, charm, amulet	تَعويذة
to seek refuge (in God)	عاذَ—يَعوذ
wail	عَويل
breadwinner	مُعيل
to howl	عَوى—يَعوي
howling	عُواء
to envy	غَبَط—يَغبِط
bliss, happiness	غِبطة
ghutrah (head covering similar to a kuffiyeh)	غُترة
disgust, nausea	غَثَيان
carelessness, inattention	غِرّة
chrysanthemum	زَهر الغَريب
strange	غَريب
sunset	غُروب
to mislead	غَرَّرَ—يُغَرِّر
instinct, desire	غَريزة
to be planted	انغَرَسَ—يَنغَرِس
inserted, planted	مُنغَرِس
to fill (with water, tears)	اغرَورَقَ—يَغرَورِق
flirtation	غَزَل
to court, flirt	غازَلَ—يُغازِل

invasion	غَزو
deceived, forged	مَغشوش
hymen	غِشاء البَكارة
oppressor	غاشٍ (الغاشي)
suffocation, choking	غُصّة
fault, shortcoming	غَضاضة
soft, tender	غَضّ
wrinkled	مُغَضَّن
arrogant, haughty, insolent	مُتَغَطرِس
thick, coarse	غَليظ
to penetrate, pervade	تَغَلغَل—يَتَغَلغَل
rage, raging thirst	غَليل
taking advantage	مُستَغِلّ
distress, sorrow	غمّ
depths/hazard	غُمرة
obscure, mysterious	غامِض
being able to do without	استِغناء
ghoul-like, devilish	غولي
temptation, seduction	غَواية
the unseen	الغَيب
deep-set, hollow	غائر
fury, wrath	غَيظ
to irritate	غاظَ—يَغيظ
cloudy	غائم
heart, mind	فُؤاد
to be tormented, agonized	تَفَجَّعَ—يَتَفَجَّع
gap	فَجوة—فَجَوات
test, examination	فَحص

coal, charcoal	فَحم
coal, charcoal	فَحمة
pride	فَخر
luxury, excellent	فاخِر
individually, alone	فُرادى
flight, escape	فِرار
way out	مَفَرّ
to look at, eye	تَفَرَّسَ—يَتَفَرَّس
parasang (a roughly three-mile distance)	فَرسَخ
to lie down	افتَرَشَ—يَفتَرِش
pop, burst	فَرقَعة—فَرقَعات
to rub, scrub	فَرَكَ—يَفرُك
minced	مَفروم
scalp	فَروة الرأس
fear, horror	فَزَع
scarecrow	فَزّاعة
terrifying, shocking	مُفزِع
space, clearance, stroll	فُسحة
corruption	فَساد
to spread, be prevalent	تَفَشّى—يَتَفَشّى
scandal	فَضيحة
to scatter, disperse	انفَضَّ—يَنفَضّ
pure curiosity	الفُضول المَحض
curiosity	فُضول
snub nosed	فطس
poor	فَقير—فُقَراء
to take apart, to unravel	فَكَّ—يَفُكّ
irrigation system	فلج

cork	فلّين
intertwining twigs	أفانين
coffee cup	فِنجان
to perish, vanish	فَنِيَ—يَفنى
death, oblivion	فَناء
inquiry, questioning	استفهام
commission; police station	مُفَوَّضيّة
general notion, meaning	مُفاد
flood	فَيَضان
curved	مُقَبَّب
ugliness	قَباحة
socket	مِقبَس—مَقابِس
contraction, depression	انقِباض
secluded	قابِع
dark, gloomy	قاتِم
to fill with tears	قَدَح—يَقدح
holiness	قُدسيّة
holy	مُقَدَّس
arrival	قُدوم
most obscene, vulgar (language)	أقذَع
bomb, missile, projectile	قَذيفة—قَذائف
ulcer, sore	قَرحة
to gnaw	قَرَضَ—يَقرِض
middle of road	قارِعة الطريق
fight, struggle	مُقارَعة
distaste, disgust, revulsion	قَرَف
bright red, crimson	قِرمَزي
crispy	مُقَرمِش

clove, carnation	قُرُنفُل
disgusting, revolting	مُقَزِّز
pastor, priest	قِسّيس
to swear	أقسَمَ—يُقسِم
proportions	تَقاسيم
straw, hay	قَشّ
shiver, goose bumps	قُشَعريرة
limitation, restriction	اقتِصار
to investigate	تَقَصّى—يَتَقَصّى
far away	قَصيّ
assault, attack	انقِضاض
pounce, attack	انقضّ—يَنقضّ
ever, at all	قَطّ
bottom, depths	قَعر
to sit down	أقعى—يُقعي
jumpiness	تَقَفُّز
cage	قَفَص
wheaten, golden brown	قَمحي
cloth	قُماشة
hunting, seizing	اقتِناص
despair, hopelessness	قُنوط
conviction, belief	قَناعة
to degenerate, to retreat	تَقَهقَرَ—يَتَقَهقَر
guffaw, roar of laughter	قَهقَهة
very near, by a hair	قاب قَوسين أو أدنى
food	قوت
steering wheel	مِقوَد
bowed, curved	مُقَوَّس

bottom, base	قاع
stature	قامة
restriction	قَيد—قُيود
extreme heat	قَيظ
midday	القائلة
certainty	يَقين
a military rank	كابران
repression	كَبْت
arrogance, pride	كِبرياء
nightmare	كابوس—كَوابيس
concealment, secrecy	كِتمان
thick	كَثّ
care, concern	اكتِراث
to wrinkle	تكَرمَش—يَتكَرمَش
wrinkled	مُكرمش
breaking, brokenness	انكِسار
garment, undergarment	كِساء
overcrowding	اكتظاظ
guarantee, security	كَفالة
to grow dark	اكفَهَرّ—يَكفَهِرّ
to become tired, fatigued	كَلّ—يَكِلّ
hidden, latent, underlying	كامِن—كَوامِن
treasure	كَنز
sweater	كَنزة
hidden things	مَكنونات
essence	كُنه
old man	كَهل
kuffiyah (head scarf)	كوفية—كوفيات

pile	كَوم—أكوام
heap, pile	كَومة
to yield, surrender	استَكانَ—يَستَكين
resignation, submission	استكانة
being	كَينونة
plot, trick	مَكيدة
to adapt oneself	تكَيَّفَ—يَتَكَيَّف
to gleam, glitter	تَلألأَ—يَتَلألأ
lapels, collar	تَلابيب
core, heart	لُبّ
to stay, remain, linger	لَبِثَ—يَلبَث
matted, tangled	مُتَلَبِّد
compliance with, acceptance of	تَلبِية
to kiss	لَثَمَ—يَلثِم
to stutter	تَلَجلَج—يَتَلَجلَج
extreme conditions	لَجَج
to bridle, restrain	ألجَمَ—يُلجِم
to bite, sting	لَدَغَ—يَلدُغ
to fade away	تلاشى—يَتَلاشى
thief	لِصّ—لُصوص
crashing (of waves)	تَلاطُم
to hit, beat, strike	لَطَمَ—يَلطِم
rumble, boom	لَعلَعة
riddle, puzzle	لُغز
yelling, clamor	لَغط
to singe, burn, scorch	لَفَحَ—يَلفَح
blight	لَفحة
crowd, gathering	لَفيف

a wrapper or covering	لُفافة
to avoid	تلافى—يَتَلافى
hint	تَلميح—تَلميحات
to gather, collect	لَملَمَ—يُلَملِم
burning, blaze	لَهيب
longing, yearning	لَهفة
to devour	التَهَمَ—يَلتَهِم
amusement park	مدينة مَلاهي
polluted	مُلَوَّث
spiral, whorled	لَولَبيّ
crooked, curved	مُلتوٍ (الملتوي)
flexibility	لُيونة
surrounded	محفوف
trial, ordeal, hardship	مِحنة
long, extended	مَديد
extension	امتِداد
since	مُذ
giant	مارِد
bitter, harsh	مَرير
apostate, heretic	مارِق
mood	مَزاج—أمزِجة
tearing, ripping	تَمزيق
downcast	مُسبَل
extreme mental or physical suffering	مَضَض
agonizing, tormenting	مُمِضّ
rubber, caoutchouc	مَطّاط
to be annoyed, indignant, resentful	امتَعَضَ—يَمتَعِض
anger, resentment	امتِعاض

to detest, loathe	مَقَتَ—يَمقُت
eyeball	مُقلة
sly, cunning, crafty	ماكِر
importance, prestige	مَكانة
to be fidgety	تَمَلمَلَ—يَتَمَلمَل
handkerchief, napkin	مِنديل
gratitude	امتِنان
masturbation	استِمناء
death	المَنيّة
skill	مَهارة
young mare	مُهرة
pouring out	تَمَهرُق
to misuse, degrade	امتَهَنَ—يَمتَهِن
to be congruent, identify oneself with	تَماهى—يَتَماهى
meowing	مُواء
noise, sound	نأمة
distant, remote, secluded	ناءٍ (النائي)
to foretell, predict	تَنَبَّأَ—يَتَنَبَّأ
prediction	تَنَبُّؤ
news, report	نَبَأ—أنباء
to retreat, withdraw	انتَبَذَ—يَنتَبِذ
castaway, flung, hurled	مَنبوذ
accent, tone	نَبرة
to pronounce, say, utter	نَبَسَ—يَنبِس
to exhume	نَبَشَ—يَنبُش
to beat, throb (heart)	نَبَضَ—يَنبِض
arrow	نَبل—نِبال
bulge, protrusion	نُتوء—نُتوءات

protruding	ناتِئ
snatched	مَنتوف
stinking, putrid	نَتِن
stench	نَتانة
dust	نُثار
to engrave, sculpt	نَحَتَ—يَنحِت
unfortunate, unlucky	مَنحوس
thin, skinny	نَحيل
slenderness, skinniness, thinness	نُحول
to mandate, assign	انتَدَب—يَنتَدِب
scar	نَدَب—نُدوب
dew	نَدى
humidity, wetness	نَداوة
warning	إنذار
recklessness, impetuosity	نَزَق
whim, fancy	نَزوة
to knit, weave	نَسَجَ—يَنسُج
weeping	نَشيج
ecstasy	نَشوة
standing erect	انتِصاب
upright, erect, standing	مُنتَصِب
victory	انتِصار
end (of a street); bangs, forelock (hair)	ناصِية
to dry up	نَضَبَ—يَنضُب
tenderness, freshness	نَضارة
hopping, jumping	نَطّ
questioning, interrogation	استِنطاق
system	مَنظومة

to caw, croak	نَعَقَ—يَنعَق
shoe, sandal	نَعل—نِعال
to spoil, ruin	نَغَصَ—يَنغَص
sound, tone	نَغمة
to spit out, spew	نَفَثَ—يَنفِث
jet	نَفّاثة
whiff, fragrance	نَفحة—نَفَحات
fountain	نافورة
uprising	انتِفاضة
hypocrisy	نِفاق
debris	أنقاض
contradiction, incompatibility, opposite	تَناقُض
chirping, clucking, croaking	نَقيق
shoulder	مَنكِب
aversion, disapproval	استنكار
to disown, renounce	أنكَرَ—يُنكِر
setback	نَكسة
unruly	مَنكوش
fingertips	أنامِل
growth, development	نُموّ
robbing, stealing	نَهب
to sigh	تَنَهَّدَ—يَتَنَهَّد
to bite, snap	نَهَشَ—يَنهَش
exhaustion	إنهاك
exhausted, worn out	مُنهَك
craving, greed	نَهَم
to humiliate, insult	أهانَ—يُهين
sobbing	نَهنَهة

moaning	نائح
luminous	نورانيّ
skirmish, quarrel	مُناوَشة—مُناوَشات
mention, hint	تَنويه
meteor	نَيزَك—نَيازِك
to blow; to rise up	هَبَّ—يَهُبّ
wind direction	مَهَبّ
cry, shout, call	هُتاف
obsession, premonition, anxiety	هاجِس—هَواجِس
slumber, sleep	هَجع
to attack	تَهَجَّم—يَتَهَجَّم
disapproval, condemnation	استِهجان
eyelashes	هُدب—أهداب
to threaten	هَدَّدَ—يُهَدِّد
hum, roar; waste, squander	هَدَرَ—يَهدِر
roar, thunder	هَدير
truce, ceasefire, calm	هُدنة
to rock, cradle	هَدهَدَ—يُهَدهِد
offering, direction	هدي
delirium	هَذَيان
to be delirious, ramble	هَذى—يَهذي
tattered, worn	مُهتَرئ
to quarrel, banter	هارَشَ—يُهارِش
to hurry, rush	هَرِع—يَهرَع
to run fast	هَروَلَ—يُهَروِل
mocking, scoffing	هازئ
to hum, sing	هَزِجَ—يَهزَج
skinny, gaunt	هَزيل

a hissing or murmuring sound	هَسهَسة
fragile	هَشّ
to shoo away	هَشَّ—يَهُشّ
fragile, falling into ruin	هَشيم
precipitaion	هُطول
alarm, panic	هَلَع
consumption	استِهلاك
to exert oneself	تَهالَكَ—يَتَهالَك
rickety, wobbly	مُتَهالِك
come on, let's . . .	هَلُمَّ—هَلُمّي—هَلُمّوا
hallucination	هَلوَسة—هَلاوِس
to calm down	هَمَدَ—يَهمُد
passivity, inaction	هُمود
inactive, inert	هامِد
to pour, rain, shed	انهَمَرَ—يَنهَمِر
to whisper	هَمَسَ—يَهمِس
whisper	هَمسة
vermin	هامّة—هوامّ
to speak indistinctly, mumble	هَمهَم—يُهَمهِم
(neat) outfit, groomed appearance	هِندام
terror, horror	هَول
halo	هالة—هالات
to fall, tumble down	هَوَى—يَهوي
abyss, chasm	هاوِية
delusions	تَهَيُّؤات
prestige, veneration	هَيبة
skinny, slender	أَهيَف
framing, skeleton, structure	هَيكَل

to attack, fall upon	انهالَ—يَنهال (على)
cardamom	هيل
confused, wandering	هائم
to wander, rove	هامَ—يَهيم
infested, plague-stricken	مَوبوء
noxious things, grave sins	موبِقة—موبِقات
tempo, pace	وَتيرة
to fear, be apprehensive	تَوَجَّسَ—يَتَوَجَّس
fear	تَوَجُّس
silent, speechless	واجِم
solitary	مُتَوَحِّد
savage, wild	مُتَوَحِّش
loneliness, desolation	وَحشة
courtship	تَوَدُّد
calm, mild-tempered	وَديع
to hide, conceal oneself, disappear, lurk	تَوارى—يَتَوارى
deceptive	مُوارِب
inherited, hereditary	مُتَوارَث
to inherit	وَرِثَ—يَرِث
to become red, flush	تَوَرَّدَ—يَتَوَرَّد
implicated, involved in	مُتَوَرِّط في
to abstain, refrain	تَوَرَّعَ—يَتَوَرَّع
charm, beauty	وَسامة
to comfort	واسى—يُواسي
sash, scarf	وِشاح
tattooed	مَوشوم
denounce, report	يوشي
maid, servant	وَصيفة—وَصيفات

connection, coupling, joint	وَصل—أوصال
to stigmatize, disgrace	وَصَمَ—يَصِم
accomplices	مُتواطِئون
foothold	مَوطئ القَدَم
citizen	مُواطِن
promising	واعِد
malaise	تَوَعُّك
to go deeply, delve	أوغل—يوغِل
to go deeply into	تَوَغَّلَ—يَتَوَغَّل
delegation	وَفد
to provide	وَفَّرَ—يُوَفِّر
fireplace, stove	مَوقِد
entry	وُلوج
to signal, beckon	أَومَأَ—يومِئ
flashing	وامِض
to give, grant	وَهَبَ—يَهِب
to glow, burn	تَوَهَّجَ—يَتَوَهَّج
glowing, burning	مُتَوَهِّج
blaze, radiance	وَهج
fantasy, illusion	وَهم
weakness	وَهن
despair	يَأس
teenager, youth	يافِع

About the Author

Jonas Elbousty holds MPhil and PhD degrees from Columbia University. He teaches in the Department of Near Eastern Languages and Civilizations at Yale University, where he served as Director of Undergraduate Studies for six years. He is currently Director of Undergraduate Studies for the Modern Middle East major, and he also directs the Arabic Summer Study Abroad Program. He is coeditor of *Vitality and Dynamism: Interstitial Dialogues of Language, Politics, and Religion in Morocco's Literary Tradition* (2014), coauthor of *Advanced Arabic Literary Reader* (2016), and author of *Media Arabic: Journalistic Discourse for Advanced Students of Arabic* (2022).